A Study on the Logic of American National
Security Review Pertaining to
Chinese Enterprises' Merger and Acqusition

美国审查中企并购的逻辑研究

吕贤 著

图书在版编目(CIP)数据

美国审查中企并购的逻辑研究/吕贤著. —北京:北京大学出版社,2021.8
ISBN 978-7-301-32148-5

Ⅰ.①美… Ⅱ.①吕… Ⅲ.①中资企业—企业兼并—跨国兼并—政府管制—研究—美国 Ⅳ.①F279.712.14

中国版本图书馆CIP数据核字(2021)第070983号

书　　　名	美国审查中企并购的逻辑研究 MEIGUO SHENCHA ZHONGQI BINGGOU DE LUOJI YANJIU
著作责任者	吕　贤　著
责任编辑	杨丽明
标准书号	ISBN 978-7-301-32148-5
出版发行	北京大学出版社
地　　　址	北京市海淀区成府路205号　100871
网　　　址	http://www.pup.cn　新浪微博:@北京大学出版社
电子信箱	sdyy_2005@126.com
电　　　话	邮购部 010-62752015　发行部 010-62750672　编辑部 021-62071998
印　刷　者	河北滦县鑫华书刊印刷厂
经　销　者	新华书店
	730毫米×1020毫米　16开本　22.5印张　378千字 2021年8月第1版　2021年8月第1次印刷
定　　　价	78.00元

未经许可,不得以任何方式复制或抄袭本书之部分或全部内容。
版权所有,侵权必究
举报电话:010-62752024　电子信箱:fd@pup.pku.edu.cn
图书如有印装质量问题,请与出版部联系,电话:010-62756370

序　言

2008年全球金融危机爆发,导致中国面临的战略机遇期的经济内涵发生变化,由危机前强调海外市场拓展和国际投资输入转变为倚重国内市场消费和资本输出。此后,中资企业积极发掘发达国家的技术并购和基础设施投资机会。美国因其庞大的市场规模、完备的外资法规和知识产权保护制度成为中企海外投资的优先选择,但在相似条件下,中企赴美并购的总体失败率远高于第三国企业。本书的核心问题是:针对中企赴美并购,为什么美国外国投资委员会对部分投资审查通过,对其他投资则审查拒绝?究竟是哪些因素造成这一结果?换言之,美国接受或拒绝中企赴美并购的逻辑及因果机制是什么?

比较分析发现,"技术转移"风险和"市场竞争"威胁两个因素是影响美国外国投资委员会接受或拒绝中企赴美并购的关键变量,而两个变量的不同取值决定着美国外国投资委员会的具体审查结果,结果可分为完全通过、妥协通过、被迫撤回和绝对拒绝。具体而言,美国外国投资委员会审查结论表现为:并购美国企业涉及的技术转移风险低,市场竞争威胁弱,倾向于审查通过;技术转移风险低,市场竞争威胁强,倾向于妥协通过;技术转移风险高,市场竞争威胁弱,迫使中企撤回并购;技术转移风险高,市场竞争威胁强,倾向于绝对拒绝并购。一言以蔽之,"技术转移"风险和"市场竞争"威胁的高低强弱决定着美国外国投资委员会的审查行为和结果。

研究结果表明,美国应对中企并购安全审查的结果是在国家理性支配下、国内利益主体(政府、国会、利益集团和媒体)基于自身利益偏好对并购审查程序积极施加影响和干预的条件下,美国外国投资委员会对国家安全考量、经济利益博弈和意识形态竞争综合权衡的产物。事实上,"技术转移"风险和"市场竞争"威胁所体现的安全利益和经济利益博弈是影响外国投资委员会审查结果的主要因素。但受到国际体系下美国实力地位变迁、中美战略竞争加剧及"逆全球化"升温等因素的影响，国家安全考量较经济利益因素对美国外资并购安全审查的影响更为显著，由此也决定了"技术转移"风险成为外国投资委员会应对中企并购审查的关键考量因素。

是为序。

图表目录

图 1　外国投资委员会审查程序……………………………………… 066
图 2　美国的全球化陷阱：收益私有化与成本国有化 ……………… 102
图 3　中国外汇余额及其变动 ………………………………………… 105
图 4　央行外汇储备持有的账面损益 ………………………………… 105
图 5　中国国有企业国际化阶段划分 ………………………………… 111
图 6　2015—2018年万达院线全球票房和观影人次增速走势图 …… 130
图 7　美国基尼系数统计（1970—2015年）………………………… 145
图 8　美国制造业就业比重和就业人数趋势（1970—2015年）…… 147
图 9　联想集团专利申请分布图（2000—2008年）………………… 154
图 10　2017年全球四大通信设备供应商销售与研发比较 ………… 208
图 11　2017年华为与高通销售额和研发投入比较 ………………… 211
图 12　华为公司全球各地区年度销售收入比较（2015—2019年） … 214
图 13　美国在供给端对华为的"阶梯式"技术出口管制 …………… 218

表 1　美国外国投资委员会所涉主要法案、条例与行政令
　　　（1975—2018年）……………………………………………… 012
表 2　美国外国直接投资存量统计 …………………………………… 044
表 3　美国外国投资委员会并购审查统计（2005—2016年）……… 059
表 4　美国外国投资委员会外资并购审查行业统计（2005—2014年）… 070
表 5　中企赴美非金融类直接投资流量统计（2008—2017年）…… 072
表 6　传统的跨国投资风险 …………………………………………… 074
表 7　2017年中企赴美直接投资行业及比重 ………………………… 075
表 8　CFIUS对中企投资的审查比重（2005—2018年）…………… 077

表 9	中国对美直接投资流量比重统计(2008—2017 年)	078
表 10	中英企业投资受审查数量比较(2008—2015 年)	078
表 11	中企对美国制造业直接投资规模和比重(2011—2017 年)	080
表 12	中国"受管辖交易"的行业分布数量和比重(2005—2015 年)	080
表 13	因 CFIUS 审查而失败的中企赴美并购案例(2017—2018 年 7 月)	082
表 14	美国总统否决的外国并购案例统计(截至 2019 年 9 月)	088
表 15	美国商务部工业安全局(BIS)新兴技术管制清单	117
表 16	技术转移风险与 CFIUS 对华投资安全审查的关系	119
表 17	市场竞争威胁与 CFIUS 对华并购安全审查的关系	122
表 18	技术转移、市场竞争与 CFIUS 审查结果的逻辑关系	126
表 19	万达院线与美国 AMC 公司实力比较(截至 2011 年年末)	128
表 20	美国电影票房数额及增速统计(2002—2011 年)	131
表 21	美国电影业年度观影人次及人均电影票数统计(2002—2011 年)	131
表 22	美国电影全球票房与本土票房比较(2007—2011 年)	132
表 23	美国电影海外票房比重及趋势(2007—2011 年)	134
表 24	世界主要视听产品生产国纯出口比较优势指数(2007—2012 年)	138
表 25	美国电影票房收入与全球电影票房收入情况(2011—2015 年)	140
表 26	中国票房、美国票房与全球电影票房情况(2010—2015 年)	141
表 27	并购前联想集团与 IBM 公司 PC 业务部情况比较	149
表 28	2004 年第一季度亚太地区主要 PC 品牌出货量比较	152
表 29	联想集团并购 IBM 公司 PC 业务前后营业额的变化(2002—2008 年)	158
表 30	Gartner 统计国际主要电脑制造商出货量比较	159
表 31	中国石油消费量、自产量和进口量比较(2000—2018 年)	178
表 32	中国天然气自产量、进口量及消费量动态(2002—2015 年)	179
表 33	中国能源消费结构(2002—2015 年)	179
表 34	美国石油消费量和进口量比重(2000—2007 年)	180

表 35	美国天然气产量与消费量比重(2000—2007 年)	181
表 36	部分国家对华为公司 5G 业务的态度	213
表 37	技术转移、市场竞争与 CFIUS 审查的因果机制	231
表 38	CFIUS 应对中企并购审查逻辑的案例检验	231

关键术语缩略与中文对照表

简称	全称	中文对照
BIS	the Bureau of Industry and Security of U. S. Department of Commerce	美国商务部工业安全局
BIT	Bilateral Investment Treaty	双边投资协定
BEA	the Bureau of Economic Analysis of U. S. Department of Commerce	美国商务部经济分析局
CFIUS	the Committee on Foreign Investment in the United States	美国外国投资委员会
FDI	Foreign Direct Investment	外国直接投资
FINSA	Foreign Investment and National Security Act of 2007	2007年《外商投资与国家安全法》
FIRRMA	Foreign Investment Risk Review Modernization Act of 2018	2018年《外国投资风险评估现代化法案》
FTC	Federal Trade Commission	美国联邦贸易委员会
GVCs	Global Value Chains	全球价值链
GAO	U. S. Government Accountability Office	美国联邦审计总署
G20	Group of Twenty	二十国集团
OPEC	Organization of the Petroleum Exporting Countries	石油输出国组织
HPSCI	House Permanent Select Committee on Intelligence	美国众议院特别情报委员会
GCC	Gulf Cooperation Council	海湾合作委员会
IBM	International Business Machines Corporation	国际商业机器公司
IMF	International Monetary Fund	国际货币基金组织
IEEPA	International Emergency Economic Powers Act	《国际紧急经济权力法案》
IDC	International Date Company	国际数据公司
ICSID	International Centre for Settlement of Investment Disputes	国际投资争端解决中心
RHG	Rhodium Group	荣鼎咨询集团公司

(续表)

简称	全称	中文对照
SOE	State-Owned Enterprise	国有企业
SWF	Sovereign Wealth Fund	主权财富基金
USCC	U. S. —China Economic and Security Review Commission	美中经济安全审查委员会
USTR	Office of the United States Trade Representative	美国贸易代表办公室
UNCTAD	United Nations Conference on Trade and Development	联合国贸易与发展会议
PC	Personal Computer	个人电脑
PCD	Personal Computer Department	IBM个人电脑事业部
5G	5th Generation Mobile Networks/5th Generation Wireless Systems	第五代移动通信技术
《1991条例》	Regulations Pertaining to Mergers, Acquisitions and Takeovers by Foreign Persons	1991年《外国人合并、收购和接管条例》
《2008细则》	Regulations Pertaining to Mergers, Acquisitions and Takeovers by Foreign Persons	2008年《外国人合并、收购和接管细则》
《2008审查指南》	Guidance Concerning the National Security Review Conducted by the Committee on Foreign Investment in the United States	2008年《美国外国投资委员会国家安全审查指南》
—	the Byrd Amendment	《伯德修正案》
—	Critical Technoligies/Critical Infrastructure	关键基础设施/关键技术
—	Report on the Subject of Manufactures	《关于制造业的报告》
—	Omnibus Foreign Trade and Competitiveness Act of 1988	1988年《综合贸易与竞争法案》
—	Defense Department's Industrial Security Regulation	《国防部工业安全条例》
—	Smoot-Hawley Tariff Act	《斯穆特—霍利关税法案》
—	the U. S. Senate Foreign Relations Committee	美国参议院外交委员会
—	Exon-Florio Amendment	《埃克森—弗洛里奥修正案》
—	the Defense Production Act of 1950	1950年《国防生产法》
—	Trading with Enemy Act	1917年《与敌国贸易法》

目 录

导论 001
    第一节　研究问题及意义 001
    第二节　既有文献评述 018
    第三节　研究设计与结构安排 032

第一章　美国外资并购安全审查制度与中企赴美并购 038
    第一节　美国外资安全监管政策变迁 038
    第二节　美国外资并购安全审查制度 046
    第三节　中企赴美并购及其审查情况 071

第二章　美国应对中企并购安全审查的逻辑框架 089
    第一节　美国外资安全监管政策选择的理论视角 089
    第二节　中企赴美并购安全审查的影响因素 099
    第三节　美国应对中企并购安全审查的衡量标准 115

第三章　完全通过：大连万达并购 AMC 公司案　　127

第一节　并购信息、产业动态与并购影响　　127

第二节　万达并购 AMC 公司所涉技术和竞争问题　　135

第三节　美国外国投资委员会审查结论的依据分析　　142

第四章　妥协通过：联想并购 IBM 公司 PC 业务案　　148

第一节　联想并购 IBM 公司 PC 业务的背景　　148

第二节　联想并购与中美 PC 产业竞争态势　　155

第三节　美国外国投资委员会对联想并购审查的分析　　161

第五章　被迫撤回：中海油并购优尼科石油公司案　　171

第一节　中海油并购案的背景分析　　171

第二节　中海油并购美国能源企业的影响与争议　　177

第三节　美国外国投资委员会对审查结果的考量因素分析　　187

第六章　绝对拒绝：华为联合贝恩资本并购 3Com 公司案　　196

第一节　华为公司并购案的背景介绍　　196

第二节　华为公司崛起与中美信息产业竞争　　203

第三节　美国外国投资委员会对华为并购的考量因素　　215

结论　　222

附录　　235

参考文献　　330

致谢　　347

导　　论

随着"走出去"战略的实施,中资企业大规模跨国并购引发国际社会高度关注。美国因其庞大的市场规模、完善的外资法规和知识产权保护措施而赢得中国投资者的青睐。比较发现,中企赴美并购的总体失败率,即中企并购意向被美国外国投资委员会(the Committee on Foreign Investment in the United States,CFIUS)审查拒绝或中企被迫放弃的比例远高于其他投资国。基于此,美国外资并购安全审查制度[①]成为影响中企赴美并购成败的首要因素。在中美双边投资协定(Bilateral Investment Treaty,BIT)前景晦暗不明、经济民族主义甚嚣尘上的背景下,加强对美国应对中企并购安全审查的研究意义重大。

第一节　研究问题及意义

就外国直接投资(foreign direct investment,FDI)类型而言,常规上"绿地投资"(greenfield investment)或曰新建投资较受东道国政府欢迎,因而投资准入程序也相对简便。与之相反,跨国并购(cross-border merger and acquisition)因能在短期内获取东道国企业股权、资产和市场,并可能导致东道国失去关键部门控制及关键技术扩散和转移,故需通过东道国外资监管机构的"国家安全"或"反垄断"审查。因此,为维护国家安全和资本自由流动之间的动态平衡,东道国政府普遍存在对外国投资(foreign investment)进行干预和限制的潜在动力,而外资并购安全审查制度就是其主要措施。

[①] 为避免重复,以下所称"审查"或"并购审查",均指代美国外国投资委员会(CFIUS)负责的"美国外资并购国家安全审查"。

一、提出问题

本书提出的核心问题是：针对中资企业并购，为什么美国外国投资委员会的审查结论和程序存在差异？具体而言，为什么外国投资委员会对部分投资审查拒绝，而对其他投资则审查通过？即使最终审查结果同样是通过或拒绝的案例，为何在审查程序上也存在差异，即有的投资起初被外国投资委员会拒绝，但经过协商后获得通过，有的投资却最终迫使中企撤回并购？

作为世界上最早对外资并购实施国家安全审查的国家，美国在保持外资开放与国家安全的漫长博弈中，建立起了一整套相对完善的外资并购审查法规、程序和标准。中企赴美并购因"国家安全"问题遭遇失败的案例最早可追溯到1990年的中国航空技术进出口公司（以下简称"中航技公司"）收购美国马姆科制造公司（MAMCO Manufacturing Company）案，该并购交易是在中企已经完成对马姆科制造公司的所有并购法定程序后，鉴于朝野非议，外国投资委员会建议时任总统布什（George Herbert Walker Bush）以威胁"国家安全"为由，要求中航技公司在3个月内撤回收购所获得的全部投资权益，导致中航技公司功败垂成。[①] 21世纪以来，伴随国际经济格局及自身实力地位变迁，美国率先强化外资并购安全审查力度，对中资企业赴美并购产生了重要影响。实践中，中海油并购优尼科石油公司案、华为公司系列并购案和三一重工投资案失利引发的反响最为强烈。2005年8月，中国海洋石油总公司以高出竞争对手10亿美元收购美国优尼科石油公司横遭美国国会干预而失败。2012年10月，美国众议院特别情报委员会（House Permanent Select Committee on Intelligence, HPSCI）的调查报告借口威胁美国"国家安全"，要求时任总统奥巴马（Barack Hussein Obama）出面阻止中国通信企业华为和中兴通讯赴美并购，并迫使二公司出席美国国会听证会，申明其经营活动不会对美国国家安全造成任何威胁。[②] 2013年7月，奥巴马又以涉嫌威胁美国"军事安全"为由"要求三一重工子公司

---

① See Kristy E. Young, The Committee on Foreign Investment in the United States and the Foreign Investment and National Securities Act of 2007: A Delicate Balancing Act that Needs Revision, U. C. Davis Journal of Law and Policy, 2008, 15, pp.47-48.

② See Souvik Saha, CFIUS Now Made in China: Dueling National Security Review Frameworks as a Counter-measure to Economic Espionage in the Age of Globalization, Northwestern Journal of International Law & Business, 2012, 33, pp.202-230.

罗尔斯(Ralls)公司停止开发位于美国俄勒冈州的风电项目",为此罗尔斯公司不惜将奥巴马和美国外国投资委员会告上法庭,开启了中企运用美国国内法维护自身投资权益的先例。①

近年来,因遭遇美国外国投资委员会审查而失利的中国案例还有多起,既包括中国工商银行、中国化工集团、西色国际投资公司、唐山曹妃甸发展投资公司等国有或国有控股企业,也包括华为等民营投资实体。2005—2014 年,外国投资委员会对中企并购审查数量由 1 件激增至 24 件,年均增速为 42.3%。2013—2015 年,外国投资委员会共审查 39 个经济体的 387 起交易,被审查中企并购数量为 74 起,分别占外国投资委员会当年审查总量的 21.7%、16.3% 和 20.3%,年均达 19.4%,审查比重连续三年位居第一。② 事实上,就美国外资来源地而言,截至 2017 年,中国也仅仅排在英国、爱尔兰、德国、日本和法国之后,居第六位。③

特朗普(Donald Trump)执政后,将制造业外迁、就业岗位流失和国家债务高企归因于原奥巴马政府支持的全球化政策和自由贸易,从经济民族主义视角审视美国内外经济政策,倡导"美国优先"(America first),④排斥国际合作。2018 年 3 月,美国贸易代表办公室(Office of United States Trade Representive, USTR)发布《基于 1974 年贸易法 301 条款对中国关于技术转移、知识产权和创新的相关法律、政策和实践的调查结果》,并据此挑起中美贸易战。⑤ 鉴于中国在信息通信、大数据、机器人等高科技领域的发展,美国财政部还计划启动《国际紧急经济权力法案》(International Emergency Economic Powers

---

① See Christine Ryan, Too Porous for Protection? Loopholes in EB-5 Investor Visa Oversight Are Cause for National Security Concern, *San Diego Int'l L. J.*, 2015, 16, pp.418-420.
② 参见 CFIUS, Annual Report To Congress 2014—2016;国务院白皮书《关于中美经贸摩擦的事实与中方立场》,http://www.scio.gov.cn/zfbps/32832/Document/1638292/1638292.htm,访问日期:2019 年 5 月 29 日。
③ 关于美国外资来源地的资料,参见美国商务部(Department of Commerce)2018 年 9 月 7 日发布的数据,https://www.commerce.gov/news/blog/2018/09/manufacturing-leads-top-sector-foreign-direct-investment-united-states,访问日期:2018 年 9 月 30 日。
④ 参见祁玲玲:《选举政治的逻辑——美国反政治正确的归因分析》,载《世界经济与政治》2017 年第 10 期,第 67—89 页。
⑤ See USTR, Section 301 on China's Acts, Policies Related to Technology Transfer, Intellectual Property, and Innovation, March 22, 2018, https://ustr.gov/sites/default/files/Section%20301%20FINAL.PDF, accessed May 1, 2019.

Act, IEEPA)抑制中国在高新科技领域对美国的投资,甚至考虑将外国投资委员会审查范围扩展至中国与第三国的合资企业(joint adventure)在美国的投资。① 据美中经济安全审查委员会(U.S.—China Economic and Security Review Commission, USCC)统计,2017年至2018年第三季度,中企投资被总统否决1起,②因遭遇外国投资委员会审查而被迫撤销的投资高达9起,投资领域集中在半导体、信息通信、金融服务业、大数据和新材料等高新技术领域。③ 2019年5月15日,特朗普政府发布的紧急行政令宣称,外国敌人正在不停制造且利用通信信息领域的薄弱点,对美国国防、外交、经济领域造成超乎寻常(extraordinary)的威胁,为此美国必须启动紧急状态,并授权美国商务部禁止美国公司购买外国敌人生产的电信设备和技术,④此举标志着美国开启对中国华为公司的全面"围剿"。

作为一项解释性研究,本书借助技术转移(technology transfer)和市场竞争(market competition)两个自变量,从政治和经济互动的视角厘清美国外资安全政策及外国投资委员会应对中企赴美并购安全审查的逻辑,具体包括:外国投资委员会针对中企并购安全审查中,究竟是哪些因素影响或决定了外国投资委员会的审查结论? 这些因素在影响效应上是否存在差异,以及这种差异是如何影响审查程序和结果的?

二、概念界定

以下对核心研究问题所涉及的关键概念即国家安全、并购与外资并购和美国外国投资委员会作出界定:

1. 国家安全

"国家安全"(national security)作为一个明确、完整的概念起源于沃尔特·

---

① 参见周远方:《美国再次威胁或启动"国家紧急状态"限制中国投资》,https://www.guancha.cn/america/2018_04_20_454369.shtml,访问日期:2019年2月17日。

② 2017年8月,CFIUS提议总统否决中国峡谷桥基金(Canyon Bridge Capital)出价13亿美元收购美国芯片制造商莱迪斯半导体公司的并购申请。

③ 参见国务院白皮书《关于中美经贸摩擦的事实与中方立场》,http://www.scio.gov.cn/zfbps/32832/Document/1638292/1638292.htm,访问日期:2019年5月29日。

④ See White House, Executive Order on Securing Information and Communications Technology and Services Supply Chain, White House, May 15, 2019, https://www.whitehouse.gov/presidential-actions/executive-order-securing-information-communications-technology-services-supply-chain/, accessed May 27, 2019.

李普曼(Walter Lippmann)于1943年出版的专著《美国外交政策》。其中,李普曼对"国家安全"的概念界定,简洁且不失精要。国家安全系指不牺牲合法利益即可避免战争。① 以下是学界围绕国家安全的内涵和外延开展的研究:一方面,关于国家安全的概念演进。黄仁伟等指出,国家安全是指主权国家对于其内外部事务的控制力。② 金钿从国家主权和安全的视角出发,称"国家安全表现为对国家的生存和发展没有或很少受到重大威胁状态的一种界定"③。罗伯特·利珀(Robert Lieber)的存在现实主义(existential realism)在论及无政府状态下的国家安全困境时曾指出,国家安全实质是指处于"安全困境"下国家之间的相互依存度,冷战后美国国家安全重点由偏重政治军事安全向经济安全和环境安全转变。④ 汉斯·沃尔夫(Hans Wolff)认为,国家安全是一个历史范畴,冷战后国家安全的内涵和外延呈扩展趋势,既表现为国家安全横向范围的扩大,也是安全层级纵向的提升,即原本次级领域的安全问题,如经济安全等上升到国家安全层面。针对冷战后西方国家倡导的"人权高于主权"和"人权无国界"等论点,罗伯特·基欧汉(Robert H. Keohane)和约瑟夫·奈(Joseph S. Nye)指出,国家安全概念的模糊性越来越强,为国家安全外延扩大化提供了机会和借口。⑤ 关于国家安全与国家利益的关系,美国学者小霍姆斯(Oliver Wendell Holmes)指出,国家安全是一种活生生的外皮(skin),它所应用的时间和环境不同,色彩和内容也就截然不同,随国家利益的变化而变化,总体反映出国家利益的现实需要。⑥ 而莱斯维尔(H. Laswell)则强调国家安全的时效性,并指出"所有关于国家安全的提法都不一定对所有期间的结果有效,我们最大的国家安全应该存在于外交政策所有手段的最佳平衡之中"⑦。

另一方面,国家安全与经济安全的关系。广义上的"国家安全"内涵包括政

---

① See Walter Lippmann, *US Foreign Policy: Shield of the Republic*, New York: Johnson Reprint Corp., 1971, p. 8.
② 参见黄仁伟、刘杰:《国家主权新论》,时事出版社2004年版,第160页。
③ 金钿主编:《国家安全论》,中国友谊出版公司2002年版,第1页。
④ 转引自倪世雄等:《当代西方国际关系理论》,复旦大学出版社2004年版,第151页。
⑤ 参见〔美〕罗伯特·基欧汉、约瑟夫·奈:《权力与相互依赖——转变中的世界政治》,林茂辉等译,中国人民公安大学出版社1992年版,第6—11页。
⑥ 转引自王东光:《国家安全审查:政治法律化与法律政治化》,载《中外法学》2016年第5期,第1292页。
⑦ 转引自黄仁伟、刘杰:《国家主权新论》,时事出版社2004年版,第60—90页。

治、军事和经济安全,因而经济具有极其重要的国家安全含义。经济安全(economic security)产生于国际经济领域,但却有别于纯粹的经济问题。霍尔森(Holsen)和维尔波耶克(Waelboeck)认为,"国家可能会把削弱其国内经济水平的能力视为经济安全威胁,即使这种削弱并未产生可见的经济损失"[①]。常规上,对经济安全的忧虑往往产生于双方在经济层面的相互依赖,即双方的相互依赖程度越深,相互间经济损害的几率也会越高,因而潜在的经济安全威胁越严重。冷战后,世界各国充分意识到,传统的军事和政治安全已不再是一国主权存续和发展的关键,保障本国经济安全的重要性日益受到关注。

20世纪70年代的"两次石油危机",即1973年第四次中东战争期间阿拉伯国家集体对西方国家实行"石油禁运"和1979年伊朗"伊斯兰革命"(Iranian revolution)爆发及随后"两伊战争"(Iran-Iraq war)导致波斯湾沿岸产油国石油出口锐减,对日本和西欧国家的能源供应安全产生严重威胁。在此背景下,日本成为首个从"国家安全战略"高度倡导"经济安全"的国家,于1980年出台《国家综合安全报告》,首度提出"经济安全"的概念。1985年,《广场协议》(Plaza Accord)签订后,日资企业大举投资美国,引发所谓"日本经济威胁论"。基于此,美国里根(Ronald Wilson Reagan)政府开始通过限制日企市场准入和进行政治施压的方式,迫使日本政府自动限缩对美国的出口及对美国经济的影响力。1993年,克林顿(William Jefferson Clinton)政府首次将"经济安全"纳入美国《国家安全战略》的范畴。1999年制定的《新世纪国家安全战略》更是将"经济安全"上升为美国"国家安全战略"的三大核心目标之一,将经济繁荣视为美国以实力谋求霸权地位的基础。[②]"9·11事件"后,出于"掐断恐怖势力资金来源"和借反恐之机"遏制新兴大国崛起"的考量,美国政府对外国投资加强监管,导致对外资并购中的"国家安全"认定呈现扩大化趋势,特别是对涉及中国、中东国家"国有企业"(state-owned enterprise, SOE)、主权财富基金(sovereign wealth fund, SWF)及对"关键技术"和"关键基础设施"的并购采取程序更严、时间更长的审查程序,而港口、电信、金融和能源等基础设施更是外资并购审查

[①] 转引自陈曦:《国家经济安全研究的理论综述》,载《改革与开放》2012年第24期,第76页。
[②] 克林顿政府确立的美国《新世纪国家安全战略》确定的三大目标分别是:加强美国的安全、保障美国的繁荣和促进国外的"民主"与"人权"。参见中雷:《图谋称霸全球的战略——评美国〈新世纪的国家安全战略〉》,载《国家安全通讯》2000年第5期,第21—24页。

的敏感行业。

2. 并购与外资并购

并购,顾名思义是指兼并(merger)和收购(acquisition)的统称,因并购与企业法人的合并、破产和债务继承等问题密切相关而备受关注。《布莱克法律大词典》(*Black's Law Dictionary*)将"兼并"界定为:"一个公司被另一个公司吸收,后者则继续保存它的名称和地位,并取得前者的全部或部分财产、责任义务、特许权和其他权利(或权益)等,而被吸收(兼并)的公司则不再以独立的商业主体地位存在。"[①]"收购"则被界定为"成为某项资产所有人或获得特定财产所有权的行为"[②]。"收购"即收购方企业运用现金、债券或股票购买目标公司的全部、部分股权或资产,从而获得目标公司控制权的法律行为,而目标公司的法律人格并不必然消失。[③] 与"兼并"不同,"收购"作为一种特殊的民事(商事)法律行为,仅在各国公司法的"股权转让"部分有所涉及,但对上市公司的"收购"行为却通常有比较详细的法律规定。事实上,"兼并"和"收购"的概念比较表明,二者的核心要素都是企业产权(enterprise property right),即目标企业所有权部分或全部转让。现代公司制度下,企业产权转让的核心是企业"控制权"的移转。因此,所谓"并购"泛指在市场机制作用下,企业为获取其他企业的"控制权"而进行的产权交易活动。[④]

跨国并购(cross-border merger and acquisition)是伴随经济全球化和全球价值链(global value chains,GVC)的形成而发展起来的,当前已超越"绿地投资"成为外国直接投资的主要形式。关于"跨国并购"的概念,联合国贸易与发展会议(United Nations Conference on Trade and Development,UNCTAD)将其区分为跨国合并和跨国收购两种:前者系指一国企业通过资产和经营的结合形成新的法人实体的行为;后者系指一国企业收购另一个企业的全部、部分资产或股权,并实际获得目标企业的资产或经营控制权。[⑤] 而国际货币基金组织

---

① 漆彤:《跨国并购的法律规制》,武汉大学出版社2006年版,第5页。
② 同上书,第5页。
③ 参见叶建木:《跨国并购:驱动、风险与规制》,经济管理出版社2008年版,第13页;杨静:《外资并购国家安全审查制度的平衡机制研究》,法律出版社2017年版,第17页。
④ 应当说,美国对外资并购主体"身份"特别是国有企业并购中的认定采取"控制说"的理论根源即在于此。参见杨静:《外资并购国家安全审查制度的平衡机制研究》,法律出版社2017年版,第17页。
⑤ UNCTAD,World Investment Report 2004,p.7.

(International Monetary Fund,IMF)则直接采纳"跨国并购"的概念,并将其定义为"通过兼并或收购国外公司的股权或者资产取得目标企业控制权的商业行为"。外资并购(foreign investors' merger and acquisition)是与跨国并购密切联系的概念,系指外国公司通过一定的程序和渠道进行兼并或收购,并依照东道国的法律取得东道国现有企业的部分或全部控制权。[①] 因此,跨国并购和外资并购的核心均在于"将并购对象的控制权从东道国企业转移至投资来源国的企业",本质上是国际资本流动和收益国际再分配背景下的一种特殊产权交易行为。客观上,外资并购对东道国的经济发展是一把"双刃剑"(double-edged sword):一方面,外资并购不仅对全球范围内优化资本配置、提高生产率和促进技术升级意义重大,而且有利于东道国引进资金、技术和先进管理经验,实现东道国对本国产业结构和企业经营模式的重构,同时也会为东道国的技术升级、就业市场和税收体系带来增益;另一方面,外资可能通过并购控制与国家安全相关的重要部门和关键技术,从而威胁东道国的国家安全。

如前所述,外资并购的本质,即企业的"控制权"问题。联系本书核心研究问题,"9·11事件"后,就投资者而言,来自外国国有企业和主权财富基金的并购是美国外资并购安全审查的重点对象。而国有企业作为中国国民经济的支柱,在资本、规模、技术和管理上均具显著优势,因而是中国参与全球投资博弈的主要力量。为此,美国朝野经常指责中国国企获取"国家补贴"赢得不正当竞争优势,违背"竞争中立"政策。回顾历史,美欧国家在拓展海外投资时依照商业标准将国家行为区分为主权行为和事务行为,即一国政府从事事务行为时,东道国有权(应当)将其视为普通外国投资者,以此为本国跨国公司对外投资清除来自发展中国家的经济"藩篱"。根据惯例,一项投资(事务行为),只要是以外国公司、企业或其他经济实体等经营组织的形式出现,即使融资来源于国家也应平等对待。国际投资争端解决中心(International Centre for Settlement of Investment Disputes,ICSID)依据《华盛顿公约》第25条确定管辖权时就指出,对企业国际投资"行为属性"的认定采取"经营说",核心是企业实际经营行为,即"只要企业在法律上具有法人地位,就当然属于国际投资争端解决中心所认

[①] 跨国并购和外资并购的概念参见杨静:《外资并购国家安全审查制度的平衡机制研究》,法律出版社2017年版,第17—18页。

可的'国民',而不论法人的出资人是国家还是公民"①。上述认定亦为 2014 年的北京城建诉也门案(Beijing Urban Construction Group Co. Ltd. v. Republic of Yemen, ARB/14/30)所确认:关于也门政府提出的北京城建集团充当了"中国政府代理人的角色",不属于《华盛顿公约》第 25 条项下"另一缔约国投资实体"的说法,仲裁庭认为,起初北京城建集团凭借其在商业上的优势,通过公开竞标而获得该项目,尽管北京城建集团作为国企确实在管理、运营等方面受中国政府监管,但中国政府对北京城建集团享有监督、控制权的事实,并不能说明北京城建参与萨那国际机场二期项目建设投标并最终进行项目建设,构成履行政府职能的行为。②

美国《外商投资与国家安全法》(Foreign Investment and National Security Act of 2007, FINSA)基于《伯德修正案》(the Byrd Amendment)的理念,提出"受管辖交易"(covered transaction)概念,对企业投资"行为属性"采用"控制说"(control theory),由此将外国投资委员会的审查重点转向主权资本和国有企业。"外国政府控制交易"概念又进一步指出,政府拥有企业所有权或控股权意味着政府控制了企业,推导出国有企业投资整体或部分代表了国家行为,对外投资行为也必然承担国家政策使命的结论。国有企业作为中国最具竞争力的市场主体和对外投资的主力军,美国外国投资委员会审查国企并购时刻意忽略"中国国企所有权和经营权分离的事实,曲解中企的投资意图",旨在达到抑制中国国企赴美并购的目的。事实上,中航技并购案、中海油并购案,以及西色国际投资公司并购案等案例一再证明,美国外国投资委员会审查下中国"国有企业"并购处于不利地位。

此外,美国社会还指责中国具备市场竞争优势的"民营企业"接受政府的融资支持,而且公司治理和股权结构不透明。实践中,外国投资委员会针对中企赴美并购除考量投资者的所有制结构外,还进一步延伸到中国民企的融资来源、企业内部治理机制,甚至中企高管的既往任职经历等。例如,随着华为公司和中兴通讯在全球电信产业领域的崛起,2007 年和 2011 年,华为公司曾两次并

---

① 杨静:《外资并购国家安全审查制度的平衡机制研究》,法律出版社 2017 年版,第 173—191 页。
② 上述北京城建集团案例信息参见 ICSID, Beijing Urban Construction Group Co. Ltd. v. Republic of Yemen (ARB/14/30), https://arbitration.org/sites/default/files/awards/arb4692.pdf,访问日期:2020 年 9 月 9 日。

购美国企业即 3Com 和 3Leaf 公司,均因遭遇美国国会和外国投资委员会的强力干预而失败。2012 年 10 月,美国众议院特别情报委员会要求华为公司和中兴通讯出席国会听证会,并要求二公司解释和阐明与中国政府的关系、中国共产党"党委"及"党组"在公司运营管理中所扮演的角色,同时要求公开华为公司"内部材料"以证清白。① 比较发现,历史上美国政府常以保护"商业机密"和"政府中立"为由,在国际投资争议中,阻止外国政府或仲裁机构要求美国公司公开内部信息的要求。

3. 美国外国投资委员会

1975 年,美国外国投资委员会根据福特(Gerald Rudolph Ford)总统 11858 号行政令建立,是美国实施外资并购安全审查的跨部门核心机构,现已成为实施 1988 年《埃克森—弗洛里奥修正案》、2007 年《外商投资与国家安全法》及 2018 年《外国投资风险评估现代化法案》的核心机制。②

第一,美国外国投资委员会的组成。1988 年 12 月,里根总统签署 12661 号行政令,将《埃克森—弗洛里奥修正案》赋予总统的"对外国投资影响国家安全的审查权"委托给美国外国投资委员会行使,该行政令还规定外国投资委员会由财政部长任主席。2007 年,《外商投资与国家安全法》再次明确外国投资委员会的组成部门:法定成员共 9 位,其中财政部长、国务卿、商务部长、国土安全部长、国防部长、总检察长、能源部长具有正式投票权,劳工部长和国家情报局长为参与成员。2008 年,时任总统布什签署 13456 号行政令,新增 3 位成员,即美国贸易代表、科技政策办公室主任、总统或财政部长在某个具体案件中指定的其他部门具体负责人。该行政令还新增 5 位观察员,即管理与预算办公室主任、经济顾问委员会主席、总统国家安全事务助理、总统经济政策助理及总统国土安全和反恐事务助理。同时,新增财政部长助理职位,负责监督外国投资委员会的工作,该职位负责人由总统任命,且须获得参议院

---

① 国会调查资料参见 U. S. House of Representatives,112th Congress,Investigative Report on the U. S. National Security Issues Posed by Chinese Telecommunications Companies Huawei and ZTE October 8, 2012.

② See Christopher M. Weimer, Foreign Investment and National Security Post-FINSA 2007, *Texas Law Review*,2009,87, p. 667.

同意。①

几经调整,截至 2019 年年末,美国外国投资委员会的组成机构包括 9 个正式成员:财政部、司法部、国土安全部、商务部、国防部、国务院、能源部、贸易谈判代表、科技政策办公室;5 个非正式成员:预算管理办公室、经济顾问委员会、国家经济委员会、国家安全委员会及国土安全委员会,以上 14 个部门享有投票权。而劳工部长和国家情报主管为参与成员,不享有投票权。② 除美国外国投资委员会外、总统和国会也是美国外资并购审查的重要机构。

第二,美国外国投资委员会的职责。美国外国投资委员会的职责形成是一个历史的过程。事实上,在《埃克森—弗洛里奥修正案》出台之前,外国投资委员会主要负责对"美国境内外国投资现状进行分析和评估",其本质是一个咨询、建议机构,具体表现为:首先,分析美国境内外国投资的趋势及发展,为政府的外资政策提供建议和决策咨询;其次,为外国政府在美国投资提供磋商指南,并根据国家经济环境变化,适度调整美国的外国投资规范;再次,就可能对美国利益(包括但不限于安全利益)构成重大影响的外国投资并购进行审查;最后,依据美国经济的客观需要,拟定新的外国投资法案,提交美国总统,供政府和国会讨论。此外,依据福特总统 11858 号行政令,美国商务部在搜集、使用外国投资信息方面享有广泛权力,其他部门应予协助,包括外国投资委员会,该项规定意在促进商务部和财政部在外资开放与监管方面的政策协调和平衡。比较发现,《外商投资与国家安全法》对外国投资委员会投资并购审查地位的法定化,反映出国会对外资并购安全审查影响力的加强,意味着外国投资委员会不再是仅仅服从于总统领导的咨询、授权机构,而转化为正式接受国会监督的外资并购安全审查执法机构。

回顾历史,每逢重大并购案件出现,美国国会都会适时出台监管法案,强化外国投资委员会的审查权力。(见表1)第一,鉴于外资并购案件专业性提升,每一项交易都需要不同部门提供专业知识分析,国会对财政部长独享外资并购审查权力不信任。《外商投资与国家安全法》特别规定,具体案件在外国投资委员

---

① See Christopher M. Weimer, Foreign Investment and National Security Post-FINSA 2007, *Texas Law Review*, 2009, 87, p.667.

② 目前,美国外国投资委员会的具体成员、投票权分布,以及主要负责人的信息,详见美国外国投资委员会官网。

会审查前,财政部长须依据个案实际情况,指定一个或数个成员部门作为该案审查的"牵头部门"。"牵头部门"的设定,需要根据部门自身专业背景与特色,以与并购案件类型的匹配度为标准确定,具体职责是负责监督和执行个案审查全过程,包括但不限于:缓和协议谈判、设定其他保护国家安全的条件、修改交易实质内容,并将修改内容及时向国家情报局长、司法部长等与修改有实质利害关系的机构首长通报。第二,《外商投资与国家安全法》强化总统在外资并购安全审查中的权力,包括暂停或禁止可能威胁美国"国家安全"的"受管辖交易"、对美国外国投资委员会的审查结论决定并宣布是否暂停或禁止交易、指示总检察长实施并强制执行其决定。第三,《外商投资与国家安全法》首次明确国会对外资安全审查程序的监督权力,包括众议院和参议院司法委员会审议外国投资委员会的年度报告(annual report)、外国投资委员会的国会证明(certification of congress)制度①,以及对外国投资委员会已完成程序的交易启动重审等。② 第四,《外国投资风险评估现代化法案》在扩大外国投资委员会管辖范围的同时,着重加强国防部、情报机构和国土安全部在美国外资并购安全政策制定和监管中的地位,"特别关注国家"名单的确定,进一步强化对中国等新兴大国投资美国高新科技领域的审查力度。

表1 美国外国投资委员会所涉主要法案、条例与行政令(1975—2018年)

行政令/法案	主要内容
1975年第11858号行政令	1. 美国成立外国投资委员会(CFIUS) 2. 授权CFIUS:分析外资在美国的发展趋势;为外资提供指导与咨询;审查外资对美国国家安全的影响;为与外资相关的新法规的出台提供建议
1988年《埃克森—弗洛里奥修正案》、12661号行政令	1. 授权美国总统审查外国投资影响国家安全的权力 2. 总统授权CFIUS负责执行外资安全审查权力,并及时向总统提供建议 3. 建立自愿申报体系和正式审查程序 4. CFIUS成员增至12名

---

① 国会证明制度是指外国投资委员会对某项交易完成审查程序后,外国投资委员会主席(财政部长)和牵头审查部门的首长应向国会及时提交书面证明通知。在完成交易调查程序后应尽快向国会提交书面证明报告,并说明调查结果。

② 《外商投资与国家安全法》规定,国会可以随时要求外国投资委员会报送已经完成审查程序的交易的概要报告,体现出国会的"事后监督"的权力。

(续表)

行政令/法案	主要内容
1992年《伯德修正案》	1. 授权CFIUS对具有外国政府背景的企业进行强制审查 2. 增加总统向国会汇报CFIUS审查情况的义务
2007年《外商投资与国家安全法》、2008年《外商投资与国家安全法实施细则》、2008年13456号行政令	1. CFIUS规模扩大至16个联邦机构(包括正式成员、非正式成员和观察员) 2. 财政部长任CFIUS主席,授权其为每一项被审查的案件确定负责部门(牵头机构),并向国会提交年度审查报告 3. 授权CFIUS任一成员(副部级以上)可对任何一项外国投资启动单边审查 4. 还原条款:总统或CFIUS可以对任何一项已经完成审查的交易,启动重新审查程序,原则上受交易完成后3年内的时效限制,但存在例外情形(CFIUS主席与其他成员协商即可) 5. 国家情报总监向CFIUS提供分析报告 6. 国家安全局长必须审查和分析所有申报的交易案 7. 新增审查重点:国土安全因素、企业政府背景及反恐合作配合度
2018年《外国投资风险评估现代化法案》	1. 外国人购买或租赁美国境内的房地产、其靠近美国的军事设施或者靠近美国政府的其他与国家安全相关的设备或财产 2. 并购任何美国人在美国核心技术公司和关键基础设施公司的投资 3. 因外国人的投资可能发生权属改变,可能造成美国公司受到外国控制 4. 美国核心技术公司通过任何形式的安排,如核心企业等向外国人提供支持 5. 任何通过破产程序或债务违约行为所造成的前述交易行为 6. 简化"自愿审查通知"提交的程序,引入"申报"程序,并具体规定了"强制申报"的情形:涉及外国政府利益的交易且获得美国公司25%以上表决权;CFIUS基于"自由裁量权"认为需要"强制申报"的情形

资料来源:根据公开资料整理。

三、研究意义

国际体系内大国之间尚无通过经济竞争和平过渡,实现权力转移的先例。① 一方面,传统国际关系理论对美国霸权护持的研究大多从政治和军事的角度进行考察,从贸易和投资政策等国内制度建构的角度探讨霸权护持的研究相对不足;另一方面,针对美国外资并购安全审查的研究也多局限于审查制度本身或从法律规则的视角去解读,从政治和大国竞争角度进行的解读相对较少。

1. 理论意义

传统上,国际政治经济学者如查尔斯·金德尔伯格(Charles Kindleberger)探讨了霸权与开放稳定的国际经济的关系,罗伯特·吉尔平(Robert Gilpin)从权力角度分析了跨国公司与霸权的关系,但这些都是以霸权或发达国家的对外投资行为为基础去探讨资本输出对美国霸权的影响。事实上,除却20世纪90年代,傅高义(Ezra F. Vogel)等美国学者对源自日本企业的资本对美国经济技术的影响作过针对性研究外,对来自挑战国的资本赴美并购对美国政治经济影响的研究不甚充分。②

第一,深化对外资并购安全审查从法律语境向政治经济视角转化的研究,特别注重从中美大国战略博弈的角度去解读。比较研究发现,既有文献对美国外资并购安全审查制度的探讨主要来自法学学者,研究方向也基本是从"法律规则"的角度去探讨制度合理性和科学性,缺乏从政治经济视角质疑其"制度价值"合理性的研究成果。③ 事实上,美国外资并购安全审查制度虽处于"法律语境"下,但并不是一个纯粹的法律问题,不能仅从法学视角去分析和解读。如果

---

① 英美霸权转移中,尽管英美双方未直接发生冲突,但一战和二战对英国实力的削弱则是英美和平权力转移的关键因素。事实上,一战后英美围绕德国赔款、欧洲战债及世界贸易问题所体现出的国际经济主导权争夺已具有霸权国和崛起国权力转移的特征。参见康欣:《国家债权与霸权转移》,复旦大学2014年博士学位论文;张春:《管理中美权势转移:历史经验与创新思路》,载《世界经济与政治》2013年第7期,第74—90页。

② 尽管探讨日本企业20世纪80—90年代对美国投资并购的文献为数不少,但鉴于日本的战败国地位,考虑到彼时日本正处于美国军事占领之下,日企投资对美国的影响大多限定在经济技术领域,政治或观念冲击并不涉及。事实上,在美国主流精英看来,中国经济的崛起对美国的影响无疑更全面。

③ 如果仅从"法律规则"的角度出发,美国外资并购审查制度是国内法调整的行为,当然属于美国主权行为,主权行为对于外国投资者而言无权质疑其"制度价值"。仅从"法律规则"的角度看待美国外资并购法规显然与全球化时代的国际制度环境以及美国一贯的对外政策传统不相符。

仅从法律角度(探讨"是非")出发,美国外资并购安全审查的对象应瞄准"外国投资",而不是将"投资者"本身作为审查重点。实践中,美国外国投资委员会对"投资者"国籍(national identity)格外重视,2006年的迪拜港口并购案就是例证。该案中,部分美国国会议员认为,迪拜港口世界公司(Dubai Ports World)属于阿联酋政府投资基金所有,而阿联酋政府与"9·11事件"中的恐怖分子有关,所以该并购会威胁美国及盟友的国家安全。① 应当说,对该问题的传统研究将并购安全审查锁定在经济或者法律视角,导致研究不全面和不充分,特别是在中美战略博弈加剧的背景下,对美国外资并购安全审查制度的考查必须关注中美战略竞争,应该从国际政治博弈和国家战略互动的视角重新审视该问题。

第二,丰富国际政治经济学(IPE)有关跨国公司对外投资的理论,特别是霸权国家的经济民族主义政策②与国家对外经济政策选择的关系。国际政治经济学对贸易政治和汇率政治的研究历史久远,且成果丰硕,而对投资政治的研究则相对不足。受制于后殖民时代的环境限制,伊曼纽尔·沃勒斯坦(Immanuel Maurice Wallerstein)、萨米尔·阿明(Samir Amin)等发展经济学学者集中关注国际投资所产生的利润转移、技术和资本的不对称依赖给发展中国家所造成的政治经济依附关系。③ 与之相反,国际社会对于国际投资流入对发达国家特别是霸权国家自身影响的研究不足。④ 此外,鉴于特殊的政治经济制度、企业管理和运营模式,中国跨国公司对传统上建立在发达国家主导国际投资分工基础上的理论产生冲击和重塑效应。鉴于此,泰德·菲什曼(Ted C. Fishman)在查默斯·约翰逊(Chalmers Johnson)提出的"发展型国家"(developmental state)理

---

① 参见 James E. Mendenhall, Assessing Security Risks Posed by Stated-Owned Enterprises in the Context of International Investment Agreements, *ICSID Review*, 2016, 31(4), pp.36-4;王东光:《国家安全审查:政治法律化与法律政治化》,载《中外法学》2016年第5期,第1289—1313页;韩召颖、吕贤:《美国对中资并购实施安全审查的经济民族主义分析》,载《求是学刊》2019年第4期,第156页。

② 惯常而言,美国新自由(制度)主义霸权以开放性国际经济体系为支撑,而金融危机后美国兴起"逆全球化"现象对传统的国际投资政治理论影响颇大。有关美国新自由(制度)主义霸权的信息,参见王逸舟:《西方国际政治学:历史与理论》,上海人民出版社2006年版,第460—478页。

③ See Samir Amin, *Imperialism and Unequal Development*, New York: Monthly Review Press, 1977, pp.89-146.

④ 国际政治经济学的既有研究成果表明,国际投资对发达国家的影响分为两种类型:一是资本输出对发达国家的影响,对此,罗伯特·吉尔平的《跨国公司与美国霸权》已有较为详尽的阐述;二是国际资本输入对发达国家产业结构、经济安全与技术优势的影响。

论的基础上,以"日本公司"为"蓝本"对所谓"中国公司"进行探讨。在此,本书以中国"跨国公司的对外投资"作为研究对象对国际投资政治理论的重构亦具启发意义。此外,传统的国际投资理论建立在开放性的国际经济规制之上。后危机时代,如何认识美国外资安全政策选择与开放性经济衰落,以及经济民族主义兴起的关系?中国崛起所引发的国民心理变化(观念因素)对美国外资安全政策选择有何影响?[①] 本书也有所启示。

第三,拓展对投资"联系权力"与霸权正当性削弱和霸权护持关系的认识。资本是中性的,投资本身是经济学范畴,但资本与权力结合便具有政治属性,进而形成"联系权力"。既有文献对美国霸权的护持主要着眼于政治和军事领域,对经济领域的研究也大多体现为贸易保护和经济制裁。对国际投资特别是对外国赴美投资、美国国内经济政策选择与霸权护持关系的关注较少。[②] 应当说,造成这种结果的原因是多方面的:一是鉴于美国长期充当全球主要资本输出国的角色,学术界对美国资本输入政策的关注先天不足;二是与美国跨国公司的对外投资相比,外资并购安全审查制度作为美国国内政策似乎与霸权护持关联性不够强;三是传统上认为中国资本尚不足以对美国经济安全、技术垄断和市场自主产生较大影响。时过境迁,上述理由在 2008 年全球金融危机后都有不同程度的变化,这种客观条件的变化促使美国政府开始认真关注中国跨国公司的对外投资效应,本质上将外资并购安全审查与维护自身霸权地位相联系。

2. 现实意义

政策需要政治,战略博弈时代的政策选择更需要政治。在中美战略竞争加剧背景下,美国国内政治主体为维护本团体利益,而"借民主之名"表达自身利益诉求,进而影响政府对外经济决策。作为一项解释性研究,本书旨在对美国外国投资委员会审查中企并购作出不同结果的原因进行解释。

第一,实力变迁是美国本轮外资安全政策调整的基础动力。"国家利益至上"或曰"美国至上"是美国内外政策制定的根本出发点,无论倡导"自由贸易",或"经济民族主义",初衷莫不若此。应当说,作为现行国际秩序的主导者,维护霸权地位是美国国家利益的最高和终极体现。20 世纪 80—90 年代,日本和欧

[①] 参见潘亚玲:《美国崛起的社会心理演变——从榜样到救世主》,载《国际展望》2019 年第 2 期,第 1—20 页。

[②] 参见康欣:《国家债权与霸权转移》,复旦大学 2014 年博士学位论文,第 5—27 页。

盟曾相继尝试在贸易和投资领域挑战美国经济霸权,但都铩羽而归。中国崛起作为 21 世纪地缘政治和体系变迁最具影响力的事件,中资企业"走出去"恰恰是中国崛起大战略的重要组成部分。毋庸置疑,"走出去"对中资企业参与全球资源配置、提高技术水平、推动产业链升级至关重要。而中美实力变迁所产生的政治经济效应始终影响并制约着美国对华经贸政策的制定,同样也构成美国对中企并购频繁启动国家安全审查的首要原因。

第二,技术转移效应与投资者身份是美国应对中企并购安全审查的主要考量因素。理论上,美国外资并购安全审查的对象应该是"投资项目",而非"投资者"。实践中,美国外国投资委员会却将投资者背景,尤其是国籍、企业所有权与股权构成及与政府的关系,甚至高层管理人员的过往经历都纳入审查范围。外国投资委员会的审查历史也表明,如果并购发生在美英这样的同盟国家之间、美中这样的大国竞争对手之间或美朝这样的敌对关系国家之间,引发的安全关注与担忧将完全不同。2012 年,围绕华为公司和中兴通讯赴美国开展投资活动,美国众议院特别情报委员会调查后认为"华为和中兴通讯的内部设立了中国共产党'党委'或'党组',而且二者拒绝解释'与中国共产党的关系'违反了美国国内法。此外,华为公司创始人任正非(Ren Zhengfei)与董事长孙亚芳(Sun Yafang)曾供职于中国军队和国安部门,美国有理由怀疑华为公司与中国政府和中国人民解放军(PLA)之间存在某种特殊联系,华为并购会潜在危及美国政府和军队信息安全"[①]。受此影响,华为公司的一系列赴美并购交易全部因遭遇美国外国投资委员会审查而失败。

第三,市场竞争是美国应对中企并购审查的另一重点考量因素。作为一项隐形投资壁垒,美国外资并购安全审查制度的建立既是国内投资保护的初衷,也是对外资"控制美国"忧虑的结果。2008 年全球金融危机后,奥巴马政府就曾提倡"购买国货"运动和发出"国家出口倡议",意在助推美国企业的出口水平和国际竞争力。事实上,2012 年 10 月的三一重工诉奥巴马案中,在涉案的 Butter Creek 区域除中国外还有第三国拥有同样的发电设备,蹊跷的是其他国家的类似投资并未遭遇美国外国投资委员会的审查。关于本案产生的根源,尽管有学者将此种因投资者或其身份差异所造成的审查结果差异归因于美国外资并

---

① U. S. House of Representatives, 112th Congress, Investigative Report on the U. S. National Security Issues Posed by Chinese Telecommunications Companies Huawei and ZTE, October 8, 2012.

购安全审查的"政治内核"所决定,但考虑到金融危机后中美在国际风电等新能源市场的激烈竞争,事实上此举仍透露出强烈的市场保护意图。特朗普执政后,全方位倡导"美国优先",从经济民族主义视角审视美国内外经济政策,而其"再工业化政策"必然给中国企业赴美并购带来更多的保护主义风险。例如,特朗普政府成立以彼得·纳瓦罗(Peter Navarro)为主席的白宫国家贸易委员会(White House National Trade Council),以监督美国政府在基础设施建设中贯彻"购美国货"及"雇美国人"的计划。①

综上所述,作为经济实力快速上升的大国,中国本身也是战后开放性国际经济秩序的受益者。后危机时代,在无法避免的"安全困境"影响下,中国外部经济发展空间受到美国霸权结构的诸多约束,而美国外资并购安全审查趋紧就是这一变化的具体表现。在特朗普政府将中国定位为战略竞争对手(rival power)的背景下,伴随美国霸权正当性消减、开放性经济衰落与经济民族主义兴起,必将深刻影响美国对外经济政策选择,对美国对华并购安全审查进行研究具有重要理论和实践价值。

第二节 既有文献评述

关于外国投资对国家主权和安全影响的争论是传统国际政治经济学聚焦的重要议题。鉴于相关文献浩如烟海、内容庞杂,而文献评述的主要目的在于探究既有成果的贡献和不足,在此基础上确定本研究的理论基点和逻辑框架,因此,本书只关注与本书核心研究问题直接相关的文献,并就此对学术界的既有研究成果作出评述。

联系本书的核心问题——针对中资企业赴美并购,为什么美国外国投资委员会的审查结果和程序存在显著差异?本书需要回顾与中企赴美并购审查相关的既有研究成果,同时将其大致概括为三大部分:一是美国外资并购审查制度的功能与价值,追溯美国外资并购监管政策变迁的根源;二是中企赴美并购对美国国家安全的影响,剖析美国外资监管部门审查中企赴美并购的本质;三是美国政府对中企并购审查的实践,归纳美国应对中企赴美并购审查的考量因

---

① 参见韩召颖、吕贤:《特朗普政府经济政策的制约因素与前景探析》,载《国际论坛》2019年第5期,第123页。

素。在此基础上,尝试提出本书的研究思路。

一、美国外资并购安全审查制度的功能与价值

进入20世纪80年代,伴随经济全球化兴起和相互依赖加深,经济学者对外国投资的研究深入不同类型外国直接投资对东道国所产生的不同经济和社会效应。相反,政治学者更关注不同类型外国直接投资流入对东道国国内政治及政策选择的影响。在此意义上,学者和政策制定者集中关注两大议题:一是外国直接投资流入对国家安全的影响;二是产业联盟形成与国内政治分化。美国作为最早建立外资并购安全审查制度的国家,已形成一整套相对完善的法规、程序和标准,但伴随制度演进及其完善,也呈现出审查力度不断增强、"国家安全"考量因素泛化和政治力量公开介入的特点。

学术界对美国外资并购安全审查制度的探究首先集中在制度必要性,也就是其制度功能和制度价值上。就美国外资并购审查制度的功能而言,特拉瓦伊尼(Joanna Rubin Travalini)首先以美国规范外国直接投资的立法背景和法律体系为切入点,回顾美国外资并购安全审查制度建立、完善和走向成熟的历程,并就不同时期外资并购安全审查规范的出台背景和立法原则作出精确解析;同时指出,美国外资并购安全审查立法自《埃克森—弗洛里奥修正案》起,始终在不同时期的外国直接投资带来的正面经济效应(经济利益)和国家安全风险(政治安全利益)的负效应之间艰难地寻求平衡。[1] 利昂·格林菲尔德(Leon Greenfield)和本杰明·鲍威尔(Benjamin Powell)对美国外国投资委员会审查过的外资并购案件进行归纳分析后指出,受"9·11事件"影响,2007年《外商投资与国家安全法》及其《2008细则》均要求美国外国投资委员会对外资并购审查更为严格,但在制度价值上仍然维持了总体开放的外资政策,并基本按照法规所确定的审查程序及各阶段的期限作出审查决定。[2] 罗伯特·拉鲁萨(Robert

---

[1] See Joanna Rubin Travalini, Foreign Direct Investment in the United States: Achieving a Balance between National Economy Benefits and National Security Interests, *Northwestern Journal of International Law and Business*, 2009, 29, p.781.

[2] 参见Leon Greenfield and Benjamin Powell, The Committee on Foreign Investment in the United States: The Significant Role of National Security Reviews in Foreign Transactions, *Competition International Law*, 2018, 8, p.35. 转引自杨静:《外资并购国家安全审查制度的平衡机制研究》,法律出版社2017年版,第9页。

S. Larussa)、丽萨·赖莎娜(Lisa Raisner)和托马斯·威尔纳(Thomas B. Wilner)在合著的文章《FINSA 强化了外资并购美国公司的安全审查》一文中,详细回顾了美国外国投资委员会的职能变迁和制度演进,并指出《外商投资与国家安全法》虽然增强了国会监督外国投资委员会的权力,但并未赋予国会在外资并购安全审查中的否决权(veto right)。应当说,《外商投资与国家安全法》仍然秉持《埃克森—弗洛里奥修正案》的立法原则,力图在维持外国投资开放与维护国家安全之间艰难达成平衡。[①]

2005 年中海油并购优尼科石油公司案和 2006 年迪拜港口并购案引发国际社会对美国外资并购安全审查制度"商业问题政治化"和沦为"保护主义"工具的质疑。马尔卡威(Bashar H. Malkawi)也指出,美国外资并购安全审查制度即使在"9·11 事件"后也致力于维护外资开放与国家安全的平衡,但是现在这一平衡受到太多的政治因素和经济民族主义的影响,导致该制度的公信力受到巨大损害。[②] 理查德·雷尼斯(Richard G. Reinis)重点关注外国投资委员会的审查对象,指出其审查对象的范围过于广泛、审查程序缺乏透明度,而且存在国会对审查过程进行不当干预等现象,并告诫美国政府,如果这些缺陷得不到重视和改进,最终将会反向威胁美国国家安全。[③] 托马斯·博格斯(Thomas Hale Boggs)对美国外资并购安全审查程序提出质疑,指责外资安全审查程序过于烦琐,国会享有的强大监督权可能导致案件重复审查,甚至导致投资因利益集团游说而受到政治力量和公众舆论的干预而失败。[④] 詹姆斯·卡罗尔(James F. Carrol)指出,美国外资并购安全审查中存在着"国家安全"概念宽泛、笼统和模糊带来的四大问题:一是"国家安全"的开放性解释可能导致该概念被外国投资

[①] 参见 Robert S. Larussa, Lisa Raisner and Thomas B. Wilner, New Law Heightens Security of Foreign Acquisitions of U. S. Companies, *New York University Journal of Law & Business*, 2007, 4, p.296。转引自杨静:《外资并购国家安全审查制度的平衡机制研究》,法律出版社 2017 年版,第 9—10 页。

[②] 参见 Bashar H. Malkawi, Balancing Open Investment with National Security: Review of US and UAE Laws with DP World as a Case Study, *Australia Law Review*, 2011, 13, pp.160-163。转引自杨静:《外资并购国家安全审查制度的平衡机制研究》,法律出版社 2017 年版,第 10 页。

[③] See Richard G. Reinis, Practitioners Should Advise Clients That Any Transaction Involving Foreign Investment May Come under the Purview of CFIUS, *Los Angeles Lawyer*, 2010, 33, p.47.

[④] See Thomas Hale Boggs, Guiding Foreign Governments through the Complex Intersection of Business Law, and Foreign Policy: The Rising Importance of Washington Counsel, *Business Law Brief (American University)*, 2010, 23, p.77.

委员会不当利用;二是审查机构(CFIUS、国会和政府其他部门)对经济活动的强势介入(经济问题政治化)将造成商业交易的不确定性,并阻碍有益的外国投资流入;三是美国外资并购安全审查作为贸易保护工具可能招致(spell)其他国家的同等报复性对待;四是如果外资并购安全审查被认为基于敌意,可能影响美国与其他国家的经济合作和外交政策目标的实现。① 而马伊拉·加维林(Maira Gavioli)则指出,《外商投资与国家安全法》缺乏对"国家安全"的分析路径,这将可能使其沦为投资保护主义的工具。美国国会虽然被赋予了外资并购安全审查的监督权,并切实强化了对外国投资委员会的外部监督,但反过来又增加了将"外国投资问题政治化"的可能性。鉴于此,美国国会应该为现实的"国家安全威胁"提供明确的分析路径,限制国会参与(干预)程度,为消极投资提供快速审查通道等,以便更有效地达到投资开放与维护国家安全的动态平衡。②

中国学者对美国外资并购安全审查制度的研究是一个循序渐进的过程。一是关于制度介绍。郑雅方详细介绍和系统分析了美国外资并购安全审查制度的历史渊源、实体规范和程序规范,并建议中国的制度建构应借鉴美国相关规范的经验。③ 鲁林对美国外资并购安全审查制度的历史起源、制度变迁和审查特点进行了阐述,并据此提出中国可以借鉴的启示。④ 方达对美国外资并购安全审查机构的功能、组成、运作程序及审查标准和特点作了专题研究。⑤ 蒋姮和伍燕然详细介绍了《外商投资与国家安全法》出台的背景,并对新旧规则进行比较和解读。⑥ 二是国别比较研究。徐维余把美国外资并购安全审查制度与俄罗斯和德国的相关制度进行比较后发现,美国外资并购安全审查制度的构建更加科学、合理,实践中对国家经济利益和国家安全利益的保障更为有利,建议中国外资并购安全立法的原则和精神借鉴美国,注重"维护外资开放和国家安全

---

① See James F. Carrol, Back to the Future: Redefining the Foreign Investment and National Security Act's Conception of National Security, *Emory International Law Review*, 2009, 23, p.167.

② See Maira Gavioli, National Security or Xenophobia: The Impact of the Foreign Investment and National Security Act(FINSA) in Foreign Investment in the U.S., *William Mitchell Law Raza Journal*, 2011, 21, p.171.

③ 参见郑雅方:《美国外资并购安全审查制度研究》,中国政法大学出版社 2015 年版。

④ 参见鲁林:《美国对外来投资国家安全审查制度述评》,载《现代国际关系》2013 年第 9 期,第 20—24 页。

⑤ 参见方达:《透视美国的外国投资委员会》,载《国际技术经济研究》2007 年第 1 期,第 17—20 页。

⑥ 参见蒋姮、伍燕然:《外国投资国家安全审查:美国的新举措及其借鉴》,载《国际经济合作》2007 年第 9 期,第 27—40 页。

的平衡"。① 王小琼进一步扩大了比较范围,除俄罗斯和德国外,进一步将美国与英、法、日等国的外资安全审查制度进行比较,重点分析上述国家外资并购安全审查中对"投资者""控制权"等"关键概念"的判断差异。② 三是从中国企业并购个案考察的角度,探讨美国外资并购安全审查制度。陶立峰通过对三一重工诉奥巴马案的研究指出,中国三一重工公司借助美国国内司法诉讼"告赢"奥巴马政府,使得美国外资并购安全审查制度的"程序正义"问题开始受到国际社会关注,对美国外资并购安全审查中的"商业问题政治化"现象产生一定的抑制效果。同时,此举也为外资并购安全审查中的外国投资者利用东道国司法救济提供了先例。③ 樊志刚和王婕从中兴通讯和华为公司被美国国会调查的角度切入,集中分析了美国外国投资委员会应对中企赴美并购的七大关切:第一,中企投资是否涉及美国关键基础设施(critical infrastructure);第二,中企投资是否受到中国政府控制,并负有某种国家使命;第三,中企投资是否得到中国政府的融资支持;第四,中企投资是否存在投资目的不透明情形;第五,中企投资者是否积极配合美国的安全调查;第六,中企投资是否与美国的反恐政策相一致;第七,中企投资是否存在违反美国法律或法令的行为。④

二、中资企业赴美并购对美国国家安全的影响

20世纪70年代以后,关于外国投资、跨国公司与东道国的关系,美国学界无论是经济学家布鲁斯·科格特(Bruce Kogut)、常(S. J. Chang),还是政治学者威廉·本哈德(William Bernhard)、查默斯·约翰逊(Chalmers Johnson)通常都会给出一个宽泛的分析框架,要么是积极的(如解决资本短缺,促进技术转移,增加税收和就业)意义,要么是消极的(如控制东道国经济,威胁资源安全,雇员利益受损)影响。受上述因素影响,美国朝野对中资企业并购的态度同样复杂。具体而言:一方面,引入中国资本对基础设施改造、制造业复兴及增加就

---

① 参见徐维余:《外资并购安全审查法律比较研究》,华东政法大学2010年博士学位论文,第226页。
② 参见王小琼:《西方国家外资并购国家安全审查制度的最新发展及其启示》,湖北人民出版社2010年版,第282页。
③ 参见陶立峰:《外国投资国家安全审查的可问责性分析》,载《法学》2016年第1期,第70—71页。
④ 参见樊志刚、王婕:《美国国家安全审查制度对中国企业拓展美国市场的启示——基于华为、中兴通讯被美调查事件》,载《国际经济评论》2013年第2期,第74—85页。

业和税收均有利;另一方面,美国社会也忧虑中国经济崛起、技术优势丧失和市场竞争加剧。因此,美国对中国投资存在严重的防范心理。① 特别是在中美实力对比发生巨大变化的条件下,中国企业赴美并购,在获得良好的政治经济效果的同时,也遭遇到更多政治风险和商业障碍。

一是美国社会基于"中国崛起"对中企赴美并购效应的质疑。源于西方社会曾经热炒的"中国不确定论",②中外学者均注意到这一现实。刘春胜就国际社会广泛流传的所谓"中国威胁论"对中国"走出去"战略的影响,从政治和经济互动的角度分析了中企赴美并购遭遇的政治风险,并指出,中企并购中的"国家安全"问题是美国投资问题政治化的具体体现,伴随中国经济持续崛起,该问题还会继续加剧。③ 马丁·雅克(Martin Jacques)认为,随着中国经济持续崛起,美国和西方国家对中企国际投资行为产生的安全疑虑包括:中国资本是否会统治世界?中国企业扩大世界市场份额是否会进一步"掠夺"世界自然资源、传播政治制度和文化?④ 而丹尼尔·罗森(Daniel H. Rosen)进一步指出,中国投资频繁遭遇审查根源于中国经济总量可能超越美国,以及中国军事力量成长可能影响美国安全和同盟关系的担忧。⑤ 事实上,2018年中美贸易冲突的鼓吹者,特朗普首席经贸政策顾问彼得·纳瓦罗在其著作《致命中国》(Death by China)中就公然鼓吹上述论点,并力图付诸美国经济政策实践。⑥

二是对中企赴美并购对美国经济安全的影响。⑦ 20世纪80年代末,伴随

---

① 参见潘亚玲:《美国崛起的社会心理演变——从榜样到救世主》,载《国际展望》2019年第2期,第1—20页。
② "中国不确定论"源自美国杜克大学教授阿里夫·德里克(Arif Dirlik)在1989年发表的文章《"后社会主义":反思"有中国特色的社会主义"》。另参见程伟礼:《"中国不确定论":全球视野中的中国特色社会主义新焦点》,载上海市社会科学界联合会编:《马克思主义:中国探索与当代价值》,上海人民出版社2009年版,第86—94页。
③ 参见黄河等:《中国企业跨国经营的国外政治风险及对策研究》,上海人民出版社2016年版,第197页。
④ 参见[英]马丁·雅克:《当中国统治世界:中国的崛起和西方世界的衰落》,张莉、刘曲译,中信出版社2010年版。
⑤ 转引自黄河等:《中国企业跨国经营的国外政治风险及对策研究》,上海人民出版社2016年版,第5—10页。
⑥ 转引自于宝辰:《纳瓦罗把〈致命中国〉写进了白宫报告》,http://mini.eastday.com/bdmip/180621002643395.html,访问日期:2019年7月16日。
⑦ 转引自黄河等:《中国企业跨国经营的国外政治风险及对策研究》,上海人民出版社2016年版,第197页。

经济全球化进程加速,经济因素的流动对国家安全的重要性日益显著,"经济安全"随之成为国家政策制定中一个极富争议的概念,①美国亦不例外。对美国政策制定者而言,保证"战略性工业"的安全仍然是经济安全政策的主要目标,2008年,美国提出《外国直接投资与国家安全报告》不仅适用于美国跨国直接投资,也适用于类似中企赴美投资并购等国际资本流入。同期,美国联邦审计总署(U. S. Government Accountability Office, GAO)对包括中国在内的10国的外国投资机制进行评估,鉴别上述国家为平衡外国投资的收益和国家安全考量所采用的机制和标准,并与美国进行比较。王金强在探讨经贸关系的"安全化"问题时指出,美国为避免其他国家通过经贸合作低成本获取美国的核心技术(基于日美企业合作导致日本技术崛起的教训),不仅通过贸易管制限制本国核心技术外流或扩散至目标国家,还通过外资安全审查制度限制其他国家的市场主体对美国技术行业进行跨国并购。②此外,部分学者特别关注中企的"组织结构和运营模式"对美国经济安全的影响。安特基维奇(Agata Antkiewicz)等指出,鉴于现行国际投资制度无法解决中企对外投资的两大问题,即企业管理的透明度和企业与政府的关系,赴美并购关系中,中资企业应该在公司管理架构透明度、金融安全性及企业问责制方面加强与美欧国家实行的国际通用标准接轨,以便消除美国社会关于中企并购对美国国家安全影响的疑虑。③克拉伦斯·克万(Clarence Kwan)等进一步指出,美国对中企投资感到疑虑是源于政治方面的因素,尤其是中国企业治理结构和投资动机的不透明和不确定,并在能源安全、高新技术转移和市场竞争领域表现得相当显著。④

　　三是中企并购中的"中国模式"问题。伴随中国经济持续发展,中国的经济发展理论和实践经验,即"中国模式"(the China model)影响力日益受到国际社

---

① 参见 Helen E. S. Nesadurai, *Globalization and Economic Security in East Asia: Governance and Institutions*, London: Routledge, 2006;王正毅:《国际政治经济学通论》,北京大学出版社2010年版,第431页。

② 参见王金强:《知识产权保护与美国的技术霸权》,载《国际展望》2019年第4期,第128页。

③ See Agata Antkiewicz and John Whalley, Recent Chinese Buyout Activity and the Implications for Wider Global Investments Rules, *Canadian Public Policy*, 2015, 33(2), pp.207-226.

④ 参见 Clarence Kwan, et al., Chinese Direct Investment in the United States—The Challenges Ahead, http://ccsi.columbia.edu/files/2014/01/sauvantkwan1.pdf,访问日期:2018年7月9日;程伟礼:《"中国不确定论":全球视野中的中国特色社会主义新焦点》,载上海市社会科学界联合会编:《马克思主义:中国探索与当代价值》,上海人民出版社2009年版,第86—94页。

会重视。具体而言,西方社会为"中国模式"概括了三大特征:政治上共产党领导下的威权主义、经济上有限自由市场经济和共产主义指导下的意识形态。①事实上,意识形态和发展模式始终是战后美国国家安全利益的重要内容。哈尼曼(Thilo Hanemann)就认为,中国实行的政府宏观产业指导政策和国家干预资本主义政策对美国倡导的自由市场经济模式构成严重威胁,美国无法置之不理。② 菲什曼(Ted C. Fishman)对"中国公司"的研究借鉴了约翰逊有关"日本公司"的研究成果,总结出"中国公司"赴美投资对"美国安全"的影响:首先,出于中国工业快速发展的需要,中企承担着保障国家资源供给安全的使命,由此对美国和世界资源可持续发展和供给安全存在潜在威胁;其次,中国企业特别是大型企业集团普遍存在政府所有、持股或控股的情况,政企不分潜在威胁着美国倡导的"竞争中立"政策;再次,中国国企承担的政府职能是国家战略的延伸,对外投资可能负有政策使命;最后,中企内部广泛设置"党委"和"党组",其在参与企业经营管理的同时,所承载的意识形态输出使命也时刻威胁美国及盟友的安全利益。③ 哈尔珀(Stefan Halper)对中国发展模式进行研究后指出,"北京共识"(Beijing Consensus)④支持的市场权威主义(market authoritarianism)威胁美国秉持的经济自由主义价值。因此,在"华盛顿共识"(Washington Consensus)的支持者看来,中国政府对企业和经济活动的控制威胁自由市场运行秩序,尽管中国政府从未承认,但的确存在这种风险。⑤

三、美国政府对中企并购安全审查的实践

鉴于中企赴美并购因外国投资委员会审查而频频遇阻引发中国社会关于美国投资保护主义增强的疑虑。中外学者就此作出诸多探讨,在内容上集中于

---

① See Suisheng Zhao, The China Model: Can it Replace the Western Model of Modernization?, *Journal of Contemporary China*, 2010, 19(65), pp. 419-436.

② 转引自黄河等:《中国企业跨国经营的国外政治风险及对策研究》,上海人民出版社 2016 年版,第 5—10 页。

③ 同上书,第 197 页。

④ "北京共识"的资料,参见 J. Ramos, *The Beijing Consensus: Notes on the new Physics of China Power*, London: The Foreign Policy Center, 2004;王正毅:《世界体系与国家兴衰》,北京大学出版社 2006 年版。

⑤ 参见 Stefan Halper, The Beijing Consensus: How China's Authoritarian Model Will Dominate the Twenty First Century, *Foreign Affairs*, 2010, 89(3), pp. 150-151;史焕高:《思想的较量:评斯蒂芬·哈尔珀〈北京共识〉》,载《政治与法律评论》2012 年第 1 期,第 307—316 页。

以下方面:对中企赴美并购的投资目的、对美国能源等关键基础设施及关键技术转移的影响,以及对美国生产率改进和技术进步的影响。

一是关于美国对中企并购审查的目的。黄进、张爱明以1990年中航技公司并购美国马姆科制造公司案为背景指出,该案标志着《埃克森—弗洛里奥修正案》出台后美国反垄断制度的最新发展趋势,表明美国外资并购安全审查将通信等高端制造业并购视为重点。[①] 黄一玲对中企多起投资失败的案例进行分析后指出,美国国内的保守势力出于遏制中国经济崛起的政治目的,在经济民族主义驱使下对中国投资进行不同程度的限制。[②] 潘亚玲在研究中海油并购优尼科石油公司案中指出,应从经济民族主义视角审视美国应对中企并购安全审查的政策,与贸易关系中的经济民族主义如出一辙,在中美投资关系中经济民族主义体现更为明显,而且主要体现为美国以外资安全审查为工具导致投资保护主义横行。[③]刘恩专和刘立军指出,中企赴美遭遇的安全困扰和政治风险源于美国的经济民族主义,中企赴美并购安全审查实质是一种隐形投资保护主义。从国家层面阻止中企赴美并购源于中美两国缺乏足够的政治、安全和文化互信。[④] 梁咏将东道国外资并购安全审查作为中国投资者海外并购面临的非商业风险进行探讨,在分析《埃克森—弗洛里奥修正案》和《外商投资与国家安全法》列举的"国家安全"考量因素后指出,大多数情况下美国国会确认的"国家安全担忧"理由过于牵强,部分依据不合理,甚至存在臆测的嫌疑。[⑤] 2018年1月2日,美国外国投资委员会否决阿里巴巴子公司蚂蚁金服对美国速汇金公司的并购计划,理由是"减轻对可用于识别美国公民身份数据的安全性担忧"。[⑥] 帕特·罗伯茨(Pat Roberts)和杰拉德·莫兰(Gerald Moran)等议员致信美国财政部长(美国外国投资委员会主席)史蒂文·姆努钦(Steven Mnuchin)称,蚂蚁

[①] 参见黄进、张爱明:《在美国的收买投资与国家安全审查》,载《法学评论》1991年第5期,第46—50页。

[②] 参见黄一玲:《求解跨国公司应对东道国政治壁垒之博弈策略》,载《东南学术》2014年第4期,第30页。

[③] 参见潘亚玲:《美国对华政策中的经济民族主义》,载《美国问题研究》2011年第1期,第101—104页。

[④] 参见刘恩专、刘立军:《投资保护主义与中国对美国直接投资策略的适应性调整》,载《河北学刊》2013年第3期,第106—111页。

[⑤] 参见梁咏:《中国投资者海外投资法律保障与风险防范》,法律出版社2010年版,第28页。

[⑥] 蚂蚁金服赴美并购的信息,参见李莉文:《"逆全球化"背景下中国企业在美并购的新特征、新风险与对策分析》,载《美国研究》2019年第1期,第18页。

金服并购速汇金公司可能导致包括军事人员在内的美国国民信息泄露。① 在部分美国议员看来,如果任由中国投资者把美国公民"身份"信息特别是军事人员的信息提供给中国情报机构,必将对美国政府和军事安全构成威胁。

二是美国对中企并购安全审查聚焦于技术转移和能源安全。美国对中资企业并购技术转移忧虑的背后是技术霸权(technology hegemony)思维在作祟。② 技术霸权系发达国家利用技术优势与他国形成的一种不对称依附关系,为维护这种不对称关系所承载的特殊利益,美国和西方国家不仅对威胁其技术优势的国家进行技术遏制(知识产权保护制度),③而且对本国先进技术转移保持足够警惕(出口技术管制)。刘威在探讨"2018年中美贸易冲突与高新技术竞争的关系"时指出,高新技术贸易限制的实质是科技革命进程中,技术后发国家利用技术模仿和技术创新,赶超传统技术发达国家,并影响其在世界经济格局中的领先地位。而技术领先一方为保持自身技术优势,对与技术后发国家的合作进行限制,导致双方发生贸易摩擦。④ 维里埃(Meiring De Villiers)在研究"中国资本影响美国国家安全的路径"后指出,"判断外资国家安全的脆弱性要首先明确国家安全系统的脆弱点,即国家安全系统中容易遭受攻击,从而使安全系统的完整性、功能或保密度等受减损的敏感节点",这些敏感节点就是美国国家安全的薄弱点,也是美国外国投资委员会特别关注的领域,诸如能源、基础设施、国防工业等。⑤ 而王金强探讨了"知识产权保护与美国技术霸权"的关系,指出对美国而言,知识产权保护制度(包括外资并购安全审查对"关键技术"的出口限制)不仅是美国的国内经济政策,更是维护技术霸权的主要工具。⑥ 中美战略竞争加剧背景下,李滨、陈怡在探讨"高科技产业的国际政治经济学意义"时,就华为公司正常赴美并购屡次遭遇美国政治力量干预指出,高科技产业对

---

① 转引自李莉文:《"逆全球化"背景下中国企业在美并购的新特征、新风险与对策分析》,载《美国研究》2019年第1期,第18页。

② 参见黄风志:《知识霸权与美国的世界新秩序》,载《当代亚太》2003年第8期,第10—14页。

③ 参见〔英〕苏珊·斯特兰奇:《国家与市场》,杨宇光等译,上海人民出版社2012年版,第26页;王金强:《知识产权保护与美国的技术霸权》,载《国际展望》2019年第4期,第116页。

④ 参见刘威:《中美贸易摩擦中的高技术限制之"谜"》,载《东北亚论坛》2019年第2期,第83页。

⑤ 参见 Meiring De Villiers, Reasonable Foreseeability in Information Security Law: A Forensic Analysis, *Hastings Communications and Entertainment Law Journal*, 2008, 23(2), p.37;李军:《外国投资安全审查中国家安全风险的判断》,载《法律科学》2016年第4期,第190—199页。

⑥ 参见王金强:《知识产权保护与美国的技术霸权》,载《国际展望》2019年第4期,第116页。

美国存在巨大的垄断收益,而华为在 5G(5ᵗʰ Generation Mobile Networks)产业的领先趋势已经冲击到美国的技术垄断地位。5G 之争已经超越技术竞争的范畴,更多折射出国际利益、权力,甚至是制度性质的政治经济竞争的意涵。①2005 年,中海油并购优尼科石油公司案就曾激发了美国国会的保护主义情绪,并催生了一系列针对中资并购的安全法案,尤其关注中国公司在能源等"关键设施"领域的投资对美国国家安全的影响。2005 年 8 月 8 日,参议院通过"6 号能源法案"特别要求"展开对中国能源需求和能源政策对世界政治、经济和美国国土安全影响的评估"②。

　　三是美国外国投资委员会对中国"国有企业"并购的关注,以及可能产生妨碍"市场竞争"的疑虑。鉴于特殊国情,中国国有企业在经营规模、技术水平和产业链方面均具有显著优势,因而也是中国参与全球投资博弈的主要力量。中企并购安全审查中,美国政府无视中国国情和国企改革成效,外国投资委员会也刻意忽略中国国企所有权和经营权分离的事实,曲解中企投资意图,以此抑制中国国有或国家控股企业赴美并购。③ 陈辉萍在分析外国投资委员会应对中企并购安全审查的案例后指出,美国外资并购安全审查的制度设计在实践中很容易因政治力量介入而陷入政治化操作,演变为"投资壁垒",对中国"国有企业"赴美并购尤为不利,并从理论和实践的角度提出了中企的应对建议。④ 2008年金融危机后,美国将"竞争中立"政策的外延扩大到"与政府有联系"的商业活动。⑤ 以此为依据,美国政府还把中企在国际竞争中取得的成就归结为中国政

---

　　① 参见李滨、陈怡:《高科技产业竞争的国际政治经济学分析》,载《世界经济与政治》2019 年第 3 期,第 135—155 页。
　　② Joshua W. Casselman, China's Latest Threats to the United States: The Failed CNOOC-Unocal. Merger and Its Implications for Exon-Florio and CFIUS, *Indiana International and Comparative Law Review*, 2007, 17(1).
　　③ 参见韩召颖、吕贤:《美国对中资并购实施安全审查的经济民族主义分析》,载《求是学刊》2019年第 4 期,第 157 页。
　　④ 参见陈辉萍:《美国外资并购国家安全审查制度对中国企业海外并购的影响以及中国的对策》,载《国际经济法学刊》2013 年第 3 期,第 103—114 页。
　　⑤ 事实上,对"竞争中立"的讨论长期存在,但本轮"竞争中立"升温源于 2011 年 5 月美国时任副国务卿罗伯特·霍马茨指责"国有企业扭曲资源配置,排斥竞争"。参见 Robert D. Hormats, Ensuring a Sound Basis for Global Competition: Competition Neutrality, https://www.state.gov/e/rls/rmk/20092013/2011/163472.htm,访问日期:2018 年 7 月 6 日。

府对相关企业进行"政治干预"和"财政补贴"的结果。① 在经济安全方面,默尼耶(Sophie Meunier)认为,西方社会对中国投资存在的这种"非理性"担忧源于西方国家对中国庞大的国有企业数目、巨额资本及不透明的投资目的的恐惧,这些因素引发美国对本国经济安全的担忧。② 邓宁(John Dunning)认为国有企业作为中国赴美投资并购的主力军,主要涉及美国能源行业、制造业及航空产业。与民营企业相比,中国国企特别是央企不仅投资规模巨大、技术水平更高,且市场竞争优势更显著。③ 据美中国际商会(CUSCC)2013年的统计,34%的美国企业认为中国企业(不区别所有制状况)在接受有形补贴,其中64%的美国企业怀疑中国国有企业接受政府补贴。④ 在中海油并购优尼科石油公司一案中,中海油的"国有企业"身份一直是美国国会和外国投资委员会质疑收购目的和影响的核心因素,附随的"政府补贴"问题则成为"妨害"美国市场"竞争中立"的借口。在华为公司并购3Com公司、3Leaf公司等交易中,所谓以低成本融资为代表的"扭曲性金融支持"也是美国国会施压的借口和外国投资委员会审查的重点考量因素。

四是中企赴美并购对美国本土企业技术水平、生产率和企业利润率的影响。希瑟斯(Derek Scissor)对中资企业登陆美国对美国本土企业技术水平、生产率、服务质量及生产利润影响的研究表明,中资企业赴美并购客观上有利于刺激美国相关企业改进技术、提高生产率和重视服务质量,但在短期内的市场竞争或经营战略调整也造成美国企业生产和利润下降、政府税收减少及就业岗位流失。⑤ 丹尼尔·罗森和泰勒·哈尼曼也指出,就中企赴美投资效应而言,一方面,中企投资为美国企业带来资本,为美国工人创造和保持就业岗位,为美国

---

① See Robert D. Hormats, Ensuring a Sound Basis for Global Competition: Competition Neutrality, https://www.state.gov/e/rls/rmk/20092013/2011/163472.htm, accessed July 6, 2018.

② 参见 Sophie Meunier, Economic Patriotism: Dealing With Chinese Direct Investment in the United States, *Vale Columbia Center on Sustainable International Investment*, 2012,(5);黄河等:《中国企业跨国经营的国外政治风险及对策研究》,上海人民出版社2016年版,第5—10页。

③ See John H. Dunning, Trade, Location of Economic Activity and the Multinational Enterprises: A Search for an Electric Approach, in B. Ohlin, P. O. Hesselborn and P. M. Wijkman, eds., *The International Allocation of Economic Activity*, London: Macmillan, 1977, pp.13-40.

④ 参见金中夏:《全球化向何处去——重建中的世界贸易投资规则与格局》,中国金融出版社2015年版,第195页。

⑤ 转引自张默含:《中国对外直接投资:动因、障碍与政策分析》,中国社会科学出版社2016年版,第34页。

政府增加税收;另一方面,中国政府通过"指派"高级管理人员对企业运营和管理进行"干预"和"监督"是美国社会忧虑的根源,认为此举会扭曲全球市场资源配置、造成不公平竞争,并有损消费者的利益。[①] 正因如此,部分美国企业通常采取"院外游说"的方式引入政治因素干预中国企业赴美并购。游说政府利用外国投资委员会对中国投资实施更多的安全审查也是美国本土行业保障其市场垄断利益的常见手段,由此带给中国企业政治压力,最终迫使中国企业退出投资。而部分学者也注意到,中国企业赴美投资并购的产业多是夕阳行业、美国本土经营不善或处于亏损状态的企业,例如,大连万达并购的美国 AMC 公司和联想集团并购的美国 IBM 公司(International Business Machines Corporation)个人电脑(PC)业务部门;有的企业实际上已经破产或正在挂牌出售,如中海油公司曾打算收购的美国优尼科石油公司就已经宣告破产,中资企业并购的本质是基于资源优势互补的商业资产整合,本质上是一种盘活废置资产,进而获得互利双赢的战略。

四、既有文献的评价

梳理文献发现,既有文献对美国外资并购国家安全审查制度的源起、演进的研究非常丰富。比较可知,学术界对中资企业赴美并购所引发的国家安全审查争议方面的研究在学科类别、研究视角和关注重点方面存在显著差异。

第一,针对美国外资并购安全审查制度的研究,多局限于从法律专业的视角去审视和解读制度本身,从国际政治经济学视角去解读制度演进的研究相对不足。梳理美国外资并购安全审查制度的数百篇文献发现,大多数作者具有法律专业背景,因而基于法律或规则的视角去审视美国外资并购安全政策的结果就表现为集中探讨政策演进的历史背景、介绍政策及制度本身,以及总结政策不足与改进建议等。事实上,缺乏从政治学特别是国际政治经济学视角,即国际政治经济博弈、利益偏好与国内政治制约和软权力竞争(观念)的视角去审视美国外资并购安全审查制度恰恰是既有研究的重要缺失。当然,这可能本身也不是法律工作者的任务。

第二,对中国企业和中国投资个案审查的研究相对丰富,尤其集中于对个

---

① 参见〔美〕Daniel H. Rosen、Jhilo Hanemann:《中美投资关系的转变》,本刊编辑译,载《新金融评论》2013 年第 3 期,第 89—109 页。

案审查成败及解决路径的探讨。梳理文献发现，具体到中企赴美投资安全审查实践问题，既有文献主要集中于对个案审查争议和关注焦点的研究，如2005年的中海油并购优尼科石油公司案对美国能源供应安全的影响、2012年三一重工诉奥巴马案对美国军事安全的影响，以及2012年"华为公司和中兴通讯美国国会听证事件"对美国信息安全的影响等。事实上，相关研究主要集中于探讨中国企业并购失败的原因、应对策略等方面。应当说，这种局限于具体案例的研究，不自觉地选择"认可"了美国外资并购审查制度的合理性，忽略了从整体上探究中企赴美并购屡屡失败背后的政治逻辑，即美国政商学界，特别是美国国会对该问题的认知及其变化的根源。在此背景下，相关学者提出的政策建议往往缺乏针对性，因而效果极为有限。

第三，对中企赴美并购产生的"政治效应"关注不够。2008年金融危机后，中企赴美投资快速增长引发美国外资并购安全审查数量激增，体现出中美经济关系的变化实质，但学术界对中企赴美并购安全审查数量激增的深层次根源即政治效应的探索显著不足。研究表明，造成这种结果的直接原因在于，长期以来受制于中国经济规模和技术水平限制所造就的惯性思维（政治上"基于韬光养晦，中国刻意贬低自己的影响"），其根源在于：一是金融危机前中国赴美投资的流量和存量比例相对较低，对美国经济的影响的确很小，以致学术界常规上把中美双边投资纳入贸易政治领域；二是认为中国投资对美国霸权地位只是间接影响，即使在中国快速崛起的大背景下，中国资本的影响力依旧十分有限。考虑到中国整体技术水平低下，个别中资企业单纯的赴美投资行为不会对美国经济和技术霸权构成根本挑战。

后危机时代，美国将中国崛起大战略与中国海外投资整体布局相关联。政策行为上，美国将中资企业赴美并购不再视为单纯的商业行为，对中企赴美并购的认识和判断已经超越经济利益考量范畴，上升到国家安全高度。应当说，美国社会的这种认知变化并非出于偶然，历史上也并非没有先例。换言之，对于一战后英美权力转移的经历，美国社会存在深刻的历史记忆。对此，中国学者宋薇、潘兴明、康欣在探讨英美霸权转移过程中"资本力量对英美霸权转移的影响"时就指出：对金融债权的政治运用贯穿了美国获得世界霸权的整个历史进程，美国成功运用经济（资本）与政治之间的"联系权力"，通过债务压力和军备竞赛拖垮了英国经济，迫使英国在心理和实力上对美国臣服，再以对英国的经济债权换取了英国的政治霸权。① 事实上,2018 年中美贸易冲突以及美国对《中国制造 2025》、中兴通讯和华为公司赴美贸易投资的激烈抵制就清楚表明,美国朝野对中国经济和技术实力崛起保持着足够的警惕。

第三节　研究设计与结构安排

本书主要采用社会科学定性比较研究方法,借助类型化工具和案例分析对逻辑假定进行验证。因此,作为一项解释性研究,写作目的并非是对既有国际政治理论作出简单检验,而是在分析客观的国际政治经济现实的基础上,结合既有国际政治理论去揭示这些国际政治经济现象背后隐藏的共同规律,同时解读其在国际政治经济格局演进和国际关系交往中所起的作用。

一、研究方法

社会科学实证研究首先需要提出一个有待解答的问题或者去解决一个困惑;其次,需要在回顾学术界就该问题所做出的既有研究成果的基础上,探究既有研究成果在解释和说明具体"问题"或"困惑"方面做出的贡献与存在的不足;再次,在批判和借鉴既有研究成果的基础上,尝试提出新的解释框架或解释理论;最后,采用恰当的研究方法,观察并检验提出的假设,从而得出科学的研究结论。

第一,类型化(typology)是社会科学领域一种常用的研究方法,既可以用来生成理论,也可以用来对核心概念进行操作化,进而对研究案例进行归类。类型化首先起源于对不同事物的归类,并强调对理论概念的抽象化,通过抽象概念与经验事实的匹配进行理论框架构思。在确定研究对象、识别解释要素和形成因果关系等研究环节时,类型化方法都发挥着重要作用。具体而言,通过归类的方式对各种事物、现象和行为进行甄别和区分,在不同类型的概念和变量之间进行匹配和关联,从而确定它们之间的逻辑联系或因果关系。② 马克

---

① 有关经济和金融因素对英美霸权转移的影响参见宋微:《美国对英战略与霸权转移》,载《美国研究》2015 年第 4 期;潘兴明:《英美霸权转移的历史考察》,载《北京大学学报》(哲学社会科学版)2015 年第 5 期;康欣:《国家债权与霸权转移》,复旦大学 2014 年博士学位论文。

② 参见刘丰:《类型化方法与国际关系研究设计》,载《世界经济与政治》2017 年第 8 期,第 44—45 页。

斯·韦伯(Max Weber)在论述政治统治类型时就依据政治统治合法性(legitimacy)基础的差异将政治统治划分为:克里斯玛型统治、传统型统治和法理型统治三种类型。而马克思主义对政治统治的划分则以阶级为基础,将政治统治划分为:少数人对多数人的统治和多数人对少数人的统治。① 本书在解释美国外国投资委员会对中企并购的审查行为时,根据自变量"技术转移"风险和"市场竞争"威胁的不同匹配和取值将外国投资委员会的审查结果区分为四类:完全通过、妥协通过、被迫撤回和绝对拒绝。

第二,案例研究是国际关系定性研究中最常用的方法,系指对单个或少数事例进行深入分析和解释的一种途径。② 案例研究经常被用来验证假设的正确性,进而揭示出其中的因果机制。然而,社会科学对行为、现象或事件寻求解释时,已经不再满足于"X 导致了 Y"这样简单的逻辑,好奇心(curiosity)会驱使我们追问:"X 是如何导致 Y 的?""各 X 之间有无主次之分?""各 X 之间是如何互动的?"③ 为考察案例的初始条件如何转化为案例结果,进而探究系列事件或决策过程,我们必须引入过程追踪方法(process tracing method)来确定具体案例相关变量的变化。事实上,案例研究也存在难以控制变量干扰及研究结果不能简单推及其他案例的事实,④ 即"类比推理存在的固有缺陷"。为了对因果关系的不同变量进行控制,尤其是剔除干预变量的影响,往往至少需要两个案例进行求异比较研究。⑤ 通过对中企赴美并购失败案例的梳理发现,引发外资并购审查结果差异的因素(X)多种多样,而关键要素(X)之间的程度差异也会造成审查结果(Y)的差异。因此,本书引入四个变量匹配存在差异的案例进行比较和检验,力图对美国外国投资委员会的审查结果及其差异作出更精准的解释。

第三,运用归纳法确定行为体偏好就是通过考察行为体的行动来界定其利益偏好,为政策选择提供依据。很多学者通过这种方法来研究国家偏好的形

---

① 参见杨光斌主编:《政治学导论》,中国人民大学出版社 2011 年版,第 207 页。
② 参见李少军:《谈国际关系论文写作的规范与方法》,载《世界经济与政治》2013 年第 4 期,第 153 页。
③ 刘骥、张玲、陈子恪:《社会科学为什么要找因果机制——一种打开黑箱、强调能动的方法论尝试》,载《公共行政评论》2011 年第 4 期,第 50—84 页。
④ 参见〔美〕斯蒂芬·范埃弗拉:《政治学研究方法指南》,陈琪译,北京大学出版社 2006 年版,第 48—50 页。
⑤ 参见曲博:《危机下的抉择——国内政治与汇率制度选择》,上海人民出版社 2012 年版,第 14 页。

成,将国家偏好看成由国家意识形态或精英理念所决定。在确定下列行为体的政策偏好时,归纳法显然更合适。比如,考察选民、企业家或政治家对特定政策的态度时,通过归纳法来判断选民或者利益集团的政策偏好顺理成章。事实上,在美国外资安全政策的演进过程中,学者、利益集团、政府官员和议员出于不同利益考量分别形成各自的政策偏好,这种偏好可以通过其著作、媒体表态、投票行为等表现出来,从而被归纳。然而,归纳法作为一种判断行为体偏好的重要研究方法,在运用时需要严格区别行为体的目的,以及谨慎确定行为体偏好与归纳结果之间的因果联系。

此外,在解释国家对外经济政策选择的过程中,正是演绎法将国际力量、国内政治和观念因素的影响作用完美联系起来。在学理上,演绎法就是利用已知的经济学和政治学理论来分析国际经济和政策反应的不同分配性后果,从而确定行为体并假定其偏好。例如,在海伦·米尔纳(Helen V. Milner)看来,国际合作不仅是国家间谈判的结果,同时也是国内利益主体协商批准的结果。因此,国家对外经济(投资)政策选择是双重博弈的结果:一是国际体系内投资国与东道国之间的双边利益博弈;二是东道国内部利益主体之间的协调、谈判和妥协。尽管美国外资并购安全监管政策的制定天然属于美国内部政治行为,但基于经济全球化和复合相互依赖,美国外资并购安全监管政策的选择仍然受到中美经济相互依赖的影响和制约,而"发展模式差异"和"国强必霸"等惯性思维又使得这种制约植根于中美两国在国际体系内的竞争与博弈。2008年金融危机特别是2012年以后,中美关系的"修昔底德陷阱"(Thucydides trap)问题愈演愈烈,美国对中企并购审查数量和比例的激增正是这种竞争加剧的反映。同时,美国国内利益集团基于自身利益偏好积极干预美国外资并购安全审查也更为显著,且主要表现为利用"国会政治"干预外国投资委员会的个案审查程序,以及推动国会出台更严格的外资并购审查法规。

本书资料来源包括但不限于以下方面:第一,国内外学术期刊发表的与本书核心问题相关的研究成果,包括报刊论文、学位论文等,具体内容包括外国投资与国家安全的关系、外国投资委员会对中企赴美并购安全审查的研究等。第二,政府机构文件及国际机构研究报告。例如,中国商务部发布的年度《中国对外投资报告》,国际货币基金组织(IMF)及美国商务部工业安全局(BIS)发布的报告,联合国贸易与发展会议发布的年度《世界投资报告》(World Investment

Report),以及工作论文等,特别是美国外国投资委员会致国会的年度报告。第三,著名智库(Think Tank)发布的研究报告,包括彼得森国际经济研究所、美中经济安全审查委员会、荣鼎集团、恒大集团"泽平宏观"研究系列报告及清华大学中国经济研究中心等发布的有关"中国海外投资及政治风险"的研究报告等。第四,社会学、经济学及法学等其他学科与本研究问题有关的成果。第五,媒体报道。英国《金融时报》(*Financial Times*)中文网(FT中文网)、人民网、新加坡《联合早报》《华尔街日报》(*The Wallstreet Journal*)及美国有线新闻网(CNN)等媒体的报道虽不能直接服务于研究,但对于论文研究中的数据采集及重要事件的背景梳理均有所助益。

二、案例选择

就案例选择而言,应注重考虑以下两个方面:一是案例选择的衡量标准;二是选择案例的解释力。本书选取的四个案例,即大连万达集团并购AMC影院公司案、联想集团并购IBM公司PC业务案、中海油并购优尼科石油公司案及华为并购3Com和3Leaf公司案。从产业领域的角度可以分别归纳为:文化娱乐产业、传统与新型制造业交叉产业、能源行业和高精尖及新兴技术产业。这种案例安排总体上体现出三大考量因素:一是从技术转移与美国国家安全关联的角度判断,上述产业分工的关联度呈现出由低到高的排序,这不仅与常识相符合,也基本覆盖了中国赴美并购的所有领域,较好代表了外国投资委员会对中企赴美投资审查的现状,可对本书核心问题具有较强的解释力;二是在市场竞争威胁方面,四个案例所涉行业从市场开放度的角度观察,也体现出由低到高的排序,这与特朗普时代美国出台的一系列经济管控法案具有高度一致性;三是在中企投资者的身份选择上,鉴于外国投资委员会对中资企业的"所有权"及"与政府的关系"、融资来源,以及经营管理透明度和独立性高度关注,本书选取的四个案例分别涵盖国有企业(中海油公司)、国有参股企业(联想集团)、具备高新技术优势的民营企业(华为公司),以及传统行业具有市场竞争优势的民营企业(大连万达集团)四个类型,如此能比较有针对性、清晰准确地反映出外国投资委员会对中资企业"身份"的关注。

需要指出的是,如同自变量的选择对核心问题的解释在逻辑上难以做到百分之百对应,实践中本书的解释框架也面临着解释不够充分的现象。例如,

2013年中国著名猪肉生产商河南双汇集团斥资71亿美元收购美国弗吉尼亚州猪肉生产企业史密斯菲尔德公司(Smithfield Foods)就曾引发美国国会对"猪肉与国家安全关系"的争议。因为史密斯菲尔德公司是全球最大的猪肉生产企业,双汇集团收购成功后将会占据美国猪肉市场超过1/4的市场份额,[①]但该并购最终获得美国外国投资委员会的审查批准。究其原因,美国外国投资委员会最终批准并购主要是基于史密斯菲尔德公司展开的国会游说,其游说理由包括:2008年全球金融危机后,史密斯菲尔德公司经营状况举步维艰,美国国内资本不愿投入该行业,同时面临本土劳动力成本上升,而相伴随的是美国国内猪肉消费需求持续下降。更重要的是,考虑到中国是全球最大的猪肉(鲜肉)消费市场,而且市场规模还在持续扩张,史密斯菲尔德公司冀望借助双汇收购顺利进入中国国内猪肉消费市场。

无独有偶,在2017年吉利控股集团公司并购目标企业美国太力飞行汽车公司(Terrafugia)获得美国外国投资委员会批准一案中,理论上,该并购所涉及的飞行汽车设计和研发技术无疑属于美国商务部工业安全局技术出口管制的范畴,然而该并购却并未引发美国社会的广泛关注。[②] 比较研究发现,吉利公司启动并购之际,太力公司掌握的飞行汽车设计技术尚未完全成熟,亦未产生重要的技术专利,这是外国投资委员会认定吉利并购并不会导致美国技术转移(安全)的关键。换言之,如果该并购案延到2018年《外国投资风险评估现代化法案》和美国商务部工业安全局新版《出口管制技术清单》出台,以及将"新兴技术"纳入外资技术管制范畴之后,该案的审查结果就难以预料了。

三、全书结构

全书共分三大部分,即研究问题与分析框架、案例分析、研究总结,并具体分为六章。

第一部分,研究问题与分析框架,具体包括导论、第一章和第二章。具体而言,导论部分围绕"针对中资企业并购,为什么美国外国投资委员会的审查结论和程序存在差异"这一问题,主要阐述了本书研究问题及写作缘由,并对既有研

[①] 双汇集团并购史密斯菲尔德公司的信息,参见《美国批准双汇71亿美元收购全球最大猪肉生产商》,https://world.huanqiu.com/article/9CaKrnJCbt7,访问日期:2019年7月17日。

[②] 参见赫荣亮:《吉利收购美国太力布局飞行汽车领域》,载《中国信息化周报》2018年第1—2期。

究文献分类回顾及作出评述,同时介绍了研究设计;第一章探讨了美国外资并购安全审查政策演进,具体围绕美国外资并购安全问题起源、外资并购审查制度历史变迁和外国投资委员会对中企并购审查评述三部分展开探讨;第二章提出了解释外国投资委员会对中企并购审查的逻辑框架,具体分析了美国外资安全政策选择的理论视角、影响外国投资委员会对中企并购审查的因素和判断外国投资委员会对中企并购审查的行为逻辑三方面。

第二部分,案例分析,具体包括第三章至第六章。案例分析部分将分别依据本书选取的两个自变量即技术转移风险和市场竞争威胁的不同匹配,列举四个案例对本书的因变量即"美国外国投资委员会的审查结果"包括完全通过、妥协通过、被迫撤回和绝对拒绝分别进行案例检验。具体而言,第三章引入大连万达并购 AMC 影院公司案、第四章引入联想并购 IBM 公司 PC 业务案、第五章引入中海油并购优尼科石油公司案和第六章引入华为联合贝恩资本并购 3Com 公司案,根据美国外国投资委员会的审查结果,系统分析技术转移风险和市场竞争威胁的程度对并购审查结果的影响。

第三部分,研究总结。在结论部分,本书将所设定的两个自变量与第三章至第六章引入的四个中资企业赴美并购案例结合起来,共同验证中资企业赴美并购中美国外国投资委员会审查的行为逻辑及其审查结论差异,期待通过对四个典型案例的分析和比较,进一步总结出美国外国投资委员会应对中企赴美并购审查的关键考量因素及各因素之间的差异,从而探究审查结论作出的依据。

第一章 美国外资并购安全审查制度与中企赴美并购

外国直接投资对东道国主权和安全的影响始终存在争议。伊曼纽尔·沃勒斯坦的"世界体系理论"、劳尔·普雷维什(Raul Prebisch)和萨米尔·阿明的"依附论"较早关注外国直接投资对发展中国家(developing country)主权和安全的影响。发达国家中,美国则最早关注外资对国家安全的影响,对外资赴美并购实行专门的安全审查,由此形成了一整套相对完善的外资并购审查法规、标准和程序,并根据不同历史时期美国所处内外部环境及其变化作出调整。

第一节 美国外资安全监管政策变迁

美国经济崛起和金融霸权建立过程中,对外离不开全球资本战略推进,对内广泛获益于外国资本供给。在此条件下,美国成为全球对外直接投资最多,以及拥有跨国公司和海外资产最多的国家。鉴于此,美国特别善于从国内体制层面构建吸引外国资本流入的渠道,充分利用外国资本为发展本国经济服务,并根据不同时期的国内外环境适时调整本国的外资安全监管政策。

一、美国早期应对外国投资的态度与政策

回顾美国经济崛起的历程,外国资本的流入在提供就业岗位、增加税收、促进技术研发和扩大出口等方面均发挥过积极作用。但鉴于对英国殖民历史和独立战争的深刻记忆,以及欧洲列强对新生美国再度经济殖民的时刻警惕,早期的美国对外国投资始终秉持着谨慎、有选择的开放立场。

一方面,独立后的美国对外国投资总体持谨慎的开放立场。独立之初,首

任财政部长亚历山大·汉密尔顿（Alexander Hamilton）就表示出对外国投资的欢迎，美国新政府渴望迅速营造友好且值得信赖的国际投资环境。在1791年《关于制造业的报告》（Report on the Subject of Manufactures）中，汉密尔顿就呼吁美国应当对外国投资者敞开大门，指出"有些人可能会以嫉妒的眼光看待进入美国的外国资本，就像他们闯到我国夺走本应属于我国国民从我国工业中获取的利润，但是这种嫉妒本身毫无理性可言。我们不应该把这些外资视为对手，而应把他们视为颇富价值的帮助，因为他们为我们带来了技术、劳动力和资本……"[①]汉密尔顿对待外国投资的观点得到美国社会的广泛认可，而西欧国家也成为美国推动第二次工业革命的重要资本和技术来源地。在此期间，国际资本的涌入大大推动了美国经济的发展，特别是基础建设。美国利用欧洲国家的资本启动了公路、桥梁、港口及铁路等重要基础设施的建设，并且充实了美国国内金融机构的资本积累。例如，美国为解决修建伊利运河（Erie Canal）的资金问题，曾数次在伦敦金融市场通过发售美国联邦债券的方式来募集建设资金。截至19世纪中期，外国资本在美国债券市场中所占的比例骤增，外国资本拥有美国联邦、州政府发行债券总额的近一半和市政府发行总额的近1/3。在商业领域，外国资本积极进军美国房地产和房屋建筑业市场，其中纽约州、爱荷华州、西弗吉尼亚州的土地和房地产市场成为外国资本的主要集聚地。19世纪末，伴随汽车的发明和石油产业的兴起，外国投资者掀起投资美国制造业的热潮。其中，化学工业、电子通信、交通运输及机械制造成为外国投资的重点领域，由此带来的资本积累和技术革新加速了美国制造业的技术进步和生产率改进。[②]

另一方面，联邦政府对外资的自由、开放政策，并不代表美国在外资监管方面毫无作为。1791年，汉密尔顿主导建立美国第一银行，1816年建立第二银行，二者的机构细则明文规定"不得选举外国人担任董事"。1832年起，随着欧洲资本大量流入美国金融行业，有些美国人把国家银行当作大英帝国的前哨进行攻击。1850年后，有国会议员宣称，应该对外国资本进行歧视性征税。基于自身

[①] 19世纪美国接受外国投资的信息，详见CRS, Foreign Investment in the United States: Major Federal Statutory Restrictions, CRS Report, 2013, p.5. 转引自郑雅方：《美国外资并购安全审查制度研究》，中国政法大学出版社2015年版，第13—14页。

[②] 参见郑雅方：《美国外资并购安全审查制度研究》，中国政法大学出版社2015年版，第13—14页。

通过购买实现领土扩张的经验,1887年起,美国国内开始弥漫对欧洲人可能成为美国地主的恐惧,并一度呼吁联邦政府立法禁止外国人购买美国的土地。在此背景下,美国国会则顺势通过《外国人土地法》(the Alien Land Law of 1887),明确禁止"外国机构和个人购买美利坚合众国所拥有的领土"①。比较研究表明,1799—1900年,美国国内资本存量增加将近600亿美元,其中债券类融资占绝大部分。以1843年、1853年、1869年和1914年为例,债券融资(政府债券和铁路债券)占外国在美投资比重分别为65%、57%、88%和56%,同期的外国直接投资分别仅占到0、1%、2%和16%。据此可知,在整个19世纪美国利用的外国直接投资或所有权投资的比重其实很小。② 这一时期,对外国投资者的防范和抵触情绪一直存在于美国国内,"就如同冲向岸边的浪花,潮涨潮落、涌来退去,间歇性地呈现出来"③。进入20世纪,随着经济强势崛起,美国相对谨慎的外资准入政策也逐渐发生变化。特别是崛起的德意志帝国开始转向"海洋政策",谋求重新划分殖民地,展现出与英国争夺世界霸权的意图时,欧洲列强的紧张关系为美国登上国际舞台提供机遇的同时,也对美国的经济安全带来挑战。美国社会忧虑,外国投资的持续涌入可能将美国卷入欧洲列强之间的争霸纠纷,并造成美国关键产业被列强控制。鉴于此,美国开始寻求在外国投资的经济利益与国家安全之间实现平衡。

二、战时利益催生美国外资安全监管构想

20世纪初,美国在继续吸引外国投资的同时,也开始探索实现自由开放的投资环境与国家安全威胁之间的适当平衡,而战时的国家利益催生的外资安全疑虑则构成外资安全监管的环境基础。一战期间,因对来自德国的投资引发国家安全担忧而出台的一系列外资管控法案成为美国外资安全监管政策的起源。鉴于德国在战时表现出来的狂妄姿态和战争潜力,美国社会开始质疑德国在美国投资的非商业企图。其中,阿尔贝特(Albert)"外交文件遗落事件"、齐默尔曼

---

① Robert A. Pastor, *Congress and the Politics of U. S. Foreign Economic Policy (1929—1976)*, Berkeley: University of California Press, 1980, p.220.
② 19世纪美国利用外国投资的信息,参见贾根良:《美国经济崛起之前排斥外国直接投资原因解析》,载《广东财经大学学报》2010年第3期,第22—24页。
③ 孙哲等:《美国外资监管政治:机制变革及特点分析(1973~2013)》,载《美国研究》2014年第3期,第40页。

(Arthur Zimmermann)"电文泄密事件",以及德国无限制潜艇战加剧了美国对德国意图的警惕。① 在此背景下,美国朝野一致要求政府针对来自德国的投资进行限制和审查,并就其对美国国家安全存在的潜在威胁进行系统评估。1917年,美国国会颁布《与敌国贸易法》(Trading with Enemy Act),其中第5条明确授权美国总统"在必要时可以对任何涉及国家安全的交易行为进行调查,并有权采取管制、阻止等措施"②,这实质上确立了政府审查外国投资的权力。

一战后,鉴于战时经验,以及对本国关键产业的保护,美国政府采取产业部门专门立法的方式,限制外国投资进入部分特殊产业。1920年,美国国会颁布《海运法》(Merchant Marine Act)和《矿产土地租赁法》(Mineral Lands Leasing Act)。《海运法》规定:"外国投资不得进入美国海运领域,而且在商事航海领域限制外国航船在美国登记注册:任何一个5吨以下的航船,如果未依据国外法律注册,可以在美国注册",但对航船"所有者"作出严格身份规定:(1)美国公民;(2)信托、合资企业等组织的所有成员均为美国公民,且能够依据美国法或州法获得航船所有权;(3)普通合伙人③须为美国公民,而且美国公民对合伙组织具有控制性利益;(4)公司,须依据美国联邦或州法律设立,公司首席执行官(CEO)或董事会主席(chairman of the board)中外国人只能占少数比例;(5)美国联邦政府;(6)美国州政府。《矿产土地租赁法》明确规定,美国有价值的土地矿产均向美国公民及愿意成为美国公民的个人开放,"限制外资进入煤炭、磷酸盐等资源性行业,除非美国企业在该投资者母国享有对等待遇"。1926年,颁布《商业航空法》(Air Commerce Act)和《航空公司法》(Air Crops Act),二者共同限制"外资进入美国航空领域",其中部分"外国投资限制"条款至今依然有效。相关条文规定,任何人操作飞机均属违法,除非该飞机已经注册,而任何飞机如需注册,必须符合如下条件:(1)未依据外国法注册,且为美国公民所拥有,或为在美国取得永久合法居民身份的公民所拥有,或为一个外国公司所拥有,但该外国公司是依据美国法建立、经营,且该飞机主要用于美国境内飞行;(2)属于美国政府或州政府所有的飞机,或属于哥伦比亚特区的

---

① 参见王绳祖主编:《国际关系史》(第三卷),世界知识出版社1995年版,第399—428页。
② Hannat Bahan, U. S. National Security and Foreign Direct Investment,*Thunderbird International Business Review*,2015,57(3),p.186.
③ 在此,特别规定普通合伙人须为美国人,以此区别有限合伙人,因为有限合伙人一般不参与合伙企业的实际经营。

飞机,或属于州下属政府部门的飞机。此外,该法所称"美国公民"是指:(1)美国公民个人;(2)美国公民个人组成的合伙;(3)依据美国联邦法或州法成立的公司,公司主席及 2/3 以上的董事须为美国公民,且公司管理人员须为美国公民,另外公司至少 75% 的投票权(股份)属于美国公民。1934 年,颁布《通信法》(the Communications Act of 1934),重申 1927 年《广播法》(the Broadcasting Act)有关"限制外资进入美国广播领域"的规定,并沿用至今。美国联邦法律禁止外国投资或经营美国大众传媒,无线电台的许可执照不能颁发给外国政府或其代表。但美国联邦法律未禁止外国公民投资美国报纸和杂志领域,只是对该类投资实行更加严格的安全审查。1940 年,国会通过《投资公司法》(the Investment Company Act),要求"美国从事商务的投资公司必须在证券交易委员会(Security and Exchange Commission, SEC)登记,只有依据美国法设立的投资公司才能进行注册,或获得州政府允许从事州际商事贸易并售卖证券"①。

自一战至 20 世纪 70 年代期间,为限制外国投资进入特定产业领域,美国政府采取产业部门专门立法的领域除上述行业外,还涉及能源、土地、银行金融等诸多部门。上述专门立法,大部分条款至今仍处于生效状态。直至 1977 年,美国国会为限制"总统在经贸领域的行政权力"而出台《国际紧急经济权力法案》,该法取消 1917 年《与敌国贸易法》授予总统的"紧急经济权力",并限定美国总统只能在"应对源于美国本土之外的威胁之紧急情况下方能宣布国家进入紧急状态",并且在没有战争爆发的情况下,总统仅有权"扣押外商在美资产,而不能将外国投资者所有的企业在事实上国有化"②。

三、技术转移忧虑刺激外资并购安全立法

二战后,凭借强大的政治经济实力,美国长期奉行开放的贸易政策和宽松

---

① 有关一战后美国针对外国投资专门立法的资料,详见 15 U.S.C. § 80。转引自郑雅方:《美国外资并购安全审查制度研究》,中国政法大学出版社 2015 年版,第 17—19 页。
② 美国国会对总统权力的限制信息,参见 The International Emergency Economic Powers Act: A Congressional Attempt to Control Presidential Emergency Power, *Harvard Law Review*, 1983, 96(5), pp.1102-1120; 孙哲等:《美国外资监管政治:机制变革及特点分析(1973~2013)》,载《美国研究》2014 年第 3 期,第 42 页。

的外资监管模式。① 截至20世纪70年代末,美国的外国投资政策始终秉持中立原则(neutrality),既不限制也不鼓励外资流入,对外资安全总体采取"善意忽视"(benign neglect)的态度。② 与此同时,美国积极致力于破除发展中国家的经济安全藩篱(投资壁垒),积极推动全球贸易投资自由化、外资国民待遇和金融自由化政策。③ 通过贸易和投资自由化,美国跨国公司不仅获取巨额利润,而且跨国投资也成为维护美国政治经济霸权的重要措施。

20世纪70年代末,伴随日本和西欧崛起、美国经济陷入"滞涨"(stagflation)和海湾国家"石油美元"累积等国际经济因素,日本与西欧等国企业涌入美国市场寻求投资机遇,大肆并购美国企业股权和实物资产,赢取商业机遇。外资赴美并购大幅增长导致战后国际资本流向发生重大变化,美国的外国直接投资存量从1980年的830亿美元增至1990年的3949亿美元,骤增至4.76倍。(见表2)以日本为例,1985年《广场协议》签订后,日元急剧升值,为改善日美贸易失衡,日本掀起"投资美国"热潮。尤其是日本企业针对美国高新技术部门进行投资,引起美国朝野对"外国资本威胁国家安全和高新技术外溢"的警惕和关注。傅高义的专著《日本第一》(Japan as Number One)就指出,"虽然二战日本挑战美国的军事冒险失败了,但如今通过经济战争却战胜了美国",该书的出版引起美国朝野高度重视。④ 统计数据显示,1985—1989年,日本最大的20宗海外收购中,有17宗发生在美国,并购美国高新技术企业超过200家。其中,又以三菱房地产(Mitsubishi Estate)13.4亿美元收购美国国家历史地标——洛克菲勒中心和索尼(Sony)34亿美元收购美国娱乐业巨头——哥伦比亚电影公司(Columbia Pictures)举世瞩目。⑤ 截至1993年,外资占美国经济净财富的比重从20世纪80年代中期的1.2%上升至2.7%,此举已然激起美国经济民族主义

---

① See Mina Gerowin, U. S. Regulation of Foreign Direct Investment: Current Development and the Congressional Response, *Virginia Journal of International Law*, 1975, 15(3), pp. 647-651.

② See Leoro Laney, The Impact of U. S. Laws on Foreign Direct Investment, *Annals of the American Academy of Political and Social Science*, 1991, 516, pp. 144-153.

③ See Jonathan C. Stagg, Scrutinizing Foreign Investment: How Much Congressional Involvement is Too Much? *Iowa Law Review*, 2009, 93(2), pp. 325-327.

④ 参见〔美〕傅高义:《日本第一》,谷英等译,上海译文出版社2016年版,第7—18页。

⑤ 日企赴美投资的数据,参见蓝发钦:《日本大失败——上世纪80年代海外大收购惨痛教训的深刻启示》,http://www.jfdaily.com/news/detail? id=54446,访问日期:2018年2月17日。

者的强烈不满。①

表 2　美国外国直接投资存量统计

年份	1980	1981	1982	1983	1984	1985	1986	1987	1988	1989	1990
数额(亿美元)	830	1087	1246	1370	1645	1846	2204	2633	3147	3689	3949

资料来源：https://www.bea.gov/international/di1fdibal,访问日期：2019 年 7 月 7 日。

  日本企业大举赴美并购在美国社会引发广泛的安全忧虑。苏珊·托尔钦(Susan Golchin)在《购买美国》一书中宣称，"继续任由外国投资者收购美国企业会潜在削弱美国的科技潜能，导致美国经济产生不对称依赖，最终丧失对外经济政策自主性"②。1989 年的民意调查也表明，超过 70% 的美国公民对外国投资持负面认知，③美国投资保护主义情绪空前高涨。而同期发生的仙童半导体案和固特异公司案进一步刺激美国国会立法，控制外资并购风险。④ 联邦参议员埃克森和众议员弗洛里奥提案指出，"美国现行的外资并购政策存在诸多漏洞，在美元贬值条件下，美国公司更容易被收购"⑤。因此，为"防止与美国安全相关的关键行业和技术转由外国人控制时"总统消极应对，国会有必要明确赋予总统在外资并购可能危及国家安全时，对外资并购进行审查的权力，并出

---

  ① 参见 https://www.bea.gov/international/di1fdibal,访问日期：2019 年 7 月 7 日。
  ② Cf. Judith Miller, Foreign Investment in the U. S. Economy Arouses Congressional Concern: The Buying of America, *The Progressive*, May, 1974, pp. 42-44.
  ③ See Edward M. Graham & David M. Marchiek, *U. S. National Security and Foreign Direct Investment*, Washington D. C.: Institute for International Economics ed., 2006, p. 29.
  ④ 1986 年，日本富士通公司(Fujitsu)计划并购美国仙童半导体公司(Fairchild Semiconductor) 80% 的股份，美国社会认为该并购可能造成半导体技术领先丧失，甚至日本在技术上可能会反超美国，最终美国政府出面阻止并购。而固特异橡胶公司案表面是因为固特异公司(Goodyear)曾与美国国防部存在供货合同，而主要原因却是固特异公司所在地俄亥俄州亚克朗市正遭遇经济衰退，并购引发广泛的市民抗议，担心就业岗位流失。参见 Joseph Mamounas, Controlling Foreign Ownership of U. S. Strategic Assets: The Challenge of Maintaining National Security in a Globalization and Oil-Dependent World, *Law and Business Review of the Americas*, 2007, 13, pp. 381-382.
  ⑤ See Amy S. Josselyn, National Security at All Costs: Why the CFIUS Review Process may Have Overreached Its Purpose, *George Mason Law Review*, 2014, 21(5), p. 1351.

台立法予以确定。① 事实上,国会此举企图恢复 1977 年《国际紧急经济权力法案》所取消的 1917 年《与敌国贸易法》所赋予总统的"紧急经济权力"。为此,联邦参议员埃克森提出《外国投资与国家安全及基本商业法》(1987 年)的议案,作为《技术竞争力法》(1987 年)的一部分。联邦众议员布莱恩特(Bryant)的提案则更为激进,明确要求提高外资透明度标准,使之对美国国家安全的威胁更容易被觉察。例如,具体标准包括拥有美国企业 25% 以上股权的外国投资者,必须对其销售、收入、主要补贴和高管人员等基本情况,以及所牵涉的大型诉讼案件等进行详细申报。② 最终,时任总统里根以这一提案有悖外资国民待遇原则(national treatment principle)为由将其否决。在综合各方意见的基础上,1988 年出台的《埃克森—弗洛里奥修正案》正式赋予美国外国投资委员会审查外资并购对国家安全影响的权力。由此,美国外资并购安全审查开始常态化和制度化。

"9·11 事件"后,美国外资并购安全审查呈扩大化趋势,尤其针对来自"国有企业"和主权财富基金,以及"关键基础设施""关键技术"的并购,要求接受程序更严、周期更长的审查程序。鉴于经济安全、技术转移和市场竞争的考虑,港口、电信和石油设施等成为美国外资并购安全审查的敏感行业。③ 尽管 2007 年出台的《外商投资与国家安全法》力图促使外资并购安全审查在"确保国家安全、促进外国投资、创造和保持就业"方面达到平衡。然而,后危机时代,美国内外环境发生激烈变化,国际体系内美国实力下降以及"新镀金时代"④ 积累的深

---

① 富士通公司宣布收购仙童半导体公司后,参议员埃克森紧急约见里根,以"收购可能危及国家安全"为由,要求总统出面阻止并购,但里根以"没有显著证据表明,该交易会出现紧急的国家安全威胁,总统无理由阻止外资公司并购行为"为由拒绝。在此背景下,埃克森与众议员弗洛里奥同时提交议案,要求立法赋予总统在外资并购可能威胁"国家安全"时予以阻止的权力。参见 Joseph E. Reece, Buyer Beware: The United States No Longer Wants Foreign Capital to Fund Corporate Acquisitions, *Denv. J. Int'l L & Pol'y*, 1989, 18, pp. 201-292。

② See Thomas W. Soseman, Comment, International Law—The Exon-Florio Amendment to the 1988 Trade Bill: A Guardian of National Security or a Protectionist Weapon?, *Journal of Corporate Law*, 1990, 15, pp. 578-580.

③ See Jennifer Cooke, Finding the Right Balance for Sovereign Wealth Fund Regulation: Open Investment vs. National Security, *Columbia Business Law Review*, 2009, 29(2), p. 29.

④ 有关美国"镀金时代"和"新镀金时代"的资料参见汪仕凯:《不平等的民主:20 世纪 70 年代以来美国政治的演变》,载《世界经济与政治》2016 年第 5 期,第 4—27 页;Sean Theriault, Party Polarization in the U.S. Congress: Member Replacement and Member Adaptation, *Party Politics*, 2006, 12(4), pp. 27-40.

层次矛盾集中爆发,促使美国国内政治趋于保守,推动美国整体经济政策转向"逆全球化"和经济民族主义。① 2018年出台的《外国投资风险评估现代化法案》更是标志着美国外资政策的内顾性、保守主义和民族主义倾向增强,并将外资并购安全审查与遏制新兴大国崛起相结合。

第二节　美国外资并购安全审查制度

现代意义的美国外资并购安全审查制度肇始于1950年出台的《国防生产法》(the Defense Production Act of 1950)。1973年,联邦众议员约翰·登特(John Dent)和约瑟夫·盖多斯(Joseph Gaydos)提出《外国投资者限制法案》(Foreign Investor Limitation Act),企图禁止外国人直接或间接获得任何在美国证券交易委员会注册股权的美国企业超过5%有投票权的股权或35%无投票权的股权,从而保护美国企业和个人免受外国控制。② 该法案虽未立即成为美国法律,但却开启了美国国会立法"限制外国人收购美国企业资产"的先例。

一、美国外资并购审查法规及演进

1988年出台的《埃克森—弗洛里奥修正案》赋予美国外国投资委员会对外国投资进行安全审查的权力。"9·11事件"后,美国进一步加强外资并购交易的审查和限制,并于2007年颁布《外商投资与国家安全法》建立起比较完善的外资并购安全审查体系。2018年7月出台的《外国投资风险评估现代化法案》标志着金融危机后美国外资并购安全政策的最新趋势,也是因应国际经济格局和美国实力地位变迁的具体反映。

(一)《埃克森—弗洛里奥修正案》与外资并购审查本位制确立

针对日本公司并购美国企业带来的种种疑虑,1988年里根政府签署《综合贸易与竞争法案》(Omnibus Foreign Trade and Competitiveness Act of 1988)。

---

① 参见周琪:《论特朗普的对华政策及其决策环境》,载《世界经济与政治》2019年第3期,第68—72页;〔美〕威廉·罗宾森:《关于新全球资本主义的争论:跨国资本家阶级、跨国政府机构与全球危机》,高静宇编译,载《国外理论动态》2018年第8期,第44—54页。

② 参见 Timothy Webster, Why Does the United States Oppose Asian Investment?, *Northwestern Journal of International Law & Business*, 2017, 37(2), pp.220-226. 转引自孙哲等:《美国外资监管政治:机制变革及特点分析(1973~2013)》,载《美国研究》2014年第3期,第47页。

同时,《埃克森—弗洛里奥修正案》作为该法第5021部分获得通过。

第一,立法意图及其争议。《埃克森—弗洛里奥修正案》赋予美国总统"基于国家安全考虑,限制或暂停外资并购交易的权力"。同时规定,总统行使外资并购"否决权"的前提是美国其他法律均不能充分地或适当地保护国家安全,且已经有可信证据(credible evidence)表明国家安全将会受到外国投资的危害。国会希望通过该法案既强化总统在外资政策监管方面的权力,又保障国际投资的商业本质,免受政治因素的不当干预。鉴于此,上述法案并未赋予美国国会干预外资并购安全审查程序的权力。而国会的立法意图也在于希望通过《埃克森—弗洛里奥修正案》实现"外资并购安全与外资开放政策"之间的价值平衡。[①]然而,作为一项国会动议,该法案却在美国行政机构内部引起极大非议。财政部就曾质疑,美国其他法律足以保障外资并购不会对国家安全构成威胁,比如商务部就可以通过《反垄断法》叫停有安全风险的外资并购。再者,当被收购的目标公司涉及政府或军队合同业务时,国防部可以通过国防工业项目(defense industrial program)的规定,要求并购公司实施业务重组或剥离敏感资产。此外,美国商务部工业安全局也可以通过"出口管制来控制敏感技术输出",防止外资并购带来高新技术流失的风险。至于特定经济领域,如能源、航空、海运、广播等,美国已有专门立法对外资并购予以规制,不需要再度立法赋予总统阻止外资并购的权力。考察《埃克森—弗洛里奥修正案》的立法史发现,关于该修正案的争议焦点集中在管辖范围、审查标准和最终决定权三个方面。

第二,管辖范围及主要概念界定。依据《埃克森—弗洛里奥修正案》,美国外资并购安全审查聚焦于拟议的或待决的外国人合并(merger)、收购(acquisition)或接管(takeover)美国人的行为是否影响国家安全,即确定美国外资并购安全审查管辖范围的四大标准:一是并购交易是否涉及一个美国人;二是并购目标是否为一个参与洲际商事交易的美国人;三是并购交易是否会产生外国人控制美国人的结果;四是并购交易对于美国"国家安全"将产生何种影响。实践中,关于前两个标准的争议较少。关键是第三个标准对"控制"的定义采取模糊处理,未予明确界定。第四个标准关于"国家安全"影响的认定则存在宽泛的"自由裁量权"空间。事实上,要确定并购案件是否属于外国投资委员会并购审

---

① 《埃克森—弗洛里奥修正案》立法意图的判断,参见郑雅方:《美国外资并购安全审查制度研究》,中国政法大学出版社2015年版,第36—37页。

查的管辖范围,就需要准确回答前三个问题,而对"外国人""美国人"和"控制"三个核心概念的界定是界定审查范围的关键,也是确定《埃克森—弗洛里奥修正案》是否具有管辖权的基础。无论是《埃克森—弗洛里奥修正案》,还是《外国人合并、收购和接管条例》(Regulations Pertaining to Mergers, Acquisitions and Takeovers by Foreign Persons,以下简称《1991条例》)均未对上述概念作出明确界定。

　　理念上,美国外资并购安全审查对"并购"行为采取"控制说"。就"并购"的概念和范畴而言,尽管《埃克森—弗洛里奥修正案》赋予美国总统"调查和终止(禁止)外资合并、收购和接管美国人的权力",但对三者未作具体区分。《1991条例》则统一将"合并、收购和接管"概括为"并购",并具体界定为"以掌握公司证券或资产所有权为核心的投资行为"。同时,《1991条例》又将"接管"界定为"表决权征集"(the solicitation of proxy),即"当接管行为造成控制权易手于外国人时自然成为《埃克森—弗洛里奥修正案》的管辖范围"。因此,外国投资委员会认为,"未造成目标公司控制权变动"的"表决权征集"不属于《埃克森—弗洛里奥修正案》的管辖范围。对比发现,《1991条例》对"并购"的界定以"获取目标公司有价证券或资产所有权"为关键,包括通过购买美国人"有投票权的证券""可转化的有投票权证券"(the conversation of convertible voting securities)等方式获取美国公司所有权的行为。① 可能被审查的收购行为还包括对企业资产的收购。例如,对某一产品、研究成果或开发设施等的收购将导致对某持续发展企业控制权的易手。需要说明的是,对"企业设备的普通买卖"不属于外资并购安全审查的范围,但外资并购方使用"美国目标公司的技术或人员"却属于美国外国投资委员会管辖范围的"资产买卖"。

　　实践中,该法案对"并购"概念的界定笼统宽泛,为可操作化带来困难。为此,《1991条例》又采用列举方式对受管辖的典型"并购"行为设定参照标准:一是外国人通过并购对美国人进行控制,具体控制形式在所不论。该条款关注的核心在于"外国人是否有选举董事或其他主要高管的权利"。因此,即使外资并

---

　　① "接管""并购"及其概念比较,详见Regulation Pertaining to Mergers and Takeover by Foreign Person, §800.201. 转引自郑雅方:《美国外资并购安全审查制度研究》,中国政法大学出版社2015年版,第41—42页。此外,"有投票权的证券"指这种证券赋予所有者或持有者投票选举董事或选举非法人社团中类似董事的管理者的权利。而"可转化的有投票权证券"指这种"有投票权的证券"当前并未赋予所有者或持有者相应的选举权,但"可转化"意味着其与无投票权证券可交换。

购方保留美国目标公司的所有董事职位且董事均为美国国民,也必须接受法案的管辖。二是外国人购买美国人全部或大部分证券属于法案当然管辖范围。三是尽管投资者是在美国注册的公司,但所有权、控制权或经营权属于外国投资者,当然属于法案所界定的"外国人"范畴,而且该并购会造成另一外国利益方(外国投资者)对美国人形成控制。在此条件下,外国投资者在美国境内依照美国法律设立(注册)的子公司并购另一美国公司的行为自然属于修正案的审查范围。2012年的三一重工并购案中,罗尔斯公司就属此例。四是外国人对美国境内企业的业务收购。该条表明,一个公司收购另一公司(非美国公司)在美国的业务或资产时仍构成法案的管辖范畴。2016年福建宏芯基金(FGC)收购德国半导体供应商爱思强(Aixtron)及其美国分支机构案中,外国投资委员会依据该条当然享有管辖权,并提请时任总统奥巴马行使"否决权"。五是美国人与外国人合资时,美国人以美国境内的业务出资,通过这一合资形式使得外国人对美国人业务形成控制,该合资企业(joint venture)的设立就可以被视为"转移控制权"的收购,继而受到该修正案的管辖。同时,《1991条例》还列举了不受管辖的9种类型。①

综上所述,美国外国投资委员会的审查权限仅限于"外国人控制美国人"的并购交易,因而对"外国人"和"美国人"的界定就至关重要。《埃克森—弗洛里奥修正案》将"美国人"界定为:美国境内的自然人或从事州际商事活动的实体(entity),控制人的国籍在所不论。因此,"美国人"的界定仅以营业地(实际经营地)为唯一判断标准。相比而言,"外国人"则可以是控制或能够产生控制权的任何一个外国人,或任何被外国利益控制或能够控制的实体。②"任何一个外国人"是指任何一个非美国国籍的外国国民。"外国利益方"是指美国以外的利

---

① "并购"的例外情形,具体包括:(1)因股票分割或按比例分红而获得的有价证券,但不涉及控制权变化;(2)并购方与目标公司的母公司为同一人;(3)获得"可转化的有投票权证券",但不涉及控制权实际被动;(4)仅以投资为目的购买美国人有表决权证券或类似权益,如果外国人持有或通过银行、信托等中介机构持有少于10%的有表决权证券,无论其金额多少;(5)所并购的美国资产不构成美国境内的业务;(6)在证券承销过程中获得的证券;(7)依据普通保险合同设定的条件而获得证券,且并购方获得的证券不构成控制权变化;(8)通过借贷等金融措施获得证券,但不涉及控制权变化;(9)获得有表决权证券和资产,但不涉及控制权变化。其中,第4项"仅以投资为目的"是指"对于证券的收购不以参与发行者商务决策为目的"。这些不受管辖类型构成了免于外国投资委员会安全审查的"安全港"(safe harbor)。参见郑雅方:《美国外资并购安全审查制度研究》,中国政法大学出版社2015年版,第43页。

② 参见 Regulation Pertaining to Mergers and Takeover by Foreign Person, §800.201。转引自郑雅方:《美国外资并购安全审查制度研究》,中国政法大学出版社2015年版,第44页。

益者,包括外国政府。如此界定能够保证外国公司在美国设立(注册)的子公司成为《埃克森—弗洛里奥修正案》管辖的"外国人"范畴。三一重工并购位于美国俄勒冈州的风力发电厂一案中,直接负责并购的三一重工全资子公司罗尔斯公司被纳入管辖范围。在此意义上,"控制"概念就成为确认"外国人"身份的关键。而确认"外国人控制"的关键则在于是否存在"外国人"对"美国人"控制的事实,以及这种事实是否会威胁美国安全。在《1991条例》中,"控制"还被界定为拥有决定并购实体重要事项的权力,无论这项权力是已经行使还是可能被行使。"控制"典型存在于并购人在影响下列决定事项时:一是买卖、租赁或出售实体资产,无论这些行为是否发生在普通商务中;二是涉及解散实体;三是关闭或迁移实体的产品、研究成果和设备;四是实体终止或不全面履行合同;五是修改实体的公司章程或设立协议中前四项的规定。① 此外,所谓"控制"的形式也多种多样。例如,多数股份、占支配地位的少数股份、表决权征集、合同安排等方式。因此,对"控制"概念的核心理解在于"外国人是否在某些事项上能对美国人发挥控制作用",而控制的具体方式在所不论。"控制"的概念也与《埃克森—弗洛里奥修正案》《1991条例》中的其他关键概念相似,即充满了模糊性和灵活性,从而给予总统和外国投资委员会在决定外资并购交易中是否存在导致"外国人控制美国人"以及是否产生国家安全威胁时充分的"自由裁量权"。

第三,审查标准及其确定。美国外资并购安全审查标准系指在符合美国外资并购安全审查法规管辖范围的条件下,外资并购是否会对美国"国家安全"构成威胁的判断标准。事实上,《埃克森—弗洛里奥修正案》未对"国家安全"作出清晰、准确的界定,采取"留白"处理。而美国国会对"国家安全"采取开放性解释,甚至涵盖经济福利,本质上也是"深思熟虑"的结果。《埃克森—弗洛里奥修正案》对"国家安全"威胁的判断提出三点参考因素:一是国内生产能否满足特定国防需求;二是国内产业满足国防需求的生产能力,包括人力资源、产品、技术、材料,以及其他产品与服务;三是外国人控制美国国内产业与商业活动是否会影响其满足国家安全需求的能力。比较发现,前两项均明确提及"国防需求",而第三项则较为模糊。与之相应,《1991条例》虽然未专章讨论"国家安全"的内涵与外延,但明文指出"国家安全应当体现在与美国国防产业基地相关的产品或关键

---

① 转引自郑雅方:《美国外资并购安全审查制度研究》,中国政法大学出版社2015年版,第44—45页。

技术相关的并购中"。需要说明的是,尽管"国家安全"的界定与"国防产品需求"密切相关,但并不意味着外国投资委员会对并购交易是否影响"国家安全"的判断可以依据"交易产品是否包含或涉及与军需、军用有关"而作出简单结论。

显然,如果外资并购涉及"核心工业"或"关键技术"将会大概率影响国家安全,从而遭遇美国外国投资委员会更严格的安全审查。例如,雷少华对全球化时代产业政策的研究表明,冷战后全球化深入发展,重塑了全球产业结构,大国竞争的本质也转向了产业政策竞争。其中,产业结构及其变迁决定着经济实力和军事技术,进而决定着国家安全。全球化时代主导国家间竞争的最重要因素是产业政策、尖端技术和市场规模。① 基于此,美国总审计署、国防部、能源部都曾就"与国家安全紧密相关的技术"制定过产业清单,其范围就包括软件设计与生产、大功率微波技术、微电子电路生产技术、纤维光学技术及精密制造技术等。比较发现,上述技术均属于军民两用技术,将其全部纳入外资并购安全审查范围无疑会极大制约全球资本配置效率及生产率改进。《国防部工业安全条例》(Defense Department's Industrial Security Regulation)也对"关键技术"的概念作出定义:潜在对手没有掌握的重要军事技术,一旦为竞争对手(adversary)所掌握,其军事实力就可能获得显著增长。"关键技术"包括:一是能够优化现有军事系统的技术;二是能够弥补竞争对手的某一潜在军事缺陷(weakness),潜在对手一旦拥有该技术即可显著提升战斗力;三是有很高潜在可能性提升现有武器系统的新兴技术。② 在军民两用产业日益混同的今天,美国政府作出此类制度设计的目的在于保持外资并购"国家安全"考量因素的开放性和审查标准的任意性,潜在保证美国的技术垄断、经济安全与产业竞争力。

1992年,法国汤姆逊—CSF公司与凯雷集团(Carlyle Group)联合并购美国钢铁公司LTV导弹及航空部门案中,竞争对手洛克希德·马丁公司(Lockheed Martin Space Systems Company)声称,汤姆逊—CSF公司具有法国政府背景,收购所涉及的导弹工业"关键技术"转移会对美国军事安全产生潜在威胁。③ 美国联邦审计总署围绕该交易出具的安全调查报告显示,鉴于汤姆逊—

---

① 参见雷少华:《超越地缘政治——产业政策与大国竞争》,载《世界经济与政治》2019年第5期,第131页。
② 参见郑雅方:《美国外资并购安全审查制度研究》,中国政法大学出版社2015年版,第47—48页。
③ 参见鲁林:《美国对外来投资国家安全审查制度述评》,载《现代国际关系》2013年第9期,第21页。

CSF公司的政府背景,依据法国法律,法国政府可以随时通过直接或间接的经济手段去影响交易后新公司的经营策略、目标及方向。美国联邦审计总署还认为,法国政府与美国政府的军售立场存在差异,该并购可能会提高法国政府控制LTV的概率,进而对法国的军售政策产生影响。① 鉴于此,美国国会于1992年出台的《伯德修正案》增强对"外国政府控制"或"代表外国政府"的企业收购美国企业资产的安全审查力度,并新增两项国家安全考察因素:一项涉及第三方的因素,即将军事产品、设备或技术出售给特定国家。而"特定国家"系指美国国务卿依据1977年《出口管理法》(Export Administration Act)确认的支持恐怖主义的国家、导弹扩散、生化武器扩散的国家,或是依据1978年《防止核扩散法》确认的核扩散国家。另一项涉及对美国的"国家安全技术"领先地位产生影响。该项被广泛视为赋予美国外国投资委员会审查"涉及军民两用技术"的权力,是对《埃克森—弗洛里奥修正案》管辖范围的巨大突破,并以法案的形式予以确认。② 比较发现,《伯德修正案》已经把外国投资委员会的监管和审查重点转向具有外国政府背景的投资者,将"外国政府控制的并购"(直接控制或间接控制)与"外国私人投资者并购"进行区别监管,显著增加了主权财富基金和国有企业等投资实体赴美投资的政治风险。③

(二)《外商投资与国家安全法》与美国外资并购审查制度的完善

"9·11事件"后,美国进一步加强对国有公司、关键技术、重要基础设施及能源产业收购的监管和审查力度,而港口、电信等基础设施及石油产业成为外资并购审查的敏感行业。2006年,迪拜港口世界公司并购英国伦敦半岛东方航运公司(Peninsular & Oriental Steam Navigation Company)一案因被并购公司所属的六个港口地处美国境内而引发美国朝野争议。④ 为回应争议,美国于2007年颁布《外商投资与国家安全法》,2008年出台《外国人合并、收购和接管

---

① See GAO, Warns of National Security Impact of Thomson-CSF Acquisition of LTV Missiles, 57 Fed. Ct. Rep. (BNA), June 29, 1992, (26).

② 《伯德修正案》之前,外资并购审查涉及"经济安全"在美国国内也存在巨大争议。尽管《伯德修正案》未将"经济安全"纳入考量因素,但是该项立法实际上已经将"技术领先"纳入外资并购安全审查的考量范围,本质上也就是将经济安全纳入审查标准。

③ See James K. Jackson, The Committee on Foreign Investment in the United States, *CRS Report* RL33388, July 3, 2018, p.8.

④ 该案所涉6个港口所有权均属英国伦敦半岛东方航运公司,港口地处美国巴尔迪摩、新泽西、迈阿密、纽约、费城和新奥尔良。

细则》(Regulations Pertaining to Mergers,Acquisitions and Takeovers by Foreign Persons,以下简称《2008 细则》),继续细化美国外资并购安全审查的规则、范围、标准和程序,拓展了"国家安全"在美国政治、经济和国防领域的意义,同时进一步强化美国外国投资委员会的审查权限。尽管《外商投资与国家安全法》在序言中开宗明义:外资并购安全审查的目的旨在"确保国家安全、促进外国投资创造和保持就业,并实现外国投资与国家安全之间的平衡"。[1] 追根溯源,《外商投资与国家安全法》出台的背景是,21 世纪以来,美国的内外部经济环境面临剧烈变化,经济民族主义盛行于美国政治、经济和社会领域,并对外资安全监管政策走向产生重大影响。具体表现为,美国外国投资委员会审查案件量攀升、审查范围扩大、对高新技术审查趋紧,同时外资安全监管政策变迁日益与大国权力竞争和遏制新兴制造业大国崛起相结合。

第一,关于"关键概念"的界定。比较发现,《外商投资与国家安全法》对"外国人""美国人"的概念界定基本沿袭《埃克森—弗洛里奥修正案》的逻辑,但对"控制"作出更加明确和详尽的界定,将"控制"表述为:通过拥有一个企业的多数股份或占支配地位的少数股份、在董事会中占有席位、代理投票权、特殊股份、合同安排、正式或非正式的协调行动安排或其他方式,而能够直接或间接决定公司的重要事项的权力。"控制"的方式包括但不限于:一是出卖、出租、抵押、质押或以其他方式转让企业主要有形或无形资产(无论是否通过正常商业途径转让);二是企业重组、并购和解散;三是企业关闭、迁址、转产;四是主要开销或投资、发行股票和债券、支付红利、批准预算;五是选择新的行业或业务;六是订立、终止或不履行重要合同;七是处理非公共技术、金融或其他专业信息的政策或程序;八是高级管理人的聘任或解聘;九是任命或解聘能接触敏感技术或美国政府机密信息的雇员;十是修改公司章程、选举权协议或其他组织文件。[2]《2008 细则》也列举了特别规定,即少数股东行使的"维权性保护措施"不

---

[1] See Foreign Investment and National Security Act of 2007, Pub. L. 110-49, 121 Stat. 246, Enacted on July 26, 2007.

[2] "控制"的界定与方式,详见 Foreign Investment and National Security Act of 2007, Pub. L. 110-49, 121 Stat. 246, Enacted on July 26, 2007。转引自郑雅方:《美国外资并购安全审查制度研究》,中国政治大学出版社 2015 年版。

构成《外商投资与国家安全法》所称的"控制"。① 就实质而言,《2008 细则》对"控制"概念的外延采取列举式处理,不仅有利于对大股东"控制"的认定,还能较好处理多个外国人同时持有同一美国人股权时的控制性认定。此外,该项制度设计排除"少数股东行使保护措施时须接受外国投资委员会审查"的情形,客观上有助于保护小股东(尤其是外国小股东)的合法权利。

第二,关于审查对象与范围。《外商投资与国家安全法》首度提出"受管辖交易"(covered transaction)概念,该法第 2 条第 4 款规定:美国外国投资委员会有权进行安全审查或调查交易类型,即无论交易发生在美国境内或境外,无论交易标的额大小,只要能造成美国企业被外国人控制,该交易便属于美国外国投资委员会的管辖范围。《2008 细则》进一步对外资并购交易的管辖范围予以明晰,即外国投资委员会旨在解决由"受管辖交易"造成的"国家安全"风险或潜在风险。"受管辖交易"系指 1988 年 8 月 23 日后,外国人或与外国人提议或待决的任何兼并、收购或接管,可能导致在美国从事州际商务的美国人被控制的交易。② "受管辖交易"包括但不限于:一是不论交易如何安排公司控制权,只要该交易导致或可能导致外国人控制美国企业就属于外资并购安全审查范围。二是针对美国公司的控制权,由原外国人转让给另一个外国人的并购交易。例如,中国宏芯基金(FGC)收购德国爱思强半导体公司所属美国分支机构就属此例。三是并购交易可能造成外国人控制或可能控制美国企业资产,此处的"美国企业资产"包括但不限于物质设施、附随设施销售技术、大量使用美国人拥有的技术或被并购公司员工。四是通过协议或其他形式,组成合资企业,包括通过协议建立新的合资企业,合资方投入的资产涉及美国人,外国人会通过新建

---

① 具体而言,法规列举的少数股东的"维权性保护措施"包括:一是阻止出卖或质押企业全部或大部分资产的权利;二是阻止企业同其大股东或其关联企业订立合同的权利;三是阻止企业为其大股东或其关联企业提供担保的权利;四是在企业增发时购买额外股份以避免其按比例权益被稀释的权利;五是有权阻止改变小股东所享有的法定权利及公司文件规定的优先权;六是阻止修改企业章程、选举权协议或其他涉及上述五项组织文件的权利。详见 Office of Investment Security, Department of the Treasury, Regulations Pertaining to Mergers, Acquisitions, and Takeovers by Foreign Persons; Final Rule, 31 CFR Part 800, https://www.treasury.gov/resource-center/international/foreign-investment/Documents/CFIUS-Final-Regulations-new.pdf,访问日期:2019 年 5 月 17 日。
② 《外商投资与国家安全法》将"受管辖的交易"外延无限扩大,任何可能导致外国人控制、存在"可能"威胁美国"国家安全"的交易,都被归为"受管辖的交易"而成为外国投资委员会的审查对象。详见 the Foreign Investment and National Security Act of 2007。

立的合资企业控制美国人等。^①但依据《外商投资与国家安全法》,外国人控制美国人的情形中,新建投资(绿地投资)和房地产投资不属于该法案管辖的范围。^②同时,《2008 细则》第 800.302 条还列举了明确不属于"受管辖交易"的范围:一是股权分配或按股权分配股息,但并未涉及控制权变化;二是一个外国人取得美国一家企业公开发行的 10% 以上具有表决权的股票,且该收购交易仅以单纯投资为目的,^③不受交易标的规模影响;三是获得美国资产或实体的一部分,这一部分并非一个美国企业;四是法人作为证券承销商在正常的商业及承销行为中购买证券的行为;五是正常商业行为所订立的保险合同,依据诚信、担保或损害赔偿义务进行收购。^④具体而言,《2008 细则》将《1991 条例》中的"仅以投资为目的"修改为"以消极投资为目的"突显了美国外资并购审查对"投资目的"的重视。研究发现,对投资目的的重视与全球金融危机后主权财富基金和国有企业赴美并购兴起有关,美国政府旨在通过类似规则限制、减少外国主权资本对美国企业的并购所产生的国家安全威胁。

第三,关于审查标准。"国家安全"本身是一个可主观判断的概念,其内涵和外延均难以操作化,故实务中极易被宽泛解释。《外商投资与国家安全法》亦未对"国家安全"作出定义,只是在《埃克森—弗洛里奥修正案》提出的"国家安全"5 项参考因素基础上,又增加了 6 项参考因素:一是交易对美国关键基础设施(包括重要能源资产)可能产生的与国家安全有关的潜在风险。二是交易对美国关键技术可能造成的与国家安全有关的潜在影响。三是交易是否属于外国政府控制的交易。四是对于需要进入调查程序的"外国政府控制的交易",需要特别审查评估:(1)该外国国家是否遵守不扩散控制体制。^⑤(2)该国家与美国的关系,特别是反恐合作方面的记录。(3)可能转用于军事技术。五是交易

---

① "受管辖交易"的信息,参见 Foreign Investment and National Security Act of 2007, Pub. L. 110-49, 121 Stat. 246, Enacted on July 26, 2007.

② 然而,此处需要说明的是,关于房地产投资,2018 年 7 月出台的《外国投资风险评估现代化法案》对此作出限定,将"靠近军事基地和政府部门所在地的房地产交易(买卖和租赁)纳入审查范围"。

③ 所谓"单纯投资收益目的"是指除了投资收益外,外国人没有计划或意图控制美国企业,不会培养控制意图,更不会采取措施实现投资收益目的之外的意图。

④ See Office of Investment Security, Department of the Treasury, Regulations Pertaining to Mergers, Acquisitions, and Takeovers by Foreign Persons: Final Rule, 31 CFR Part 800, November 21, 2008.

⑤ 美国政府利用该条制裁其他国家的企业与伊朗等国开展对外贸易。

对美国在能源以及其他重要资源和原材料供给方面需求的长期规划的潜在影响。六是总统或外国投资委员会认为适当、普遍与特定审查和调查程序有关的其他因素。上述6点参考因素,除第6项"兜底条款"①外,前5项均可理解为与国家经济安全相关的因素。尽管《外商投资与国家安全法》没有将保障"美国经济安全"写入法律,而是采用列举式的处理方式,流露出对威胁美国"经济安全"的关注,采取隐晦处理的根本原因是在"国会加强外资并购安全审查的呼声"与"确保美国外资开放政策"之间艰难寻求平衡的结果。

《外商投资与国家安全法》对"关键基础设施""关键技术"和"外国政府控制的交易"作出界定。一是将"关键基础设施"界定为:对美国至关重要的任何实体或虚拟系统及资产,若不能正常运转或遭到损害将影响美国国家安全。②《2008细则》对"关键基础设施"的界定进一步具体化:认定外资对"关键基础设施"的控制应基于交易涉及的具体系统或资产,而不是宽泛意义上的某一类资产。此举意味着,外资并购交易如果涉及某一类关键基础设施,外国投资委员会就进而审查判断其行为是否有损国家安全。二是将"关键技术"界定为:与国防相关的关键技术、关键零部件、国家技术子项。依据《2008细则》,"关键技术"被进一步界定为:(1)《国际武器贸易条例》(International in Arms Regulations,ITAR)所含《美国军需品清单》中所列国防装备或国防服务;(2)受多边框架管制(如由于国家安全、生化武器扩散、核不扩散或导弹技术等原因)或由于地区稳定或侦听原因受到管制,而被列入《出口管制条例》(Export Administration Regulation,EAR)和《商业管制清单》中的物品;(3)《外国能源活动协助条例》及《核装备和核材料进出口条例》中所列核装备、核设施及核材料、软件和技术;(4)《受管制生化品条例》所列受管制生化品。③ 通过上述条款足见美国外资并购安全审查对保护军事技术先进性的重视程度,此举意在避免因高精尖武器出售而遭遇外国逆向仿制和非法再出口等问题。由于军民两用技术的

---

① "兜底条款"由美国国家安全审查标准的有限法律化、审查标准的抽象性和模糊性所决定。附加"个案审查"形式,赋予外国投资委员会广泛的自由裁量空间,"选择性执法"的风险也随之上升。参见 Foreign Investment and National Security Act of 2007, Pub. L. 110-49, 121 Stat. 246, Enacted on July 26, 2007.

② See Foreign Investment and National Security Act of 2007, Pub. L. 110-49, 121 Stat. 246, Enacted on July 26, 2007.

③ "关键技术"和"关键基础设施"的概念界定,详见 Office of Investment Security, Department of the Treasury, Regulations Pertaining to Mergers, Acquisitions, and Takeovers by Foreign Persons; Final Rule, 31 CFR Part 800, November 21, 2008.

模糊性,上述规定体现出美国立法在外交、经济利益、国家安全和军事技术先进性之间作出的权衡。三是将"受外国政府控制的交易"定义为:可能会导致外国政府或其控制的实体或代表其在美国从事商业活动的人形成控制权转移的交易。事实上,这种宽泛定义对以国有企业为主体的中企赴美并购尤为不利。

此外,美国财政部依据外资并购审查实践颁布的《2008审查指南》为外资并购方决定是否需要向外国投资委员会提交审查通知及如何正确填写和提交审查通知提供参考。《2008审查指南》将"国家安全"问题区分为两类情况予以分析:因被收购的美国产业属性产生的安全问题和因外资并购者身份产生的安全问题。理论上,美国外资并购安全审查强调并购所产生的国家安全风险,并不将并购涉及的行业领域作为重要判断依据,美国外国投资委员会并不刻意审查任何一个具体的美国商业领域。具体而言,一是外资并购安全审查经验表明,产生国家安全隐患的相当数量交易是由于目标企业属于美国政府供应商,包括主要合同商、分包商或作为主要合同商的产品供应商向联邦政府、州政府或地方权力机关提供产品或服务,但不限于是否为唯一供应商。该类美国企业通常包括与国防安全、国家安全相关执法部门有合同关系或涉及武器、弹药制造和航空、雷达等生产的企业。二是作为主要合同商的企业还有可能因为向美国政府提供涉及众多政府部门的产品和服务而产生国家安全隐患,这些产品和服务包括但不限于信息技术、通信、能源、自然资源及工业产品等影响美国政府部门的国家安全职能或易于遭受破坏、间谍威胁的系列产品与服务。[1] 华为联合贝恩资本并购3Com公司一案中,因涉及3Com所属Tipping Point部门曾负责研发国防安全软件入侵检测系统(该系统主要用于保护美国政府部门和大企业的网络免于受到"黑客"攻击)而被美国外国投资委员会审查拒绝。三是美国目标企业未与美国政府存在供应合同关系,而仅因为本身运营服务或提供产品、服务属性而导致接受外国投资委员会的审查。[2]

---

[1] See Department of the Treasury, Guidance Concerning the National Security Review Conducted by the CFIUS, F. R., 2008, 73(236), p.74571.

[2] 此类美国企业涵盖:(1)处于能源产业某一环节,从事自然资源开采、运输,或从事自然资源与能源转换,或向美国政府及居民消费者供应能源;(2)对美国运输系统具有重要影响,从事海运、港口运营、航空维护、修理等服务;(3)在金融系统有重要或直接影响;(4)运营涉及重要基础设施,如能源资产;(5)所研发或生产的高科技产品具有两用性,既可用于商业生产,也可用于军事用途;(6)从事研发、生产活动、技术、物资、软件销售及提供的服务等属于美国出口管制范围。参见Department of the Treasury, Guidance Concerning the National Security Review Conducted by the CFIUS, F. R., 2008, 73(236), p.74570。

《2008审查指南》罗列的另一个导致国家安全隐患的原因是"外资并购者身份"。《外商投资与国家安全法》和《2008细则》将"外国人身份"列入"国家安全"考虑范围,并特别指出审查"外国政府控制交易"时应重点考虑国家安全问题。同时,《2008细则》将"外国政府控制交易"界定为:任何会导致外国政府或其控制及代其行事的人对美国企业形成控制的交易,比如外国政府机构、国有企业、外国主权基金及政府养老基金等。[①] 尽管美国外国投资委员会将"外国政府控制交易"纳入安全考量因素,但这并不意味着"外国政府控制交易"必然会产生国家安全威胁。为此,外国投资委员会对"外国政府控制交易"的处置逻辑是在综合考量所有与"国家安全"相关联的事实基础上,首先评估"外国人"控制美国企业采取危害"国家安全行为"的可能性,再评估外国人实际采取行动的可能性。具体而言,外国投资委员会会重点考虑以下三方面:一是在多大程度上,外国投资者的投资决定为纯商业性的;二是在多大程度上,外国投资者的经营管理及投资决定实施不受外国政府干扰,具体包括是否具备确保投资公司独立的治理结构、投资标的、目标、组织管理及财务信息的透明度与公开性;三是在多大程度上,外国投资者的子公司能遵守东道国的法律法规及披露规定的程度。[②] 此外,原则上"公司重组"不属于外国投资委员会的审查范围。但在特殊情形下"公司重组"也会受到审查,即任何"公司重组"可能导致美国企业在组织管理、经营策略及人员变动的情形,需要接受外资并购安全审查。一言以蔽之,《2008审查指南》是对外资并购安全审查实践经验的总结与归纳,并从审查实务的角度对"国家安全"概念作出扩大解释,审查范围从军事、国土、政治安全向经济、技术安全延伸。

(三)《外国投资风险评估现代化法案》与外资安全政策新趋势

《外商投资与国家安全法》颁布10年来,特别是2008年全球金融危机为美国外资并购安全审查带来新挑战:一是外国投资委员会审查的外资案件数量不断上升,案件类型不断丰富。(见表3)同时,美国外国投资委员会所面临的外资并购专业化加深了案件处理难度,具体而言,国有企业和主权资本踊跃赴美并购导致外资背后的政治力量积极介入并购安全审查,外资并购交易所涉及的经

---

① Department of the Treasury, Guidance Concerning the National Security Review Conducted by the CFIUS, F. R., 2008, 73(236), p. 74571.

② Ibid.

济利益结构日趋复杂,全球供应链与外资并购的双向影响加深。① 二是数字贸易和人工智能(AI)等新技术对美国安全带来新威胁。事实上,数字贸易不仅助力世界经济复苏,而且对全球经济、政治安全、核心技术和个人隐私保护构成严重威胁。② 基于此,美国社会认为,美国外资并购安全审查制度急需完善和强化其在信息技术服务业和数字贸易领域的审查力度。

表3 美国外国投资委员会并购审查统计(2005—2016年)

年份	申报数量（件）	调查数量（件）	初审中撤回（件）	调查中撤回（件）	总统裁决（件）	调查占申报的比重（%）
2005	64	1	1	1	0	1.6
2006	111	7	14	5	2	6.3
2007	138	6	10	5	0	4.3
2008	155	23	18	5	0	14.8
2009	65	25	5	2	0	38.5
2010	93	35	6	6	0	37.6
2011	111	40	1	5	0	36.0
2012	114	45	2	20	1	39.5
2013	97	48	3	5	0	49.5
2014	147	51	3	9	0	34.7
2015	143	66	3	10	0	46.2
2016	172	79	12	15	1	45.9

资料来源：依据美国外国投资委员会(CFIUS)报告统计。

特朗普执政后,倡导"美国优先",经济民族主义盛行于美国政治、经济和社会层面。尽管特朗普政府也推出大规模减税法案,期待促进外资回流,助推制造业复兴,但同时美国社会针对外资并购会威胁国家安全和高新技术转移的疑虑也超越过往,尤其关注来自中国和俄罗斯的投资。参议院共和党领袖约翰·康宁(John Cornyn)指责,中国政府和企业以投资为"幌子",企图"吸空"和"窃取"美国先进的军事和商业技术,已经严重损害到美国国家安全。为此,科宁竭力鼓吹美国外国投资委员会加强对来自中国企业并购的审查力度,并在特定行

---

① 参见董静然：《美国外资并购安全审查制度的新发展及其启示》,载《国际经贸探索》2019年第3期,第101页。
② 参见周念利、陈寰琦、黄建伟：《全球数字贸易规制体系构建的中美博弈分析》,载《亚太经济》2017年第4期,第37—40页。

业领域限制中国企业进入。① 为适应新形势,2018年7月,美国国会正式出台《外国投资风险评估现代化法案》,对《外商投资与国家安全法》作出最新修订。

第一,继续扩大美国外国投资委员会的管辖范围。一是新增外国投资者购买或租赁"美国境内靠近美国军事设施"或其他"与国家安全相关的设备或财产的房地产"。事实上,这是美国外资并购立法首次将房地产交易纳入外资并购安全审查范畴。历史上,即使在20世纪80—90年代日美投资冲突中,美国政府也未禁止日本企业投资美国房地产。二是任何"外国人"在美国"关键技术公司"和"关键基础设施公司"的投资。此举在对关键概念采取开放性解释的背景下无疑加剧了美国外国投资委员会的审查随意性。三是因外国人的投资可能发生权属变更,造成美国公司受到外国控制。四是美国"关键技术公司"通过任何形式的安排,如合资企业等向外国人提供支持。五是任何其他企图避开本法案规定的交易、资产转移或是企业结构上的安排。六是任何通过破产程序或债务违约行为所造成的前述交易行为(导致资产所有权或控制权移转)。比较研究表明,《外国投资风险评估现代化法案》更加注重美国关键技术、关键基础设施的"控制权"移转问题,进一步从并购内容到交易模式对美国外国投资委员会的审查权限进行扩充和细化。

第二,扩大外国投资委员会审查的投资类型。明确将"关键技术"与"关键基础设施公司"并购中的"非主动投资"与"少数股权投资"和涉及"知识产权与关键技术转让给外国"的合资行为纳入审查范围。具体而言,针对上述领域的并购交易,外国投资者在"获得控制权上的任何股权变化"均需纳入安全审查范畴,而不论持股比例。此外,该法案还对部分关键术语重新作出界定:其一,将"关键技术"界定为:(1)《国际武器贸易条例》中美国军需名单所列明的防卫品或防卫服务;(2)《出口管制条例》及其《补充条例》所列举的《商业管制清单》中的项目;(3)美国联邦法规中规定的与特别设计和装备的"核"相关的设施、材料、软件与技术;(4)美国联邦法规中规定的"有毒物质";(5)其他出现的与美国保持和提高技术优势密切相关的技术或与国家安全相关的技术,此处已经明

---

① 参见李巍、赵莉:《美国外资审查制度的变迁及其对中国的影响》,载《国际展望》2019年第1期,第55页。

确涉及"新兴技术"①一项。其二,美国"核心技术公司"是指美国生产、设计、贸易、制造或发展核心技术的经济实体,也包括涉及外国投资委员会所规定的核心技术的经济实体。其三,将"关键基础设施"界定为:属于外国投资委员会规定的,对美国安全极为重要的,无形的或有形的体系和资产,而美国"关键基础设施公司"即指生产、提供上述关键基础设施的经济实体,地域上"从限于美国国内扩展到全球任何服务于美国关键基础设施的企业"。其四,新增"特别关注国家"的概念,并列出对美国构成明显威胁的国家名单,要求对来自"特别关注国家"的投资实体针对美国核心技术和关键基础设施的并购采取更为审慎和严格的安全审查,尤其聚焦来自中国和俄罗斯企业的投资。学者佟家栋认为,本轮中美贸易摩擦中,美国对中国高科技产品征税意在阻止中国发展高新技术的规划(尤其是《中国制造2025》付诸实施),限制中国高新产业在美国市场的竞争力及中国高新产业形成规模效应,达到维护其在全球高新产业领先地位的目的。② 而雷少华在论述"产业政策与大国竞争"的关系时也指出,全球化时代,主导竞争的最重要因素是产业政策、尖端技术和市场规模,而大国竞争的本质是产业政策的竞争。③

第三,重新修订影响"国家安全"的判断标准。为应对国际经济格局的变化,《外国投资风险评估现代化法案》特别强调对"核心技术"的保护,以便确保美国的技术优势。为此,该法案重新修订影响国家安全的判断因素:(1)交易是否会使美国增加对投资者的信任,从而满足国防需求;(2)交易是否影响美国技术和工业的国际影响力,从而影响美国的国家安全,包括交易是否降低美国特别关注的技术和工业优势;(3)交易是否导致核心技术对国家安全策略产生消极影响;(4)交易是否会增加美国政府在国防、情报等国家安全方面的成本;

---

① 有研究认为,《外国投资风险评估现代化法案》将"新兴技术"纳入外国投资委员会的审查范围,以及将"关键技术设施并购"地域扩展到全球主要是针对《中国制造2025》和中国在国际技术并购领域的快速发展。《外国投资风险评估现代化法案》与《2018年出口管制改革法》(Export Control Reform Act of 2018)的相继出台,在政策效果上似乎"量身定制",其意图显然是限制对华技术出口,而早在2017年特朗普政府否决福建宏芯基金对德国爱思强半导体公司的收购就已现端倪。转引自君合律师事务所:《特朗普总统签署FIRRMA——国家安全审查箭指中国投资?》,https://weibo.com/ttarticle/p/show? id=2309404274070144309900,访问日期:2019年5月17日。

② 参见佟家栋:《中美战略性贸易战及其对策探讨》,载《南开大学学报》(哲学社会科学版)2018年第3期,第2—4页。

③ 参见雷少华:《超越地缘政治——产业政策与大国竞争》,载《世界经济与政治》2019年第5期,第131页。

（5）交易是否会影响在基础设施、能源、材料或核心技术等方面潜在的国家安全；（6）交易主体或交易资产在过往的商业活动中是否遵守美国的法律或其他规章制度；（7）交易是否有可能通过威胁国家安全的方式直接或间接暴露个人身份信息、基因信息或其他美国公民的敏感信息，如 2018 年，蚂蚁金服公司并购 MoneyGram International 公司一案中，美国外国投资委员会即援引该项，并以"图像识别技术可能造成美国国民信息泄露"为由予以否决；（8）交易是否可能使美国形成网络安全漏洞或加剧美国现有的网络安全漏洞；（9）交易是否可能导致外国政府获得给美国政府造成恶意网络安全损害的能力，包括利用网络影响美国的联邦选举活动；（10）交易是否涉及外国特别关注的美国拥有的某项核心技术；（11）交易是否可能加剧影响美国国家安全的犯罪活动和欺诈行为；（12）交易活动是否可能泄露国家安全敏感信息或联邦法律执行机构的敏感运行机制。① 比较发现，《外国投资风险评估现代化法案》将审查重点瞄准"针对美国核心技术和网络安全设施"的并购，并格外重视对美国国家安全构成的现实威胁和潜在影响进行评估和预防。②

综上所述，《外国投资风险评估现代化法案》进一步扩大美国外国投资委员会审查范围，增加安全考量（判断）因素，优化审查流程，扩大总统授权，继续强调对国有企业（资本）的审查，并新增网络安全审查等内容。研究发现，尽管该法案在名义上适用于所有赴美投资并购的外国实体，但考虑到金融危机后中企赴美投资迅速增加，特别是针对金融、科技行业的并购数量显著上升，此次修法针对中国投资及遏制中国技术崛起的意图不言而喻。③

二、美国外资并购审查机制与程序

美国外资并购审查制度下，实体规范所预设的价值取向需要通过相应的程序设计来保障和实现。《1991 条例》作为《埃克森—弗洛里奥修正案》的细则，全文共 40 条，详细规定了美国外资并购安全审查制度的管辖范围、申报程序、审

---

① 外资并购"国家安全"参考因素，参见 the Bill of Foreign Investment Risk Review Modernization Act of 2018, Section 308.

② 转引自君合律师事务所：《特朗普总统签署 FIRRMA——国家安全审查箭指中国投资？》，https://weibo.com/ttarticle/p/show?id=2309404274070144309900，访问日期：2018 年 8 月 17 日。

③ 参见连增、王颖、孙文莉：《特朗普政府投资领域国家安全审查制度的新变化及其趋势解析》，载《国际论坛》2019 年第 2 期，第 113—122 页。

查程序、总统裁决等内容，使美国外资并购审查在法定程序上具备可操作性。

程序规则的设计应当依据其所要达到的目标和审查主体的权力配置，美国外资并购审查程序也不例外。自《埃克森—弗洛里奥修正案》起，美国对外资并购审查范围、程序和标准作出制度化规定，客观上有助于外资并购安全审查制度走向公开透明。美国外资并购审查制度的启动机制有两种：并购交易方主动向外国投资委员会申报审查，以及外国投资委员会单边启动审查。实践中，又以并购交易方自愿申报为主。

一方面，并购交易方自愿申报。《外商投资与国家安全法》要求交易一方或各方，根据已公开的审查信息和相关法律规定，自行决定是否向美国外国投资委员会主动申报审查。根据《外商投资与国家安全法》，自愿申报的对象为外国投资委员会的主席，即美国财政部长。《2008 细则》列举了当事公司申报时应提交的具体信息。① 同时，要求外国投资委员会根据外资并购审查经验，通过官方网站及时补充和更新审查中需要并购双方提交的信息类型。为保证美国外国投资委员会审查中所有材料真实、准确和完整，并购发起方需要提交的信息包括但不限于并购交易涉及的所有法律文件、并购方公司信息（帮助外国投资委员会理解并购意图）及交易完成可能对美国国家安全构成威胁的评估信息等。例如，并购发起方及其母公司与本国政府的关系、股权构成、融资来源、公司控制人或高管人员信息及所享有的公司控制权和决策权情况等。

此外，如果外国投资委员会认为并购当事人已提交资料不足以保证审查程序的全面性和公正性，可以要求交易当事方继续提供必要信息。交易方在自愿申报审查中提交的所有信息，应由提交一方法定代表或授权代表出具所提供信息真实可靠的书面说明，外国投资委员会保证所有已提交信息均享有保密条款的保护，免于对外披露。外国投资委员会主席接到并购交易方自愿申报通知后，对于非"受管辖交易"应及时退回通知，并通知当事方；对属于"受管辖交易"范畴的并购，需要首先确认当事人提交的资料是否完整充分、符合规定。若所提交信息不符合申报规定、与实质情形不符、未按照要求补充信息或所补充信息未提供最终证明，外国投资委员会可决定推迟接受申报，直至并购当事方提交真实、完整及符合规定的信息，否则外国投资委员会将直接作出驳回申报申

---

① 申报信息包括但不限于与美国目标公司存在的合同，目标公司生产、销售或提供的服务，并购方对美国目标公司的未来商业计划，并购交易双方公司及高管个人的情况。

请的决定,由交易方补充材料,并达到规定要求后重新提出申报申请。

另一方面,外国投资委员会成员单边启动机制。实践中,为避免并购交易双方漏报交易造成美国国家安全威胁,《1991条例》又在交易双方自愿申报制度之外,确立了外国投资委员会机构通报制度。《外商投资与国家安全法》及《2008细则》又将其调整为,适用条件和程序都较为完善的单边审查启动机制。单边启动审查机制的具体程序是:只要外国投资委员会成员单位副部级及以上官员,有理由相信未申报的交易或并购当事方提供的重要信息存在错误或遗漏或已申报交易存在国家安全担忧,就可以代表该部门向美国外国投资委员会主席(财政部长)提出通报。主席收到通报后,必须接受并向通报涉及的交易当事人提供该通报的书面文本,同时要求交易方提供交易相关的所有信息。

在此意义上,外国投资委员会各成员均等享有自主启动外资并购安全审查程序的权力。为增强问责制,避免该权力被滥用,外资并购审查法规对行使该权力成员的政治级别要求较高(副部长及以上)。事实上,在外国投资委员会成员众多的现实条件下,广泛地自主启动授权,将可能导致并购竞争者大量游说成员机构发起审查,从而对外资并购审查程序施加不合理的政治干预。[①] 并购个案中,触发外资并购安全审查单边启动机制的主体更为多元。1990年中航技公司收购美国马姆科制造公司案中,在全部收购程序已经完成的情况下,美国时任总统布什应外国投资委员会部分成员的要求否决该并购,要求中航技公司3个月内剥离在马姆科制造公司的所有权益和资产。[②] 常规上,为维持并购交易的稳定性和可预测性,在交易完成3年后即不得再适用单边启动审查机制。但也设置了例外情形(还原条款),即并购交易完成3年后,经外国投资委员会主席与其他成员协商,也可启动单边重审(追诉)机制,该项制度创设使得本质上任何未得到外国投资委员会批准的"受管辖交易"都可能因单边启动审查而面临被再次审查的风险。应当说,美国外资并购自愿申报审查制度建立在自由开放的外资政策原则之上,并区别于其他国家采取的强制审查制度。而《外商投资与国家安全法》及《2008细则》完善和加强单边启动审查机制暗示了对当事

---

① 参见杨静:《外资并购国家安全审查制度的平衡机制研究》,法律出版社2017年版,第141—142页。

② See Rosenthal, Bush Urged to Void Sale of Airplane-Parts Maker to Chinese, *New York Times*, February 2, 1990, p.9.

人自愿申报的鼓励和对规避审查的威慑。因为未申报的"受管辖交易"将永远面临被轻易诉诸审查的风险。换言之,未向外国投资委员会自愿申报即完成的并购交易,一旦启动单边审查程序,则被认为"存在潜在国家安全威胁的概率"将会倍增,因之遭遇不利处置措施的风险也将骤增。在此意义上,自愿申报审查已然被赋予某种强制色彩。故有学者认为,自愿的特性已具有一定的欺骗性,与强制申报并无二致。[①] 客观上,当事人为避免因此而造成的损失,通常会选择向美国外国投资委员会主动申报。

为提高外国投资委员会审查效率、优化审查程序,《外国投资风险评估现代化法案》修改了《外商投资与国家安全法》关于交易双方共同提交"审查通知"的规定,引入"申报"程序,降低外国投资委员会的审查成本。《外国投资风险评估现代化法案》要求交易各方向外国投资委员会提交交易基础信息的"申报书",而非"书面审查通知"。而"强制申报"(mandatory declarations)的情形则包括:一是涉及外国政府利益的投资交易且该投资交易涉及外国人直接或间接获得美国经济主体 25% 以上表决权;二是外国投资委员会基于自由裁量权对"合理要素"(appropriate factors)的考量,认为需要强制申报的其他情形。"合理要素"包括:美国技术、工业、经济部门作为交易主体,交易对国家安全所造成的危害需要补救的难易程度,及通过其他方式获得交易信息的难易程度。同时,《外国投资风险评估现代化法案》要求前两项"强制申报"交易不迟于交易完成前 45 天进行申报,第三项不迟于交易完成前 90 天进行申报。否则,将会面临罚款或禁止交易的处罚。在收到投资方提交的申报文件后,外国投资委员会依据自由裁量权处置:告知交易方外国投资委员会依据申报材料无法完成审查,需要交易方依据《外国投资风险评估现代化法案》提交书面审查通知,或依据《外国投资风险评估现代化法案》直接启动单边并购审查程序,或书面通知交易方已完成审查,并告知审查结果。该程序尽可能在 30 天内完成。[②] 外资并购审查程序如图 1 所示。

美国外国投资委员会完成非正式审查,作出进入正式审查阶段的决定后,

---

① 参见杨静:《外资并购国家安全审查制度的平衡机制研究》,法律出版社 2017 年版,第 142—143 页。

② 《外国投资风险评估现代化法案》有关申报程序,详见 Foreign Investment Risk Review Modernization Act of 2018, Section 302. 转引自董静然:《美国外资并购安全审查制度的新发展及其启示》,载《国际经贸探索》2019 年第 3 期,第 105 页。

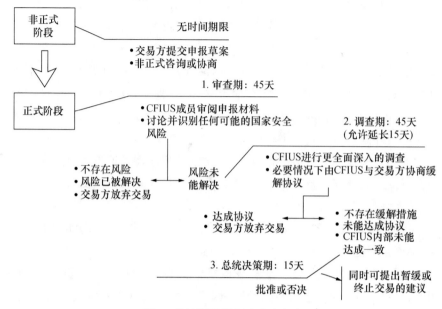

图 1　外国投资委员会审查程序

即开始为期45天的正式审查,随后根据审查结果决定是否进入调查阶段和总统审查决定阶段。《外商投资与国家安全法》通过后,美国第13456号行政令强化了调查程序的启动权,除劳工部和国家情报局外,其他外国投资委员会副部长级以上成员在初审程序结束后,认为并购交易存在国家安全风险,而且未达成有效的减缓协议,均可要求启动调查程序。《伯德修正案》要求对外国政府控制或代表外国政府利益的实体进行的并购交易进行强制调查。《2008细则》增加了强制调查的类型:导致外国人控制美国所有或在美国境内的"关键基础设施"的交易,都需要外国投资委员会启动调查程序。此外,《外商投资与国家安全法》和13456号行政令修改了"所有进入调查程序的个案,无论应批准、限制或禁止都应由总统最终决定"的规定,将进入调查程序案件的批准权仍授予外国投资委员会行使,缩小了总统决定权的适用范围,而《外国投资风险评估现代化法案》延续这一规定,进一步明确"强制申报"情形和具体期限。综上所述,调查程序和总统决定阶段均依据外国投资委员会初步审查结果决定,调查阶段是外国投资委员会针对重要案件启动的正式审查,而总统审查决定则是外国投资委员会依据正式审查的结论报请总统作出阻止或修改并购协议的决定,属于外资并购审查的特别程序。

三、美国外资并购审查制度的特征

经济学家认为,经济理性支撑开放的外资政策,政府对跨国资本流动的限制只能用"重商主义的本能"或非理性的经济民族主义来解释。① 事实上,作为一项隐性投资壁垒,美国外资并购安全审查制度透露出强烈的经济民族主义色彩,并总体呈现出三大制度特征:

一是借助外资并购安全政策和法规限制外国公司并购美国企业资产是美国外资并购审查的首要目标,而审查程序和审查标准存在的"关键概念模糊、审查程序不透明和标准不确定"则为美国投资保护提供了隐性便利。具体而言,一方面,刻意对外资并购安全审查的"关键概念"保持模糊,或美其名曰采取"开放性解释"。事实上,美国外资并购审查法规中"国家安全"概念界定缺失必然导致"国家安全"界限和范围模糊,造成外国投资委员会裁判标准不统一。众所周知,美国外资并购审查程序置于美国国内法视阈下,关键概念缺失显然难逃"瓜田李下"之嫌。然而,通过对外资并购立法史的考察可知,美国国会主张避免对"国家安全"概念作出清晰明确的界定,而是应当采用灵活、宽泛和开放的参考标准。实践中,针对外国投资者要求公开审查标准的诉求,美国外国投资委员会置若罔闻,并公开拒绝就"国家安全"含义作出明确界定,其本意在于维护美国外国投资委员会在外资并购审查中所享有的广泛自由裁量空间。

另一方面,针对外资并购审查,美国外国投资委员会仅公布并购案件的审查结论,并拒绝公布作出审查结论的依据。华为公司并购 3Leaf 案中,美国外国投资委员会称"如果任由华为公司获取美国先进的互联网安全检测技术,可能潜在威胁到美国政府和军队的信息安全,以及置美国重要企业的商业机密于风险之中"。与此同时,针对华为公司时任副董事长胡厚崑发出的《华为致美国政府公开信》中希望美国外国投资委员会本着专业、公正和透明的精神公开审查程序和审查依据,②美国外国投资委员会的回应千篇一律:"公开并购案件审

---

① See Robert A. Pastor, *Congress and The Politics of Foreign Economic Policy (1929—1976)*, Colifornia: University of Colifornia Press, 1980, p. 217.
② 参见胡厚崑:《华为致美国政府公开信》, http://pr.huawei.com/cn/news/hw-092878.htm,访问日期:2019 年 6 月 7 日。

查结论的具体裁判依据无疑会危害美国利益,因为相关审查程序和审查依据的认定包含国家机密,美国外国投资委员会选择不公开是出于维护美国国家安全的考虑。"显然,在华为公司看来,美国外国投资委员会这种笼统的解释非常牵强。鉴于此,2012年,华为公司为澄清误解,主动致函美国政府和国会要求美国对华为的经营管理展开调查。事实上,美国外国投资委员会审查程序处于"法律语境"下,在逻辑上对"国家安全"威胁的判断应当采用实然性分析(law as it is),即外国投资委员会的审查应以对美国的"国家安全造成现实损害"为前提。现实中,美国外国投资委员会是以应然性分析(law as it ought to be)为基础,采用事前审查或"潜在危害"审查,这种逻辑假定在缺乏程序公开透明的制约下,其程序正义必然无法保障,而外国投资委员会据此作出的审查结论,其公正性也必然存疑。

二是政治力量公开介入和干预个案审查程序。美国国会和行政部门通过国会议员提案和舆论渲染向美国外国投资委员会的审查程序施加压力。其中,国会议员提案是政治力量介入和干预外资并购审查程序最主要的方式。传统上,美国外资并购国家安全审查机构包括三大角色:美国外国投资委员会、美国政府和美国国会。其中,外国投资委员会作为主要的审查执行机构直接听命于总统,国会对外资并购审查影响的强化起源于2007年出台的《外商投资与国家安全法》,该法强化了国会对外国投资委员会行使职权的监督力度。美国国会在外资并购安全审查方面的监察权主要体现为:众议院和参议院司法委员会均有权审议美国外国投资委员会的年度报告、国会证明制度、适时监察外国投资委员会已完成审查程序的并购。事实上,中海油并购优尼科一案是美国国会干预外资并购审查的经典案例,并购审查过程中,尽管中海油公司为通过审查作出诸多有利于美国利益和降低安全威胁的承诺,仍然引发了国会的强烈关注。[①]因此,该案正是在美国国会的强力干预下导致中海油功败垂成。统计表明,在外国投资委员会审查期间,先后有64位联邦议员提案反对收购,反对的理由主要包括三个方面:第一,中海油并购成功可能导致优尼科石油公司先进的油气勘探技术向中国企业转移,此举不仅会提高中国企业的油气勘探开发能力,而且有助于提升中国海洋军事测绘能力,并威胁美国海军在相关海域的"自由航

---

① See Timothy Webster, Why Does the United States Oppose Asian Investment?, *Northwestern Journal of International Law & Business*, 2017, 37(2), pp.235-236.

行";第二,中海油获得"政府补贴"危害美国能源市场的竞争秩序,理由是中国政府持有中海油70%的股份,而且并购资金大多来源于中国政府控制的银行贷款;第三,中海油并购成功后将获得优尼科的全部油气资源储备,未来将优先供应中国市场,威胁美国能源供应安全。事实上,统计数据表明,优尼科石油公司的油气产量均低于美国年度消费总量的1%,所谓威胁美国能源安全实属无稽之谈。① 尽管如此,同年6月30日,美国众议院和参议院分别通过提案,参议院431号提案要求时任总统布什关注该交易对美国能源安全的影响,建议总统果断阻止该交易,并以削减美国外国投资委员会拨款相威胁。② 该并购案激发了美国国内保护主义者的疑虑,由此催生了一系列针对限制中企能源并购的法案,并特别要求国防部和国土安全部重视"中国的能源需求和能源政策对世界政治经济和美国能源安全影响的评估"。③

三是外资安全审查导致"商业问题政治化"。鉴于上述两大特征,美国外资并购安全审查制度在客观上存在"商业问题政治化"嫌疑。而美国《2008审查指南》所设定的外资并购安全审查逻辑又与美国目标行业脆弱性及相关市场竞争环境相关联,此举意在维护美国企业在上述领域的技术霸权和市场垄断地位。实践中,对"产业脆弱性"的判断标准体现在美国《外商投资与国家安全法》所列举的11项"国家安全"审查参考因素中,并大致分为五大类:敏感产业、敏感技术、敏感设施、敏感信息与敏感区域。上述领域被美国政府认定为敏感行业,不仅因为其具有技术密集度高的特点,而且相关产品、服务和技术供应短缺,原始技术转移或领先优势丧失会严重削弱美国国家安全,并提高敌对国家的攻击能力。同时,上述行业基本处于全球价值链的顶端,与之相伴随的是产业竞争较小,存在巨大的市场垄断利益。2000年,全球信息产业市场在中央处理器和系统软件两大信息产业硬件和软件领域,美企的全球市场占有率分别高达92%和86%。④ 华为和中兴通讯进入国际电信设备市场之前,全球电信设备市场基本由美国的高通(Qualcomm)、思科(Cisco Systems)、英特尔(Intel)、摩托罗拉

---

① 参见黄河等:《中国企业跨国经营的国外政治风险及对策研究》,上海人民出版社2016年版,第117页。
② 参见郑雅方:《美国外资并购安全审查制度研究》,中国政法大学出版社2015年版,第72页。
③ See Joshua W. Casselman, China's Latest Threats to the United States: The Failed CNOOC-Unocal. Merger and Its Implications for Exon-Florio and CFIUS, *Indiana International and Comparative Law Review*, 2007, 17(1), p.171.
④ 参见孙敬水:《数字鸿沟:21世纪世界各国面临的共同问题》,载《国际问题研究》2002年第6期,第54—58页。

(Motorola),以及欧洲的瑞典爱立信(Ericsson)和芬兰诺基亚(Nokia)等公司控制。即使在 2016 年,英特尔和思科依然引领全球网络硅市场,在以太网交换机方面思科公司也占有 50% 的份额。① 这意味着美国依然牢固掌握着国际通信产业的主要市场份额。与之相应,2014 年,美国外国投资委员会审查制造业领域比重最高的细分行业是计算机和电子产品,所占比重高达 42%,其次是交通运输和机械设备,占比为 13%,二者合计超过 55%。② 无独有偶,2012 年的三一重工诉奥巴马案中,美国外国投资委员会认为,罗尔斯公司经营的位于俄勒冈州的风电项目地处美国海军"空中禁区",存在军事安全的风险,要求其立即停止该项目运营。③ 事实上,该区域早已存在着上百个第三国经营的风电项目,从未遭遇到美国外国投资委员会的审查。④ 应当说,该案的发生与金融危机后中美在风力发电设备和新能源研发领域的激烈竞争直接相关。此前,美国已经在世界贸易组织(Word Trade Organization,WTO)针对中国新能源产业连续发起诉讼,此举实则饱含强烈的市场保护意图。⑤ 而针对 2005—2014 年美国外国投资委员会审查行业的考察表明,制造业占美国外资并购审查的年均比例高达 43.1%。(见表 4)

表 4　美国外国投资委员会外资并购审查行业统计(2005—2014 年)

项目	2005	2006	2007	2008	2009	2010	2011	2012	2013	2014
制造业(件)	34	53	61	72	21	36	49	47	35	69
金融、咨询和服务业(件)	24	33	56	42	22	35	38	36	32	38
矿业、公共服务与建筑业(件)	1	15	11	25	19	13	16	23	20	25
批发零售与运输业(件)	5	10	10	16	3	9	8	8	10	15
制造业比重(%)	53.1	47.7	44.2	46.5	32.3	38.7	44.1	41.2	36.1	46.9

资料来源:根据美国外国投资委员会(CFIUS)年报统计。

---

① 参见《美国人的 5G 战略》,https://baijiahao.baidu.com/s?id=16192508255009477758&wfr=spider&for=pc,访问日期:2019 年 5 月 1 日。
② 根据 2015 年美国外国投资委员会年报统计。
③ See Yang Wang, Incorporating the Third Branch of Government into U. S. National Security Review of Foreign Investment, *Houston Journal of International Law*, 2016, 38(1), pp. 324-328.
④ 参见任强:《国际投资法中的"国家安全"问题探究——以 Ralls 诉美国外国投资委员会案"为视角》,载《北方法学》2016 年第 3 期,第 150 页。
⑤ 参见龙金光:《美贸易大棒指向新能源领域,向 WTO 起诉中国风能补贴政策》,http://www.in-en.com/article/html/energy-873274.shtml,访问日期:2019 年 5 月 29 日。

作为对不同利益主体诉求的政策回应,美国外资并购安全监管政策经常在保持外资开放形象与强化外资安全监管之间"走钢丝"。然而,外资并购审查制度本身跨越经济、政治和法律范畴,学术界长期对其所隐含的大国权力竞争和利益集团博弈等"政治内核"认识不足。

第三节 中企赴美并购及其审查情况

21世纪以来,中资企业赴美投资快速增长,投资已经成为中美经济关系中继贸易和金融的第三根支柱。然而,与中企赴美投资并购的快速增长相适应的是,中企并购进一步导致美国不同市场主体的利益分化,以及美国社会对技术转移和市场竞争忧虑的持续增强。在此条件下,基于美国国内选举利益考量导致的美国外国投资委员会对中企并购审查的数量和比例持续上升。

一、中资企业赴美投资并购的现状

2001年入世后,中企竞相以跨国并购形式展现出在全球市场配置资源的强烈意愿,也成为中企主动参与经济全球化博弈的重要体现,而美国优越的投资环境也吸引中企踊跃赴美投资并购。

一方面,就中企赴美直接投资的规模而言,美国荣鼎集团的投资(包括金融类和非金融类)数据表明:2015年,中国企业对美国直接投资达到157亿美元,较2014年增长30%。2016年继续上升至460亿美元,是2015年的近3倍,占中国对外直接投资的8.7%,投资地域覆盖美国47个州。① 2017年后,受政策性因素影响,中国赴美直接投资骤降35%,下降至290亿美元,2018年又下降至50亿美元。② 然而,就并购投资而言,2015年中企赴美直接投资103件,较2014年增加11件,其中成功交易70件,涉及金额140亿美元,企业并购占中企赴美直接投资的61.5%。③ 2017年,中资企业赴美并购投资降低87%,并购总额由

---

① See Rhodium Group, Chinese Investment in the United States: Recent Trends and the Policy Agenda, October 9, 2016, file:///Users/lvxian/Desktop/Rhodium%20Group.webarchive, accessed September 4, 2019.

② See Thilo Hanemann, Daniel H. Rosen, and Cassie Gao, Two-Way Street: 2019 Update US-China Direct Investment Trends, Rhodium Group, accessed May 8, 2019.

③ 数据源于荣鼎集团《2015年中国对美直接投资报告》。转引自屠新泉、周金凯:《美国国家安全审查制度对中国国有企业在美投资的影响及对策分析》,载《清华大学学报》(哲学社会科学版)2016年第5期,第75页。

2016年的149.7亿美元下降至19.7亿美元。① 然而,企业并购依然是中资企业赴美直接投资的主要方式。

商务部《2017年度中国对外直接投资统计公报》对中企赴美直接投资(非金融类)统计表明:2008—2016年,中企赴美直接投资流量年均增长64%。(见表5)就投资存量而言,截至2017年年末,中企赴美投资存量达673.81亿美元、占中国对外直接投资存量的3.7%;雇用美国员工超过10.4万人,较2016年上升1.5万人。2016年,中企总计赴美并购达82件,交易总额120.3亿美元。比较典型的并购案例包括:中国海航集团(HAN Group)出资65亿美元收购美国希尔顿酒店25%的股权,海航集团出资18.8亿美元收购美国CIT飞机公司租赁业务100%股权,以及三胞集团出资9.1亿美元收购美国丹德里昂医药公司等,部分并购因遭遇美国外国投资委员会审查而失败。2018年,随着中美贸易冲突深化,以及《外国投资风险评估现代化法案》出台,中企赴美投资热度持续下降。比较发现,2018年上半年,中企赴美并购和绿地投资总计18亿美元,同比锐减92%,是2010年以来的最低水平。如果考虑到部分中企如大连万达集团、安邦集团(Anboud Group)及海航集团等为缓解资金压力抛售美国资产高达96亿美元,截至2018年上半年,中国对美直接投资为-78亿美元。从交易数量看,自2014年起,中企赴美并购每半年平均85起,2017年下半年下降至69起,2018年上半年继续下降至39起。② 可以预计,伴随中美战略竞争持续加剧,预计中企赴美直接投资将长期在低位徘徊。

表5　中企赴美非金融类直接投资流量统计(2008—2017年)

年份	中企赴美直接投资流量(亿美元)	中企对外直接投资流量(亿美元)	中企赴美直接投资流量比重(%)	中企赴美直接投资流量年均增速(%)
2008	4.62	559.07	0.8	—
2009	9.09	565.29	1.6	97
2010	13.08	688.11	1.9	44
2011	18.11	764.54	2.4	38

---

① See Ezequiel Minaya, Chinese Acquisitions of U.S. Tech Firms Plummeted in 2017, *The Wallstreet Journal*, January 5, 2018.
② 参见李巍、赵莉:《美国外资审查制度的变迁及其对中国的影响》,载《国际展望》2019年第1期,第60页。

(续表)

年份	中企赴美直接投资流量(亿美元)	中企对外直接投资流量(亿美元)	中企赴美直接投资流量比重(%)	中企赴美直接投资流量年均增速(%)
2012	40.48	878.03	4.6	123
2013	38.73	1078.44	3.6	−4
2014	75.96	1231.2	6.2	96
2015	80.29	1456.67	5.5	6
2016	169.81	1961.49	8.7	112
2017	64.25	1582.88	4.1	−62.16

资料来源：依据2008—2017年度商务部《中国对外直接投资统计公报》统计。

事实上，与传统的跨国投资风险相比（见表6），国家对经济和技术安全的忧虑而非商业因素是造成2017—2018年中企赴美直接投资锐减的主要原因。就中方而言，2016年年底，中国政府为抑制国内资本非正常外流导致外汇储备下降，而加强对内资企业"非理性"海外投资并购的管控。政策上，2017年8月4日，为降低金融风险，规范大型民营企业的海外并购业务，国家发展改革委、商务部、人民银行、外交部出台《关于进一步引导和规范境外投资方向的指导意见》，明确6类受鼓励、5类被限制和5类被禁止的投资类型。[①] 就美国而言，2018年5月起，特朗普政府援引《1974年美国贸易法》第301条挑起中美贸易冲突。在此影响下，美国国内原本支持自由经济政策的政治力量，出于竞选中争夺选票的考量，也竞相转向对华经贸施压。美中关系全国委员会和荣鼎集团

---

① 一是鼓励开展的境外投资包括：(1) 重点推进有利于"一带一路"建设和周边基础设施互联互通的基础设施境外投资；(2) 稳步开展带动优势产能、优质装备和技术标准输出的境外投资；(3) 加强与境外高新技术和先进制造业企业的投资合作；(4) 在审慎评估经济效益的基础上稳妥参与境外能源资源勘探和开发；(5) 着力扩大农业对外合作；(6) 有序推进服务领域境外投资。二是限制开展的境外投资包括：(1) 与我国未建交、发生战乱或者我国缔结的双、多边条约或协议规定需要限制的敏感国家和地区开展境外投资；(2) 房地产、酒店、影城、娱乐业、体育俱乐部等境外投资；(3) 在境外设立无具体实业项目的股权投资基金或投资平台；(4) 使用不符合投资目的国技术标准要求的落后生产设备开展境外投资；(5) 不符合投资目的国环保、能耗、安全标准的境外投资。三是禁止开展的境外投资包括：(1) 涉及未经国家批准的军事工业核心技术和产品输出的境外投资；(2) 运用我国禁止出口的技术、工艺、产品的境外投资；(3) 赌博业、色情业等境外投资；(4) 我国缔结或参加的国际条约规定禁止的境外投资；(5) 其他危害或可能危害国家利益和国家安全的境外投资。参见《关于进一步引导和规范境外投资方向的指导意见》(国办发[2017]74号)。

的统计数据表明,2017年,中国赴美投资下降90%以上。① 尽管有学者认为,美国民主党建制派整体还是赞同全球化,像"美苏冷战"一样,倡导中美"经济脱钩"违背经济规律。② 事实上,在中美经贸关系上,美国以两党为代表的国内政治力量正逐步达成一致,共同推动对华贸易和投资限制。③

表 6　传统的跨国投资风险

风险类别	表现
战争风险	由于东道国和其他国家爆发战争或者内战导致的企业外部环境的改变
国有化风险	东道国把外资企业的资产所有权以有偿或无偿的方式转移至该国政府
政党更迭风险	由于东道国执政党更迭引起相关政策变化,反对党上台可能实施与原执政党完全不同的政策,缩减或废除企业原本享受的投资权益
缺乏政府间协议保障	两国政府未签署对企业投资的保护协议,在包括享受最惠国待遇、国民待遇、避免双重征税、承诺不实施国有化等方面缺乏书面依据
法律政策变动风险	东道国对法律政策进行调整,部分调整涉及外来投资者的利益,例如,税种的增加、税率的调整和纳税程序的变动等
利率风险	企业海外投资需要获得外部资金支持,利率变动导致企业需要偿还的利息发生变动,给企业经营带来不确定性
汇率风险	汇率波动对海外投资企业影响较大,会造成企业成本和现金流波动
通胀风险	通货膨胀反映社会商品整体价格的变动情况,代表商品供需的总体水平
自然灾害风险	包括地震、海啸、台风、洪水、干旱等各种极端的地质灾害或气象灾害都会影响投资经营活动的延续

资料来源:转引自王碧珺:《中国参与全球投资治理的机遇与挑战》,载《国际经济评论》2014年第1期,第102页。

另一方面,就中资企业赴美投资并购的领域而言,2017年,中企赴美投资领域依然保持多元化,制造业比重最大,且表现出向高科技和高端制造业集中的趋势。其中,投资流量超过10亿美元的行业是制造业以及租赁和商务服务业,较2016年减少4个行业,而且排序有所变化。而从行业资本存量的角度观察,

---

① 参见李莉文:《"逆全球化"背景下中国企业在美并购的新特征、新风险与对策分析》,载《美国研究》2019年第1期,第15页。
② 参见周琪:《论特朗普的对华政策及其决策环境》,载《世界经济与政治》2019年第3期,第77—78页。
③ 参见沈大伟:《美国两党对华达成共识,难改对华强硬立场》,http://www.zaobao.com/wencui/politic/story20180929-895100,访问日期:2019年6月8日。

制造业以172.8亿美元居首位,占对美投资存量的25.6%,且主要分布在汽车制造、医药制造、专用设备制造、非金属矿物制品、化学原料及化学物品制造、皮革/毛皮羽毛及制品和制鞋业。[①](见表7)

表7 2017年中企赴美直接投资行业及比重

行业	流量（万美元）	比重(%)	存量（万美元）	比重(%)
制造业	360448	56.1	1727953	25.6
租赁和商务服务业	127558	19.9	1100244	16.3
金融业	−116583	−18.2	914105	13.6
信息传输/软件和信息技术服务业	29351	4.6	659113	9.8
批发和零售业	78903	12.3	517542	7.7
房地产业	23368	3.6	446905	6.6
采矿业	31005	4.8	351330	5.2
科学研究和技术服务业	45197	7.0	332989	4.9
文化/体育和娱乐业	1788	0.3	234169	3.5
建筑业	24749	3.9	152944	2.3
居民服务/修理和其他服务业	3381	0.5	75066	1.1
交通运输/仓储和邮政业	4425	0.7	59538	0.9
电力/热力/燃气及水生产和供应业	11009	1.7	56642	0.8
住宿和餐饮业	2427	0.4	51767	0.8
农/林/牧/渔业	9506	1.5	32686	0.5
教育	3506	0.5	12761	0.2
卫生和社会工作	1395	0.2	6728	0.1
水利/环境和公共设施管理业	1116	0.2	5618	0.1
合计	642549	100.0	6738100	100.0

资料来源:依据2008—2017年度商务部《中国对外直接投资统计公报》统计。

此外,就中企赴美并购的动力而言,传统上获取目标国先进技术和外部市场机遇是中国企业"走出去"的主要动力。然而,伴随中国外汇储备上升,保障中国外汇储备特别是持有的美国国债的保值和增值成为推动中企海外并购的另一刺激因素。在此意义上,考虑到美国庞大的市场规模、成熟的经济规则以

---

① 参见商务部《2017年度中国对外直接投资统计公报》。

及完备的外资法规和知识产权保护体系,美国自然成为中国企业海外并购的首选之地。另外,中企赴美并购还可以大幅提升企业的国际知名度。2004年,中海油并购优尼科石油公司一案中,尽管最终中海油铩羽而归,但中海油在并购过程中展现出的强大资本和技术实力、专业运作水准,以及对国际投资规则的充分尊重,极大改变了西方社会根深蒂固的中国国有企业形象,赢得了国际市场和投资者的青睐,其标志就是中海油公司股价在并购案发起后涨幅明显。

二、美国对中企并购审查的情况

中企赴美投资并购因遭遇"国家安全"审查问题导致失败的案例最早可以追溯到1990年中航技收购美国马姆科制造公司案。[1] 21世纪以来,随着国际经济格局变迁和自身政治经济环境变化,美国率先加强了对外资并购的安全审查力度。2005年,中海油以高出竞争对手10亿美元的价格收购美国第九大石油公司优尼科,遭遇美国国会阻挠而失败。2012年10月,美国众议院特别情报委员会以威胁"国家安全"为由,建议时任总统奥巴马限制华为和中兴通讯赴美开展投资活动,迫使两公司申明投资不会对美国国家安全造成任何威胁。[2] 2013年7月,奥巴马又以涉嫌威胁美国军事安全为由要求三一重工全资子公司罗尔斯停止在美国俄勒冈州的风力发电项目,为此罗尔斯公司不惜把奥巴马告上法庭。[3] 近年来,遭遇美国外国投资委员会审查的中国投资案例还有多起,既包括中国工商银行、中国化工集团、西色国际投资公司、唐山曹妃甸投资公司等国有、国有控股或参股企业,也包括华为公司等民营投资实体。据美国外国投资委员会年报统计,2005—2015年,外国投资委员会对中企并购审查的数量由1件激增至29件。2012—2016年,外国投资委员会累计审查39个经济体,合计501起并购交易,其中被审查中资企业并购数量达到127起,[4] 比重达

---

[1] See Kristy E. Young, The Committee on foreign Investment in the United States and the Foreign Investment and National Securities Act of 2007: A Delicate Balancing Act that Needs Revision, *U. C. Davis Journal of Law and Policy*, 2008, 15, pp. 47-48.

[2] See Souvik Saha, CFIUS Now Made in China: Dueling National Security Review Frameworks as a Counter-measure to Economic Espionage in the Age of Globalization, *Northwestern Journal of International Law & Business*, 2012, 33, pp. 202-230.

[3] See Christine Ryan, Too Porous for Protection? Loopholes in EB-5 Investor Visa Oversight Are Cause for National Security Concern, *San Diego Int'l L. J.*, 2015, 16, pp. 418-420.

[4] See CFIUS, Annual Report To Congress 2015.

25.3%。2017—2018年度,受2017年中国资本管制和2018年中美贸易冲突影响,中企赴美投资大幅下降,并购审查数量相应降低。①(见表8)

表8 CFIUS对中企投资的审查比重(2005—2018年)

项目	2005	2006	2007	2008	2009	2010	2011	2012	2013	2014	2015	2016	2017	2018
中企审查数(件)	1	0	3	6	4	6	10	23	21	24	29	30	20	13
中国案例比重(%)	1.6	0	2.2	3.9	6.2	6.5	9.0	20.2	21.6	16.3	20.3	20.7	8	6.9
中国排名	—	—	14	7	6	5	3	1	1	1	1	1		

数据来源:2005—2016年数据根据CFIUS报告整理。另参见潘圆圆:《中国对美投资快速增长背景下的美国外国投资委员会改革》,载《国际经济评论》2018年第5期,第37页;因2017—2018年数据CFIUS尚未出具正式报告,系由笔者依据USCC、荣鼎集团及PIIE等机构发布的研究报告等网络公开资料统计得出。

如表8所示,美国政府对中企并购的审查比重在相似情况下显著高于其他国家。相反,截至2017年年末,在外资来源地方面,中国仅位居美国第六大外资来源地,②这与中国2012年起就位居美国外国投资委员会审查数量榜首的事实并不相符。比较发现,2008年金融危机后,与美国外国投资委员会对中国企业投资审查比重居高不下相对应的是,中国赴美直接投资的流量始终处于较低水平。也就是说,在金融危机后的十年间,中国对美直接投资流量占美国外国投资总流量的比重年均仅为0.92%。(见表9)显然,这与2012—2016年期间,美国外国投资委员会对中企并购的审查年均13.9%的比重极不相符。事实上,这也是中国社会广泛质疑美国外国投资委员会主导下的外资并购安全审查制度充当美国投资和贸易保护主义工具的缘由。

---

① 2017—2018年度,CFIUS审查数量降低是受2017年6月中国国务院出台资本管制措施和2018年中美贸易摩擦,赴美投资大幅减少所致。其中,2017年降至290亿美元,较2016年下降37%。2018年上半年中国赴美直接投资18亿美元,较2017年同期下降92%。参见USCC, Annual Report to Congress 2018, Nov 14, 2018, https://www.uscc.gov/sites/default/files/Annual_Report/Chapters/Chapter%201%20Section%201-%20Year%20in%20Review%2C%20Economics%20and%20Trade_0.pdf,访问日期:2018年12月17日。

② 参见https://www.commerce.gov/news/blog/2018/09/manufacturing-leads-top-sector-foreign-direct-investment-united-states,访问日期:2019年9月30日。

表 9 中国对美直接投资流量比重统计(2008—2017 年)

项目	2008	2009	2010	2011	2012	2013	2014	2015	2016	2017
吸引外资总量(亿美元)	3063.7	1436	1980.5	2298.6	1990.3	2013.4	2017.3	4657.7	4571.3	2758.8
中资流量比重(%)	0.16	0.35	0.52	0.48	1.72	0.95	1.09	1.27	2.26	0.32

资料来源:根据美国商务部经济分析局(BEA)公开数据统计。

事实上,美国商务部经济分析局(BEA)发布的类似情形下中国和英国赴美投资及其审查情况的分析表明,同是被外国投资委员会审查案例数量排名第一的国家,2008—2011 年英国对美国的直接投资存量平均为 4272 亿美元,而 2012—2015 年中国在美直接投资存量平均仅为 99.1 亿美元。比较发现,在相同条件阶段,尽管英国的平均直接投资存量为中国的 42 倍,但中英两国受审查的案件数量却接近。(见表 10)

表 10 中英企业投资受审查数量比较(2008—2015 年)

国家	2008	2009	2010	2011	2012	2013	2014	2015
英国(件)	48(第1)	17(第1)	26(第1)	25(第1)	17(第2)	7(第4)	21(第2)	19(第3)
中国(件)	6(第7)	4(第6)	6(第5)	10(第3)	23(第1)	21(第1)	24(第1)	29(第1)

资料来源:根据美国商务部经济分析局(BEA)公开数据统计。

特朗普执政后,"美国优先"等经济民族主义思潮盛行于美国政治、经济和社会层面,其首份《国家安全战略报告》即声明"科技创新和技术领先对维护美国安全意义重大,为维护创新基础就必须在研究和技术方面保持领先。为减少外来竞争者侵犯美国公私部门的知识产权,政府必须与国会一道努力,并强化美国外国投资委员会的职能,确保其能管控美国当前和未来面临的投资风险"[①]。2018 年 5 月起,特朗普政府在掀起中美贸易战的同时,还计划启动《国际紧急经济权力法案》,抑制中企在美国高科技领域的投资,甚至限制"中国和其他国家的合资企业的赴美投资"[②]。伴随中美经贸关系持续恶化,"中兴禁售"事件、"孟晚舟被扣"事件,以及华为公司等一批中国科研机构、高校及高新技术企

---

① White House, National Security Strategy of the United States, December, 2017, pp. 4, 17, 21-22.

② Stephanie Zable, The Foreign Investment Risk Review Modernization Act of 2018, https://www.lawfareblog.com/foreign-investment-risk-modernization-act-2018, accessed August 7, 2018.

业被美国商务部工业安全局列入所谓出口管制"实体清单"(entity list),希望通过对华技术封锁和压制,迟滞中国高新产业的技术跃进,以及对国际市场的开拓,本质上属于美国对中国高新技术崛起挑战美国技术霸权的应激反应。

三、美国对中企并购审查的特征

美国外资并购审查本质是"商业问题政治化"的表达形式,是因中企赴美并购数量增加而引发的一系列国家安全担忧,进而对中企并购的抵触不断上升。[①] 事实上,美国日益严格的外资并购审查具有极强的针对性,尤其对涉及技术、高端制造、国有企业以及敏感行业的民营企业的并购成为重点审查领域和对象。在管辖范围方面,"域外管辖"成为美国外资并购审查的新领域。在管辖程序方面,"总统否决权"行使的增加则反映出行政权力对外资并购审查干预力度的增强。

(一)制造业成为美国对中企并购审查的主要领域

后危机时代,中企赴美投资领域几乎覆盖美国所有国民经济行业,但制造业投资比重和流量持续走高。以 2011—2017 年为例,中企投资于美国制造业的数额由 7.81 亿美元增长至 36.04 亿美元,涨幅为 361%。其中,2016 年中企对美国制造业投资为 59.95 亿美元,占中企当年对美直接投资总额的 35.3%。(见表 11)此外,胡鞍钢对中美制造业发展的比较研究表明,21 世纪以来,中美制造业发展呈现出"此消彼长"的趋势,而在两大问题上美国内部分歧较大:一是中国制造业的兴起是否摧毁了美国企业的国际竞争力或是导致美国制造业衰落的主要根源?二是中企是否抢走了美国社会的就业岗位?对上述两大问题的不同回答造成美国社会对中国制造业发展对美国经济利弊的判断呈现显著差异。例如,一项来自国会的研究报告就认为,如果美国继续忽视中国具有全球竞争力的制造业实体(企业)赴美投资的负面效应,不仅会加速美国国内产业转移,而且还可能造成对中国企业的不对称依赖,其结果就像"如今的普通美国人对中国廉价生活消费品的依赖"一样充满讽刺。

[①] 参见刘英奎:《跨国并购受阻,中企如何应对国外安全审查?》,载《中国对外贸易》2017 年第 1 期,第 28—29 页。

表 11 中企对美国制造业直接投资规模和比重(2011—2017 年)

项目	2011	2012	2013	2014	2015	2016	2017
规模(亿美元)	7.81	11.56	8.62	18.04	40.08	59.95	36.04
比重(%)	43.13	28.55	22.26	23.75	49.93	35.30	56.10

资料来源:《中国对外投资发展报告 2018》,http://www.mofcom.gov.cn,访问日期:2019 年 2 月 17 日。

与之相应,在美国外国投资委员会审查中企并购的所有"受管辖交易"案例中,制造业审查比重始终是最高的,在任何年份都超过了审查总数的一半。与表 9 的数据对比表明,制造业审查比重不仅远高于制造业投资占中国对美直接投资总额的比重,也显著高于全球平均占比。此外,2005—2007 年,美国外国投资委员会对中国企业并购审查中制造业比重甚至占到审查总量的 75%。(见表 12)

表 12 中国"受管辖交易"的行业分布数量和比重(2005—2015 年)

年份	制造业(件)	金融、信息和服务业(件)	采矿、公用事业和建筑(件)	批发零售和交通(件)	总量(件)	制造业比重(%)
2005—2007	3	1	0	0	4	75
2008—2009	7	3	2	1	13	53.8
2010—2012	24	7	12	0	39	51.3
2013—2015	39	15	13	7	74	52.7

资料来源:依据美国外国投资委员会历年报告统计。

而 2008 年全球金融危机后,美国经济复苏缓慢,中国并购制造业遭遇外国投资委员会审查的数量激增。2009—2011 年,中企并购美国制造业的审查数量由 2007 年的 7 件上升至 24 件,占总审查数量的比重由 54% 上升至 60%。2012—2014 年,这一数据继续上升至 33 件,占比近 50%。在中企并购的行业门类中,采矿业、建筑业、金融业和信息服务业是美国政府审查的"重灾区"。2007—2014 年,中企赴美并购采矿和建筑业被审查数量持续上升,占比由 2007—2009 年的 7.7% 进一步上升至 2012—2014 年的 28%。同时期,外国投资委员会对中企并购美国金融、信息和服务业的审查也由 3 件上升至 13 件,所占比重变化不大,维持在大约20%的水平。① 数据对比表明,中企对美国制造业领域的并购特别是能源和高端制造领域的并购已经成为美国外资并购审查的重点领域。事实上,这一现象本身与金融危机后美国实施的"再工业化"政策、"逆全球化"升温和经济民族主义盛行相一致。

(二)对高新技术相关的"敏感资产"并购审查更趋严格

回顾美国外资并购审查制度的演进历程,技术转移所引发的国家安全忧虑始终是推动美国外资并购安全立法和制度构建的主要动力。后危机时代,美国外国投资委员会的审查重点由国防安全逐渐向国防安全与经济安全并重,甚至偏重高新技术安全的方向转变。特朗普政府的首份《国家安全战略报告》即声明,"科技创新和技术领先对维护美国安全意义重大,为维护创新基础就必须在研究和技术方面保持领先"②。

一是中美技术差距缩小是技术审查趋紧的源动力。伴随经济转型,中国鼓励技术创新、加大科研支出,中美之间在科技投入方面的差距快速缩小。2016年,中国国内研发支出达到2378亿美元,全球仅次于美国。在科研支出占国内生产总值(GDP)的比重方面,中国稍逊于美国的2.74%,但也达到2.12%,中美科技投入差距已经由2008年的1.33%缩小至0.62%。世界知识产权组织(WIPO)的数据显示,2017年中国专利授权量达35万件,是美国(28万件)的1.36倍,居世界第一。③ 而从专利行业观察,中国在高铁、港口机械、民用无人机及数字防护方面处于全球领先地位。《中国制造2025》以及有关鼓励和发展"中国标准"的政策和规则的出台,则标志着"中国制造"正在向"中国创造"和"中国智造"转变。与之相应的是,国际经济条件变迁背景下,美国国内"技术民族主义"再度兴起,政府、国会及学界推波助澜,将"技术竞争"视为中美"国家竞争"的要旨,成为美国战略界的共识。

二是美国对中企赴美并购审查向"国防安全和经济安全并重"的方向转变,而高新技术并购更是成为重点目标。2018年5月,特朗普政府在挑起中美贸易

---

① 参见CFIUS:Annual Report to Congress;屠新泉、周金凯:《美国国家安全审查制度对中国国有企业在美投资的影响及对策分析》,载《清华大学学报》(哲学社会科学版)2016年第5期,第79页。

② White House, National Security Strategy of the United States, December, 2017, pp. 4, 17, 21—22.

③ 参见任泽平、罗志恒等:《日本、韩国应对美国高科技遏制的启示》,载《国际金融》2019年第2期,第3—4页。

战的同时,还计划启动《国际紧急经济权力法案》,企图进一步抑制中企对美国高科技领域的投资,甚至考虑将美国外国投资委员会职权扩大到限制"中国和其他国家的合资企业"在美国的并购活动。① 统计显示,截至 2018 年第三季度,美国外国投资委员会否决中企并购 1 起,② 因遭遇外国投资委员会审查而被迫撤销的投资高达 14 起,业务领域集中在半导体、信息通信、金融服务、大数据、新材料等高科技领域。(见表 13)

表 13　因 CFIUS 审查而失败的中企赴美并购案例(2017—2018 年 7 月)

行业	中国投资方	美国目标公司	终止时间	规模(亿美元)	具体业务范围
高端制造	峡谷桥基金	莱迪斯半导体	2017.9.13	13	半导体
	福建宏芯基金(FGC)	德国爱思强半导体公司及美国分支业务	2018.2.22	5.8	半导体设备
	中国重型汽车集团公司	美国汽车技术供应商 UQM 公司 34% 股权	2018.5.9	0.28	新能源汽车
金融	中国华信能源集团公司	涉及考恩集团(Cowen Group)19.99% 股权	2017.11.24	1	资产管理
	蚂蚁金服(阿里巴巴子公司)	速汇金国际公司(MoneyGram International)	2018.1.2	12	转账汇款与电子支付
	海航资本	天桥资本公司(SkyBridge Capital)	2018.4.30	2	基金管理
互联网	TCL 集团公司	诺华达无线通讯公司(Novatel Wireless)	2017.6.7	0.5	信息技术服务
	喜乐航公司(海航集团子公司)	全球鹰娱乐公司(Global Eagle Entertainment)9.9% 股权	2017.7.25	4.15	机舱内娱乐与互联网服务
	四维图新、腾讯、新加坡政府投资公司	Here 地图业务(荷兰地图服务供应商)10% 股权	2017.9.27	2.83	汽车地图导航服务
	东方宏泰公司	AppLovin 移动广告公司	2017.11.21	14.2	移动广告投放
	蓝色光标公司(Blue Focus)	Cogint 63% 股权	2018.2.20	1	大数据营销

---

① See Stephanie Zable, The Foreign Investment Risk Review Modernization Act of 2018, https://www.lawfareblog.com/foreign-investment-risk-modernization-act-2018, accessed August 7, 2018.
② 2017 年 8 月 CFIUS 提议总统否决中国峡谷桥基金出价 13 亿美元收购美国芯片制造商莱迪斯半导体公司的并购申请。

（续表）

行业	中国投资方	美国目标公司	终止时间	规模（亿美元）	具体业务范围
原材料	辽宁忠旺集团公司	爱励（Aleris）制铝公司	2017.11.12	23.3	铝产品生产
	国投创新基金（中国国资背景私募基金）	Maxwell Technologies 能源储存和能量运输公司	2017.9.20	0.47	能源储存
其他科技	北京大北农科技集团公司	Waldo Farms 饲猪基因公司	2018.3.3	0.165	生物技术
	深圳新纶科技公司	阿克伦聚合物体系（Akron Polymer System）	2018.5.10	0.099	高分子材料

资料来源：根据公开资料整理。

2017年，中国华为公司以27%的市场占有率稳居全球通信设备市场第一，中兴通讯也以10%的市场占有率位列全球第四大通信设备供应商。然而，二公司在美国市场的份额却长期低于1%，这无疑与美国政府对二者的长期打压直接相关。[1] 2018年4月，美国商务部以"中兴通讯未完全履行2017年与美国商务部达成的协议为由，禁止美国企业7年内向中兴通讯出售零部件"，在中美政府的干预下，该案最终以"中兴缴纳10亿美元罚款，改组董事会，接受美国派员监督"为代价换取解除禁令。[2] 同年7月23日出台的《外国投资风险评估现代化法案》将外国投资委员会审查重点进一步锚定为《中国制造2025》所列的十大高新技术行业。截至2019年5月15日，美国商务部工业安全局将华为公司及其68家关联企业列入出口管制"实体清单"（entity list）。[3] 至此，被美国商务部工业安全局列入实体清单的中国机构总数超过261家，[4] 范围涵盖高新技术企业、科研机构和高等院校。

---

[1] 参见张菲、安宁：《贸易战背景下中美直接投资趋势与对策研究》，载《国际经济合作》2018年第5期，第15页。

[2] 中兴通讯的遭遇与皮耶鲁奇所描述的法国阿尔斯通公司的遭遇非常相似。参见美国商务部关于"中兴禁售事件"的信息，https://www.commerce.gov/news/press-releases/2018/06/secretary-ross-announces-14-billion-zte-settlement-zte-board-management，访问日期：2019年5月26日。

[3] See BIS, Announces the Addition of Huawei Technologies Co. Ltd. to the Entity List, U.S. Department of Commerce, May 15, 2019, https://www.commerce.gov/news/press-releases/2019/05/department-commerce-announces-addition-huawei-technologies-co-ltd.

[4] 包括中国大陆143家、香港地区91家、台湾地区1家及华为海外子公司26家，占美国"实体清单"总数的21.9%。参见夏旭田、缴翼飞：《起底美国出口管制"黑名单"：261家中企被纳入，华为是否会断供？》，https://baijiahao.baidu.com/s?id=1634133187138478774&wfr=spider&for=pc，访问日期：2019年6月9日。

三是以半导体、信息通信、大数据、人工智能等代表的"关键技术",以及以能源、金融、交通等为代表的"关键基础设施"是美国对中企并购审查的核心。2018年3月USTR发布的《美国对华301调查报告》提出8大限制中企投资的科技行业是:航空航天、集成电路、信息技术和电子产品、生物科技、工业自动化和机器人、可再生能源、汽车及零部件以及电子产品。① 以半导体技术为例,因其与芯片、集成电路、人工智能、信息技术等被视为与第四次工业革命密切相关,是美国对华技术封锁和限制的关键领域。2017年1月6日,总统科学技术咨询委员会(PCAST)发布《确保美国半导体的领导地位》的报告称,中国芯片业已经对美国相关企业和国家安全构成严重威胁,建议美国总统下令对中国芯片产业进行更加严密的调查。同年9月,在特朗普政府否决峡谷桥基金并购莱迪斯半导体一案中,美国指出该并购在四个方面威胁到美国国家安全:(1) 并购将导致美国人持有的半导体领域的知识产权转移给外国人(中国企业);(2) 中国政府在本次交易中扮演重要角色,并通过政府手段支持并购;(3) 完整的半导体产业链对美国的国家安全至关重要,而该并购可能导致美国半导体产业链断裂;(4) 莱迪斯半导体公司是美国政府相关部门的产品及服务供应者。② 与之相应,鉴于中国在移动支付、大数据及云计算等领域的技术领先优势,原本中企赴美并购可达到与美国优势互补的效果。2018年1月,在中企阿里巴巴的子公司蚂蚁金服并购美国金融服务企业速汇金国际公司(Money Gram International)一案中,美国外国投资委员会就以防止"电子支付技术外泄"为由阻止并购。

事实上,与半导体技术领域中国所处的弱势地位相比,围绕5G技术研发与商业化,通信产业竞争事实上已构成中美新一轮高新技术博弈的焦点,自然也成为美国外资并购安全审查的重点领域。实务中,2007—2011年,华为公司系列赴美并购交易遇阻,2018年"中兴禁售"事件、"孟晚舟被扣"事件,以及华为公司被列入美国商务部工业安全局出口管制"实体清单"就是例证。

(三) 利用外资并购审查限制中企的竞争优势

二战后,伴随跨国投资的兴起,美国跨国公司一直扮演着国际并购市场的

---

① 详见美国贸易代表办公室(USTR):《美国对华301调查报告》,http://dy.163.com/v2/article/detail/DE13AS6C05149FJG.html,访问日期:2019年5月27日。

② 参见美国白宫:Statement from the Press Secretary on President Donald Trump's Decision Regarding Lattice Semiconductor Corporation, September 13, 2017;李巍、赵莉:《美国外资审查制度的变迁及其对中国的影响》,载《国际展望》2019年第1期,第62页。

主要角色。与之相应,美国政府也积极通过政府力量帮助美国企业开拓国际市场。例如,2010年"谷歌退出中国"事件中,美国国务院就曾直接向中国政府施加压力,替谷歌公司违反中国国内法的行径辩解。

一方面,传统上美国社会一直存在着利用政府力量干预商业竞争的惯例,而利用国内法或国内制度打击商业竞争对手是美国政府干预商业竞争的主要手段。前国务卿奥尔布赖特(Madeleine Korbel Albright)曾直言不讳:"美国政府一定会制裁那些打算与美国的竞争对手做生意或购买武器的机构或个人。"① 无独有偶,法国阿尔斯通公司(ALSTOM)前高管皮耶鲁齐(Frederic Pierucci)以其切身经历披露美国司法部以"打击海外商业腐败"为名干预商业竞争,帮助美国通用电器公司(General Electricity Company)收购法国企业的内幕。② 基于20世纪70—80年代日美通过企业合作加速日本技术崛起的惨痛教训,2007年美国出台的《外商投资与国家安全法》和《2008细则》将外资并购中的"产业脆弱性"与"正常技术进步"和"商业竞争"相关联,冀望借助美国外国投资委员会的并购审查程序抑制外部竞争者崛起,维护美国技术优势,继续独享高新行业的垄断利润。

另一方面,以2008年全球金融危机为节点,21世纪以来美国社会积压已久的反"全球化"怒火迅速蔓延。鉴于此,美国的产业领域区分为全球化竞争的得利者和失败者两大部分。其中,美国国内全球化竞争的失败者和得益于市场保护的产业领域,如军工、钢铁、纺织品等行业认为,中国经济快速发展特别是中国制造业的快速发展导致美国相关产业在市场竞争中处于不利地位,并导致美国工人失业和政府税收下降。与此同时,政府强力部门,包括国防部、国土安全部和情报部等出于中美战略竞争加剧和对中国快速崛起的恐惧都倾向于对中企赴美并购采取限制态度。③ 实践中,上述部门通过"院外游说"积极影响美国外资安全政策制定和外国投资委员会个案审查程序。三一重工诉奥巴马案中,事实上除罗尔斯公司经营的风电项目外,该区域还存在第三国拥有或运营的发电设备和投资,均未遭遇美国外国投资委员会的审查。④ 该案的发生与金融危机后中美在全球风力发电设备和新能源开发市场的激烈竞争密切相关,此前美

---

① 〔法〕弗雷德里克·皮耶鲁齐等:《美国陷阱》,法意译,中信出版集团2019年版,第341页。
② 同上书,第258—284页。
③ 沈伟:《"修昔底德"逻辑和规则遏制与反遏制——中美贸易摩擦背后的深层次动因》,载《人民论坛·学术前沿》2019年第1期,第40—59页。
④ 参见任强:《国际投资法中的"国家安全"问题探究——以"Ralls诉美国外国投资委员会案"为视角》,载《北方法学》2016年第3期,第150页。

国已经在世界贸易组织针对中国新能源企业以"反倾销"和"反补贴"为名启动多轮诉讼。换言之,无论以"国家安全"为借口展开调查,还是以"倾销和补贴"相抹黑,其目的均是迫使具备市场竞争优势的中国企业退出美国市场,阻止中企技术进步和全球竞争力提升。

(四)对国有企业和具备竞争优势的民营企业审查更严格

美国外资并购安全审查制度对投资目的的重视,与金融危机后以国有企业为代表的主权资本赴美并购兴起有关,美国旨在通过类似规则限制和减少外国主权资本对美国企业的并购所产生的国家安全威胁。实践中,外国投资委员会对中企的并购审查扩大到所有制结构、融资来源及公司内部治理。

一方面,美国外国投资委员会针对中企并购审查中刻意选择忽略中国国有企业所有权和经营权已经分离的事实,曲解中企的投资意图。事实上,美国政府无视中国国情和国有企业改革成效的目的是"项庄舞剑,意在沛公",本意在于以此作为借口抑制中国国有控股和参股企业赴美并购。众所周知,在国际投资争端解决领域,世界银行(World Bank Group, WBG)下属的国际投资争端解决权威机构——国际投资争端解决中心依据《华盛顿公约》对国际投资中投资者属性的认定采纳"经营说",其核心是关注外国投资者的实际投资经营行为。在法律关系上,无论投资者的资金来源是政府还是公民,只要投资者在法律上具有法人资格,就当然属于 ICSID 所认可的"国民"范畴。[①]上述观点在 2014 年 ICSID 作出的北京城建诉也门案裁决中得到确认:关于也门政府提出北京城建集团充当"中国政府代理人的角色",不属于《华盛顿公约》第 25 条项下"另一缔约国投资实体"的说法,仲裁庭指出,北京城建集团凭借其在商业上的优势,通过公开竞标而获得该项目,尽管北京城建集团作为国企确实在管理、运营等方面受中国政府监管,但中国政府对北京城建集团享有监督、控制权的事实,并不能说明北京城建集团参与萨那国际机场二期项目建设投标并最终进行项目建设,构成履行政府职能的行为。[②]鉴于此,《外商投资与国家安全法》采取的"控

---

① 参见杨静:《外资并购国家安全审查制度的平衡机制研究》,法律出版社 2017 年版,第 173—191 页。

② 该案例的裁判信息参见 ICSID: Beijing Urban Construction Group Co. Ltd. V. Republic of Yemen (ARB/14/30), https://arbitration.org/sites/default/files/awards/arb4692.pdf, 访问日期:2020 年 9 月 9 日。对 ICSID 系列涉及国有企业和主权财富基金的裁决实践的考察表明:仲裁庭在判断某一"国有企业"是否具备"私人投资者"身份的问题时,往往会排除对"国有企业"天然特征的考虑,而是客观地从该"国有企业"的投资行为出发,紧密结合事实进行具体分析。因此,大多数东道国基于投资者为国有企业身份而提出的管辖权异议往往不为 ICSID 仲裁庭所支持。相似的案例还包括:CSOB v. Slovak (ARB/97/4), Remuli Telekom v. Kazakhstan(ARB/05/16)。

制说"显然违背国际投资法惯例,而其提出的"受管辖交易"和外国政府控制交易"的概念对投资者的"行为属性"认定采用"控制说",与历史上美国政府要求发展中国家开放投资市场时的做法相冲突,自然难以获得国际社会认可。美国该举措的目的旨在将外国投资委员会审查的重点转向蓬勃兴起的主权财富基金和国有企业并购。商务部统计数据表明,2003—2010年,中国企业赴美直接投资总额达到116.7亿美元,其中国有企业占65%,[1]完美彰显出国有企业作为中国最具竞争力市场主体和"走出去"战略主力军的角色。金融危机后,中国赴美投资企业的所有制结构趋于多元,原本国有企业占据的数量和资本"双主导地位"均呈现下降趋势,但在能源、化工、金融及高新技术等行业来自国有企业的并购依然占据主导地位。[2]

另一方面,中国"民营企业"赴美并购日趋活跃,体现出显著的市场竞争优势。鉴于此,美国社会指责中国"民营企业"接受政府资助,而且公司治理结构不透明。商务部统计数据表明,以2015年为例,中国国有企业占赴美投资的比重从2012年的41%下降到16%;与之相反,中国民营企业赴美直接投资日趋踊跃,所占比重为84%。[3] 对比研究发现,中国民营企业并购在投资数额和并购行业方面出现新变化:一是并购数额快速上升,已经与国有企业并购不相上下;二是并购行业逐渐向航空、汽车等高端制造业,以及金融服务、互联网等美国优势领域转变。应当说,中国民企赴美直接投资飙升,除美国良好的法治环境、成熟的行业结构与运作规则外,美国外资并购安全审查对国企较民企更为严格也是重要因素。[4] 然而,除审查中企的所有制结构外,中国民企融资来源、内部治理结构,乃至高管任职经历等都成为外国投资委员会的审查重点。例如,华为并购3Com和3Leaf案中,外国投资委员会就以华为获得"扭曲性金融支持"为由而要求其解释清楚与中国银行和中国进出口银行的业务关系、所谓

---

[1] 依据中国商务部历年《中国对外直接投资统计公报》统计得出。
[2] 参见屠新泉、周金凯:《美国国家安全审查制度对中国国有企业在美投资的影响及对策分析》,载《清华大学学报》(哲学社会科学版)2016年第5期,第75—76页。
[3] 有关中国国有企业和民营企业赴美并购数据的比较,参见 Thilo Hanemann and Cassie Gao, Chinese FDI in the US: 2015 Recap, January 19, 2016, http://rhg.com/notes/Chinese-fdi-in the-us-2015-recap,访问日期:2019年9月4日;屠新泉、周金凯:《美国国家安全审查制度对中国国有企业在美投资的影响及对策分析》,载《清华大学学报》(哲学社会科学版)2016年第5期,第76页。
[4] 参见屠新泉、周金凯:《美国国家安全审查制度对中国国有企业在美投资的影响及对策分析》,载《清华大学学报》(哲学社会科学版)2016年第5期,第76页。

"国家战士"身份、"中国共产党党委"在华为经营管理中的角色和地位,并要求华为公开内部文件自证清白。①

此外,近年来,美国外资并购安全审查的另一个趋势是,美国总统针对审查程序行使"否决权"愈加频繁。更重要的是,在美国外资并购安全审查历史上,合计有5起外国投资案例提交总统否决,几乎全部与中国或中国企业有关。(见表14)

表14 美国总统否决的外国并购案例统计(截至2019年9月)

年份	被并购公司	并购公司	并购行业	总统否决的具体原因
2018	美国高通公司(Qualcomm)半导体部分业务	新加坡博通(Broadcom)半导体公司	半导体	本收购与中国企业并无直接关系,但美国认为,收购成功可能削弱美国高通公司在全球通信领域的领先地位,并为华为公司等中国电信商的5G标准竞争提供便利
2017	美国莱迪斯(Lattice)半导体设计公司	中国峡谷桥基金(Canyon Bridge Capital)	半导体	半导体技术属于美国外资并购法规认定的"关键技术"和美国商务部工业安全局《出口管制条例》确定的"出口管制技术"范畴,半导体技术转移直接威胁美国国家安全
2016	德国半导体公司爱思强(Aixtron)及其美国分支部门	福建宏芯基金(FGC)	半导体	理由同上,半导体技术转移危及美国国家安全
2012	位于美国俄勒冈州的风力发电厂项目	中国三一重工全资子公司罗尔斯(Ralls)公司	新能源	项目所在地毗邻美国军事设施,实则与金融危机后中美在国际风电领域的市场竞争加剧密切相关
1990	美国马姆科(Mamco)制造公司飞机部件业务	中国航空技术进出口公司	飞机零部件	航空工业属于美国高端制造业,技术转移可能危及美国国家安全

资料来源:根据美国外国投资委员会(CFIUS)公开资料整理。另参见韩召颖、吕贤:《美国对中企并购实施安全审查的经济民族主义分析》,载《求是学刊》2019年第4期,第151页。

---

① See U. S. House of Representatives, 112th Congress, Investigative Report on the U. S. National Security Issues Posed by Chinese Telecommunications Companies Huawei and ZTE, October 8, 2012.

第二章 美国应对中企并购安全审查的逻辑框架

无论是追踪政府政策如何影响经济运行,还是探究经济力量对政府决策的制约效应,都必须同时考察政治和经济的互动作用,[1]国家对外经济政策选择就充分体现出上述逻辑。事实上,美国外国投资委员会的审查结论是美国各利益团体在国家安全考量、经济利益博弈和意识形态竞争综合作用下的产物,而技术转移和市场竞争两个变量及其匹配差异相对完整地解释了为什么即使是同一种经济关系(相同或相似并购案例),而且国家(这里可理解为美国外国投资委员会)的最终决策体现为冲突或者合作,但其决策过程中的变量匹配差异也会使得决策过程或结果存在某些微妙差异。

第一节 美国外资安全监管政策选择的理论视角

本质上,对国家对外经济政策进行政治经济分析的目的旨在试图探究两个为什么:一是"为什么各国政府会采取他们决定或者已经采取的对外经济政策";二是"为什么一国经济关系会表现出它已经表现出来的冲突与合作形式"。[2] 事实上,对上述两个问题的解答天然属于国际政治经济学的学科任务。

与之相适应,国际政治经济学的发展已经部分超越政治学和国际关系的学科范畴,开始区分作为原因与影响的政治和经济要素,并根据这种区分设定不

---

[1] 参见〔美〕Jeffry A. Frieden、David A. Lake 等:《国际政治经济学:审视全球权力与财富》,北京大学出版社 2003 年版,第 1 页。

[2] 参见曲博:《危机下的抉择——国内政治与汇率制度选择》,上海人民出版社 2012 年版,第 17 页。

同解释变量和研究视角。① 在此基础上,根据解释变量差异将国家对外经济政策选择研究划分为若干类型。海伦·米尔纳首开先河,提出国家对外经济政策选择的四种解释路径:世界权力的分布,尤其是霸权的作用;国际制度的结构、功能和结果;非物质性要素的影响,比如观念或信念;国内政治的影响,比如利益集团或国会政治等。② 约翰·奥德尔(John Odell)在分析美国货币政策时,进一步提出五种研究视角:国际市场状况、国际安全和力量结构、国内政治与组织和内部讨价还价,以及观念。③ 杰弗里·弗里登(Jeffry Frieden)和戴维·莱克(David Lake)则依据研究层次和单元将对外经济政策研究区分为四种解释模式:国际政治、国际经济、国内政治和国内社会。④ 具体而言,国际政治解释模式认为,国家对外经济政策的选择,尤其是霸权国家的对外经济政策可以从国际权力分配的角度来解释;国际经济模式则继承了古典自由主义的传统,强调市场力量和经济力量对国家对外经济政策制定的约束(源于"经济决定政治"的思路);国内政治模式是把对外经济政策的输出看作国内利益主体互动的结果;而国内社会模式则强调社会利益集团对国家对外经济政策选择的影响。基于此,在对上述学者研究成果进行总结和分析的基础上,下文根据研究层次和要素将国家对外经济政策选择的研究概括为:国际力量、国内政治和观念因素三类国际政治经济学分析视角。

一、国际力量与国家对外经济政策选择

国际力量的构成主要包括国际政治和国际经济因素。事实上,与汉斯·摩根索(Hans J. Morgenthau)为代表的经典现实主义者重视权力对国家行为根源解释的重要性存在差异的是,肯尼斯·沃尔兹(Kenneth Waltz)为代表的结构现实主义者倡导的国际政治解释模式的理论假定主张国际体系层次是解释国家行为的首要因素,同时强调国际体系内的"无政府状态"影响并决定了主权国家行为的基本原则。⑤

---

① See R. Denemark, Contesting the Canon: International Political Economy at UK and US Universities, *Review of International Political Economy*, 1997, 4(1), pp. 214-238.

② See Helen Milner, International Political Economy: Beyond Hegemonic Stability, *Foreign Policy*, 1998, (110), p.113.

③ 参见〔美〕约翰·奥德尔:《美国国际货币政策——市场、力量和观念是政策转变的根源》,李丽军、李宁译,中国金融出版社1991年版,第8页。

④ 参见〔美〕Jeffry A. Frieden、David A. Lake 等:《国际政治经济学:审视全球权力与财富》,北京大学出版社2003年版,第1页。

⑤ See Kenneth Waltz, *Theory of International Politics*, Reading, Mass: Addison Wesley, 1979.

一方面,国际政治解释模式强调国际体系的整体特征、国家行为和对外经济政策选择之间的内在联系,核心要旨在于"国际力量分布状态的变化,以及敌对国家在争夺影响力斗争中的行为"是造成一国对外经济政策选择维持现状抑或采取大幅度调整的决定性因素(decisive factors)和力量。[1] 理论上,关于国际政治解释模式主要存在两种观点:一是强调军事稳定,二是强调霸权稳定。强调军事稳定的学者主张,国家间只有达到军事能力的相互制衡,才能有效避免经济政策的恶性竞争,并促进稳定的国际经济秩序生成。例如,约翰·奥德尔就认为,"军事力量结构的变化可能会引发国家政策的变化,有时导致力量的重新组合,建立新的平衡,以遏制增强了力量的新的国家和联盟"[2]。霸权稳定论的支持者则强调霸权与开放和稳定的国际经济的关系。其中,有三位学者贡献较大:查尔斯·金德尔伯格(Charles Kindleberg)认为一个主导性大国对开放和稳定的国际经济至关重要。金德尔伯格在探究1929年经济大危机的根源时提出,"危机爆发源于英国霸权的衰落和新兴大国美国未能及时承担起稳定国际经济秩序的责任",进而衍生出"国际经济霸权和领导者的存在与作为对世界经济稳定至关重要"的结论;[3]斯蒂芬·克拉斯纳(Stephen D. Krasner)从权力结构变化的视角研究了国际贸易结构,强调霸权国家能够保证世界经济的开放性,并避免国家间"以邻为壑"的政策。[4] 尤其是"大萧条"(the great depression)时期,欧洲列强竞相划分商品销售和原材料供应"势力范围",加剧经济危机恶化和蔓延的历史值得铭记;罗伯特·吉尔平则从美国跨国公司开拓国际市场的经验出发,研究了霸权和跨国公司的关系,认为"美国霸权提供了特定的政治和安全架构,推动美国公司在海外的快速扩张"[5]。在吉尔平看来,战后经济学家从成本—收益角度对国际投资作出的解释并不充分,必须正视美国霸权创造的稳

---

[1] 参见〔美〕约翰·奥德尔:《美国国际货币政策——市场、力量和观念是政策转变的根源》,李丽军、李宁译,中国金融出版社1991年版,第20页。

[2] 同上书,第22页。

[3] 参见〔美〕查尔斯·金德尔伯格:《1929—1939年世界经济萧条》,宋承先等译,上海译文出版社1986年版。

[4] 参见曲博:《危机下的抉择——国内政治与汇率制度选择》,上海人民出版社2012年版,第19页。

[5] Robert Gilpin, *U. S. Power and the Multinational Cooperation*, New York: Basic Books, 1975, p.113.

定环境对国际投资蓬勃发展的意义。① 此外,美国霸权主导下的国际投资是美国相对于其他国家工业落后的反应,"随着美国市场和资源的相对衰落(主要是市场饱和、劳动力和资源成本上升),美国跨国公司开始寻求扩展自身经济尤其是政治基础,努力在日益敌对的国际环境中保持独立和生存"②。按照沃勒斯坦的世界体系理论,应当说美国的对外投资除获取资本利润外,也有控制世界"边缘地带"经济生产的考虑。正如20世纪70年代末期,美国国内出于对来自欧洲和日本的投资所导致的技术扩散的恐惧而加强对外资的安全监管一样,这本质上也是美国由资本输出国向资本输入和输出双料大国转变过程中的应激反应。

另一方面,自由主义者从国际经济的角度观察国家对外经济政策,强调国际市场的变化是国家对外经济政策变化的主要或首要原因。罗伯特·基欧汉和约瑟夫·奈指出,跨国关系和跨国行为体对国际关系研究具有重要性,跨国关系思想或后来发展起来的相互依存理论均强调世界经济的密切联系。③ 冷战后,学者们进一步讨论起国际经济如何作用于国际政治进而影响国家对外经济政策的选择。米尔纳和基欧汉认为,世界经济通过三个渠道改变国内政治:创立新的政策偏好和同盟、引发国内经济和政治危机、削弱政府对宏观经济政策的控制。④ 具体而言,通过理解国际经济对国内政治行为体和社会行为体的政策偏好和行动能力的影响来认识国家对外经济政策的制定。杰弗里·加勒特(Geoffrey Garrett)进一步剖析了国际市场和国家政治的关系,试图全面理解全球市场一体化作为一种社会经济力量对国家政治的影响,并将国际市场一体化定义为三个方面:商品和服务贸易、生产的跨国化及金融资本流动。⑤ 事实上,经济全球化对国家的制约性及资本的流动性提高了私人部门退出某个国家的能力,反过来金融全球化又限制了政府采取宏观经济政策的能力。当一国经济开放度上升时,社会中某些部门的社会经济不安全感会增加,就会要求政府提供保护。尽管政府的干预会降低市场运行和资本配置效率,但在某些特定条件

---

① 吉尔平"霸权稳定论"的理论依据即在于此。
② Robert Gilpin, *U. S. Power and the Multinational Cooperation*, New York: Basic Books, p.135.
③ See Robert Keohane and Joseph Nye, eds., *Transnational Relations and World Politics*, Cambridge: Harvard University Press, 1972.
④ 参见〔美〕海伦·米尔纳、罗伯特·基欧汉:《国际化与国内政治:结论》,载〔美〕罗伯特·基欧汉、海伦·米尔纳主编:《国际化与国内政治》,姜鹏、董素华译,北京大学出版社2003年版,第255页。
⑤ See Geoffrey Garrett, Global Markets and National Politics: Collision Course or Virtuous Circle, *International Organization*, 1998, 52(4), p.788.

下,政府的干预和政府推动的项目也会为企业和居民带来巨大经济利益。① 例如,罗斯福新政(the Roosevelt New Deal)时期,美国政府出台刺激需求的政策,推动建造大型基础工程,如田纳西水利工程项目等,就是通过创造有效需求缓解生产过剩,对美国走出经济危机意义重大。② 然而,透过马克斯·韦伯的"官僚制"(bureaucracy)理论,鉴于"信息不对称"和"部门利益政治化"的存在,政府干预经济运行在缓解市场"盲目性"、调整供需结构的同时也为资本和企业"院外游说",以及官员"权力寻租"(power rent-seeking)创造了基础条件。

二、国内政治与国家对外经济政策选择

国际政治经济学对国际经济合作的分析模式深受沃尔兹结构现实主义的影响,曾长期为国际政治的体系分析所主导。体系层次的研究方法将国家看作单一、理性行为体,主要考察体系结构(国际无政府状态)对国家行为的影响和制约效果。③ 直到20世纪90年代,国际政治经济学才开始关注国内政治和世界政治、经济的互动效应,国家开展对外经济合作的国内制度基础得到重视。④

一方面,国内制度是国内行为体偏好汇聚为国家偏好,进而决定国家对外政策选择的制度框架,并就此将国家对外政策选择研究的重点转向国内行为体的政策偏好。⑤ 国内行为体包括政治行为体的政治家、政党和社会行为体的公众、利益集团及候选人,对国家对外经济政策的影响是不同利益主体利益诉求差异的反映。从国内政治的角度出发,国家对外经济政策最终是由政治家和政党决定的,政治行为体有其自身的利益偏好,因此政策选择的"价值祛除"或曰"价值中立"在事实上并不存在。第一,选择特定的政治行为体,假定这个行为

---

① See Geoffrey Garrett, Global Markets and National Politics: Collision Course or Virtuous Circle, *International Organization*, 1998, 52(4), p.789.
② 经济危机中,为抑制生产过剩,创造有效需求,罗斯福政府除继续支持胡佛大坝建设,还新建田纳西水利枢纽工程、干预农产品生产以减少市场过剩等。参见〔美〕赫伯特·斯坦:《美国总统经济史——从罗斯福到克林顿》,金清、郝蓉莉译,吉林人民出版社1997年版,第12—40页。
③ 参见〔美〕罗伯特·基欧汉:《霸权之后:世界政治经济中的合作与纷争》,苏长和等译,上海人民出版社2006年版,第17—29页。
④ 参见王正毅:《超越"吉尔平式"的国际政治经济学》,载《国际政治研究》2006年第2期,第22—39页。
⑤ 参见〔美〕海伦·米尔纳:《政治的理性化:正在显现的国际政治、美国政治和比较政治研究的综合》,载〔美〕彼得·卡赞斯坦主编:《世界政治理论的探索与争鸣》,秦亚青等译,上海人民出版社2006年版,第140—174页。

体是理性和统一的单元,政治家、行政部门、执政党或者立法机构都是关注对象。政治行为体的基本目标在于获取或维持权力,其效用函数是选票最大化。因此,国内政治模式以此为衡量标准判断、选择和解释对外经济政策。米尔纳通过对立法部门和行政机构的利益博弈来解释国家对外经济政策的制定。① 威廉·本哈德等选择将政治家和执政党作为研究对象,分析比较二者在国家对外经济政策选择中的角色和联系。② 第二,政治行为体的政策偏好以经济政策后果分析为基础,主要存在两种标准:一是对外经济政策的国内分配性结果,以及政府干预经济的政策工具有效性的影响。政府特定经济政策的出台一定会造成国内不同部门、生产要素所有者、行业、企业或地区间生产者的不同利益得失,利益受损的部门或者阶级、企业或者地区就会联合起来干预或者游说政府改变该项政策。③ 正如约翰·古德曼(John B. Goodman)所言,"一个行业的贸易保护状况主要取决于该行业外资和内资的比例,以及二者形成联盟对抗后来者的力量,而外资流入也会改变美国国内利益分布,形成了不同的利益集团"④。以中企赴美投资为例,不同州和行业对中国投资的态度差异极大。在贸易领域,艾奥瓦等农业州支持对华自由贸易,以便向中国出口更多农产品,而以"铁锈地带"(Rust Belt)为代表的东北部州与中国存在产业竞争关系,力图促使美国政府实行贸易保护政策。总之,国内政治解释模式强调政治行为体利益偏好对理解政策选择的重要性,同时重视政策形成的政治过程,把决策过程看作理解对外经济政策的关键条件。

另一方面,从国内社会的视角观察对外经济政策选择主要是通过分析和解读民主制度的代议性质和利益集团的参与本质,即理解选民或利益集团的政治参与,解释国家对外经济政策的选择。社会行为体中,利益集团是关键。作为选民和候选人的中介,利益集团集中利益进而影响、制约和决定国家对外经济政策选择。学术界最早关注国内利益集团相互作用与贸易政策关联的是谢茨

---

① See Helen Milners, *Interests, Institution and Information*, Princeton: Princeton University Press, 1997, pp.33-66.

② See William Bernhard and David Leblang, Democratic Institution and Exchange Rate Commitment, *International Organization*, 1999, 53(1), pp.71-98.

③ See Helen Milners, *Interests, Institution and Information*, Princeton: Princeton University Press, 1997, p.46.

④ John. B. Goodman, Debora Spar, and David B. Yoffie, Foreign Direct Investment and the Demand for Protection in the United States, *International Orgnization*, 1996, 50(4), pp.565-591.

施耐德（Schattschneider），通过对《斯穆特—霍利关税法案》（Smoot-Hawley Tariff Act）的研究，谢茨施耐德认为，主张保护主义的进口商的利益更易集中、更有组织和效率，因而对经济立法的影响也更大；而自由贸易者，主要表现为消费者，范围广泛、组织松散、缺乏凝聚力，难以对政策制定发挥有力影响。① 此后，学者们在谢茨施耐德利益集团整体影响研究的基础上，进一步分析了不同经济政策对不同利益集团的收益和成本影响的差异，进而确定利益集团的利益偏好对国家对外经济政策制定的影响。社会行为体视角将利益集团作为影响变量引入动态的选举政治中，进一步将选民和候选人的行为偏好及其关系作为研究对象。此外，社会行为体视角的另一变体是基于代议制模式的"多数原则"对国家对外经济政策制定和选择的影响。具体研究中，该视角特别注重研究国会议员在具体议案的提起、修订与投票中的角色和作用。事实上，国内利益集团对国家对外经济政策的影响，在美国外资监管政策中表现得尤为突出。例如，2006年迪拜世界港口公司并购英国半岛-东方航运公司案就是在外国投资委员会审查批准后，遭到部分国会议员的强烈反对而被迫放弃对涉案美国港口的控制。众议院发言人丹尼斯·哈斯塔特（Dennis Hastert）和参议院多数派领袖比尔·弗里斯特（Bill Frist）、国土安全部长彼得·金（Peter King）等共和党议员纷纷要求外国投资委员会启动重审，理由是"将上述港口交给阿拉伯政府所有的企业经营会潜在威胁美国安全和同盟关系"②。正如学者所言，"在经济利益面前，正是国会议员的游说和施压阻挡了中国企业进入美国市场的步伐，这在某种意义上也可以说是冷战思维与贸易保护主义联姻的产物"③。

三、观念因素与国家对外经济政策选择

正如冯·哈耶克（F. A. Hayek）在《通往奴役之路》（The Road to Serfdom）一书中所言，"观念的转变和人类意志的力量，塑造了今天的世界"④。马

---

① 参见〔美〕I. M. 戴斯勒：《美国贸易政治》，王恩冕等译，中国市场出版社2006年版，第3—4页。
② 美国议员因利益集团的游说对CFIUS审查施加政治影响的资料，参见 Benjamin O. Fordham, Economic Interests and Congressional Voting on Security Issues, *The Journal of Conflict Revolution*, 2008, 52(5), pp. 623-640。
③ 《思科导演美对华为中兴调查，73议员背后撑腰》，http://www.people.com.cn，访问日期：2019年7月17日。
④ F. A. Hayek, *The Road to Serfdom* (*The Collected Works of Hayek*, Vol. II), ed. by Bruce Caldwell, Chicago: The Chicago University Press, 2005, p. 6；〔英〕弗里德里希·奥古斯特·冯·哈耶克：《通往奴役之路》，王明毅等译，中国社会科学出版社2013年版，第1页。

克斯·韦伯在探讨西方工业文明的起源时,也着重强调了基督新教伦理对经济发展的促进意义,并就不同宗教对经济发展的差异进行比较。① 就国际关系领域而言,建构主义大师亚历山大·温特(Alexander Wendt)就认为,世界政治除物质结构以外,还存在社会结构,社会结构包括三个部分:分享的知识、物质资源和实践,具体则指行为体行为的文化内容,譬如构成社会主流特征且占支配地位的信仰、规范、观念和认识等。② 观念模式从要素角度出发,尝试解释非物质性因素与国家对外经济政策选择的关系,尤其是观念建构的意义。朱迪斯·戈尔茨坦(Judith Goldstein)和罗伯特·基欧汉合著的《观念与外交政策:信念、制度与政治变迁》一书指出,"我们将观念界定为个人所持信念和观念是如何帮助解释政治后果的,尤其是解释那些与外交政策相关的政治后果……观念常常是政府政策的重要决定因素"。对实践经验的总结发现,观念往往通过以下方式影响政府的政策选择:一是观念为行为者的行动提供具体路线图;二是观念影响战略形式和选择的结果;三是观念能够通过行为体有意识地嵌入政治制度中。③ 当前,"观念"因素已经被学者们用来解释诸多国际关系现实,比如观念与霸权④、观念对国际合作和制度安排的影响与选择⑤、观念与国内联盟形成及变化的关系⑥,以及观念与安全的关系⑦等。

应当说,就学术研究而言,观念因素对国家对外经济政策选择影响的研究起源于战后经济理论对世界各国经济发展的指导,这些经济理论大致包括:凯

---

① 参见〔德〕马克斯·韦伯:《新教伦理与资本主义精神》,康乐、简惠美译,上海三联书店2019年版。
② See Alexander Wendt, Constructing International Politics, *International Security*, 1995, 20(1), p.73.
③ 参见〔美〕朱迪斯·戈尔茨坦、罗伯特·基欧汉:《观念与外交政策:分析框架》,载〔美〕朱迪斯·戈尔茨坦、罗伯特·基欧汉主编:《观念与外交政策:信念、制度与政治变迁》,刘东国译,北京大学出版社2005年版,第3页。
④ See John Ikenberry and Charles Kupchan, Socialization and Hegemonic Power, *International Organization*, Winter 1988, 42, pp.179-217.
⑤ See John Ruggie, International Regimes, Transactions and Change: Embedded Liberalism in the Postwar Economic Order, *International Organization*, Spring 1982, 36, pp.379-415.
⑥ See Judith Goldstein, The Impact of Ideals on Trade Policy: the Origins of U.S. Agricultural and Manufacturing Policies, *International Organization*, Autumn 1989, 43, pp.31-71; Daniel Drezner, Ideals, Bureaucratic Politics, and the Crafting of Foreign Policy, *American Journal of Political Science*, October, 2000, 44, pp.733-749.
⑦ See Perer Katzenstein, eds., *The Culture of National Security: Norms in Identity of World Politics*, New York: Columbia University Press, 1996.

恩斯主义(Keynesianism)的国家干预理念①、盛行于东北亚地区并取得巨大成就的发展型国家(developmental state)理论②、20世纪50年代后世界殖民体系瓦解后在原"第三世界"国家兴起的发展经济学、20世纪80年代英美兴起的新自由主义(neoliberalism)等。上述信奉观念解释模式的学者主要强调不同经济理论和思潮对国家经济政策选择的影响。在经济发展理论方面,鉴于经济民族主义(economic nationalism)在美国崛起的不同历史阶段所扮演的重要作用,特别体现在关税保护和自由贸易选择方面,美国保守派思想家帕特里克·布坎南(Patrick Buchanan)在谈及经济民族主义对美国崛起的历史贡献时就毫不吝惜:"正是亚历山大·汉密尔顿(Alexander Hamilton)和亨利·克莱(Henry Clay)等制定的经济民族主义政策支撑美国在一个世纪内从一个落后的西海岸农业共和国崛起为世界经济霸权。"③

二战后,与伊曼纽尔·沃勒斯坦提出的"世界体系理论"相一致,作为对塔尔科特·帕森斯(Talcott Parsons)等学者倡导的"西方中心论"④的质疑、反思和批判,拉美学者劳尔·普雷维什和萨米尔·阿明等率先对"拉美国家接受外国投资的影响"进行研究后提出"依附论",指出跨国投资者所代表的发达国家与东道国形成一种"剥削与被剥削"的关系所造成的"不平衡发展",使发展中国家逐渐丧失经济自主权并在政治上也陷入依附地位。⑤ 在"依附论"思想影响下,巴西、智利和阿根廷等国纷纷选择"进口替代"(import substitution)工业化模式。与之相反,冷战结束和全球化兴起后,伴随跨国生产和资本转移,美国学者约翰·威廉姆森(John Williamson)等倡导的"华盛顿共识"(Washington

---

① 参见〔美〕肯尼斯·R.胡佛:《凯恩斯、拉斯基、哈耶克——改变世界的三个经济学家》,启蒙编译所译,上海社会科学院出版社2013年版,第17—32页。
② 参见〔美〕查默斯·约翰逊:《发展型国家:概念的探索》,载〔美〕禹贞恩编:《发展型国家》,曹海军译,吉林出版集团有限公司2008年版,第38—72页。
③ Patrick J. Buchanan, *The Great Betrayal: How American Sovereignty and Social Justice Are Being Sacrificed to the Gods of the Global Economy*, New York: Little, Brown, 1998, p. 224.
④ 20世纪50—60年代,以美国社会学家塔尔科特·帕森斯等为代表的西方学者根据西方国家的发展经验指出,欠发达国家应通过学习和模仿西方发达国家的发展理论和模式实现自身的现代化改造,公开鼓吹"西方中心论",并据此得出现代化就是"西方化"甚至"美国化"的结论。"西方中心论"遭到国际社会的广泛质疑,其中"世界体系理论"和"依附论"是其最重要的成果。关于塔尔科特·帕森斯"现代化理论"的观点,参见〔美〕塔尔科特·帕森斯:《社会行动的结构》,张明德、夏遇南和彭刚译,译林出版社2012年版。
⑤ 有关依附论的资料,参见 Samir Amin, *Unequal Development: An Essay on the Social Transformations of Peripheral Capitalism*, New York: Monthly Review Press, 1976.

Consensus)为代表的新自由主义理论影响下的东南亚国家相继选择"出口导向"和"金融开放"为特点的工业化政策。① 后金融危机时代,由于中国经济在金融危机中的卓越表现及危机后强劲的经济复苏模式,引发有关"中国模式"是否会取代"西方模式"的广泛争论。② 事实上,中国经济快速发展的经验的确对部分发展中国家经济发展道路的选择产生了重要影响。研究发现,2004—2014年,埃塞俄比亚国内生产总值(GDP)的年均增长率高达10.8%,一举跃升为东非第一大经济体。2000—2016年,埃塞俄比亚人均GDP增长率达277%③、居民饥饿指数(hunger index)从56下降到32。卢旺达的经济发展成果也大致如此,2011—2015年,GDP年均增长率达到7%,人均GDP增速达到21%,④饥饿指数下降至31.4。⑤ 与大多数受"华盛顿共识"影响的非洲国家不同,埃塞俄比亚和卢旺达经济发展深受"中国模式"影响,比如制定中长期经济发展规划和产业政策、重视基础设施建设、引进外资和发展制造业等。美国学者戴维·香博(David Shambaugh)指出,迄今为止还没有一个国家在未实现民主化的情况下建立现代经济。⑥ 兹比格涅夫·布热津斯基(Zbigniew Brzezinski)也早就说过,"社会制度与发展模式之间的竞争将会构成未来中美较量的主题"⑦。

国际社会对国家对外经济政策选择的关注反映了全球化兴起后国际政治经济变化的现实,即代表传统"高政治"的政治军事安全在国际政治议程设置中的重要性下降,而代表"低政治"的经济因素的重要性显著上升,并具体表现为:一是与冷战时期坚持的"安全利益高于一切"相比,经济因素在国际政治经济议

---

① 参见〔美〕弗里德里克·戴约等:《东亚模式的启示:亚洲四小龙政治经济发展研究》,王浦劬译,中国广播电视出版社1992年版,第1—3页。
② 有关2008年金融危机后"中国模式"的争议,参见 Suisheng Zhao, The China Model: Can It Replace the Western Model of Modernization?, *Journal of Contemporary China*, 2010, 19(65), pp. 419-436.
③ "中国模式"对埃塞俄比亚发展的影响,参见《埃塞是最有望成为"新中国"的非洲国家,为它的崛起惊讶》,https://www.guancha.cn/Third-World/2017_10_27_432501.shtml,访问日期:2019年7月27日。
④ "中国模式"对卢旺达经济发展的影响,参见 http://rw.mofcom.gov.cn/article/zxhz/201609/20160901399513.shtml,访问日期:2019年8月7日。
⑤ 关于饥饿指数,参见 Global Hunger index, http://www.globalhungerindex.org,访问日期:2019年8月7日。
⑥ See David Shambaugh, *China's Future*, Cambridge UK: Polity Press, 2016, Preface.
⑦ 〔美〕兹比格涅夫·布热津斯基:《战略远见:美国与全球权力危机》,洪漫等译,新华出版社2012年版。

程设置(agenda setting)中的排序上升,特别是以高新技术为代表的经济效率和创新能力竞争成为国家间博弈的重点。二是传统上国际政治经济的总体性或曰统合性解释模式的解释力下降,与之相反的是对具体议题及其差异与联系的研究变得更加重要。其中,贸易、投资、金融风险防范等领域议题的重要性开始上升。三是国内要素对国家对外经济政策选择的影响力上升,国内行为体利益分歧导致的政策偏好、偏好差异及其互动对于理解国家对外经济政策选择至关重要。四是随着中国等新兴经济体群体性崛起,美国等西方国家在国际政治经济领域的集体行动能力和协调能力有所下降,以美国开放性经济政策式微为标志、以贸易保护和投资限制为特征的经济民族主义沉渣泛起。因此,国际力量、国内政治与观念因素的互动与融合对于解释后危机时代美国对外经济决策更趋合理。

第二节 中企赴美并购安全审查的影响因素

无论是广义上国家对外经济政策的选择,还是具体就美国对华并购安全审查而言,本书均认可理性选择理论(rational choice theory)对国家的一系列基本假定,认可美国外资安全政策的演进和后危机时代对外资并购审查的强化均是基于美国自身利益权衡而作出的理性行为选择。在分析和总结美国外资并购审查经验的基础上,总结出影响美国应对中企并购审查的三大因素,即国家安全考量、经济利益博弈和商业模式竞争。

一、国家安全考量与中企赴美并购安全审查

美国外资并购审查制度的构建是对外国投资可能威胁美国"国家安全"忧虑的政策反映。如前文所述,出于维护国家安全利益的考量,美国政府有意对"国家安全"概念保持开放性解释,仅通过列举"影响国家安全考量因素"的方式来判断并购交易是否会威胁美国国家安全。事实上,中美实力竞争、保障经济安全和维护军事技术优势构成美国对中企并购国家安全考量的主要内容。

(一)中美实力竞争

美国外资并购安全审查跨越经济、政治和法律范畴,鉴于外资并购审查程序置于"法律语境"之下,学术界大多视之为国内法视阈下的纯法律问题,以致缺乏对外资并购审查所隐含的大国权力竞争和利益集团博弈等"政治内核"的认识。对美国外资并购审查法规所列举的"国家安全"参考因素进行分析发现,广义上的"国家安全"忧虑渗透着浓厚的大国权力竞争的意涵。以 2008 年金融危机为节点,美国外国投资委员会对中企并购安全审查的比重持续攀升。2005—2008 年,审查比重分别为 1.6%、0、2.2% 和 3.9%,2009—2012 年激增至 6.2%、6.5%、9% 和 20.2%。[①] 此后,除 2014 年(16.3%)外,其余年度均超过 20%。数据变化表明,美国对中企并购安全审查的强化与中美两国在国际体系内的战略竞争加剧直接相关。基于历史经验,美国社会占主导地位的大国史观认可"国强必霸"的逻辑,即经济大国必然走向军事大国,最后走向政治大国。在此逻辑下,美国社会的主流精英认为,中国崛起必然在国际体系内加剧与美国的竞争关系,双方的冲突无法避免。[②] 现实主义大师米尔斯海默(John J. Mearsheimer)就指出,中国崛起后,中美两国争夺国际体系主导权的冲突注定无法避免。[③] 与日本不同,作为全方位崛起的大国,中国必将成为类似美国的集经济、军事和政治于一体的超级大国,并挑战美国的霸权地位。前安全官员坎贝尔(Kurt M. Campbell)和拉特纳(Ely Ratner)也指出,通过"接触"和"融入"将中国纳入美国主导下的国际秩序,进而修正和塑造中国行为的战略目标已经失败。[④] 战略实践中,特朗普政府把捍卫高端制造业垄断地位与遏制新兴制造业大国崛起相结合,政治上把中国定位为"战略竞争对手"(rival power)的同时,[⑤]在高端制造领域更是将中国塑造为唯一潜在同等竞争对手(only potential

---

[①] 依据美国外国投资委员会 2008—2012 年的年度报告整理。

[②] 美国主流社会认为,中国的经济崛起会重构全球经济治理的传统制度性安排,并终将挑战美国主导的国际秩序。参见 Michael Pettis, *The Great Rebalancing: Trade, Conflict, and the Perilous Road Ahead for the World Economy*, Princeton University Press, 2013; Lyle J. Morris, Incompatible Partnership: The Road of Identity and Self-Image in the Sino-U. S. Relations, *Asian Policy*, 2012, (13), pp. 133-165.

[③] See Peter Navarro, Mearsheimer on Strandling China & the Inevitability of War, Mar 10, 2017, https://www.huffingtonpost.com/peter-navarro-and-greg-autry/mearsheimer-on-strangling_b_9417476.html, accessed March 31, 2019.

[④] See Kurt M. Campbell and Ely Ratner, The China Reckoning: How Being Defied American Expectations, *Foreign Affairs*, Mar/Apr, 2018, pp. 60-70.

[⑤] See Remarks by President Trump on the Administration's National Security Strategy, Dec 18, 2018, https://www.whitehouse.gov/briefings-statements/remarks-president-trump-administrations-national-security-strategy/, accessed April 19, 2019.

peer competitor),①认为中国挑战美国的权力、影响和利益,并正在试图侵蚀美国安全和繁荣的基础。格雷厄姆·艾里森(Graham Allison)也认为,"中美对手关系在现在和可预见的未来是结构性的"。针对特朗普政府的对华政策,艾里森直言不讳"认可特朗普对中美关系的认识和定位,但不认可特朗普对华政策的具体措施"②。后危机时代,基于上述逻辑,美国主流政治精英的对华认知逐渐趋于一致,即中国崛起必然会引发现行国际秩序的利益再分配,倘若继续纵容中国经济发展及综合国力持续上升,美国无疑是在培养自己的"掘墓人"(gravedigger)。③

(二)保障经济安全

全球化提升了经济因素对国家安全的意义,"经济安全"成为政策制定者必须关注的概念。④ 无政府状态下,自主经济扩张会加剧东道国国内重要经济部门被外国投资者或其母国控制的风险。里根执政后,鉴于苏联军事威胁下降、新科技浪潮涌起导致国际经济格局出现重塑趋势,美国朝野认定,单纯的军事和政治安全不再是主权存续和发展的关键,美国必须关注经济安全。

一是高科技制造业始终是美国保障经济安全的首要目标。早在2008年,美国就在《外国直接投资与国家安全》的报告中对美国跨国直接投资和外资登陆美国并购市场同时作出规范。伴随制造业崛起,中国推行"走出去"战略,推动中资企业积极赴美投资并购。2010年,中国制造业占全球制造业产值的比重上升至19.8%,首度超越美国19.4%的水平,⑤稳居世界第一。雷少华就"产业结构变迁对美国政治影响"的研究表明,2000—2017年,全球价值链的变化以

---

① See Randy Schweller, Three Cheers for Trump's Foreign Policy-What Establishment Misses, *Foreign Affairs*, 2018, 97(5/6), p.136.

② 《美国专家分析中国发展:中国崛起会不断蚕食美国的利益和特权》,https://www.ixigua.com/i6737549350190187022/,访问日期:2019年9月18日。

③ See Orville Schell and Susan L. Shirk, US Policy Toward China: Recommendations for A New Administration, *Task Force Report*, Center on US.—China Relations of UC San Diego, February 2017, https://asiasociety.org/center-us-china-relations/us-policy-toward-china-recommendations-new-administration, accessed March 29, 2019.

④ 参见 Helen E. S. Nesadurai, *Globalization and Economic Security in East Asia: Governance and Institutions*, London: Routledge, 2006。转引自王正毅:《国际政治经济学通论》,北京大学出版社2010年版,第431页。

⑤ 参见《工信部解读中国制造2025,已成世界制造业第一大国》,https://finance.ifeng.com/a/20150519/13716521_0.shtml,访问日期:2019年5月7日。

"北美工厂"的份额逐渐下降,而"亚洲工厂"的份额快速上升为主要特征,正是制造业产值下降造成贸易赤字、失业率上升及贫富分化加剧等成为美国经济社会问题的渊薮。① (见图2)制造业外迁造成的"产业空洞"使得制造业对美国GDP的贡献率由1987年的18.1%下降到2015年的12%。② 而制造业的就业岗位比重由1953年的32%下降到2015年的8.7%。③ 同时,制造业崛起奠定了中美战略竞争和中国参与全球投资博弈的物质基础。2018年3月,特朗普政府在挑起对华贸易战的同时,计划启动《国际紧急经济权力法案》,限制中国投资美国关键行业,呼吁设立专门的"中国投资办公室",强化中企并购安全审查。④ 而中兴通讯、华为事件进一步表明,就当下热议的"第四次工业革命"而言,5G

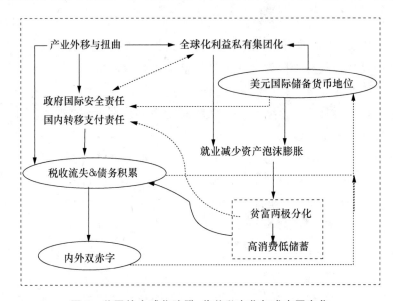

图 2　美国的全球化陷阱:收益私有化与成本国有化
资料来源:潘英丽、周兆平:《美国的全球化陷阱、贸易争端诉求与中国的战略应对》,载《国际经济评论》2018年第6期,第45页。

---

　　① 参见雷少华:《全球产业结构变迁与政治裂隙》,载《北京大学学报》(哲学社会科学版)2019年第6期,第67—75页。
　　② 参见张丽娟、王琳:《美国制造业对美经济的影响及展望》,载《美国问题研究》2016年第2期,第119页。
　　③ 参见张田园:《特朗普的经济政策探析》,载《国际研究参考》2018年第2期,第2页。
　　④ 美国设立"中国投资办公室"的信息,参见《再谈中国威胁:美国会推进立法限制中国投资》,http://www.cankaoxiaoxi.com/finance/20180519/2271757_2.shtml,访问日期:2019年4月27日。

产业的竞争已不再是单纯的高科技竞争,更是一种基于全球性生产关系和价值链主导权的竞争,背后折射出国际利益、规则权力,甚至是制度性质的政治经济竞争。① 显然,美国强化对中企并购的安全审查,把限制中企并购上升到国家安全高度,意在保障经济安全的同时,极力迟滞中国在高新技术领域的进步,维持美国对华经济技术优势。

二是"战略性行业"及"关键基础设施"是美国经济安全的关键领域。冷战后,美国对国家安全的关注转向非传统安全,而《外商投资与国家安全法》又将能源、港口、机场、金融服务设施及信息产业等列为关乎美国经济安全的"战略性行业"。巴瑞·布赞(Barry Buzan)就曾精辟论述特定战略性产业与国家安全的关系,"国家安全与经济部门已紧密相连,以致任何一方缺失都将导致国家安全风险,而经济安全的本质在于国家与各类经济主体在特定产业中利益何者优先"②。例如,1987年《外国投资与国家安全及基本商业法》草案听证会,就将"基本商业和经济福利"纳入外资并购安全审查,来自产业界的代表固特异公司首席执行官罗伯特·墨瑟(Robert Mercer)就曾表示"合成橡胶是美国经济和国防体系的基础"。而参议员埃克森指出批准英国戈德史密斯牵头的公司并购固特异公司的橡胶产业会损害美国经济安全,合成橡胶产业控制权转移将最终危及美国国家安全。③ 1991年,加州众议员梅尔·莱文(Mel Levine)提交《1991年外国投资与经济安全法草案》(众议院 2386 号提案)要求"外国投资委员会重视外资并购与经济安全密切相关的产业"④。2005 年中海油并购优尼科一案中,美国外国投资委员会认为"优尼科的战略资产将优先供应中国市场,威胁美国能源安全"⑤。中海油并购优尼科失败后,美国国会要求能源部、国防部和国土安全部常态性评估"中国能源需求和能源政策对美国及全球能源供应安全的

---

① 参见李滨、陈怡:《高科技产业竞争的国际政治经济学分析》,载《世界经济与政治》2019 年第 3 期,第 137 页。
② 〔英〕巴瑞·布赞等:《新安全论》,朱宁译,浙江人民出版社 2003 年版,第 95 页。
③ 参见杨静:《外资并购国家安全审查制度的平衡机制研究》,法律出版社 2017 年版,第 114 页。
④ 同上书,第 115 页。
⑤ 参见黄河等:《中国企业跨国经营的国外政治风险及对策研究》,上海人民出版社 2016 年版,第 117 页。

影响"①。特朗普执政后,中美战略竞争加剧背景下,2018年,美国贸易代表办公室发布《基于1974年贸易法301条款对中国关于技术转移、知识产权和创新的相关法律、政策和实践的调查结果》,重点关注《中国制造2025》列举的"十大"高新产业。②

此外,另一些经济安全担忧则集中于外国公司若在短期内大量撤资或抛售东道国资产可能会引发东道国经济动荡。③ 美国政府担忧,如果外国资本为重新平衡贸易结构而将美元更换成其他货币,将会在理论上毁掉美国经济。④ 加入WTO后,中国外汇储备于2014年9月达到3.88万亿美元的历史高位,2019年2月仍维持在3.09万亿美元,高居世界第一。⑤(见图3)传统上购买美国国债是美元储备保值和增值的首选方式,但美债收益率长期低于3%,2017年年底更是低至2.41%,远低于外资在华年均5.5%的收益率。⑥ 金融危机后,美联储(The Federal Reserve Board)的四轮量化宽松政策已然造成中国外汇储备蒙受巨额损失。(见图4)在此条件下,中国经济部门必然存在把美元储备转化为美企经营性资产或股权的内在动力,而推动中资企业"走出去"就是化解这一困境的有效举措。⑦

(三)维护军事安全

维护军事领先优势是美国外资并购审查的重要目标,1988年《埃克森—弗洛里奥修正案》特别列举国防安全参考因素:一是并购是否包括国防所需要的国防产品;二是国内产业满足国防需求的产能,包括人力资源、产品、技术、原材

---

① See Joshua W. Casselman, China's Latest Threats to the United States: The Failed CNOOC-Unocal. Merger and Its Implications for Exon-Florio and CFIUS, *Indiana International and Comprative Law Review*, 2007, 17(1), p.171.

② See USTR, Section 301 on China's Acts, Policies Related to Technology Transfer, Intellectual Property, and Innovation, March 22, 2018, https://ustr.gov/sites/default/files/Section%20301%20FINAL.PDF, accessed May 1, 2019.

③ See Paul Rose, Sovereigns as Government, *North Carolina Law Review*, 2008, 83, p.83.

④ See Thomas E. Crocker, What Banks Need to Know about the Coming Debate over CFIUS, Foreign Direct Investment and Soverign Wealth Funds, *Banking Law Journal*, 2008, 125, pp.457-462.

⑤ 依据央行数据库公开数据整理,http://www.pbc.gov.cn/diaochatongjisi/116219/116319/index.html,访问日期:2019年4月25日。

⑥ 参见《国家外汇管理局发言人就2019年2月外汇储备规模变动情况答记者问》,http://www.safe.gov.cn/safe/2019/0307/11547.html,访问日期:2019年4月25日。

⑦ 参见管涛:《反思对中国外汇储备问题的讨论》,载《国际经济评论》2018年第1期,第9—23页。

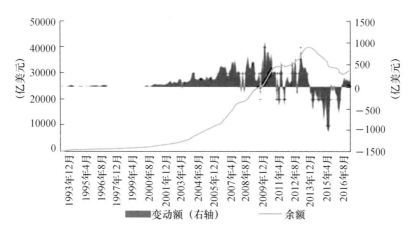

图 3　中国外汇余额及其变动

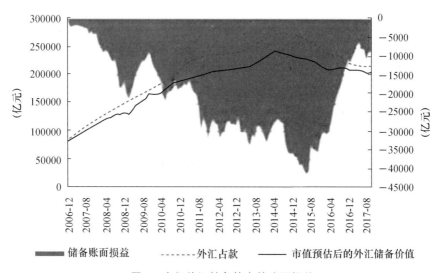

图 4　央行外汇储备持有的账面损益

料,以及其他物资和服务的可能性。《2008 审查指南》中的"关键基础设施"和"关键技术"特别针对军民两用产品的生产和服务,比如半导体、密码使用系统、数据保护、网络入侵检测、航空航天与海洋勘探等。此外,《2008 审查指南》还要求外国投资委员会考虑投资者母国在防止核武器扩散和其他国家的安全事务,同时关注外国人在并购美国企业后的生产经营目的。如果外国人计划终止被并购企业与美国政府之间与国家安全有关的产品和服务合同,可能会触发外资并购安全审查程序。① 2009 年 7 月,西色国际投资公司收购美国内华达州优金矿业公司(Firstgold) 51% 流通股一案中,尽管并购双方均不认为该交易与国家安全有关,且交易金额相对较小,外国投资委员会仍拒绝通过审查,依据是并购方系中国国有企业,且目标公司地处美国法伦海军航空基地,优金矿业公司的地理位置确是收购被阻止的关键因素。在一份外国投资委员会致优金矿业的公开备忘录中,外国投资委员会成员暗示该并购可能对美国敏感、机密的军事设施造成安全威胁。2018 年出台的《外国投资风险评估现代化法案》进一步加强对数字贸易和人工智能等新兴技术并购的审查,同时对"关键技术"再次作出界定,尤其关注《国际武器贸易条例》中美国军需品名单所列明的防卫产品或防卫服务。②

二、经济利益博弈与中企赴美并购安全审查

作为一项制度,美国外资并购安全审查能否保持"价值中立"主要取决于制度本身是否具有排斥外国资本竞争的意图和效果,也即战后美国所长期倡导的外资"国民待遇原则"(national treatment principle)的实现程度。1987 年《外国投资与国家安全及基本商业法》就曾建议外国投资委员会在审查外资并购美国企业时除考量国家安全因素外,还应该把基本商业(essential commerce)和经济福利(economic welfare)纳入审查参考范围。该项提议立即遭到时任商务部长马康·包立治(Malcolm Baldridge)以"外资并购审查纳入经济福利因素将会打击外国投资者对美国投资环境的信心,并与美国开放的外资政策相悖"为由所拒绝。③ 时过境迁,伴随美国内外环境变化,经济利益博弈对美国外资并购安全审查的影响日趋显著。

---

① 参见 Department of the Treasury, Guidance Concerning the National Security Review Conducted by CFIUS, F. R., 2008, 73(236), p. 12;杨静:《外资并购国家安全审查制度的平衡机制研究》,法律出版社 2017 年版,第 129 页。

② See Joseph Mamounas, Controlling Foreign Ownership of U. S. Strategic Assets: The Challenge of Maintaining National Security in a Globalized and Oil-Dependent World, *Law and Business Review of the Americas*, 2007, 13, p. 405.

③ 参见杨静:《外资并购国家安全审查制度的平衡机制研究》,法律出版社 2017 年版,第 113—114 页。

（一）国内利益分化

国际体系内双重角色矛盾的内部转移造成美国国内不同利益集团围绕中企并购与美国外国投资委员会审查展开激烈博弈。中国企业赴美并购造成美国不同市场主体利益分化，受益于全球化和市场开放的行业、地区和阶层主张保持市场开放，支持中企赴美并购，同时鼓励或迫使中国开放外资准入、限缩外资准入"负面清单"，向美企开放航空、媒体、通信及金融保险等美国享有传统优势的行业。与此同时，国内全球化竞争的失败者和得益于市场保护的部门及产业，如军工、钢铁、能源、纺织品等行业和政府强力部门（包括国防部、国土安全部和情报部门等）则更倾向对中企并购采取限制态度，并通过"院外游说"对外资并购政策的制定和美国外国投资委员会的个案审查程序施加影响。因此，阻挠中国资本进入美国市场成为全球化竞争失败者的本能反应。2017年，华为公司以27％的市场占有率稳居全球通信设备市场首位，中兴通讯也以10％的市场占有率成为全球第四大通信设备供应商。然而，二者在美国市场的占有率却长期低于1％，这与美国对二者的长期打压直接相关。[①] 在中海油并购优尼科石油公司案中，外国投资委员会就认为，优尼科石油公司在世界范围内拥有的油气储量覆盖墨西哥湾、里海区域以及东南亚、非洲、欧洲和南美洲等地区。如果中海油成功并购优尼科现有资产，无疑将大幅提升中国能源企业的国际影响力，提高其在全球能源竞争中的地位。而中国政府也将通过中海油增强对世界重要石油产区和油气资源产量的控制权。鉴于此，雪佛龙公司（Chevron Corporation）违反商业惯例，串联美国其他石化企业积极开展游说，要求国会对外国投资委员会施加压力，阻止并购。

（二）市场竞争威胁

除技术权力外，信息时代对市场控制构成另一种国际政治权力来源。现代经济体系中，需求已成为拉动经济发展的主要力量，市场的重要性上升。特别是超大市场形成的规模效应，成为企业产品扩张和技术创新的最重要推动力。[②] 加里·杰里菲（Gary Gereffi）曾指出，中国之所以能成功在全球价值链中实现

[①] 参见张菲、安宁：《贸易战背景下中美直接投资趋势与对策研究》，载《国际经济合作》2018年第5期，第15页。

[②] 参见李巍、李玙译：《解析美国对华为的"战争"——跨国供应链的政治经济学》，载《当代亚太》2021年第1期，第11页。

快速升级,并从墨西哥接手巨大的美国市场份额,有赖于其巨大的国内市场为规模经济铺路。①

中资企业赴美并购无疑会加剧美国市场的竞争程度,同时客观上提高了中资企业在全球市场的品牌意识、知名度、影响力和竞争力。以华为公司赴美并购为例,2002年在美国亚特兰大通信产品展览会上,华为公司参展产品的测试数据与美国思科公司同类产品不相上下,但是华为的产品报价却比思科低20%—50%。2003年1月24日,思科公司在美国德克萨斯州联邦法院对华为公司提起专利诉讼,指控华为公司侵犯思科的知识产权。② 2005年至2010年,外国投资委员会频繁阻挠华为公司收购3Com、斯普林特(Sprint)和3Leaf公司而产生广泛争议。2012年,在美国众议院特别情报委员会针对华为和中兴通讯的调查事件中,作为竞争对手的思科就曾通过大量游说积极推动美国众议院对华为公司展开调查,甚至有资料显示调查小组提出的具体条目也与思科有关。③

据《金融时报》估计,5G技术市值大约12.3万亿美元,在5G通信标准博弈中,华为、中兴通讯等中资企业抱团与高通(Qualcomm)、思科及英特尔(Intel)等美国通信产业巨头激烈竞争。④ 截至2018年9月底,华为在全球通信设备市场所占的份额已由2015年的14%上升至28%。而在以太网交换机、网络硅、企业路由器等通信设备领域华为的全球占有率都位居前列。⑤ 随着更多的国家开始5G网络建设,华为公司在全球通信设备市场所占份额还将继续增长,这也将有助于在全球通信领域推广中国的5G网络标准和规范,其市场引领效应非常明显。中美两国的独角兽企业遥遥领先其他国家,体现出强大的创新能力,这种创新能力本身源于两国企业占据巨大市场份额——庞大的市场对新技术

---

① 参见 Gary Gereffi, Development Models and Industrial Upragrading in China and Mexico, *European Sociological Review*, 2009, 25(1), pp.37-49;转引自李巍、李玙译:《解析美国对华为的"战争"——跨国供应链的政治经济学》,载《当代亚太》2021年第1期,第11页。

② 关于思科公司在华为公司赴美并购中的角色,参见《思科才是美国打压华为的幕后推手》,https://baijiahao.baidu.com/s?id=1620151903659323543&wfr=spider&for=pc,访问日期:2019年8月17日。

③ 关于思科在华为调查案中的角色,参见《思科等美企"排队"游说国会 私下打压华为遭曝光》,http://it.sohu.com/20121012/n354728246.shtml,访问日期:2019年7月27日。

④ 5G有关信息,参见张彧通、张洪海:《中美5G竞争的未来路线图》,http://www.ftchinese.com/story/001081678,访问日期:2019年5月26日。

⑤ 参见《美国人眼里的全球5G竞争格局》,http://dy.163.com/v2/article/detail/EE0VD7DH0511CPMT.html,访问日期:2019年5月7日。

产生需求,也给新技术研发提供"试验场"。因此,需求端的市场规模是技术创新和企业成长的重要条件,谁控制了核心市场,谁就掌握了技术创新和企业成长的主动权。① 在此意义上,无论是以"违反制裁令"展开调查,还是以"技术剽窃"相抹黑,其目的都是迫使极具市场竞争优势的中国企业退出美国市场,并借机削弱中企的全球市场竞争力。

(三)霸权融资困境

依照历史惯例,以技术优势为核心的军事霸权和以美元国际货币地位为核心的金融霸权是传统上捍卫美国全球政治经济地位的两大支柱,二者缺一不可。② 在此条件下,美国必须同时在国际体系内满足双重身份:一是充当国际体系内的"警察",即以高科技和强大的军事力量为依托,维持霸权体系的稳定;二是扮演体系内的"银行"角色,通过美联储发行美元以充当国际交易媒介,并从中收取铸币税。因此,传统上发行"美元纸币"收取"铸币税"构成美国霸权成本的主要融资来源,并通过美元的"国际货币"功能将"霸权成本"分摊给全球美元持有国,包括外向型经济体中、日、韩,以及能源出口型经济体的欧佩克(Organization of the Petroleum Exporting Countries,OPEC)成员,如海湾合作委员会(Gulf Cooperation Council,GCC)成员国等。

事实上,早在1960年,经济学家提出的"特里芬难题"(Triffin Dilemma)就曾阐释美元霸权的内在悖论。③ 以2008年金融危机爆发为契机,长期"去工业化"造成的产业比例失衡暴露出美元体系的内在缺陷、美联储量化宽松政策及系统性金融风险累积共同促使国际社会呼吁改革国际货币体系和加强全球金融交易监管。一方面,2009年在伦敦举行的二十国集团(G20)峰会前夕,时任中国人民银行行长周小川公开呼吁国际社会"创造出一种与主权国家货币脱钩,并能长期保持币值稳定的国际储备货币",这一提议在全球经济艰难复苏的背景下引发了国际社会的热议。④ 另一方面,鉴于全球金融衍生品交易监管对2008年金融危机及欧洲主权债务危机的爆发和恶化的重要影响,国际社会纷纷

---

① 参见李晓:《美元体系的金融逻辑与权力—中美贸易争端的货币金融背景及其思考》,载《国际经济评论》2018年第6期,第52—71页。
② 同上。
③ 参见王芳:《"新特里芬难题"与人民币国际化战略》,中国人民大学出版社2015年版,第1—2章。
④ 参见周小川:《国际金融危机:观察、分析与应对》,中国金融出版社2010年版,第26—30页。

要求加强金融交易监管,如征收金融交易税、限制金融杠杆率等,上述措施如果得到落实,无疑会对美元资产的全球自由流动造成抑制效应。

综上所述,保障美元霸权下的"负债经济模式"有效运转是美国保障霸权成本融资渠道畅通的关键。① 在此意义上,美国必须利用外资并购审查达到拒绝、阻止或迟滞中国通过企业并购将巨额美元储备转化为美国实物资产的意图。

三、商业模式竞争与中企赴美并购安全审查

自由主义理论并不否定国家对市场的必要干预,而在实践中国家与市场的模糊界限为国家以安全为由干预市场(经济)运行提供了机遇。鉴于特殊国情,国有企业作为中国经济的重要支柱,在规模、技术及产业链方面均处于优势地位,因此也是中国经济参与全球化博弈的主要力量。(见图5)美国将"竞争中立"的外延扩大到"与政府有联系"的商业活动,其针对性不言而喻。② 美国把中国企业在与美国竞争中取得的成就视为中国政府对企业的政治支持与干预的结果,③进一步将中国民营企业取得的成就也归结为补贴优势。根据美中国际商会2013年统计,34%的美国企业认为中国企业(不区别所有制状况)在接受有形补贴,64%的美国企业怀疑中国国有企业接受补贴。④

---

① 美元"特里芬难题"的论述清楚表明,布雷顿森林体系下,美元作为国际储备货币的必然结果是美国"负债经济模式"的形成,但负债规模受美国黄金储备约束。而牙买加体系下,美元与黄金脱钩、黄金硬约束条件的丧失导致美元成为真正的"信用货币",美国负债规模失去约束的外部条件。参见李晓等:《国际货币体系改革:中国的视点与战略》,北京大学出版社2015年版;〔美〕约瑟夫·E. 斯蒂格利茨:《自由市场的坠落》,李俊青、杨玲玲等译,机械工业出版社2011年版;〔美〕约瑟福·P. 乔伊斯:《IMF与全球金融危机》,崔梦婷、刘戈等译,中国金融出版社2015年版。

② 金融危机后,"竞争中立"概念的升温源于2011年5月美国前副国务卿罗伯特·霍马茨的一篇文章,文章指责国有企业扭曲资源配置,排斥竞争。参见Robert D. Hormats, Ensuring a Sound Basis for Global Competition: Competition Neutrality, https://www.state.gov/e/rls/rmk/20092013/2011/163472.htm,访问日期:2018年7月6日;陈德铭等:《经济危机与规则重构》,商务印书馆2014年版。

③ 参见Robert D. Hormats, Ensuring a Sound Basis for Global Competition: Competition Neutrality, https://www.state.gov/e/rls/rmk/20092013/2011/163472.htm,访问日期:2018年7月6日;金中夏:《全球化向何处去——重建中的世界贸易投资规则与格局》,中国金融出版社2015年版,第194页。

④ 参见金中夏:《全球化向何处去——重建中的世界贸易投资规则与格局》,中国金融出版社2015年版,第195页。

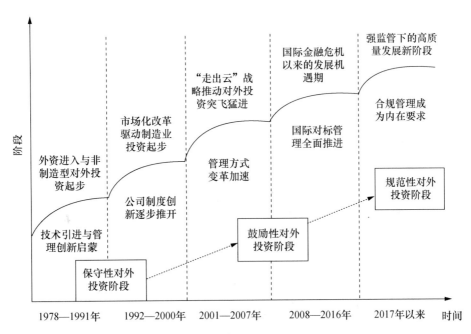

图 5　中国国有企业国际化阶段划分

"中国公司"概念起源于对 20 世纪 80 年代"日本公司"概念的演进。[①] 在"发展型国家"模式下,美国社会认为日本公司与日本政府合作会给市场自由竞争带来巨大威胁,导致日本企业获得不公平的竞争优势。1988—1990 年,日企对美国直接投资达 336 亿美元,并购美国凡世通轮胎公司、哥伦比亚电影公司等诸多美国标志性企业,引发美国社会恐慌。[②] 美国学者认为,中国政府和企业的关系与"日本公司"相类似。[③] 据此,美国政府指责中国的"国家资本主义"模式具有新重商主义色彩。"中国公司"在接受市场经济体制的同时,能源、基础设施及高新产业领域却拒绝接受自由市场原则,在组织结构、融资来源、发展规划等方面与政府关系密切,导致美国企业与"中国公司"之间的竞争并非是企业

---

① 参见黄河等:《中国企业跨国经营的国外政治风险及对策研究》,上海人民出版社 2016 年版,第 187 页。
② See A. Alexander, Japanese Direct Investment in the United States: Revising and Updating Perception, *JEI Report*, 1997, 42, pp.1-17.
③ 参见黄河等:《中国企业跨国经营的国外政治风险及对策研究》,上海人民出版社 2016 年版,第 198 页。

之间的自由竞争,而是外国公司与中国政府的竞争。鉴于西方社会对"中国商业模式"的责难和非议,①美国外国投资委员会在外资并购审查中就认为中国企业的所有制状态(全民所有制和集体所有制企业)、组织结构和运营模式对美国经济安全和利益具有重要影响。

具体操作上,美国政府利用外资并购安全审查制度歧视性阻止中国"国有企业"进入美国并购市场。《外商投资与国家安全法》规定,"美国外国投资委员会要评估'外国政府控制的交易'的安全效果,判断要素要包括投资项目、技术及投资者背景等",但在实务中外国投资委员会却把投资者的"国有企业"身份作为跨国并购是否会威胁美国安全的重要指标,由此导致中企并购频繁失败。1990—2015年,对遭遇外国投资委员会审查而投资失败的14件中国并购案例的研究发现,其中8起的投资者属于"国有企业",所占比重高达57%。仅在2016年,因遭遇外国投资委员会审查而失败的4起案件中,有3起并购的发起者就是中国"国有企业"。② 受意识形态及政治因素干扰,"国有企业"身份的判断标准极易因相关规则缺陷而被误用或滥用。实践中,美国等西方国家简单以中国政治、经济和社会制度为证据推定"国有企业"是中国政府控制的实体或"政府代理人"。鉴于此,外国投资委员会在中企并购审查中常将"国有企业"并购行为视为受中国政府控制而且有害于美国国家安全的交易。③ 本质上,上述争议源于美国和西方对中国"非市场经济国家"的诟病,是对中国所谓"国家资本主义"责难的继续。应当说,美国未经严谨和全面的论证径直以其国内外资并购法规所列要素作为推导依据,得出"国有企业是中国政府代理人"的结论,不仅欠缺逻辑上的科学性,而且存在着将法律问题或商业问题"政治化"的嫌疑。正如美国联邦审计总署的评估报告曾指出的,美国现行的国际投资监管制度无法从根本上解决中资企业对外投资的两大问题:中国企业与政府的关系;企业经营管理的透明度。该报告同时还建议中资企业在公司治理、管理架构透明度、金融安全性和企业问责制方面加强与美欧国家接轨,以便消除美国国内政

---

① See Suisheng Zhao, The China Model: Can It Replace the Western Model of Modernization?, Journal of Contemporary China, 2010, 19(65), p. 420.
② 参见刘雪红:《"国家资本主义论"下的国企投资者保护——基于投资协定革新的视角》,载《法学》2018年第5期,第16页。
③ 参见孔庆江:《中美BIT谈判中的国家主导经济议题研究及我国的对策》,载《政法论坛》2014年第6期,第37—47页。

治力量和商业主体对中企赴美并购对美国国家安全影响的疑虑。① 具体而言：

一方面，美国社会从政治角度出发，即从"技术民族主义"②视角审视中企赴美并购，声称中资企业在治理结构和投资动机方面存在不透明和不确定倾向，这种不确定在能源安全、技术转移和自由竞争领域尤为显著。③ 2008年金融危机后，美国战略界普遍存在一种认识，即中国崛起后的战略意图不透明，且值得怀疑。"中国不确定论"再次升温，认为中国崛起存在四大不确定：政治不确定、经济不确定、文化不确定和社会不确定。随着中国崛起，这些"不确定"将会在政治、经济、军事及价值观方面对西方构成威胁。④ 后金融危机时代，伴随中国在新技术领域的长足进展，美国担忧中国在新兴技术领域获得持续或扩大的技术优势，因为这将会诱使中国公司垄断全球技术标准，或者寻求塑造有利于自身利益的全球技术标准，进而通过规模经济效应，稳固技术研发优势。⑤ 美国战略界还认为，"影响有利于中国企业和优先事项的全球标准制定机构是中国技术民族主义战略的关键部分"。同时指出，2018年出台的《中国标准化法》修订案旨在加强"中国标准"在国际机构中的作用、通过"一带一路"倡议（the Belt and Road Initiative）大力推动"中国标准"的条款适用等。中国的上述努力，将会"损害美国制定适用敏感技术和控制其扩散的国际准则的能力"⑥。

---

① See Agata Antkiewicz and John Whalley, Recent Chinese Buyout Activity and the Implications for Wider Global Investments Rules, *Canadian Public Policy*, 2015, 33(2), pp. 207-226.

② "技术民族主义"一词最早源于美国学者罗伯特·里奇（Robert Reich）于1987年发表在《大西洋月刊》(*The Atlantic*)上的《技术民族主义的兴起》一文。该文中，里奇系统分析了美国对日本微电子产品和技术的依赖以及日本正在取得半导体材料和器件的研究与开发领导地位的担忧，呼吁美国政府出台相关政策，"保护未来美国技术突破免受外国人特别是日本人的剥削"。因此，在里奇等美国知识精英看来，"技术民族主义"的实质就是"科技被看作一种可以在美国独一无二发展起来的东西，它包含在国家（美国）的边界内，由美国人应用于美国"。参见刘国柱：《特朗普政府技术民族主义论析》，载《美国研究》2020年第4期。

③ 美国社会对中国企业"治理结构和投资动机"的认知，参见 Clarence Kwan, *et al.*, Chinese Direct Investment in the United States—The Challenges Ahead, http://ccsi.columbia.edu/files/2014/01/sauvantkwan1.pdf, 访问日期：2019年7月9日。

④ 西方社会甚嚣尘上的所谓"中国不确定论"最早源自"后社会主义"理论的倡导者美国杜克大学历史系教授阿里夫·德里克（Arif Dirlik）在1989年发表的文章《"后社会主义"：反思"有中国特色的社会主义"》（该文原载于《关心亚洲学者学报》1989年第21卷第1期）。参见程伟礼：《"中国不确定论"：全球视野中的中国特色社会主义新焦点》，载上海市社会科学界联合会编：《马克思主义：中国探索与当代价值》，上海人民出版社2009年版，第86—94页。

⑤ 参见刘国柱：《特朗普政府技术民族主义论析》，载《美国研究》2020年第4期。

⑥ 同上。

另一方面,美国社会指责"北京共识"正在把一种非自由主义发展模式传递到其他发展中国家,中国经济发展模式正在挑战西方经济模式的统治地位,并引起发展中国家的比较、思考和效仿。美国战略界认为,在新兴技术领域,同样存在着中美两种不同价值观之间的竞争。例如,美国首席技术官迈克尔·克拉佐斯(Michael Kratsios)就表示,中国是以"技术专制主义"推动新兴技术的发展和利用;而美国是以反映"自由、人权和人的尊严的价值观方式来推动新兴技术的发展"①。美国众议院议长南希·佩洛西(Nancy Pelosi)在2020年慕尼黑安全政策会议(Munich Security Conference)上直接警告美国的盟友,接受中国华为公司提供的5G技术相当于"选择专制制度而非民主制度",就国家安全、经济、价值观与治理模式而言将付出巨大的代价。这就是为什么对此立场美国两党一致支持,这与经济优势无关,而与价值观紧迫性有关。对此,圣加仑大学教授托马斯·科雷特(Tomas Klett)分析说,"价值观是美中之间软实力竞争的核心部分"。鉴于此,5G等新兴技术领域的价值观之争已经超越美中两国的边界,扩大到两国之间的"中间地带"(intermediate zones)。美国担心,中国将利用技术优势在世界范围内传播中国的社会治理模式,从而对美国为首的西方治理体系构成挑战。同时认为,中国正在通过"一带一路"倡议与沿线国家共建"数字丝绸之路",这不仅将会扩大中国数字经济在世界市场的份额,更会把中国的"技术专制主义"社会治理模式推向全世界,从而对美国倡导的自由开放的治理体制构成威胁与挑战。②

事实上,冷战结束之初,弗朗西斯·福山(Francis Fukuyama)就曾高调宣称:"历史已经终结,自由市场模式是人类历史上最好的模式。"③而美国次贷危机和欧洲主权债务暴露出美欧国家发展理念和治理模式的诸多缺陷,福山等也开始反思"历史是否真的终结"。④ 与之相反,中国表现出的果断高效的反危机

---

① 参见刘国柱:《特朗普政府技术民族主义论析》,载《美国研究》2020年第4期。
② 同上。
③ 〔美〕弗兰西斯·福山:《历史的终结与最后的人》,陈高华译,广西师范大学出版社2014年版。
④ 2008年全球金融危机后,国际社会开始反思长期奉为圭臬的自由主义意识形态、社会制度和经济模式的经验价值,福山也承认美国的国家治理出现问题:经济增长的不平等和财富过度集中;利益集团对美国政治体制的渗透,并干预决策。尽管福山认为,"中国发展模式"不会对西方自由民主构成根本挑战,但也承认"中国的巨大成功来源于中国漫长的现代国家历史、成熟的威权体制规则和丰厚的儒家治国理念遗产"。参见《福山依旧在,历史未终结——政治学三巨擘圆桌纪实》,https://www.guancha.cn/MiErSiHaiMo/2014_12_12_303126_s.shtml,访问日期:2020年8月30日。

措施和危机后强劲的经济复苏都与美欧国家形成强烈对比。在后危机时代,在传统意识形态因素,即"科学社会主义与自由民主主义"对中美关系影响下降的同时,中美在意识形态领域的竞争逐渐转向"国家发展模式"优劣的竞争。郑永年教授认为,西方国家对"中国模式"的排斥在于西方的"评价标准"问题,而金融危机本身是"西方模式"的一次"内破裂"和警示,未来的市场经济模式正走向混合制,中国经济模式可能是大势所趋。[①] 应当说,中国商业模式在发展中国家的拓展必然会间接冲击美国和西方国家政治、经济和意识形态利益。例如,美国经常指责以国企为代表的中企为拓展能源市场,支持某些腐败的能源国家政府,其中就包括美国所谓的"对手"国家,如伊朗、委内瑞拉和苏丹等。[②] 2018年6月,中美爆发贸易冲突之际,时任美国国防部长詹姆斯·马蒂斯(James Norman Mattis)和国务卿迈克·蓬佩奥(Mike Pompeo)分别在不同场合提出中美之间竞争的实质是"模式之争",即所谓的"西方模式"与"中国模式"之争。[③] 应当说,中美战略竞争的本质仍然属于"权力之争"的范畴,具体表现为快速崛起的中国为争取国家发展空间(民族复兴)而与美国(霸权守成国)捍卫其在国际秩序中主导地位产生的冲突。美国之所以提出"模式之争",目的在于通过"模式之争"唤起西方盟国在冷战中"遏制"红色帝国苏联的意识形态"共同记忆",在"捍卫自由、民主和人权的口号下实现大联合",共同遏制中国的崛起。

第三节 美国应对中企并购安全审查的衡量标准

作为一项解释说明型研究,本书以新现实主义和理性选择主义理论关于国家的系列假定为出发点,视国家为理性行为体,考察其在面临威胁或收益之时将会如何取舍。如前节所述,宽泛意义上国家安全考量、经济利益博弈和商业模式竞争是影响美国外国投资委员会对中企赴美并购审查的三大要素。但从

[①] 参见郑永年:《中国模式:经验与挑战》,中信出版社2016年版。

[②] 参见刘俊霞:《海外投资的腐败风险及应对——基于中亚五国投资条约仲裁案件的实证研究》,载《国际经贸探索》2018年第12期,第81—94页;邓富华、胡兵:《制度约束下东道国腐败对中国对外直接投资的影响——基于跨国面板数据的门槛效应检验》,载《中国经济问题》2013年第4期,第99—108页。

[③] 2018年中美贸易冲突爆发后,美国主要内阁成员有关"中国模式"的论述,参见阎学通:《中美两极化趋势与国际体系研究的思考》,http://world.people.com.cn/n1/2018/0802/c1002-30200737.html,访问日期:2018年8月7日。

可量化的角度考察,技术转移风险和市场竞争威胁是外国投资委员会衡量中资企业并购影响和效应的主要变量,据此二者的不同匹配关系作出审查通过(完全通过和妥协通过)或审查拒绝(被迫撤回和绝对拒绝)的结论。

一、技术转移风险及其程度

"技术转移"(technology transfer)实际上属于技术传播和技术扩散的范畴,结合经济学家约瑟夫·熊彼特(Joseph Alois Schumpeter)提出的技术扩散或曰技术转移理论,"技术转移"是指技术在国家、地区、行业内部,以及技术自身系统内输入或输出的活动过程。国际贸易和投资理论中,"技术转移"首要关注跨国公司的投资和生产行为,即"关于制造产品、应用生产方法或提供服务的系统知识的转移,不包括单纯货物买卖或租赁",当技术因素的转移跨越国界时,就构成国家间的技术转移。[①] 在中美企业并购中,"技术转移"风险中的"技术"内涵和外延界定主要依据美国《外商投资与国家安全法》《2008 审查指南》和《外国投资风险评估现代化法案》所确定的,以及美国外国投资委员会审查所参照的"关键技术"判断。

此外,《外国投资风险评估现代化法案》在《外商投资与国家安全法》"关键技术"界定基础上进一步扩大美国外国投资委员会对"关键技术"的交易审查,要求任何涉及"关键技术"的交易,即使外国投资者并未控制该美国企业,只要投资者通过交易能够达到以下效果:(1)获得重要非公开技术信息;(2)董事会拥有席位或观察员权利;(3)通过除股权投票的方式参与作出关于关键技术的重大业务决策,就必须在交易预计完成日期前至少 45 天向外国投资委员会提交声明。[②] 与此同时,2018 年通过的《出口管制改革法》(Export Control Reform Act of 2018,ECRA 2018)授予政府(主要为商务部工业安全局)对军民两用产品出口永久和广泛的管辖权;特别将"基础技术"(foundational technology)和"新兴技术"(emerging technology)视为"关键技术"而纳入审查范围,结束了美国外国投资委员会实际审查中早已将人工智能等"新兴技术"作为"参考"因

[①] 对国际贸易和跨国投资中"技术转移"的界定,参见张玉臣:《技术转移机理研究:困惑中的寻解之路》,中国经济出版社 2009 年版,第 17—82 页。

[②] 《外国投资风险评估现代化法案》对"关键技术"并购的界定,参见 Reid Whitten, Brian Weimer, Enumale Agada and drew Svor, FIRRMA Takes Form as CFIUS Enacts a New Pilot Program Rargeting Critical Technogies, October 11, 2018, https://www.globaltradelawblog.com/2018/10/11/cfius-enacts-new-pilot-program/,访问日期:2019 年 1 月 2 日。

素,但缺乏明文"立法授权"的局面。在《外国投资风险评估现代化法案》出台的同时,商务部工业安全局依据 ECRA 2018,修订《出口管制条例》,并更新《商业管制清单》,最终确定 14 类"新兴技术"出口管制清单。(见表 15)①

表 15　美国商务部工业安全局(BIS)新兴技术管制清单

主要行业大类	具体构成
生物技术	纳米生物学、合成生物学、基因组和基因工程、神经科学
人工智能(AI)和计算机学习技术	神经网络和深度学习、AI 芯片组
定位、导航和定时(PNT)技术	—
微处理器技术	片上系统(SOC)、片上堆栈存储器(stacked memory on chip)
先进计算技术	内存中心逻辑
数据分析技术	可视化、自动分析算法、上下文感知计算
量子信息和传感技术	量子计算、量子加密、量子传感
物流技术	移动电力、建模与仿真、全资产可见性、物流配送系统(DBLS)
增材制造	3D 打印
机器人(robot)	微型无人机和微型机器人系统等
脑—机接口技术	神经控制接口、意识—机器接口、直接神经接口、脑—机接口
高超音速空气动力学	飞行控制算法、推进技术、热防护系统、专用材料(用于结构和传感器)
先进材料	自适应伪装、生物材料等
先进监控技术	面纹和声纹技术

资料来源:依据美国商务部工业安全局《出口管制条例》和《商业管制清单》整理。

综上所述,美国外国投资委员会依据《外商投资与国家安全法》《2008 细则》《2008 审查指南》《外国投资风险评估现代化法案》等系列外资并购审查法规及 1949 年《出口管制法》和 1969 年《出口管理法》②、2018 年《出口管制改革法》《出

---

① 参见任泽平、罗志恒等:《日本、韩国应对美国高科技遏制的启示》,载《国际金融》2019 年第 2 期,第 5 页。
② 1949 年通过的《出口管制法》是东西方冷战高度对抗的产物,1969 年伴随东西方关系缓和,以及为更好地平衡国家安全和经济利益之间的关系,美国从限制贸易逐步转向促进贸易。由此,美国国会于 1969 年出台《出口管理法》,将"出口管制"改为"出口管理",该法于 1979 年、1981 年和 1985 年三次修订,并于 2001 年 8 月到期。该法失效后,《国际紧急经济权力法案》一直为《出口管制条例》和两用出口管制提供法律基础。

口管制条例》及《商业管制清单》等出口管制法规对"关键技术"进行判断,认为技术转移风险程度由高到低存在如下判断标准:第一,外资并购涉及与国防和军事安全相关的技术。第二,外资并购涉及的军民两用(dual-use)技术,主要是《出口管制条例》发布的14类技术。[①] 第三,正在兴起或发展的新兴技术或未来技术。除《出口管制条例》列出的14类技术外,其他"新兴技术"还包括新能源技术开发(工业酒精燃料、页岩天然气、可燃冰开发等)、新能源汽车(蓄电池)、移动支付技术、音像远程传输、人脸识别技术等。第四,"关键基础设施"也被纳入美国外资并购的技术安全考量范围,如能源基础设施、港口、机场、铁路等。上述设施虽然作为物理性资产而存在,并不具有高技术含量或技术转移风险,但外资对上述设施的并购往往会激发强烈的民族主义情绪,通常被主流新闻媒体冠以"关键技术资产"并购的标签,而深受舆论关注。

然而,美国外资并购监管法规对"关键技术"仅提供原则性界定,外国投资委员会的审查实践衍生出的"技术转移风险"的认定却是一个综合分析后作出判断的结果。在此,依据外国投资委员会审查关注的重要性排序,将"技术转移风险"由高到低的认定标准归纳为16项参考标准:

A. 投资涉及国防工业技术:导弹、航天器及推进装置零部件、军用装甲车及其零部件、潜艇、航母及引擎;

B. 投资涉及国防产业紧密相关的技术:飞机发动机、芯片、计算机信息技术、电子通信、半导体、光学仪器与镜头、搜索、检测、导航、制导、航空和航海系统及仪器制造、石化能源技术;

C. 投资涉及高精尖制造业技术:航天技术、飞机制造、船舶技术、新型核技术、氧化铝精炼及原铝生产、滚珠、滚柱轴承制造、计算机研发、生产与存储、基本无机化学、粉末冶金零件、电力、配电及特种高压变压器制造、电台电视广播及无线通信装置、铝的二次熔炼和合金化、电话设备制造、涡轮机和涡轮发电机组制造;[②]

D. 投资涉及商务部工业安全局《出口管制条例》所关注的新兴技术:人工

---

① 2018年特朗普政府主导下对《出口管制条例》作出最新修订,通过《出口管制改革法》赋予美国商务部工业安全局对军民两用产品出口永久和广泛的管辖权。

② See Reid Whitten, Brian Weimer, Enumale Agada and drew Svor, FIRRMA Takes Form as CFIUS Enacts a New Pilot Program Rargeting Critical Technogies, October 11, 2018, http://www.globaltradelawblog.com/2018/10/11/cfius-en-acts-new-pilot-program/, accessed January 2, 2019.

智能、生物技术、纳米等新材料、光纤技术、大数据和互联网等 14 类技术;

E. 被收购公司与国防部门或美国政府部门存在销售及服务供应合同关系;

F. 被并购美国企业、组成部分或其所属场地毗邻美国军事设施;

G. 投资者寻求共享美国企业核心技术或变更知识产权所有者;

H. 投资者属于中国中央或地方政府所有或者具控股或持股关系;

I. 并购后企业与中国政府或国有企业存在业务往来或合作关系;

J. 投资所涉及的技术属于军民两用技术;

K. 被并购美国企业及新公司的研发机构迁移出美国;

L. 并购后企业的产品在美国运营、生产或销售;

M. 投资者对防止技术转移作出具体"承诺",并提供具体措施;

N. 投资者对防止技术转移作出额外技术保障"承诺";

O. 新公司的总部或研发机构迁往美国;

P. 并购方为民营企业。

在此,根据美国外国投资委员会审查程序所参照的"关键技术"的判断,本书特别选取四个中企赴美并购的经典案例,具体分析外国投资委员会应对中企并购审查中对技术转移风险关注的情况,并分别对四个案例可能涉及的"技术转移风险"作出判断,进一步检验美国外国投资委员会对中企并购审查中关于"技术转移风险"的关注程度。(见表 16)

表 16 技术转移风险与 CFIUS 对华投资安全审查的关系

比较案例	技术转移风险	等级	程度划分
大连万达并购 AMC 影院公司案	L、P	最低	低
联想集团并购 IBM 公司 PC 业务案	C、E、H、J、M	较低	
中海油并购优尼科石油公司案	A、H、E、J、L、M	较高	高
华为联合贝恩资本并购 3Com 公司案	B、D、E、H、J、K、L、M、P	最高	

关于"技术转移风险"的判断标准,具体而言,凡涉及与"国防相关的技术",或国防产业上游或下游关联技术的并购均归结于"存在技术转移风险程度高"。结合不同投资案例,并购涉及上述因素越多、程度越深,则视为"技术转移风险"程度越高,意味着受到外国投资委员会审查以及被审查拒绝的概率越高。与之相应,中国投资者可向外国投资委员会作出"防止技术转移承诺"或提供"减缓

措施",如中资企业承诺将并购完成后企业的研发中心迁往美国、承诺产品在美国从事生产和销售、不会与中国政府或政府实体产生业务往来及不会寻求共享美国企业核心技术或变更相关技术专利所有人,以此主动降低技术转移风险。联想集团并购 IBM 公司 PC 业务的经验表明,上述"承诺"和"措施"对美国外国投资委员会的审查行为和审查结果的作出产生了重要影响。实践中为通过外国投资委员会审查,并购企业常常会提供技术转移或技术安全"承诺"。然而,鉴于技术转移"承诺"的落实效果极难判断,而且在具体操作中存在现实困难,事实上,在大多数情况下外国投资委员会基本会依据并购所涉及的技术转移风险等级作出审查结果,安全"承诺"对审查结果的影响效果有时极为有限,但个案存在差异。

二、市场竞争威胁及其效果

美国哈佛大学教授迈克尔·波特(Michael E. Porter)在《国家竞争优势》(The Competitive Advantage of Nations)一书中指出,作为市场竞争(market competition)基本主体的企业是国家竞争优势形成的基础与根源。在国际条件下,国家竞争中获得和保持"市场竞争"优势是关键,确保一国"市场竞争"的优势与生产因素、需求条件、相关支持性产业和企业战略、企业结构和同业竞争四个方面密切相关。同时,波特还进一步指出,竞争优势取决于高级要素如现代通信基础设施、高等教育人力资源及培养机构,以及专业性要素如技术型人员的比重、先进基础设施及专业知识领域的发展程度,二者共同决定了国家竞争意识的质量与可持续性。此外,尽管企业是国家参与国际市场竞争的主角,但其竞争的基本单位仍是"产业",一个国家能否持续提升本国的生产力关键在于是否有资格成为先进产业或主要产业环节的基地。[①] "市场竞争威胁"是指投资者的赴美投资行为是否会阻碍或排斥美国相关行业的市场自由竞争,包括扭曲资源配置、阻碍或排斥技术改进和形成规模或技术垄断效应。作为全球最发达、技术最先进和规模最庞大的经济体,美国对"市场竞争威胁"的感知由以观念形态为主转变为以"成本—收益"为基础,但仍然对主权资本和国有企业投资者存在威胁"市场竞争"的偏见。理论上,对"市场竞争威胁"的界定存在诸多差

---

① 参见〔美〕迈克尔·波特:《国家竞争优势》,李明轩、邱如美译,中信出版社 2012 年版。

异,而且参考因素繁多。因此,对"市场竞争威胁"的界定必须限定在美国外资监管政策和外资并购安全审查制度的框架之下。研究表明,美国对外资并购中"市场竞争威胁"效果的认知存在如下特征:首先,美国并购目标企业在美国市场的竞争地位和影响力的评估,以美国市场占有率、企业规模、是否为美国政府部门供应商等为衡量标准;其次,外资并购企业是否具有政府及军队背景的评估,以是否属于国有企业或国有持股企业、是否接受国家支持性融资或政府补贴(包括税收减免或土地等资源优惠)、经营管理是否独立、企业高管是否有政府工作经历等为参考要素;再次,外资企业并购是否造成美国著名或知名品牌消失、该产品产业链断裂或美国在该产业的价值链下移,以及大规模失业等作为参考要素;最后,外资企业并购能够为美国的目标企业纾困,增进美国在该产业领域的全球竞争力,并弥补该产业美国的价值链或供应链缺损等。具体而言,前三项构成美国外国投资委员会审查的负面影响因素,而第四项则是有利于外国投资委员会审查批准的正面影响因素。与此同时,在借鉴和参考经济合作与发展组织(OECD)对"竞争中立"、美国商务部反垄断法规及美国贸易代表办公室对"市场竞争威胁"的认定标准,并综合美国外国投资委员会审查经验的基础上,按照"市场竞争威胁"程度,由高到低大致总结出17项参考标准:

A. 被收购者所涉及产品或服务市场占有率是美国该行业前五名;

B. 投资者在该行业具备领先技术实力;

C. 投资者在全球市场享有较高份额,冲击美企全球竞争地位;

D. 该并购会对美国相关企业的国内市场竞争造成冲击;

E. 投资是由中国政府推动或承担必要的政策使命;

F. 投资者的产品在中国"政府采购"市场享有特权;

G. 投资者属于主权财富基金、国有、国有控股或持股企业;

H. 投资者管理层任职与企业经营管理接受政府指导;

I. 投资者可能接受政府的"支持性融资"或税收减免优惠;

J. 投资会影响或阻碍美国该行业的生产率进步;

K. 投资会影响该领域美国商品或服务市场供给安全;

L. 投资会造成该领域产业链断裂;

M. 投资可能造成美国相关领域知名品牌丧失;

N. 投资会造成美国在该行业全球价值链位置下移；
O. 投资可能会造成美国企业大规模裁员；
P. 投资有助于美国企业脱困,并改进或弥补美国该领域产业链；
Q. 投资有助于美国同类企业挑战海外市场。

以下分别选取四个案例,依据每个投资案例所涉及的"市场竞争威胁"要素的匹配程度,分别确定市场威胁认知的等级,进而确定每个案例对美国市场竞争威胁的强弱程度。(见表17)因此,具体到美国外国投资委员会对投资个案的审查,上述因素的多寡和深度决定了美国外国投资委员会对中资企业并购所产生的"市场竞争威胁程度"强弱的认知,进而实际影响并购的审查过程、结果及差异。

表17 市场竞争威胁与CFIUS对华并购安全审查的关系

比较案例	市场竞争威胁认知	等级	程度划分
大连万达并购AMC影院公司案	A、L、O、P	最弱	弱
中海油并购优尼科石油公司案	E、G、H、J、I	较弱	
联想集团并购IBM公司PC业务案	A、B、F、H、L、O、P	较强	强
华为联合贝恩资本并购3Com公司案	B、C、D、E、H、I、L、J	最强	

冷战后,美国极力推动全球贸易自由化和投资便利化的同时,美国外资安全监管政策的演化却反映出美国内外经济政策的双重标准：一方面,美国是全球最早关注国内市场垄断的国家,基于保障国内市场良序运行,防止国内市场形成垄断而制约技术进步和生产率改进,美国注重保障市场主体之间的充分竞争。1890年出台的《谢尔曼反托拉斯法》(Sherman Antitrust Act)首开立法预防国内市场垄断之先河。在此意义上,任何具备竞争优势的外资企业赴美并购有威胁市场竞争的潜在可能性时美国社会都极为敏感。另一方面,考虑到美国跨国公司强大的技术和资本实力,对外经济政策则从美国的"整体利益"出发,致力于在全球推动"竞争中立"政策,维护美企的垄断利益。为此,美国国内法(包括反垄断法、外资安全审查制度、知识产权法规及行政制裁令等)充分抑制外资获取美国高新技术或市场竞争优势。

尽管《外商投资与国家安全法》将美国外资安全审查的目标界定为"在维护和保证美国国家安全与外国投资之间保持平衡",但外资并购安全审查在"国家安全与经济利益"的权衡中,国家安全(根源于技术转移风险)意义仍然远高于经济利益(根源于市场竞争威胁)诉求。因此,关于两个自变量之间的关系,需要特别强调的是：两个自变量即技术转移风险与市场竞争威胁在构成对因变量（外国投资委员会审查行为）解释的因果联系上，并非是简单的并列关系，这主要是由美国外国投资委员会对两个自变量的价值（重要性）的不同认知所决定的。而在中企并购安全审查中，这种自变量关系的差异与国际体系内中国的快速崛起所产生的体系结构压力（中美战略竞争加剧）和国际政治中"国家安全"等高政治议题在国际政治议程设置中依然优先于"经济发展"议题的现实状况密切相关，以致"技术转移"导致的"国家安全"风险使得美国朝野对技术转移风险更加关注。此外，还需要说明的是，影响美国外国投资委员会应对中企并购安全审查的因素除技术转移和市场竞争外，还包括意识形态分歧、国家间外交关系、企业运营模式及"减缓措施"等。但通过对外国投资委员会的审查经验进行系统分析发现，技术转移风险和市场竞争威胁是影响外资并购安全审查结果的主要因素。

三、美国外资并购安全审查行为的类型化

通过对美国外资安全监管政策选择的历史考察和现实比较，本书致力于从国家安全（技术转移风险）考量和经济利益（市场竞争威胁）博弈互动的视角解释美国对中企并购安全审查的行为逻辑。因此，自变量为影响外资安全审查行为和结果的原因，即技术转移风险和市场竞争威胁，相应的因变量为美国外国投资委员会的审查行为及结果。

（一）美国对中企并购审查行为的类型化

研究发现，美国外资并购审查实践中，依据自变量（技术转移风险和市场竞争威胁）的变化，外国投资委员会对中企并购的安全审查结论总体上分为两大类，即审查通过和审查拒绝。因此，在分析美国外国投资委员会的审查行为时，首先应采用二分法，将因变量区分为：

审查通过——审查拒绝

然而，对美国对外经济政策选择的研究还表明，即使是同一经济关系，尽管一国最终的决策结果体现为冲突或者合作，但其决策过程中的变量匹配差异也会使得决策过程或结果（效果）存在某些微妙差异。鉴于此，通过对美国对中企并购审查个案的考察发现，美国外国投资委员会的审查行为和结果并非是严格意义上的"非此即彼"，而是根据两个自变量即技术转移风险和市场竞争威胁的程度差异产生不同的审查效果。这种自变量差异匹配所造成的审查程序和效

果差异是与"无政府状态"下国际体系内中美战略竞争加剧,以及国际政治中"国家安全"等高政治议题依然优先于"经济发展"议题的现实状况有关,以致技术转移风险可能导致的"国家安全"风险使得美国朝野对"技术转移风险"更加关注。在此基础上,美国外资并购安全审查结果在传统的"二分法"基础上,又产生了两种差别较小的审查行为:

妥协通过——被迫撤回

一方面,被迫撤回系指美国外国投资者向外国投资委员会提交审查通知或外国投资委员会主动启动审查程序后,在外资并购审查期间,并购方迫于来自外国投资委员会、美国舆论、国会议员及行政部门的压力,自知并购交易大概率无法获得外国投资委员会审查通过,而主动向其撤回审查通知,导致投资失败的情形。这在2005年中海油并购优尼科石油公司案中表现尤其明显,在美国国会两院相继通过议案(2005年6月30日众议院344号决议和参议院431号决议)质疑中海油并购优尼科成功会对美国国家安全产生潜在威胁,为此持续向外国投资委员会施加压力。在此背景下,中海油公司迫于美国朝野强大的政治压力,同年8月23日主动致函外国投资委员会撤回并购通知。

另一方面,在美国外国投资委员会的审查程序中,妥协通过通常体现为外国投资者迫于外国投资委员会的严格审查或者来自美国政治及舆论的压力而主动提出"减缓措施",即采取有效措施降低并购带来的国家安全风险。2004年联想集团并购美国IBM公司PC业务案中,联想公司作出的并购安全"附加承诺"对外国投资委员会审查结论的影响至关重要,具体措施包括:承诺保护知识产权、不寻求录用IBM公司PC业务部的技术人员(配合IBM公司作出的"联想不进入IBM公司罗利研发中心"的承诺)、保证并购后的公司独立经营、新公司总部迁往美国及愿意接受美国外国投资委员会的安全监督等。妥协通过作为外国投资委员会审查结论的表现形式,常规表现为:并购行为本身所导致的技术转移风险程度较低,市场竞争威胁程度则相对较高。美国外国投资委员会认为这总体上属于美国"国家安全"可以接受的程度。而通过外国投资者作出防止技术转移"承诺"和其他有效"减缓措施"实质上或许可以预期达到化解或弱化市场竞争威胁的效果,外国投资委员会的审查过程尽管艰难,但最终并购交易仍然得以通过。

需要特别说明的是,为什么美国外国投资委员会应对中企并购安全审查过程中,在审查通过和审查拒绝两种结论之间还存在妥协通过和被迫撤回两种特殊的情形呢?事实上,尽管技术转移风险和市场竞争威胁的预期决定了外国投资委员会的判断(选择):通过还是拒绝?事实上,这种基于二变量所作出的审查结果建立在"二分法"的基础上,而现实中的"二分法"即"非此即彼"的逻辑确实存在局限性,而且经常不能反映客观事实。因此,美国外资并购安全审查行为常常存在更为细致的行为划分。否则,就难以对类似于外国投资委员会在审查初期表现出拒绝的态度,但经过双方协商,后期则以审查通过而结束的情形作出合理解释。本质上,这源于外国投资委员会对两个自变量重要性的不同认知:技术转移风险与市场竞争威胁在解释外国投资委员会审查行为的因果机制上并非是简单的并列关系。尽管美国《外商投资与国家安全法》《2008审查指南》及《外国投资风险评估现代化法案》把美国外资审查制度的功能设定为:在维护和保证"美国国家安全与外国投资开放"之间保持平衡,但在"国家安全与经济利益"权衡中,国家安全(根源于技术转移风险)的意义仍然高于经济利益(根源于市场竞争威胁)。应当说,作出这一判断是基于以下理由:一是根据常规观察,在美国国家安全利益与经济利益的博弈中,安全利益显然是高于经济利益的;二是美国外资安全审查制度的演进正是安全利益与经济利益持续博弈的结果,国会和公众对外资威胁"国家安全"的疑虑是推动美国外资安全监管政策演进的原始动力;三是外资并购安全审查中"国家安全"外延持续扩展,其中所伴随的"技术转移"导致的安全风险上升一直是美国外国投资委员会审查的焦点。总之,并购中的"技术转移"所导致的国家安全威胁始终是美国排斥中企赴美并购的首要因素。因此,依据两个自变量的程度差异和不同组合,可以将美国外国投资委员会的审查效果具体划分为以下四种类型:完全通过、妥协通过、被迫撤回、绝对拒绝。

应当说,对美国外国投资委员会应对中企并购安全审查结论的划分采取以"二分法"为基础,但又不拘泥于"二分法"的处置方式,能更为客观准确地解析和归纳构成外国投资委员会应对中企赴美并购安全审查的决定性因素,以及由此造成的审查行为和结果差异。

(二)因果机制的明晰

逻辑推理表明,美国外国投资委员会面对外国投资者进入本国市场寻求企业并购的企图时所作出的审查结果在笼统意义上有两种:一是审查通过,二是审查拒绝。而外国投资委员会选择同意还是拒绝,总体上取决于美国对外资并购所产生的风险和威胁所作的预判。简而言之,如果并购产生的风险和威胁高,则倾向审查拒绝;反之,则倾向通过审查。具体分析,外国投资委员会对中企并购安全审查的逻辑表现为:中企赴美并购导致的技术转移风险程度越高,市场竞争威胁认知越强,外国投资委员会越倾向于审查拒绝。与之相反,技术转移风险程度越低,市场竞争威胁认知越弱,外国投资委员会越倾向于审查通过。也就是说,"技术转移风险"和"市场竞争威胁"的高低与强弱决定着美国外国投资委员会应对中企并购的审查行为和结果。(见表18)

表 18 技术转移、市场竞争与 CFIUS 审查结果的逻辑关系

1. 技术转移风险程度低/市场竞争威胁认知弱 ⇒ CFIUS 审查 ⇒ 完全通过
2. 技术转移风险程度低/市场竞争威胁认知强 ⇒ CFIUS 审查 ⇒ 妥协通过
3. 技术转移风险程度高/市场竞争威胁认知弱 ⇒ CFIUS 审查 ⇒ 被迫撤回
4. 技术转移风险程度高/市场竞争威胁认知强 ⇒ CFIUS 审查 ⇒ 绝对拒绝

第三章　完全通过：大连万达并购AMC公司案

冷战期间，"文化"因素被赋予国家意识形态内涵，1960 年，阿瑟·施莱辛格（Arthur Schlesinger）就曾提出关注叙述"国家文化政策"概念的重要性根源于"文化"很可能会显露出一种国家利害关系，并对国家目标作出反应。[①] 如同 1989 年日本索尼公司收购美国哥伦比亚电影公司引发的关注，2012 年大连万达集团（Wanda Group）宣布收购美国 AMC 娱乐控股公司（AMC Entertainment Holdings）也引发美国社会舆论广泛关注（以下简称"万达并购案"）。后危机时代，在美国外资并购审查趋紧背景下，该案获得外国投资委员会审查完全通过，这对于剖析美国外资安全监管政策和外国投资委员会的审查标准具有重要价值。

第一节　并购信息、产业动态与并购影响

2012 年 5 月，大连万达集团宣布出资 31 亿美元收购全球第二大电影院线——美国 AMC 娱乐公司 100％ 的股权。[②] 其中，26 亿美元为收购资金，另外 5 亿美元为 AMC 公司的债务融资。同年 7 月 26 日，大连万达宣布并购 AMC 公司已经获得中国主管部门[③]批准，同期美国联邦贸易委员会（Federal Trade

---

[①]　参见徐进毅：《电影产业中的政府介入性研究》，载《民族艺术研究》2016 年第 1 期，第 239 页。

[②]　2017 年，中国外资监管部门出台法规加强对国内企业海外资产配置的限制，大连万达计划减持 AMC 公司股权至 38％。同时，AMC 公司将引入 AB 股制度，减持之后大连万达仍将保持对 AMC 公司的控股权。参见 https://finance.sina.com.cn/chanjing/gsnews/2018-09-19/doc-ifxeuwwr5997528.shtml，访问日期：2019 年 8 月 1 日。

[③]　中国外资主管机构包括中国国家发展和改革委员会、商务部以及国家外汇管理局。

Commission,FTC)和外国投资委员会也已正式出具批准交易的审查结论,并正式回函大连万达和 AMC 公司。至此,万达并购案已经获得中美两国监管机构批准,并购交易于 2012 年 8 月底圆满结束。①

一、万达并购 AMC 公司的基本情况

万达并购案之所以会引发美国舆论的广泛关注,是因为以好莱坞(Hollywood)为代表的文化产业一贯是美国推广美式社会制度、宣扬美国价值观和传播美国文化的重要工具。大连万达集团作为中国特大型民营企业,是集商业地产、豪华酒店、旅游、文化娱乐和商贸百货为一体的综合性企业集团,在国内外享有盛誉。大连万达创建于 1988 年,并于 2004 年创建负责文化业务的子公司——万达文化产业公司(万达院线),业务范围涵盖中央文化区、电影制作放映、连锁文化娱乐、大型舞台演艺及中国字画收藏五个子行业。截至 2011 年年末,万达院线已经发展为亚洲排名第一的院线企业,拥有影院 94 家、银幕 814 块,票房总收入为 17.8 亿元,占中国票房市场的 13.6%。本次并购既是大连万达首度进军北美娱乐市场,也是中国私企规模最大的海外文化产业并购。截至并购之时,作为母公司的大连万达集团共拥有 5 万名员工,2011 年集团营收总额高达 222 亿美元。② 另一方面,美国 AMC 娱乐公司成立于 1920 年,是全球第二大电影院线公司。统计数据表明,截至 2011 年年末,AMC 公司旗下共拥有全球 441 家影院(美国本土 338 家)、共计 5028 块屏幕(美国本土 4865 块),当年营业收入约 25 亿美元,年服务观众约 2 亿人次。③(见表 19)

表 19　万达院线与美国 AMC 公司实力比较(截至 2011 年年末)

项目	美国 AMC 娱乐公司	大连万达所属万达院线
成立时间	1920 年	2004 年
实力排名	全球第二	亚洲第一

---

① 参见《万达收购 AMC 影院今日正式完成交割》,http://news.cntv.cn/program/C21248/20120905/103384.shtml,访问日期:2019 年 7 月 17 日。
② 参见《大连万达宣布完成对美国 AMC 的并购》,http://media.people.com.cn/n/2012/0905/c40733-18925798.html,访问日期:2019 年 7 月 31 日。
③ 同上。

(续表)

项目	美国 AMC 娱乐公司	大连万达所属万达院线
旗下影院数量	美国本土 338 家	94 家
拥有银幕数量	美国本土 4865 块	814 块
服务观众次数	2 亿人次	—
票房收入额	约 25 亿美元,占北美市场总票房的 24.5%	约 17.8 亿元人民币,占中国市场总票房的 13.6%
其他内容	AMC 公司的投资者包括 Apollo 投资基金、摩根大通合伙人、贝恩资本公司等。AMC 公司的优势包括拥有先进电影院线技术、电影播放设施和设备、卓越的海外推广能力和市场知名度	万达院线系大连万达集团子公司,业务涉及中央文化区、电影制作与放映、连锁文化娱乐、大型舞台演艺及中国字画收藏。作为中国第一大院线公司,万达院线依托母公司大连万达,拥有雄厚的资本实力和较高的知名度,正在积极拓展海外市场

资料来源:占明珍:《由一桩"震惊世界"的跨国并购案引发的思考——大连万达并购美国 AMC》,载《对外经贸实务》2013 年第 1 期,第 31 页。

回顾历史,1989 年日本索尼公司收购哥伦比亚电影公司时美国公众产生的焦虑感刺激美国媒体宣称日本买走了"美国的灵魂"。然而,时过境迁,万达并购 AMC 公司的实际效果则是双赢的选择。对大连万达而言,成功并购 AMC 公司将实质开启万达影院产业国际化之路,并大幅提升万达文华的国际市场份额和品牌知名度。对于 AMC 公司而言,被并购后 AMC 公司 1.7 万名员工将得以保留,原有的电影产业发展规划不会受到干扰,位于堪萨斯城的 AMC 公司总部也会得以保留。一方面,成功并购 AMC 公司后,万达院线预计会成为全球最大的院线运营商,占据 10% 的全球票房市场,并可充分利用 AMC 公司在 IMAX 和 3D 屏幕上的竞争优势大幅提升大连万达在北美票房市场的份额,为 2020 年实现全球票房 20% 份额的目标奠定坚实基础。[①] 事实上,2018 年,万达院线的全球票房仅为 5.6 亿元,同比增长 8.90%;观影人次 2.3 亿,同比增长 7.50%,这一数据也受到全球电影市场整体票房增速放缓的影响。与之相比,2015—2017 年的全球电影票房年增速则分别为 49.60%、20.50% 和 13.14%,

---

① 参见占明珍:《由一桩"震惊世界"的跨国并购案引发的思考——大连万达并购美国 AMC》,载《对外经贸实务》2013 年第 1 期,第 31 页。

观影人次年增速为 48.90%、22.00%和 12.98%。① (见图6)

图6　2015—2018 年万达院线全球票房和观影人次增速走势图

另一方面,并购 AMC 公司有助于万达院线拓展国内票房市场。后危机时代,鉴于中美文化产品贸易冲突加剧,2012 年 2 月 18 日中美两国达成的《中美关于进口美国电影的谅解备忘录》规定,中国国内电影企业每年将增加进口 14 部美国电影大片。在此基础上,美国在中国电影市场票房的分账比例预计将从 13%上升至 25%。截至 2012 年 9 月,环顾中国国内电影企业,只有中影集团(China Film Group Corporation)和华夏影业(Huaxia Film Distribution Company)获得了美国电影进口牌照。而借助 AMC 公司的身份将有助于万达集团获取进口电影的牌照,进一步扩展在国内电影票房的市场份额。数据对比表明,截至 2018 年,万达院线已实现中国国内票房收入 79.8 亿元(不含服务费),与上年同比增长 10.1%,高于全国票房年增速,万达院线已经连续 10 年位居中国国内院线市场票房第一。②

二、并购前美国电影产业的发展动态

文化如同技术一样,是广义的知识权力的组成部分,能够起到影响政治权力重塑的作用。③ 同时,文化可以形成"关系权力",兼具物质性和非物质性特

---

① 参见李佳咪:《万达电影在国内又拿了票房第一,但全球票房增长率正逐年下降》,https://36kr.com/p/5172168,访问日期:2019 年 5 月 1 日。
② 参见占明珍:《由一桩"震惊世界"的跨国并购案引发的思考——大连万达并购美国 AMC》,载《对外经贸实务》2013 年第 1 期,第 31—32 页。
③ 参见张骥、刘中民等:《文化与当代国际政治》,人民出版社 2003 年版。

征,并具有可使用性(accessibility)。① 美国电影产业的发展对于塑造全球领导形象和保障意识形态安全意义重大。同时,美国作为全球文化产业大国,其以好莱坞为代表的电影产业始终处于全球文化产业价值链的顶端,具有垄断性商业价值。据美国电影协会(MPAA)统计,长期以来,以美国为主的北美电影市场的总票房约占全球总票房的1/3,而美国电影市场独占北美市场票房2/3以上的份额。

(一)电影产业票房和观影人次增速低迷

事实上,与全球电影产业和票房蓬勃上升的态势相比,在大连万达并购AMC公司之际,美国电影产业的发展却已疲态尽显。具体而言,无论是美国电影票房增速,还是观影人次均不乐观。一方面,电影票房和观影人次增速持续低迷。根据好莱坞数据,美国电影产业受全球金融危机影响,2008—2011年美国电影票房增速始终处于低迷状态。2011年,全美电影票房总额为102亿美元,较上年度的106亿美元下降3.8%。(见表20)

表20 美国电影票房数额及增速统计(2002—2011年)

年份	2002	2003	2004	2005	2006	2007	2008	2009	2010	2011
电影票房(亿美元)	91	92	93	88	92	96	96	106	106	102
年度增速(%)	—	1.1	1.1	-5.4	4.5	4.3	0	10.4	0	-3.8

资料来源:邓林、林园、刘广伟等:《2011年美国电影产业发展回顾》,载《中国文化产业评论》2013年第1期,第469—470页。

与之相应,2011年的全美观影总人次下降至12.8亿,与上年度的13.4亿人次相比下降4.5%,为1995年以来的最低水平。同期,全国人均电影票数下降至3.9张,较上年度的4.1张下降4.9%。(见表21)

表21 美国电影业年度观影人次及人均电影票数统计(2002—2011年)

年份	2002	2003	2004	2005	2006	2007	2008	2009	2010	2011
年度观影人次(亿)	15.7	15.2	15	13.8	14	13.4	14	14.2	13.4	12.8
年度人均电影票数(张)	5.2	4.9	4.8	4.4	4.4	4.4	4.2	4.3	4.1	3.9

资料来源:邓林、林园、刘广伟等:《2011年美国电影产业发展回顾》,载《中国文化产业评论》2013年第1期,第470页。

---

① 秦亚青举例指出,"关系权力"视角下,经济学中的"产权"概念结合"关系权力"在西方民主制度推广中就变得概念模糊了。笔者以为,准确来说是标准"多元化",具有"可选择性"。参见侯丽:《文化与世界政治的关系理论——外交学院院长秦亚青谈国际关系理论创新》,载《中国社会科学报》2018年7月12日。

另一方面,美国电影业相关企业经营面临债务困局。与全美观影人次和电影票房持续低迷相对应的是,美国电影院线企业普遍面临经营困境。作为全美第二大院线运营企业,AMC 公司就是处于艰难运营状态的美国电影企业的代表。公司年报显示:2009—2011 年,AMC 公司持续处于亏损状态,同时面临着负债率过高、利息成本占营收额比重过大,陷入无力维护、升级设备和开拓市场的窘境。2011 年度,AMC 公司亏损额度达到 8270 万美元。截至 2012 年 3 月,AMC 公司负债总额高达 22.1 亿美元。此外,AMC 公司 2015—2020 年经营租赁项下的未贴现租金高达 40 亿美元,一些票据将分别于 2014 年、2018 年、2019 年、2020 年到期。由此可见,AMC 公司面临着沉重的债务负担。[①]

(二)电影产业发展加重对海外市场的依赖

2011 年,全球电影市场总票房约为 326 亿美元,比 2010 年度增长 3.2%。其中,海外市场票房的增速高于美国市场,2007—2011 年以美元计算,海外市场票房增长 34.9%。(见表 22)比较发现,2011 年度海外市场票房较上年增长 6.7%,美国本土市场票房则下降 3.8%。就美国电影业而言,海外市场票房占美国电影业总票房的 68.7%,且处于持续扩张状态。其中,中国市场票房增速达到 35%,年度票房为 20 亿美元,成为继日本(23 亿美元)之后的美国电影业第二大海外市场,超越法国(20 亿美元)、英国(17 亿美元)、印度(14 亿美元)、德国(13 亿美元)及俄罗斯(12 亿美元)等传统主要市场。[②] 在此意义上,大连万达并购 AMC 公司可以帮助美国在中国电影票房的分账从 13% 上升至 25%。

表 22 美国电影全球票房与本土票房比较(2007—2011 年)

年份	2007	2008	2009	2010	2011
全球票房(亿美元)	262	277	294	316	326
本土票房(亿美元)	96	96	106	106	102
海外票房(亿美元)	166	181	188	210	224
海外票房占比(%)	63.4	65.3	63.9	66.5	68.7

资料来源:邓林、林园、刘广伟等:《2011 年美国电影产业发展回顾》,载《中国文化产业评论》2013 年第 1 期,第 467 页。

[①] 参见占明珍:《由一桩"震惊世界"的跨国并购案引发的思考——大连万达并购美国 AMC》,载《对外经贸实务》2013 年第 1 期,第 30—33 页。

[②] 参见邓林、林园、刘广伟等:《2011 年美国电影产业发展回顾》,载《中国文化产业评论》2013 年第 1 期,第 466、482 页。

(三)电影产业技术及研发依然全面领先

就电影产业的技术和未来发展趋势而言,美国依然是全球电影产业最主要的技术输出地,也是新技术运用最广泛的国家。以代表电影技术发展趋势的 3D 电影为例。2010—2011 年度,美国电影企业分别发行了 26 部和 45 部 3D 电影。2011 年美国(包括加拿大)发行的 20 部最卖座影片中,3D 电影达到 10 部,占 50%。① 值得注意的是,3D 电影也存在一些弊端,比如因制作成本高昂而相应提高票价、部分影片为追求技术效果而忽视影片内容等。尽管如此,美国依然是全球电影产业的主要技术策源地。

三、跨国并购对美国电影产业的影响

二战后,美国的政治、经济、文化霸权包含了其在全球电影产业市场的主宰地位,并进一步增强了美国在文化领域的全球优势。因此,美国电影产业也被指控为"媒体帝国主义"或"文化帝国主义",无论是电影制作技术还是海外市场占有率,美国均处于绝对领先地位。然而,鉴于 2008 年金融危机的冲击,美国电影业也面临着企业运营困难、本土票房低迷和技术成本高昂的困境,而大连万达并购 AMC 公司则有助于缓解和改善美国电影产业的上述问题。

(一)改善美国电影企业的运营境况

2008 年金融危机后,受制于整体经济形势低迷的影响,美国电影市场前景不容乐观。行业指标方面,观影人次与票房增速双下降,制作成本及融资成本双上升,美国电影企业运营面临较大财务困难。跨国并购无疑有助于引入外部资金,缓解和改善美国电影企业的运营状态。具体而言,一是缓解美国电影企业的融资困境。如前文所述,金融危机造成美国电影公司高负债,融资成本大幅上升,部分企业甚至面临破产境地。例如,2010 年 11 月 3 日,传统好莱坞六大电影制片商之一、成立 86 年的老牌电影企业——米高梅电影公司(Metro-Goldwyn-Mayer)因无力偿还到期债务而宣告破产。② 米高梅公司破产是金融危机背景下美国电影企业运营困境的缩影。而大连万达并购的 AMC 公司

---

① 参见邓林、林园、刘广伟等:《2011 年美国电影产业发展回顾》,载《中国文化产业评论》2013 年第 1 期,第 480、482 页。
② 参见《好莱坞著名电影公司宣布破产》,http://yule.sohu.com/20101104/n277118336.shtml,访问日期:2019 年 7 月 17 日。

2007—2011年也陷于连续亏损境地。截至2012年3月,AMC公司的负债已高达22.1亿美元,企业自身也离破产不远。二是避免电影产业从业人员流失。通过对米高梅公司破产原因的探究发现,米高梅的破产除了资本运作失误造成高额负债外,大量专业人才的流失也是米高梅公司经营陷入僵局的主要原因。即使2005年日本索尼公司出资48亿美元收购米高梅公司,但也无法抑制专业人员流失的状况。而大连万达并购AMC公司的重要举措(视为"减缓措施")就是全盘留用AMC公司1.7万名员工、保留AMC公司位于堪萨斯城的公司总部,同时大连万达还承诺不会干预或改变AMC公司的既定发展规划。事实上,上述因素的综合作用对AMC公司走出经营困境至关重要。

(二)扩大美国电影产业的海外票房

实际上,美国本土电影票房增长乏力是美国电影产业低迷的主要根源。全球金融危机后,美国经济长期低速增长,连累国民收入增速下滑。同时,"去工业化"政策造成联邦政府收入分配政策失衡,社会财富分化日益显现。上述因素共同制约着美国本土电影票房的增长,美国电影业年度观影人次和年度人均电影票数双双下降就是最好的证据。(见表21)从长期观察,美国电影产业发展的希望在于海外市场的拓展。数据表明,2007年美国电影业海外票房占比为63.4%,而2011年上升至68.7%。[①](见表23)外资并购美国电影企业有助于拓展美国电影产业的海外市场份额。以大连万达并购AMC公司的市场效应为例,并购成功后的万达院线将会成为全球最大的院线公司,配合飞速成长的中国电影市场,对提高美国电影产业在中国市场的占有率也是重大机遇。

表23 美国电影海外票房比重及趋势(2007—2011年)

年份	2007	2008	2009	2010	2011
海外票房占比(%)	63.4	65.3	63.9	66.5	68.7
年度增速(%)	—	2.9	−21	4.1	3.3

资料来源:依据公开资料整理。

(三)降低美国电影企业研发和运营成本

毋庸置疑,发达的美国电影产业主要依赖于电影制作技术与电影播放设备

[①] 参见邓林、林园、刘广伟等:《2011年美国电影产业发展回顾》,载《中国文化产业评论》2013年第1期,第466、482页。

的领先地位,而这一点从风靡全球的好莱坞电影文化就可见一斑。后危机时代,美国本土电影市场的萧条也表明,与发达的电影技术相伴随的是电影产业的高制作成本、高推广费用,以及电影技术研发与设备维护的高成本,这也是导致美国本土诸多电影公司经营陷入困境的重要因素。例如,美国电影企业在发展和推广3D电影过程中导致电影制作、配套播放设备更新及原有设备折旧等运营成本迅速上升,制约本土票房增长。应当说,电影产业的跨国并购有利于分担美国电影企业的研发和运营成本,对于促进美国电影产业的资源整合和技术进步意义重大。具体而言,外资并购有利于完善美国电影市场高、中、低档次的产业布局,大幅度降低电影企业技术和设备支出,进而缓解制约美国电影市场发展的资本困局。

第二节　万达并购AMC公司所涉技术和竞争问题

回顾审查经验,美国外国投资委员会在审查逻辑上将技术转移风险和市场竞争威胁作为衡量中企并购效应的主要指标。此二者也能够用来对万达并购案进行分析和比较,从而对外国投资委员会对中企并购个案的审查标准和审查程序进行案例检验。

一、万达并购案所涉技术转移问题

电影产业发展本身离不开技术创新,而保障电影产业相关技术安全也是美国外资监管机构所关注的重点。一是硬技术,即制作过程中的后期处理等,包括放映环节的数字银幕、3D银幕、IMAX银幕等方面。二是软技术,即电影制作能力,包括电影创意、电影特效等。[①] 鉴于AMC公司主营院线业务并不涉及电影制作以及设施设备的研发、制造与维护,因此,万达并购案主要涉及美国先进的电影院线技术,包括接触先进的电影播放设施设备、辅助拍摄技术等,并可能会间接接触其他电影制片公司所拥有的电影制作技术。

一是关于电影产业的硬技术。大连万达将直接接触美国先进的电影播放

---

① 参见王冉冉:《制度供给对文化产业竞争力的影响机理——以美国电影产业为例》,载《昆明理工大学学报》(社会科学版)2018年第1期,第102页。

设施设备和技术。随着现代信息技术的发展,在电影制作日益突显高科技特色的同时,放映环节相应的数字银幕、3D银幕、IMAX银幕等方面也有较高技术要求。作为全美主要电影院线商,AMC公司并不直接涉及电影产品的制作、电影放映设备的研发、制造与维护,所以万达并购案主要涉及的是与电影设施设备应用相关联的电影放映系统、数字电影存储播放与管理系统等技术。例如,2009年,二十世纪福克斯电影公司(20th Century Fox Film Corporation)出品的《阿凡达》(Avatar)为了更好地诠释艺术画面,使用了三项突破性技术:3D虚拟影像摄影系统(fusion 3-D camera system)与协同工作摄影机(simulcam)、面部捕捉头戴设备(facial capture head rig)与面部表演捕捉还原系统(facial performance replacement system)、容积(the volume)感应舞台系统。[①]《阿凡达》电影票房取得了巨大成功,截至2019年8月6日,全球票房高达27.9亿美元。[②] 据美国电影协会统计,3D电影屏幕数量2007—2014年增长22%,截至2014年,全球3D电影屏幕占比上升至51%,较上年增长4%。数字电影技术的应用,除颠覆电影的制作和发行方式外,还颠覆了电影放映与管理的经营方式,催生了新兴产业,包括数字放映系统、数字电影存储与播放系统、数字电影发行系统、数字电影管理系统等。[③] 然而,AMC公司仅仅是上述电影设备技术成果(设施设备产品)的购买者和租赁者,而非技术产品知识产权的开发者或所有者。

二是关于电影产业的软技术。在电影制作的技术创新方面,以好莱坞电影为代表的美国电影公司始终站在时代前列。实践中,大连万达将有机会间接接触美国其他电影公司先进的电影制作技术。例如,数码特技和特效电影制作技术首次应用于影视作品制作源于1993年美国环球影片公司(Universal Picture)出品的《侏罗纪公园》(Jurassic Park)的拍摄。此后,1997年卢卡斯电影有限公司(Industrial Light and Magic)出品的《星球大战》(Star Wars)采用最先进的电子成像(CG)技术,制作出大量传统摄像机无法拍摄的太空画面,自此电子

[①] 参见侯君奕:《论电影"阿凡达"中的技术创新与艺术效果表现》,载《科技信息》2011年第12期,第13页。

[②] 电影《阿凡达》官网票房统计,参见 https://www.boxofficemojo.com/movies/?page=main&id=avatar.htm,访问日期:2019年8月7日。

[③] 参见王冉冉:《"创新驱动发展战略"下制度供给促进技术创新的作用机理分析——以美国电影产业为例》,载《学术论坛》2015年第12期,第138页。

成像技术在电影摄制中被广泛采用。二十世纪福克斯电影公司出品的《阿凡达》的 3D 技术创新把科幻片带入全新时代。经过不断的技术改进与创新,3D 与 CG 技术已成为美国好莱坞电影的合璧双剑。① 有学者认为,数字技术在现实经济利益和产业发展战略方面均对电影业的价值链完善和升级具有重要价值。② 如上所述,鉴于高新技术对电影产业发展的巨大影响,保障美国先进的电影产业技术安全和领先是关键。而大连万达对 AMC 公司的并购会使得中国电影企业首次近距离获得接触美国先进电影制作技术的机遇。

鉴于电影产业技术的重要价值,美国在鼓励电影行业技术创新的同时,也高度重视行业知识产权保护,并为技术创新提供外在激励。一方面,致力于将知识产权保护法规运用到电影行业的知识产权保护中,并根据技术发展程度使之与时俱进。总体上,诞生于 1790 年的美国首部《专利法》、1997 年实施的《反电子盗窃法》、1998 年实施的《版权保护期限延长法》和《数字千年版权法》共同构成了美国电影产业的知识产权保护框架,保护范围不仅包括电影产品著作权的保护期,而且包括电影制作中相关技术运用所产生的专利权。比较发现,按照上述法规,美国电影产业的知识产权及其收益能获得切实保障。戴维·沃特曼(David Waterman)等就曾从企业的角度系统总结了美国电影发行商防盗版、防非法拷贝和共享所采用的企业战略:通过法律诉讼增加违法成本,采用加密等反盗版技术及控制发行渠道减少正版供应源,降低盗版供货渠道等。③ 然而,伴随数字媒体技术(digital media technology)的发展,鉴于数字产品更易于被复制而导致反盗版任务更加艰巨,因此也出现了一些新的应对策略,如数字版权管理(DRM)技术等。

另一方面,从维护美国高新技术制造业垄断地位的角度观察,美国也注重电影放映设施设备研发、制造和维护的技术保护。在某种意义上,这也属于高科技制造业范畴,任何可能导致行业高新技术转移的风险都为美国社会所关

---

① 参见王冉冉:《制度供给对文化产业竞争力的影响机理——以美国电影产业为例》,载《昆明理工大学学报》(社会科学版)2018 年第 2 期,第 102 页。

② See Zhu, Internet-Based Distribution of Digital Videos—The Economic Impacts of Digitization on the Motion Picture Industry, *Electronic Market*, 2001, 11(4), pp.273-280.

③ See David Waterman, Sung Wook Ji & Laura R. Rochet, Enforcement and Control of Piracy, Copying, and Sharing in the Movie Industry, *Review of Industrial Organization*, 2007, 30(4), pp.255-289.

注。正是高科技的美国影视制作技术为电影放映设备带来更高的技术需求,并推动放映技术的更新换代。因此,除电影产品制作本身存在先进技术保护需求之外,与之相配套的电影放映设备也同样存在着技术保护的客观需要。例如,观众在电影院观看3D系列电影时,需要佩戴专业的3D眼镜才能呈现出技术效果,现实中不同品质的3D眼镜在视觉效果上也存在显著差异。此外,还关涉电影银幕、特制音响及投影设备等一系列放映辅助产品的技术保护问题。以美、英、德、日四国在视听产品国际贸易中的竞争力为例,对纯出口比较优势指数(NEPR)的比较表明,数据同样也佐证美国拥有强大的技术水平,尽管德国的视听产品在出口竞争力指数方面略优于美国。(见表24)事实上,聚合美国强大的影视创新技术、影视制作能力及以好莱坞为代表的娱乐巨头的市场影响力,在影视产业综合技术创新方面,其他国家仍难以望其项背。

表24 世界主要视听产品生产国纯出口比较优势指数(2007—2012年)

年份	2007	2008	2009	2010	2011	2012
美国	0.12	0.38	0.42	0.42	0.45	0.55
英国	−0.78	−0.75	−0.39	−0.37	−0.52	−0.58
德国	0.75	0.87	0.84	0.87	0.93	0.78
日本	0.13	0.37	0.41	0.41	0.43	0.50

资料来源:金雪涛、覃红梅、戴娜:《基于SCP理论的美国电影产业竞争优势研究》,载《吉林师范大学学报》(人文社会科学版)2016年第4期,第111页。

二、万达并购案所涉市场竞争问题

电影与电视节目的生产与销售始终是美国最有价值的文化与经济资源之一,也是美国服务业领域获取顺差能力最强的部门之一,对于促进美国经济发展、贸易增长和就业稳定意义重大。例如,电影《阿凡达》的制片预算(production budget)仅为2.37亿美元,而该片累计的全球票房却高达27.9亿美元,[①]全球票房超过制片预算十倍有余。具体而言,大连万达并购AMC公司所涉美

---

① 电影《阿凡达》官网票房统计,参见 https://www.boxofficemojo.com/movies/? page=main&id=avatar.htm,访问日期:2019年8月7日。

国电影市场竞争问题体现为美国本土院线市场和海外电影市场的份额竞争。

一方面,大连万达并购 AMC 公司的实质效果体现为资源整合,并购后万达将主要获取品牌知名度收益,同时帮助 AMC 公司稳固既有的市场地位。首先,作为美国第二大院线公司,AMC 公司是一家很具创新性的公司,经过长期努力已经拥有稳固的客户群体,在美国本土电影院线市场拥有强大的竞争力。在资产规模上,截至该并购交易前,AMC 公司在美国本土拥有 338 家影院、4865 块银幕,其所拥有的影院数量和银幕数量分别为并购方大连万达的 360% 和 598%,AMC 公司的资产规模远超大连万达。① 其次,大连万达的并购要约和向外国投资委员会提交的审查通知中,均承诺并购 AMC 公司不会变更其原有发展规划,包括全盘留用 1.7 万名员工、保留 AMC 公司品牌及位于堪萨斯城的公司总部等。同时,并购还有利于解决 AMC 公司的财务困局,实现大连万达富余资本与 AMC 公司存量资产的完美结合,继续稳固新公司在美国市场的固有份额。最后,考虑到 AMC 公司主要推动 3D、IMAX 等高端电影市场,并购后的新公司会借鉴万达院线在开拓中低端市场中的经验,进一步进军美国社区、乡村及互联网电影市场,实现美国电影市场高、中、低档的混合搭配,有助于彻底解决 AMC 公司遭遇的 3D 电影票房下降导致的市场萎缩困局。事实上,美国 3D 电影发行量从 2007 年的 6 部激增至 2014 年的 47 部。② 结合 AMC 公司在电影院线技术方面积累的优势,以及在美国市场的高知名度,并购后的万达院线无法取代 AMC 的市场地位,因而大连万达通过并购获取的主要利益仍局限于资本收益和在美国及全球市场知名度的提升。

另一方面,大连万达并购 AMC 公司将有利于并购双方实现既有资源的优势互补,合作拓展国际市场,特别是蓬勃发展的亚太电影市场。从美国电影产业发展的历史轨迹观察,出于资本盈利的考量,美国电影企业自始至终在关注其商业效益之外,力求跨越美国国界,创造域外文化效应。因此,海外票房一直是美国电影票房增长的主要来源,并且长期保持稳定增长。(见表 25)鉴于海外

---

① 参见占明珍:《由一桩"震惊世界"的跨国并购案引发的思考——大连万达并购美国 AMC》,载《对外经贸实务》2013 年第 1 期,第 31 页。

② 参见王冉冉:《"创新驱动发展战略"下制度供给促进技术创新的作用机理分析——以美国电影产业为例》,载《学术论坛》2015 年第 12 期,第 138 页。

票房的重要价值,在培育美国电影产业的海外竞争力方面,联邦政府也曾推出多项行业利好措施,包括税收优惠等补贴政策,降低电影制作成本,并且针对电影产业存在投资收益周期长、资金费用周转不足等风险,联邦政府还积极鼓励和引导本国电影企业参与国际合作。① 然而,需要说明的是,此处的国际合作主要表现为联合拍摄、联合制作与营销宣传,并不必然表明美国政府鼓励外资以并购或其他投资方式介入美国电影产业。

表25 美国电影票房收入与全球电影票房收入情况(2011—2015年)

年份	2011	2012	2013	2014	2015
美国电影票房(亿美元)	102	108	109	104	110
其他国家电影票房(亿美元)	224	239	250	260	270
全球电影票房(亿美元)	306	347	309	364	380
美国电影票房占比(%)	31.3	31.1	30.4	28.6	29

资料来源:根据美国电影协会(MPAA)历年报告整理。另参见金雪涛、覃红梅、戴娜:《基于SCP理论的美国电影产业竞争优势研究》,载《吉林师范大学学报》(人文社会科学版)2016年第4期,第111页。

并购完成后,借助万达院线的中资企业身份,新的AMC公司不仅可以提升其全球知名度和竞争力,而且可以进军蓬勃发展的亚太电影市场,特别是开拓极富增长潜力的中国电影市场。数据统计表明,2008年全球金融危机后,中国电影市场相较于美国市场恢复更快,具体表现为观影人次、电影屏幕和影片产量都在快速稳步上升,中国电影票房占全球电影票房的比重也在同步上升,截至2015年已高达16.8%。(见表26)在区域票房比较方面,以2015年为例,在美国电影的20大海外市场中,除传统的欧洲市场外,亚太市场的占比近50%,而中国市场占比更是达到25%,一跃成为美国海外电影票房市场的主要组成部分。②

---

① 参见周丹强玉:《美国政府支持电影产业的五大方式》,载《传媒》2017年第10期,第56页。
② 参见王冉冉:《制度供给对文化产业竞争力的影响机理——以美国电影产业为例》,载《昆明理工大学学报》(社会科学版)2018年第1期,第100页。

表 26　中国票房、美国票房与全球电影票房情况（2010—2015 年）

年份	2010	2011	2012	2013	2014	2015
观影人次（亿人次）	2.5	3.7	4.62	6.13	8.33	12.6
中国票房（亿美元）	16	21	27	34	46	64
美国票房（亿美元）	106	102	108	109	104	110
全球票房（亿美元）	316	326	347	359	364	380
中国占比（%）	5.1	6.4	7.8	9.5	12.6	16.8

资料来源：美国相关数据根据美国电影协会历年报告整理。另参见金雪涛、覃红梅、戴娜：《基于 SCP 理论的美国电影产业竞争优势研究》，载《吉林师范大学学报》（人文社会科学版）2016 年第 4 期，第 111—112 页。中国相关数据根据中国广电总局发布的历年报告统计整理。另参见张楠：《中美电影产业运作机制对比》，载《广西大学学报》（哲学社会科学版）2017 年第 3 期，第 67—68 页。

三、万达公司并购案涉及的其他因素

对跨国公司对外投资的研究表明，常规条件下跨国公司对外投资的动力除可以归纳为获取先进技术和开拓国际市场两大主要考量因素之外，还可能包括降低企业税收成本、提高企业国际知名度及优化自身业务的海外布局等。[①] 而从影响东道国外资监管机构评估跨国公司进入东道国并购市场因素的角度分析，除传统上东道国关注的技术安全和市场竞争考虑外，还可能包括东道国与母国的政治关系、文化背景和企业经营模式差异等。因此，大连万达并购 AMC 公司除涉及技术和市场因素之外，还可能涉及上述三类问题。

一方面，中美双方政治关系变化的影响。中美关系的良序发展无疑对于促进中美双边投资关系至关重要。"9·11 事件"和"中国入世"以后，中美关系在 21 世纪第一个 10 年进入平稳发展时期，相应的经贸关系也成为中美关系稳定发展的"压舱石"。[②] 然而，2008 年全球金融危机进一步突显了中美关系稳定和双边合作对于促进全球经济稳定和复苏的重要性。在此背景下，中美已经在全球开放性经济治理机制和规则的基础上，形成了相对稳固的经贸联系。换言之，在中美两国实力地位和彼此认知未发生根本变化的前提下，中美政治关系

---

① 有关跨国公司并购动机的信息，参见王雷、叶圣楠：《跨国并购行为下互补性资产效用发挥的影响因素——基于联想集团的案例比较分析》，载《管理案例研究与评论》2016 年第 5 期，第 485—488 页。
② 参见鹿音：《中美战略稳定关系的演进》，载《当代美国评论》2017 年第 2 期，第 21—37 页。

的局部调整对彼时双边经贸合作的影响甚微,因而在 2012 年大连万达并购 AMC 公司的过程中,中美双边政治关系对并购成败的影响几乎可以忽略。①

另一方面,中美两国的文化背景和企业经营模式差异。文化产业本身属于美国的优势产业,也是美国实行意识形态输出的关键手段。然而,美国 AMC 公司仅仅属于院线(电影放映)企业,并不具体涉及影片的设计和制作过程,因此基本不涉及中美两国的文化背景冲突。企业经营模式的差异可能是本次并购中除技术和市场外最重要的考虑因素。特别是万达院线的母公司——大连万达公司作为中国最知名的民营企业集团,公司业务涉及地产、酒店、体育、文化等多领域,实际控制人王健林长期位列中国首富并曾在中国人民解放军服役。并购 AMC 公司后,新公司能否享有独立运营权可能成为影响美国外国投资委员会并购审查的重要考量因素。

第三节　美国外国投资委员会审查结论的依据分析

二战后,电影产业始终是美国发挥软实力(soft power)和宣扬美国价值观的主要载体。正如约瑟夫·奈所言,随着经济文化因素在国际关系中作用的上升,所有国家包括美国都要学会通过新的权力源泉实现目标,而这种新的权力源泉就叫作"软权力",特别在文化、教育和大众媒介方面,软权力的性质是无法用传统的地缘政治学来解释和评估的。② 在此意义上,中资企业并购美国主要电影院线必然遭遇外国投资委员会的审查,对其审查依据的分析对于中企类似并购行为具有重要参考意义。

一、万达并购与美国电影院线技术转移

如前文所述,技术转移风险是美国外国投资委员会审查中企并购的主要考量因素,在大连万达并购 AMC 公司中亦不例外。在外国投资委员会看来,中企并购对美国电影技术的影响表现为电影制作、院线技术和电影人才的转移和

---

① 在此特别强调的是,2012 年万达并购 AMC 公司之际,美国尚未完全摆脱金融危机影响,而此时欧洲正深陷主权债务危机的泥淖,中美合作应对金融危机是美国战略界的基本共识。然而,2016 年以后,特别是特朗普执政后,美国战略界对中美关系性质的认知发生根本变化,中美"竞争"为主成为美国对华关系的基本认知。与之相应,中美政治关系的变化直接作用于经贸关系,其标志就是 2018 年 5 月开启的中美贸易冲突,以及美国对中国企业包括华为、中兴通讯及字节跳动等公司持续的政治打压。

② 参见倪世雄等:《当代西方国际关系理论》,复旦大学出版社 2005 年版,第 392 页。

流失。

一方面,大连万达并购的美国企业并不属于前文所述外资并购审查法规所确定的关键技术和基础设施的范畴。在外国投资委员会关于技术因素的审查参考中,电影产业的相关设施和技术并不属于《外商投资与国家安全法》及《2008 细则》等所认定的"关键技术"范畴,大连万达并购 AMC 公司也不会涉及美国"关键基础设施"控制权的转移。

另一方面,除电影院线技术并非美国外资并购审查法规所关注的"关键技术"之外,大连万达并购 AMC 公司也不会导致电影制作、院线技术转移和美国电影专业人才流失。首先,鉴于 AMC 公司本身并不涉及电影产品的制作,所以不存在电影制作技术的转移或侵犯相关知识产权。此外,作为电影院线公司,AMC 公司仅拥有电影放映设备的使用权或租赁权,上述并非由 AMC 公司所研发和制造,因此,并购不涉及对放映设备技术的转移。另外,影片放映、存储及管理技术是与放映设备相关联的,对其单纯使用是放映设备使用价值的自然体现,本身不会构成技术转移威胁。其次,大连万达在并购要约中已经明确承诺留用 AMC 公司 1.7 万名员工、保留 AMC 公司总部,以及不会变更 AMC 公司原有发展规划。在此意义上,大连万达的并购不会造成美国电影产业专业人才的流失。

二、万达并购与美国电影院线市场竞争

本案中的"市场竞争威胁",是指外国投资者赴美并购会阻碍或排斥美国电影行业的市场自由竞争,包括扭曲资源配置、阻碍或排斥技术改进和形成规模或技术垄断。作为技术先进和规模庞大的经济体,大连万达并购 AMC 公司对"市场竞争威胁"的感知建立在"成本—收益"权衡的基础上。在此意义上,大连万达并购 AMC 公司对美国电影产业市场竞争的威胁也是美国外国投资委员会审查的重要考量因素。

一方面,万达并购 AMC 公司不仅不会排斥美国本土电影市场的竞争,而且会持续完善电影市场供应链(supply chain),使电影市场的竞争更趋合理。比较发现,大连万达并购 AMC 公司不会产生扭曲资源配置、阻碍或排斥技术改进和形成规模或技术垄断的效果,其理由在于:首先,金融危机后,在美国本土电影票房和观影人次增速缓慢的背景下,通过大连万达并购 AMC 公司引入投资

会弥补美国电影市场因 AMC 公司经营不善和投资锐减所造成的市场萎缩。其次,大连万达承诺会继续推进 AMC 公司的既定发展战略,实现 AMC 公司已经确定的发展规划和愿景,进而确保美国电影市场竞争更加充分、有序和高效,并非排斥竞争或产生市场垄断。再次,鉴于美国本土电影市场供应所固有的结构缺陷,表现为电影产品过度追求技术创新(如 3D 电影及其配套设施)效果,导致电影产品供应与消费需求产生落差,造成电影票价和整体票房增速缓慢。并购后,新的 AMC 公司将会借鉴万达院线在中国市场的运营经验,针对性调整电影产品的供需结构,实现高、中、低档产品的合理搭配,满足美国电影市场的多层次需求。

另一方面,并购有助于 AMC 公司开拓国际市场,特别是快速成长的中国电影市场。众所周知,电影产业作为纯消费性行业,其市场规模的扩大与美国整体经济情势和人均消费能力的提升直接相关。然而,金融危机后的美国经济增速长期低迷,导致居民消费水平和收入增长缓慢,而且社会收入分配的两极化趋势进一步突显。例如,2010 年美国所创造的额外收入的 93% 为上层 1% 的富人所拥有,同时仍有 15% 的美国人生活在贫困线以下。① 具体而言,在经济指标方面,美国 GDP 增长率在 2009 年跌至 -2.8% 的谷底,尽管 2017 年也曾反弹至 2.2% 的水平,但平均 GDP 增长率仅为 2.15%。金融危机 10 年后,美国的人均 GDP 在 2017 年度较 2009 年度增长 26.7%,2012—2016 年美国家庭收入中值也普涨 10.7%。② 事实上,数据很丰满,现实却很骨感,靓丽的经济数据难以弥合社会收入分化的鸿沟。21 世纪以来,无可辩驳的事实是美国社会的贫富分化持续扩大。③ 世界银行统计的美国基尼系数(gini index)表明,自 1995 年超过 0.4 起一直呈现扩大趋势,2008 年超过 0.41,2017 年达到 0.42。④ 而美国人口普查局(United States Census Bureau)的统计数据表明美国社会的贫富分

---

① 参见〔英〕麦克尔·曼:《社会权力的来源:全球化(1945—2011)》(第四卷)(下),郭忠华、蒋文芳译,上海世纪出版集团 2015 年版,第 417 页。

② 数据表明,危机后美国经济稳步回升的成果并未惠及大部分蓝领阶层,参见 http://databank.worldbank.org/data/indicator/NY.GDP.MKTP.KD.ZG/1ff4a498/Popular-Indicators,访问日期:2019 年 7 月 7 日。

③ 参见〔美〕约瑟夫·E.斯蒂格利茨:《不平等的代价》,张子源译,机械工业出版社 2020 年版,第 1—25 页。

④ 参见 http://databank.worldbank.org/data/indicator/ /1ff4a498/Popular-Indicators,访问日期:2019 年 3 月 16 日。

化程度更甚。美国基尼系数20世纪70年代超过0.4以后,2013年就达到0.482的峰值,2015年小幅回落到0.479的水平。(见图7)

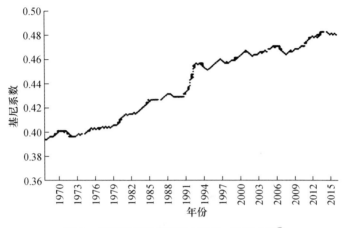

图7 美国基尼系数统计(1970—2015年)①

这种差异反映出美国经济增长的成果并未惠及普通劳动者,从而使得普通美国人产生了一种"被剥夺感"。② 在金融危机后国内市场的不利经济条件制约下,美国本土电影市场规模的拓展空间已极为有限,甚至将面临持续萎缩的风险。与之相反,2015年美国电影企业在亚太地区电影业的市场占有率达到近50%,而中国市场占有半壁江山,占比更是达到25%,由此中国电影市场成为美国海外票房的主要构成部分和利润的主要来源。③ 在此背景下,并购后的AMC公司将能够借助万达院线在中国市场的强大影响力扩大其在中国及亚太市场的竞争利益。

三、美国外国投资委员会对万达并购的其他考量

承前所述,影响美国外国投资委员会对大连万达并购AMC公司的审查的

---

① 转引自卢锋:《特朗普的经济主张》,载《国际经济评论》2017年第1期,第87—101页。
② 参见李莉文:《"逆全球化"背景下中国企业在美并购的新特征、新风险与对策分析》,载《美国研究》2019年第1期,第13—14页。
③ 有关美国电影企业在亚太和中国电影市场的统计数据,参见王冉冉:《制度供给对文化产业竞争力的影响机理——以美国电影产业为例》,载《昆明理工大学学报》(社会科学版)2018年第1期,第100页。

考量因素除技术转移风险和市场竞争威胁外,其他因素还包括是否有助于美国电影企业摆脱资本困局,改善电影行业的就业环境,激励电影企业投资和促进行业技术升级。

一方面,大连万达并购有利于美国 AMC 公司改善资本困局,缓解财务负担,重回正常发展轨道。正如本章第一节所述,大连万达并购 AMC 公司之前,AMC 公司已经深陷债务困局,经营举步维艰。前期市场调查获取的数据显示,截至 2019 年 3 月 29 日,AMC 公司除经营总负债额高达 22.1 亿美元外,未来还将面临期限为 15—20 年、金额为 40 亿美元的预期未贴现租金。应当说,在如此高额负债之下,AMC 公司依靠自身资本和经营收益已难以维系正常经营运作,实际上已经濒临破产。在此条件下,大连万达及时注资 31 亿美元,等于帮助 AMC 公司摆脱债务困局,帮助其重回正常发展轨道。考虑到移动互联网技术飞速发展,相伴随的市场利益不可小觑,中国作为移动互联网技术应用以及市场开发最成熟和完善的市场,远期市场效益巨大。从 AMC 公司管理层极力推动万达并购,以及美国媒体所持的乐观态度考察,该并购案最终能得到外国投资委员会的核准,应当与上述因素密不可分。

另一方面,大连万达并购有助于缓解美国电影行业的就业问题,同时激励美国电影产业技术升级和生产率改进。后金融危机时代,经济复苏缓慢的同时叠加"产业空洞"导致美国社会的制造业就业岗位持续流失,而蓝领阶层收入下降不断刺激社会矛盾激化。(见图 8)[①]金融危机前后兴起的"占领华尔街""茶党"(tea party)及桑德斯(Bernie Sanders)为代表的"美国社会主义"回潮都是底层民众对社会分化不满的体现。而这也是民主和共和两党政府均高度关注的社会议题。如果任由 AMC 公司陷入破产,必然会造成超过 1.7 万名员工失业,这使得金融危机后经济艰难复苏的美国社会也将对此高度关注。鉴于此,大连万达在并购要约中明确承诺:并购完成后,将会全盘留用 AMC 公司的 1.7 万名员工,并保证不会实质降低上述员工的薪资水准,此举也对美国外国投资委员会批准该并购案产生了重大影响。除此之外,大连万达在并购后大力注资 AMC 公司将直接激励美国电影产业技术升级和生产率改进。由于万达资本的及时介入,不仅有效缓解了 AMC 公司的资本困局,而且提供了更充裕的流动资

---

① 参见金英姬、张中元:《中美贸易逆差真的导致美国就业下降吗?——兼论特朗普"贸易再平衡促进就业"的困境》,载《上海经济研究》2018 年第 6 期,第 91—102 页。

金用于技术研发,直接激励和促进了美国电影产业的技术升级和生产率改进,实现了双赢的效果。

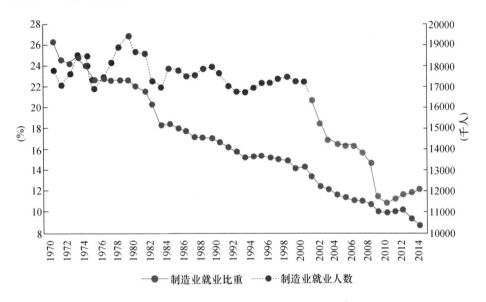

图 8　美国制造业就业比重和就业人数趋势(1970—2015 年)

资料来源:转引自胡鞍钢、任皓、高宇宁:《国际金融危机以来美国制造业回流政策评述》,载《国际经济评论》2018 年第 2 期,第 116 页。

第四章 妥协通过：联想并购IBM公司PC业务案

1946年2月14日，莫克利（John W. Mauchly）和艾克特（J. Presper Eckert）发明人类第一台通用计算机（ENIAC）后，美国就将该项新技术迅速应用于美苏争霸。冷战后，以计算机为载体的信息和网络通信技术迅猛发展，"新经济"助推后工业化时代的美国进入自由制度主义霸权的巅峰时代。2004年12月，中国联想集团（Lenovo）宣布并购美国国际商业机器公司（International Business Machines Corporation，IBM）所属的全球个人电脑事业部（PCD）（简称"联想并购案"），[①]引发美国社会高度关注。联想并购案是中国高科技企业首次获批并购美国高科技公司业务，理论和实践意义重大。

第一节 联想并购IBM公司PC业务的背景

联想集团并购IBM公司PC业务堪称中国高新技术企业赴美成功并购的典范，联想集团通过跨国并购在国际市场获得诸多以品牌、专利、人力资源及销售渠道为代表的美国资产，促使联想集团由传统的中国PC制造企业转变为兼具资本和技术实力的跨国高科技企业集团。在某种意义上，联想集团成功并购美国高科技企业对"入世"初期尚处于"懵懂状态"的中国民族企业参与全球技术竞争具有强烈的刺激和示范效应。[②]

[①] 联想集团并购IBM公司PC业务共出资17.5亿美元，包括6亿美元现金、6.5亿美元联想股票，以及承担了IBM公司PC业务部累积的5亿美元债务。

[②] 需要说明的是，尽管联想并购IBM公司PC业务后的发展路径进一步引发了所谓"技工贸"和"贸工技"的发展路径争论，且亦未能如市场和国人期许那样在技术领域实现巨大突破，但就"入世"初期中国企业积极参与全球化博弈的示范效应而言不可否认其价值。

一、联想公司并购与美国外资并购审查

作为中国主要的 PC 制造商,联想集团在企业初创阶段就确立了国际化发展战略。2000 年,联想集团 PC 业务已经占据中国市场 30% 的份额,发展空间受到限制,要使企业获得继续发展,就必须选择向海外发展。然而,关于拓展海外市场的路径,需要在海外新建投资(绿地投资)和跨国并购两种投资方式间进行比较和选择。① 在权衡资本实力、研发风险和产品机遇成本后,联想集团断然作出通过收购国际著名品牌、接管既有营销渠道,迅速推进国际化的全球发展战略。② 早在 1990 年,联想集团就曾在美国洛杉矶和法国德斯多夫分别设立分公司,开展跨国运营的尝试。事实上,在全球 PC 市场竞争中,联想集团处于品牌知名度低以及缺乏海外营销宣传渠道、核心技术和自主知识产权的不利地位。联想在正视自身研发实力与国际主要电脑制造商存在较大差距的现实后,坚持认为仅仅依靠自身实力难以在跨国竞争中胜出。(见表 27)

表 27 并购前联想集团与 IBM 公司 PC 业务部情况比较

项目	联想集团	IBM 公司 PC 业务部
公司成立时间	1984 年	1911 年
公司总部所在地	中国北京	美国 北卡罗来纳州 罗利市
公司年度营业额	30 亿美元	100 亿美元(IBM 公司总计 960 亿美元)
全球 PC 制造商排名	8	3
主要业务领域	亚洲中小企业、家用消费市场	全美及海外 160 个国家和地区的大型企业市场
PC 机构分布	主要在亚太地区	全球超过 160 个国家和地区
主要并购动因	提高知名度,推进联想国际化	调整 IBM 整体发展战略,放弃 PC 业务
员工数量	10000 余人	9500 人
公司愿景	高科技、国际化	扬弃电脑制造业务,专攻服务器及软件

资料来源:裴学成、杨叶倩:《跨国并购中的文化整合——以联想并购 IBM 个人电脑事业部为例》,载《中国市场》2013 年第 3 期,第 69 页。

---

① 有关联想集团发展战略的资料,参见《柳传志细述购 IBM PC 内幕,大股东一致反对》,http://it.people.com.cn/GB/42891/42893/3934595.html,访问日期:2019 年 3 月 17 日。

② 有关联想集团国际化战略规划的资料,参见《联想总裁解密 IBM 个人电脑并购案》,http://it.people.com.cn/GB/42891/42897/3932832.html,访问日期:2019 年 3 月 17 日。

进入 21 世纪,IBM 公司将发展重心转移至以服务器研发、制造和维护为核心的高技术、高附加值和高利润率的互联网服务领域。由此,PC 业务在整个 IBM 公司发展战略中趋于边缘化,甚至制约 IBM 公司的战略转型。2002 年,IBM 公司就有意向联想集团出售其 PC 业务,直至 2003 年 10 月双方才开始正式涉及并购事宜。2004 年 2 月,双方正式成立并购谈判组。通过对 IBM 公司 PC 业务历史数据的收集分析,调查 IBM 公司的全球服务框架、服务成本等信息,联想集团确定并购后的全球发展规划,并据此制定并购协议。经过磋商、争论及妥协,双方于 2004 年 12 月 7 日就并购协议达成一致。联想于当年 12 月 8 日正式宣布以 12.5 亿美元并购 IBM 公司 PC 业务部,并购资金包括 6 亿美元现金、6.5 亿美元联想普通股股票。此外,根据双方并购协议,联想还将承担 PC 业务部的 5 亿美元债务。并购完成后,新联想集团将获得 IBM 公司所有的"ThinkPad"商标和专利,获得全球 160 个国家和地区 PC 销售和客户服务渠道(包含直销客户和大企业客户等高附加值的分销和经销渠道),获得 IBM 在中国的合资公司(IIPC)及并购后 5 年内根据协议联想集团获准使用 IBM 公司的品牌、商标及专利。[①] 与此同时,并购完成后 IBM 公司也将成为新联想集团的第二大股东,时任 IBM 公司副总裁史蒂芬·沃德(Stephen M. Ward)将出任新联想集团的首任首席执行官。[②]

并购协议达成后,联想集团和 IBM 公司考虑到美国政府总务管理局(General Service Adiministration)是 IBM 的政府客户,该并购可能会涉及美国国家安全问题,2004 年 12 月 20 日,并购双方主动向外国投资委员会提交审查通知及案件材料。2005 年 1 月 27 日,外国投资委员会以联想集团收购 IBM 公司 PC 业务涉及"外国政府间接控制"为由决定启动第二阶段调查程序。外国投资委员会认定,联想集团受中国政府间接控制的依据主要包括:一是联想集团最初由中国科学院(Chinese Academy of Sciences)出资设立,包括创始人柳传志在内的 11 名研究人员均来自中国科学院;二是截至联想集团收购 PCD 之时,中国科学院仍然持有联想集团 30%的股权;三是作为中国政府内部事业单位,

---

[①] 有关"联想并购案"的细节资料,参见王雷、叶圣楠:《跨国并购行为下互补性资产效用发挥的影响因素——基于联想集团的案例比较分析》,载《管理案例研究与评论》2016 年第 5 期,第 489 页。

[②] 关于并购完成后新联想公司的组织结构信息,参见《联想并购为桥,IBM 深谋中国战略》,http://www.people.com.cn/GB/it/1065/3055604.html,访问日期:2019 年 7 月 1 日。

中国科学院可能会被中国政府用来间接控制或干预联想集团未来的经营管理；四是联想集团收购 IBM 公司 PC 业务后，美国政府部门也将成为新联想集团的客户群。据此，美国外国投资委员会认为，如果批准该并购，可能会威胁美国国家安全。① 同年 1 月 29 日，3 名美国共和党参议员以"让中国获得先进技术会危及美国国家安全"为由，要求外国投资委员会深入调查该项投资。② 3 月 9 日，联想集团和 IBM 公司同时宣布美国外国投资委员会已经提前完成对联想并购交易的审核，交易已经获得批准。截至 2005 年 5 月 1 日，双方完成所有收购法律程序，并购交易完成。

二、IBM 公司 PC 产业状态及利益权衡

美国 IBM 公司曾名列美国四大工业公司，员工最多时高达 40 万人。早在 2000 年，IBM 公司营业额就达到 880 亿美元，分支机构遍及全球 160 个国家和地区。无论在技术领先程度还是市场占有率上，作为全球三大 PC 制造商的 IBM 公司在全球均享有盛誉，尤其是在全球商用计算机领域，IBM 公司的技术领先地位和市场信誉度几乎被视为不可动摇。1993 年至 2005 年，IBM 公司共计获得超过 31000 项专利，位居全球企业首位。③ 但进入 21 世纪后，伴随全球 PC 技术溢出效应（technology spillover effect）加剧，全球 PC 市场竞争环境持续恶化，对 IBM 公司的经营战略产生了重大影响。

第一，全球 PC 产业竞争加剧，导致行业利润下降。IBM 公司 PC 产品的竞争对手除美国传统 PC 品牌，如惠普（HP）和戴尔（DELL）外，随着日本、韩国和中国（包括台湾地区）等的 PC 产业飞速发展，全球 PC 市场涌现出索尼、东芝（Toshiba）、三星（Samsung）、联想（Lenovo）、华硕（ASUS）等新老品牌激烈竞争。（见表 28）

---

① 参见杨静：《外资并购国家安全审查制度的平衡机制研究》，法律出版社 2017 年版，第 209 页。
② 有关美国政府关注"联想并购案"的信息，参见《新闻内幕：布什政府为何插手联想并购案》，http://it.people.com.cn/GB/42891/42893/3159112.html，访问日期：2019 年 3 月 17 日。
③ 上述 IBM 公司的信息，参见王雷、叶圣楠：《跨国并购行为下互补性资产效用发挥的影响因素——基于联想集团的案例比较分析》，载《管理案例研究与评论》2016 年第 5 期，第 492 页。

表28 2004年第一季度亚太地区主要PC品牌出货量比较

品牌	出货量/台	年增长率/%	市场占有率/%
惠普	803400	32	10.8
联想	813100	19	10.9
IBM	506600	30	6.8
戴尔	491700	>50	6.6

资料来源:王雷、叶圣楠:《跨国并购行为下互补性资产效用发挥的影响因素——基于联想集团的案例比较分析》,载《管理案例研究与评论》2016年第5期,第491页。

高度市场竞争导致全球PC产品价格持续走低、行业利润率整体下滑。同时,全球人力资本和原材料成本却快速上涨。囿于无力持续、大幅降低自身经营成本,IBM公司选择适时调整经营战略,全面退出PC产品的研发和制造环节,全力将其经营重心转向以工业计算机、服务器研发、制造和维护为核心的高附加值的互联网服务领域。由此,PC业务在整个IBM公司发展战略中趋于边缘化,甚至开始制约IBM公司的战略转型。

第二,IBM公司为顺利调整发展战略,缓解债务困局,选择出售其PC业务。IBM在出售PC业务的决策中,除考虑到公司战略转型外,个人电脑业务部门即PCD所面临的巨额经营亏损,以及后期资金投入也是IBM公司断然出售的重要考量因素。由于PC产品销售市场的激烈竞争,截至2004年联想集团发起并购前,IBM公司PC业务部门的负债总额已然超过10亿美元,仅并购协议中约定由联想集团承担的债务就高达5亿美元。在此条件下,PC业务亏损已经制约到IBM整体发展战略的调整,尽快摆脱PCD的经营困境和债务困局是IBM公司顺利调整发展战略的关键。同时,中国主要PC制造商联想集团为推进国际化和开拓国际市场正在寻求合作伙伴,显然并购双方在当下的合作是实现彼此资源优势互补的良好意愿的结果。

第三,并购后IBM公司将一跃成为新联想集团第二大股东,坐享中国市场的巨大红利。根据双方的并购协议,IBM公司将在并购中获得联想集团6.5亿美元的普通流通股,同时成为新联想集团的第二大股东。此外,并购协议还规定由时任IBM公司高级副总裁史蒂芬·沃德出任并购后新联想集团的首席执行官。考虑到"入世"背景下中国经济蓬勃发展的趋势,依托当时联想集团为中国市场第一大电脑供应商的优越条件,IBM公司作为联想集团股东坐享中国PC市场巨额红利的同时,无疑将进一步扩大IBM产品及其品牌在中国市场的知名度,特别是高端商务计算机市场的占有率。据统计,并购后的新联想集团在中国 PC 市场上的占有率将由 29.3% 大幅上升至 35.1%,在国内市场的领先地位也将更加突出。①

三、联想并购及其 PC 产业的发展规划

联想集团是依托中国本土市场成长起来的高科技企业。成立之初,联想就确立起多元化和国际化的发展战略,致力于将经营范围向台式电脑、PC 业务、工作站、服务器、存储及平板电脑和应用软件等高质量的移动互联产品和服务领域拓展。同时,联想还积极开拓国际市场,推进国际化战略。尽管联想品牌在中国市场家喻户晓,但在国际市场则缺乏知名度、核心技术和自主知识产权,且研发实力与国际主要电脑商差距明显,无论是品牌影响力还是市场占有率都远不及美国的戴尔、惠普,甚至与日韩及我国台湾地区的索尼、东芝、富士通(FUJITSU)、三星、华硕相比也不占优势。鉴于缺乏有影响力的国际品牌,仅依靠自身实力难以在跨国竞争中获得突破,而并购 IBM 公司 PC 业务可以弥补联想集团面临的四大短板。

一是提升联想品牌的国际知名度。2003 年,联想 PC 占中国 PC 市场份额为 29.3%,高出第二位戴尔公司所占份额 3.4 倍,市场占有率稳居第一。但在全球 PC 市场上,联想品牌所占的市场份额仅为 2.3%,远逊色于戴尔(16.7%)和惠普(16.2%)等国际知名品牌。因此,联想期待通过并购 IBM 公司 PC 业务获得 IBM 公司的"ThinkPad"品牌及其相关专利的使用权,借此实现联想集团的"双品牌战略",将"Lenovo"和"Think"两大品牌统筹运用,前者主要应用于中低端消费市场,后者主要投放于高端 PC 市场,二者配合共同提升联想的国际知名度和市场占有率。并购完成后,新联想在全球 PC 市场的占有率将由 2.3% 上升至 8.1%,其中 5.8% 就是原有 IBM 公司的市场份额。② 事实上,这也说明并购 IBM 公司的 PC 业务对于提升联想的企业和品牌知名度意义重大。

二是增强自主知识产权和技术研发实力。缺乏核心技术和自主知识产权

---

① 联想集团的份额上升是接盘原 IBM 公司 PC 业务份额的结果,数据参见裴学成、杨叶倩:《跨国并购中的文化整合——以联想并购 IBM 个人电脑事业部为例》,载《中国市场》2013 年第 3 期,第 69 页。

② 参见裴学成、杨叶倩:《跨国并购中的文化整合——以联想并购 IBM 个人电脑事业部为例》,载《中国市场》2013 年第 3 期,第 69 页。

是中国企业普遍的短板,联想集团亦不例外。与之相反,美国 IBM 公司研发实力强大,仅在 1993 年至 2005 年期间,就获得 31000 项技术专利,位居全球计算机企业首位。作为全球 PC 产业的鼻祖,IBM 公司拥有举世公认的世界最强 PC 研发实力和技术储备,仅 PC 业务部的主动保护系统就拥有高达 1500 项专利,其发展历史就是 PC 产业早期发展的历史象征。① 并购前,联想集团的技术实力与国际巨擘差之甚远。并购后,新联想计划留用 IBM 公司全部 PC 业务研发人员,继承位于日本横滨的大和及美国北卡罗来纳州的罗利研发中心,并在纽约设立全球总部,形成北京和罗利两大运营中心。对联想集团的专利申请量的考察表明,2000—2002 年联想的专利申请量激增,但在并购 IBM 公司前的 2004 年大幅下降,此亦表明联想集团在 PC 技术突破方面遇到了瓶颈。事实上,在并购 IBM 公司 PC 业务后,伴随对 IBM 公司既有专利的整合、吸收及强化的基础上获得部分技术突破,2006 年至 2008 年联想集团的专利申请量开始小幅上升。② (见图 9)

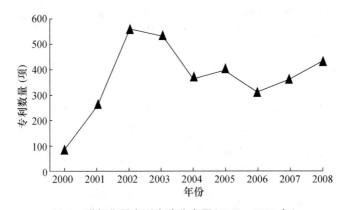

图 9 联想集团专利申请分布图(2000—2008 年)

三是建立全球性的营销渠道和供应网络。联想集团的国际化梦想可以追溯到 1990 年,联想集团在美国洛杉矶和法国德斯多夫分别成立分公司就是扩大国际市场知名度和拓展全球营销渠道的早期尝试。一方面,并购 IBM 公司

---

① 关于美国 IBM 公司的相关资料,参见王雷、叶圣楠:《跨国并购行为下互补性资产效用发挥的影响因素——基于联想集团的案例比较分析》,载《管理案例研究与评论》2016 年第 5 期,第 492 页。

② 参见王雷、叶圣楠:《跨国并购行为下互补性资产效用发挥的影响因素——基于联想集团的案例比较分析》,载《管理案例研究与评论》2016 年第 5 期,第 496 页。

PC 业务部门后，联想集团全盘接管了 IBM 公司在全球 160 个国家和地区的 PC 类产品分销、经销和直销渠道。尽管 PC 业务在 IBM 公司整体战略中已被边缘化，但即使是 2003 年，IBM 公司 PC 业务的毛利率仍然高达 24%，远超联想集团 14% 的盈利水平。[①] 2005 年 5 月 1 日，联想集团并购完成后（以 2003 年的业绩为标准计算）一跃成为年度营业收入近 130 亿美元的世界第三大 PC 产品制造商，并被美国《财富》（*Fortune*）杂志评选为 2008 年度世界 500 强企业。2015 年，联想集团的"ThinkPad"系列电脑出货量首度超过 1 亿部关口，PC 业务成为联想集团利润的主要来源；另一方面，联想集团几乎全盘留用 IBM 公司 PC 部门负责全球销售和市场调研的团队，并进一步完善 IBM 公司的原有销售模式。同时，在《纽约时报》（*Newyork Times*）和《华尔街日报》等美国主流媒体刊登巨幅广告，向其客户承诺 IBM 公司 PC 业务原有组织架构不变，对于部分特殊客户（已签订合同并未交割的政府客户），联想集团派出专人进行解释说明，保证继续提供高质量的后续服务。[②]

四是构建国际化的经营团队。众所周知，国际化的经营需要国际化的运营团队。具体而言，一方面，联想集团在并购 IBM 公司 PC 业务后，高度重视 IBM 公司 PC 业务管理团队的稳定性。例如，并购协议中，联想集团承诺不会解雇 IBM 公司 PCD 的任何员工，允诺保持原有待遇不变，并将员工在 IBM 的股权和期权与新联想集团的股权和期权同等转换，最大限度保障 IBM 公司 PC 业务团队的稳定性；另一方面，为消除不同历史文化背景对企业文化造成的隔阂，联想集团将并购后新公司的全球总部由中国北京迁往美国纽约，并把英语作为新公司的官方语言。同时，联想集团还积极搜集和整理来自下属各部门员工的意见和建议，不断吸取 IBM 公司的企业文化，充实自身的企业文化，竭力增强 IBM 公司员工对新联想集团的归属感和荣誉感。

第二节 联想并购与中美 PC 产业竞争态势

以电脑为技术载体的计算机产业是更新速度快、受科技进步影响变动巨大

[①] 参见《联想总裁解密 IBM 个人电脑并购案》，http://it.people.com.cn/GB/42891/42897/3932832.html，访问日期：2019 年 3 月 17 日。

[②] 参见王雷、叶圣楠：《跨国并购行为下互补性资产效用发挥的影响因素——基于联想集团的案例比较分析》，载《管理案例研究与评论》2016 年第 5 期，第 488—495 页。

的产业。发明迄今,计算机的产品类型已经经历了大型电脑、迷你型电脑、个人电脑和网络系统电脑四个发展阶段。作为计算机技术最发达的国家,美国无论是引领 PC 技术发展趋势还是全球市场占有率方面均处于行业顶端地位。但 21 世纪后,美国企业面临日韩、中国大陆及台湾地区涌现出的 PC 企业的激烈竞争。

一、联想并购与美国 PC 产业技术外溢

毋庸置疑,美国是全球电脑产业技术最发达的国家,无论是电脑技术研发还是整机制造均处于全球同行业的顶端地位。即使现在,苹果电脑(Apple)依然占据全球高端 PC 品牌的首位,其地位在短期内难以动摇。鉴于中美两国电脑产业技术存在较大差距,联想并购 IBM 公司的 PC 业务必然会有助于改善中国电脑企业的技术水平。但 PC 产业属于技术密集型行业,中国企业难以撼动美国的行业领先地位,特别是在高端 PC 领域的主导地位。

一方面,联想集团通过跨国并购获取 IBM 公司 PC 技术的外溢效应极为有限。诚如前文所述,联想集团国际化的主要目的在于通过并购国际知名 PC 品牌,达到提升企业国际知名度,继而推进其国际化的目标。因此,获取 IBM 公司所拥有的 PC 品牌"ThinkPad"、全球化的营销渠道和网络是联想集团并购的主要目标。[①] 从联想并购后的技术专利申请量看,在并购 IBM 公司 PC 业务的 2004—2005 年,联想集团的技术专利申请量反而有所下降,直到 2007 年才开始小幅回升。这一现象恰恰说明,通过并购,联想并未立即获得 IBM 公司的 PC 技术,并未达到联想集团自身及外界对通过并购立即获得 IBM 公司先进 PC 技术和专利的效果,以及对 IBM 公司技术溢出效应的期待。

另一方面,与大型商务类计算机和以美国苹果电脑为代表的高端 PC 产品不同,经过多年技术积累,联想在中低端 PC 产品的研发制造技术方面与 IBM 公司并不存在代际差距。2000 年后,联想的技术专利申请量大幅上升,并于

[①] 关于联想并购案存在诸多争议,尤其是在并购谈判过程中,联想集团急于获取 IBM 公司的品牌(ThinkPad)和全球营销渠道等无形资产,忽略对 IBM 公司技术专利的引进、吸收和消化,造成联想集团进一步偏离传统高新技术企业崛起的惯常路径——"技工贸",转而向注重以产品销售量为主的"贸工技"的路线偏离。事实上,这种发展路线的争议为联想集团在 2010 年后的发展中逐步陷入对美国技术依赖的困境相佐证。参见王海:《中国企业海外并购经济后果研究——基于联想并购 IBM PC 业务的案例分析》,载《管理世界》2007 年第 2 期,第 94—106 页。

2002年达到巅峰。事实上,这一时期正是联想集团科研投入的高峰时期。此后,联想集团的国际化步伐骤然加速,在技术自主研发、海外技术引进与代工模式的选择中逐渐走向依赖美国技术引进的轨道,特别是对PC高端领域关键技术的研发投入持续下降。迄今为止,联想集团缺乏的仍然是在显示器、处理器和电池领域实现更强劲性能为标志的PC高端市场(苹果电脑为代表)和大型商务(工业)计算机领域(联想尚未涉及该领域)的技术突破。

此外,IBM公司出售PC业务的时机选择也颇耐人寻味,事实上,正是全球PC品牌竞争日趋激烈,市场供应开始过剩,IBM公司PC业务在同类产品中技术优势下降、利润降低,进而主动选择调整发展战略的结果。在此条件下,包括IBM公司在内的美国跨国电脑企业将产品制造逐步转向离岸外包(offshoring)或海外生产(outsourcing),加快将包括PC业务等在内的消费性计算机制造转向日本、韩国和中国(包括台湾地区),[①]而美国本土计算机产业发展则趋向高端商用计算机、应用软件、操作系统和网络服务器等技术密集度和资本附加值更高的领域。

二、联想并购与中国PC产业竞争力提升

自2002年下半年以来,全球主要PC制造商采用低价化竞争策略导致PC产品与台式电脑的价格差进一步缩小。而在性能上,随着英特尔大力推行无线区域网络(WLAN)连接技术,发展迅驰无线技术平台(Centrino)与无线运算技术平台,二者的性能差距也在快速缩小。上述双重效应导致2003年台式电脑出货量下滑,而同期的全球PC产品出货量较上年度激增20%。[②] 鉴于彼时联想集团对中国民族PC产业的领导地位,以及IBM公司及其"ThinkPad"品牌的全球超高知名度、完善的全球化营销渠道和网络及其国际化的管理团队,并购IBM公司的PC业务无疑对于联想集团走向世界,并扩充其在全球PC市场的份额,乃至对于提升中国整体电脑产业的全球市场竞争地位均具有重要意义。

---

① 以2019年苹果公司供应链为例,苹果公司公布最新全球200大供应商名单,其中位于中国的企业达86家(包括中国台湾46家,中国香港10家)、日本39家、韩国14家,亚太地区的供应商合计达到89.5%。

② 参见刘仁龙:《笔记本电脑产业发展现状与趋势研究》,载《科技促进发展》2011年第5期,第87—88页。

并购 IBM 公司 PC 业务的市场激励效应显著改善了联想集团的营收和市场份额。并购整合期间,借助 IBM 公司的营销渠道、客户金融创新和服务影响力,联想集团加快开拓国际市场。对联想 2002—2003 财年、2003—2004 财年及 2004—2005 财年的营业额及增速的比较研究发现,受并购 IBM 公司 PC 业务利好因素的刺激,短期内联想的营收额增长效果显著,年度增速由 2002—2003 财年的-23.39%,上升至 2007—2008 财年的 12.08%。(见表 29)就其全球市场份额而言,2005 年并购后联想集团在全球 PC 市场的占有率由 2.3%上升至 8.1%,其中 5.8%是原有 IBM 公司的市场份额。前后相比,联想集团在全球 PC 市场份额涨幅超过 2.52 倍。①

表 29　联想集团并购 IBM 公司 PC 业务前后营业额的变化(2002—2008 年)

财年	2002—2003	2003—2004	2004—2005	2005—2006	2006—2007	2007—2008
营业额(亿美元)	115.56	122.59	128.98	132.76	145.90	163.52
环比增速(%)	-23.39	6.08	5.21	2.93	9.9	12.08

资料来源:王雷、叶圣楠:《跨国并购行为下互补性资产效用发挥的影响因素——基于联想集团的案例比较分析》,载《管理案例研究与评论》2016 年第 5 期,第 497 页。

从全球市场角度观察,尽管并购对联想集团短期的市场开拓效应显著,但在地区层面也存在效果差异。例如,2005 年第一季度,联想 PC 产品在整个美洲市场的出货量小幅下滑 4%,但在南美最大的市场巴西却激增 58%,在中东和北非市场出货量增速也达到 50%。特别是以中国本土市场为核心的大中华区出货量增长 28%,营收增长 35%,依然保持着联想集团最稳固的利润来源。② 2008 年全球金融危机后,全球 PC 市场进入低速扩张期,且各区域市场表现也存在不平衡性,但联想集团的 PC 产品出货量仍然保持整体增长态势。(见表 30)2015 年,联想集团的"ThinkPad"系列电脑出货量首超 1 亿部关口。③ 毋庸置疑,PC 业务已然成为联想集团利润的主要来源。

---

① 参见裴学成、杨叶倩:《跨国并购中的文化整合——以联想并购 IBM 个人电脑事业部为例》,载《中国市场》2013 年第 3 期,第 69 页。
② 参见王海:《中国企业海外并购经济后果研究——基于联想并购 IBM PC 业务的案例分析》,载《管理世界》2007 年第 2 期,第 101—102 页。
③ 参见王雷、叶圣楠:《跨国并购行为下互补性资产效用发挥的影响因素——基于联想集团的案例比较分析》,载《管理案例研究与评论》2016 年第 5 期,第 493 页。

表 30　Gartner 统计国际主要电脑制造商出货量比较

品牌	2012 年第 3 季度（千台）	2013 年第 3 季度（千台）	同比增速（％）
联想（中国）	13775	14154	2.8
惠普（美国）	13532	13732	1.5
戴尔（美国）	9218	9306	1
宏碁（ACER）（中国台湾）	8616	6667	－22.6
华硕（中国台湾）	6354	4923	－22.5
其他	36314	31496	－13.3
总计	87809	80278	－8.6

资料来源：转引自赖建成：《台湾电脑组件业：夕阳产业？应寻求转型契机》，载《海峡科技与产业》2014 年第 3 期，第 57 页。

应当说，在华为于中国 PC 市场崛起之前（2016 年以前），联想集团是中国 PC 产业领域技术发展水平和市场竞争能力方面最具代表性的民族企业。[①] 从某种程度上说，联想集团 PC 产业国际化的成就直接代表了中国民族电脑产业的技术水平和市场竞争力。从这个意义上讲，并购 IBM 公司 PC 业务对联想集团和中国 PC 产业影响力和竞争力提升的意义不言而喻。

三、联想并购对中美电脑产业发展的影响

回溯上文，联想集团并购 IBM 公司 PC 业务对中国电脑产业的技术改进和市场竞争力均产生了不同程度的影响。但从长远看，联想并购案的成功为中国高科技企业走出国门特别是并购欧美老牌技术企业，积极参与全球并购博弈积累了经验。

一方面，并购 IBM 公司 PC 业务对联想集团短期的技术创新意义有限。对联想并购 IBM 公司 PC 业务后 PC 技术溢出效应的考察表明，以电脑企业为代表的高新技术企业参与跨国并购博弈的过程中过度依赖外国技术专利和获取知名品牌效应的刺激，短期虽有助于提升并购企业的市场竞争份额，但中长期可能导致企业的技术依赖。以 2000—2008 年联想集团专利申请量的变化趋势

[①] 事实上，在 2005 年前后，中国市场也曾同时出现过神舟（Hasee）和海尔（Haier）品牌的 PC 产品，但就其品牌知名度及其与惠普、戴尔、索尼等国际知名品牌 PC 产品相比而言，无疑联想品牌是唯一可以与上述国际品牌相抗衡的中国民族电脑品牌。

为例,首先,2000—2002 年,联想的专利申请量激增,恰恰是联想集团技术研发投入的高峰期;其次,2003 年后,伴随经营战略转型,联想国际化进程加速、研发投入下降的直接结果是 2004 年起联想的专利申请量大幅下降,技术突破遭遇瓶颈;再次,2005 年,联想完成对 IBM 公司 PC 业务的并购程序后,专利申请数量并未显著提升,反而在 2005 年下半年开始小幅降低,这一现象表明期待中的 IBM 公司的技术外溢效应未能如期显现;最后,2007—2008 年,联想的专利申请量开始回升,这表明联想自身对 IBM 公司 PC 技术专利的消化、吸收取得效果,但联想自身对技术研发也有了新的认识。① 与之相应,联想集团高端"ThinkPad"系列也是 2010 年后才陆续在美国市场推出。上述情况表明,无论是美国外国投资委员会,还是 IBM 公司本身都对技术外溢保持着足够的警惕,联想并购的直接技术转移效应显著低于预期。

另一方面,并购对联想集团提升品牌知名度效果显著,但也存在区域差异。事实上,联想集团自身技术积累是确保并购后在美国市场站稳脚跟的关键。以并购前后联想在美国市场销售情况为例,并购后的 2005 年第二季度与并购前的 2004 年第二季度相比美国市场 PC 销量增长 11.7%,但联想系列 PC 销量则下降 8.4%,占美国市场份额仅为 4.1%。销量数据对比发现,2006 年第二季度与 2005 年第二季度相比联想 PC 系列在美国市场销量增长 6.1%,仍然远不及戴尔系列同比 10% 的增长速度。鉴于在美国市场销量增速低迷,2006 年 5 月 10 日起,联想在美国市场销售的"ThinkPad"系列 PC 产品全线降价,促销范围不限于 ThinkPad T/X/Z 等经典款式,最高降幅达 42%。② 据此,联想 PC 产品在美国市场的销售数据表明,并购 IBM 公司 PC 业务对联想公司提升美国市场份额影响有限,但对长期提升联想品牌的国际知名度效果显著。并购完成后,按照联想 2003 年的销售标准,新联想集团一跃成为年营业收入约 130 亿美元

---

① 同样作为技术型企业,如果与华为、中兴通讯等公司相比,联想的研发支出虽逐年也有增长,但研发支出占销售额的比重持续偏低。例如,2013—2017 年度,研发支出分别为 46 亿、78 亿、95 亿、87 亿、89 亿元人民币,研发比重分别仅为 1.87%、2.65%、3.32%、3.18%、3.08%,这一比重约为同时期华为公司的 21% 和中兴通讯的 65%。参见 https://www.sohu.com/a/232938714_464025,访问日期:2019 年 5 月 6 日。

② 参见王海:《中国企业海外并购经济后果研究——基于联想并购 IBM PC 业务的案例分析》,载《管理世界》2007 年第 2 期,第 101—102 页。

的世界第三大 PC 产品制造商。① 2011 年 11 月,联想集团再次跃升为全球第二大 PC 产品制造商。② 2013—2017 年,联想 PC 产品销量的全球市场份额分别为 17%、18%、20%、21% 和 21%。其中,截至 2017 年第三季度,联想连续 14 个季度保持全球 PC 产品销量第一。③ 比较发现,在提升以市场占有率为代表的市场竞争力方面,并购 IBM 公司 PC 业务对联想集团提高在美国市场以外的全球市场的竞争效果更为显著。

第三节 美国外国投资委员会对联想并购审查的分析

"联想并购案"引发美国政府、国会和媒体的高度关注。鉴于《2008 细则》凸显出美国外资并购审查对"投资目的"的重视,本着降低美国政治因素不当干扰的考虑,联想和 IBM 主动向美国外国投资委员会提交书面审查通知。面对国会议员的质询,外国投资委员会以"外国政府控制的并购"为由对联想集团能否独立经营提出质疑,声称"联想集团的主要股东之一中国科学院可能会成为中国政府间接控制联想公司的工具",而 IBM 公司还是美国政府部门的 PC 供应商,二者结合将会威胁美国政府机构的信息安全。④

一、美国外国投资委员会对联想并购案的争议

研究表明,联想并购 IBM 公司 PC 业务案中,外国投资委员会以并购可能威胁美国"国家安全"为审查借口,具体考量因素集中于四大方面,即并购可能导致 PC 技术转移、著名 PC 品牌丧失、中国政府"控制联想"会威胁其自主经营权,以及影响 IBM 公司对美国政府部门的供应服务。其中,除第一项关注"技术因素"外,剩余三项全部关注与并购相关的"市场竞争"问题。

(一)联想并购导致美国先进的计算机技术转移

高新技术产业是维系美国全球领导地位和政治经济霸权的物质基础。基

---

① 参见裴学成、杨叶倩:《跨国并购中的文化整合——以联想并购 IBM 个人电脑事业部为例》,载《中国市场》2013 年第 3 期,第 68 页。
② 参见白雪蕾、代岑颖:《企业并购研究——以联想并购 IBM PC 为例》,载《现代商贸工业》2017 年第 15 期,第 64 页。
③ 参见 https://www.sohu.com/a/232938714_464025,访问日期:2019 年 5 月 6 日。
④ 参见杨静:《外资并购国家安全审查制度的平衡机制研究》,法律出版社 2017 年版,第 209 页。

于跨国公司海外并购动力的常规认知,获取先进技术和拓展海外市场是其优先选项,因而并购是否导致"技术转移"是美国外资并购安全审查的焦点。

一是联想集团通过并购会获得 IBM 公司 PC 业务的技术专利使用权,并进行逆向技术攻关。PC 为基础的移动互联网属于美国重点和优先发展的高新技术产业,而 IBM 公司在美国 PC 产业领域长期占据主导地位。正如本章第一节数据所示,截至联想发起并购之时,美国 IBM 公司已获得总计 31000 项电脑技术专利,其中 PC 业务部拥有 1500 项技术专利。根据惯常逻辑,如果联想成功并购 IBM 业务,必然获得 PC 事业部所属 1500 项专利的使用权。鉴于此,外国投资委员会有充分理由相信,联想并购 IBM 公司 PC 业务有获取美国先进 PC 研发和制造技术的动机和便利,并具备技术仿制和逆向技术攻关的实力,因而存在潜在技术转移和威胁的可能性。事实上,2005 年 5 月 18—19 日,在中国海南博鳌召开的"新联想首届中国合作伙伴大会"上,时任联想集团首席技术官(CTO)贺志强就宣布:联想集团已经拥有 2000 项技术专利,基本包括了所有 PC 产业发展历史的核心专利。①

二是联想集团会全盘接管 IBM 公司 PC 业务研发部门和研发人员。研究"IBM 公司发展战略和出售 PC 业务目的"后发现,IBM 公司是出于整体经营战略的调整和转移而选择出售 PC 业务部。如果并购成功,IBM 公司将不再保留 PC 产业的研发和制造业务,所以根据联想集团和 IBM 公司的并购协议,并购后的联想集团将会优先留任 IBM 公司 PC 业务部门的全部研发人员。美国外国投资委员会认为,毋庸置疑的是企业的技术研发实力是企业产品能否领先竞争对手,维持和扩大市场份额的关键,而卓越的研发团队则是企业发挥研发实力的核心。而贺志强在"新联想首届中国合作伙伴大会"上也宣布:"未来联想集团非常重要的策略就是创新,新联想将会拥有 1800 名研发人员,分布在中国的北京、上海、深圳"。② 与此同时,联想集团还计划在美国北卡罗来纳州的罗利和中国北京建立双研发中心,力图在吸收和消化 IBM 公司既有 PC 技术专利的基础上继续开展技术创新,无疑此举将极大提高中国电脑产业的技术地位。

三是联想并购将导致 IBM 公司 PC 技术向中国国内的科研单位和高新技

---

① 参见《新联想拥有 1800 名研发人员,掌握 PC 核心专利》,http://it.people.com.cn/GB/42891/42893/3398108.html,访问日期:2019 年 2 月 27 日。

② 同上。

术企业溢出。基于日美企业合作导致日本技术崛起的历史经验,美国朝野始终对中国经济转型和产业升级保持高度关注。美国外国投资委员会首先注意到,联想集团的主要股东之一中国科学院(持股30%)具有强大的技术研发实力,完全具备消化和吸收IBM公司PC技术的实力。外国投资委员会特别指出,中国科学院是中国政府直接管理、财政全额拨款的科研机构,对中国整体的技术发展规划和技术升级负有某种政策使命;在机构性质和职责上负有向中国本土科研机构和PC企业转移研究成果,并使之产业化的内在动力。更重要的是,除联想外,中国本土其他具备PC技术研发实力的企业也正在摩拳擦掌。例如,华为、中兴通讯、格力电器等电子产品和信息通信企业本身就具备快速向PC产业转化的技术实力,尤其是海尔和神舟已经推出自己的PC品牌。这表明中企在PC研发和制造方面已积累相当的技术实力,在中国市场已拥有相对稳固的客户群体,同时具备进行技术创新和升级的技术和物质基础,存在向海外市场拓展的潜力。

四是联想并购将会影响未来对美国政府部门的PC产品供应,以及原有产品的运转安全。美国政府一贯重视信息安全,"9·11事件"后,更是把信息(网络)安全置于国家安全战略的核心地位,同时颁布《信息时代的关键基础设施保护》行政令,全面提升美国信息(网络)安全工作。[1] IBM公司作为美国政府部门及重要机构的PC产品供应商之一,服务的客户群包括美国国防部门、军工企业及重要金融机构。例如,2005年7月,联想集团的"ThinkPad"品牌就中标美国加利福尼亚州政府两大PC"专供商"之一,合约期两年,期满可延期三年(每年续签一次),[2]另一家是美国著名的Gateway公司。[3] 鉴于此,美国外国投资委员会认为,任由一家中资企业并购美国主要电脑企业,并可能接续为美国政府机构和重要部门提供PC产品服务,至少会产生两方面的技术安全忧虑:一方面,联想集团能否有足够技术能力承担原本由IBM公司PC业务部承担的产品供应和维护服务。换言之,如果二者的交接过程出现失误,将会影响上述机构

---

[1] 参见陈星、齐爱民:《美国网络安全空间威胁论对全球贸易秩序的公然挑战与中国应对——从"美国调查华为中兴事件"谈起》,载《苏州大学学报》2014年第1期,第83页。
[2] 参见《联想跻身美加州政府专供商,协约为期两年》,http://it.people.com.cn/GB/42891/42893/3515415.html,访问日期:2019年4月7日。
[3] Gateway公司2007年10月被中国台湾地区的宏碁公司收购,参见http://www.gateway.com/gw/zh/CN/content/company-background,访问日期:2019年3月29日。

的工作进度。对此,美国外国投资委员会的理由是中美企业管理基于不同文化背景、产品服务采纳不同技术标准,二者叠加效应共同增加了联想集团为 IBM 公司的固有美国 PC 客户提供技术服务的难度和风险。另一方面,联想集团提供客户服务可能会给美国政府部门、科研机构和高科技企业带来数据存取和转移过程中泄露的风险。特别是在中美网络安全争议愈演愈烈的背景下,美国政府机构,如美国贸易代表办公室、商务部工业安全局,国会议员如马尔科·卢比奥(Marco Rubio)[①]和主流媒体如福克斯新闻(Fox News)、《纽约时报》和《华尔街日报》等经常无端指责中国利用网络窃取美国经济技术情报。

(二)联想并购可能产生的市场竞争问题

2004 年并购谈判启动之际,联想集团是中国本土最具技术潜力和市场前景的电脑企业,联想并购成功可能会对美国国内 PC 市场甚至美国 PC 产品的全球市场竞争格局产生重大影响。基于此,美国外国投资委员会更加关注 IBM 公司著名 PC 品牌"ThinkPad"丧失,以及抱有中国政府可能干预联想集团的自主经营,进而影响美国市场"竞争中立"的忧虑。

一是联想并购导致美国著名 PC 品牌丧失,并使联想集团获得巨大市场收益。在联想看来,获取国际知名品牌是联想国际化的必由之路和快捷之路。根据并购协议,联想集团可以在并购后五年内使用 IBM 品牌,并永久获得"ThinkPad"商标。美国外国投资委员会据此认为,从 PC 产业技术源头和市场信赖度的角度评估,惠普公司和戴尔公司都不能与 IBM 公司相媲美。从市场收益的角度,尽管 PC 业务在 IBM 公司战略中已边缘化,但 2003 年 IBM 公司 PC 业务毛利率仍高达 24%,远超联想 14% 的盈利水平。[②] 除却品牌价值外,并购 IBM 公司 PC 业务对提升联想集团的市场竞争力意义非凡。对比并购前后的营销数据,并购 IBM 公司 PC 业务特别是获得"ThinkPad"商标大幅提升了联想 PC 品牌的全球知名度,短期内显著提高了营销收益。以营销数据为例,联

[①] 马尔科·卢比奥现任美国共和党佛罗里达州联邦参议员,作为美国政界的反华"急先锋",以"逢中必反"而蜚声于美国政坛。1999 年,卢比奥首次当选佛罗里达州众议员,并于 2002、2004、2006 年三次连任成功,2010 年正式当选佛罗里达州联邦参议员。参见《美国参议员卢比奥公开谈论中国窃取知识产权》,https://iot.ofweek.com/2019-06/ART-132209-8130-30392684.html,访问日期:2019 年 6 月 21 日。

[②] 参见《联想总裁解密 IBM 个人电脑并购案》,http://it.people.com.cn/GB/42891/42897/3932832.html,访问日期:2019 年 3 月 17 日。

想营收的年度增速由 2002—2003 财年的 －23.39% 上升至 2007—2008 财年的 12.08%。2008 年,联想集团营销收入高达 167.88 亿美元,在全球 500 强企业中名列第 499 位。此外,联想在全球 PC 市场的份额由并购前的 2.3% 上升至 8.1%(其中 5.8% 是原有 IBM 公司的市场份额)。前后数据相比,联想在全球 PC 市场的份额涨幅超过 2.52 倍。① 应当说,通过并购 IBM 公司的"ThinkPad"品牌,联想集团确实在短期内提高了国际知名度和市场占有率,阶段性实现了通过跨国并购达到拓展国际市场的战略目标。

二是美国外国投资委员会认为,中国政府干预联想集团的自主经营,使之获得包括美国在内的全球 PC 市场的"不正当竞争优势",违背市场"竞争中立"政策。受法国汤姆逊公司(THOMSON)全资子公司即 THOMSON-CSF 并购美国 LTV 钢铁矿业公司导弹制造业务案②影响,1992 年美国国会出台的《伯德修正案》特别关注"外国投资是否受外国政府控制"的问题。③ 该案中,美国联邦审计总署出具的安全调查报告显示:依据法律,法国政府能够随时通过直接或间接经济手段控制或干涉 THOMSON-CSF 公司的经营策略、目标和方向。美国联邦审计总署的报告还指出,鉴于法美两国军售政策存在的分歧,汤姆逊公司的并购无疑会增大法国政府控制 LTV 公司的概率。④ 此后,在《外商投资与国家安全法》的"受管辖交易"概念基础上,美国又提出"外国政府控制的交易"概念。而美国外资安全审查对"关键概念"的界定采取"留白"策略也为外国投资委员会以各种牵强的关联因素将外国投资者识别为"受母国政府"控制的实体(投资者)提供了制度便利。⑤ 与之相应,在联想集团并购 IBM 公司 PC 业务案中,外国投资委员会对联想集团的主要股东即中国科学院持股 30% 保持高度警惕。一方面,外国投资委员会质疑,联想并购后将获得 IBM 公司所属 PC 技

---

① 参见裴学成、杨叶倩:《跨国并购中的文化整合——以联想并购 IBM 个人电脑事业部为例》,载《中国市场》2013 年第 3 期,第 69 页。

② 在此需要注明的是,本案所谓"导弹业务"并非军事贸易所指的导弹买卖或导弹零部件购买,LTV 公司是美国国防部(DOD)供应导弹制造中所需的钢铁产品的供应商之一。

③ 法国 THOMSON-CSF 公司并购美国 LTV 钢铁矿业公司导弹制造业务案中,法国政府间接持有汤姆逊公司 59.2% 的股份。参见郑雅方:《美国外资并购安全审查制度研究》,中国政法大学出版社 2015 年版,第 64 页。

④ 参见 GAO, Warns of National Security Impact of Thomson-CSF Acquisition of LTV Missiles, 57 Fed. Ct. Rep. (BNA), June 29, 1992, (26);郑雅方:《美国外资并购安全审查制度研究》,中国政法大学出版社 2015 年版,第 65 页。

⑤ 参见杨静:《外资并购国家安全审查制度的平衡机制研究》,法律出版社 2017 年版,第 180 页。

术专利(1500项),可能导致 IBM 公司先进的 PC 技术经由中国科学院转移到中国国内其他科研机构或企业。理由是中国科学院完全具备对 IBM 公司 PC 技术进行消化和吸收,并进行逆向技术创新的实力。另一方面,外国投资委员会特别强调,中国科学院是中国政府直接管理的财政全额拨款单位。并认为在某种意义上,中国科学院的持股使得联想集团具备中国国有企业的某些特征(特权),甚至可能肩负着中国政府的产业政策使命。例如,媒体喧嚷所谓"联想并购有利于提升整个中国(民族)的计算机产业水平"等。此外,外国投资委员会认为,联想并购 IBM 公司 PC 业务后,中国政府完全有能力利用中国科学院的股东地位未来对新联想公司在美国和全球市场的经营管理施加影响,制约联想的独立经营权,并最终危及美国和全球市场的"竞争中立"。应当说,联想并购之际,尽管美国外资并购监管针对具有"外国政府背景"的企业并购已足够重视(其本质是《伯德修正案》的出台),但在法定程序上尚缺乏成文法规加以界定。后来,2007 年《外商投资与国家安全法》及《2008 细则》对"外国政府控制的并购"予以明确立法,弥补法规"漏洞",针对类似并购的审查更趋严格。[①] 换言之,倘若联想并购案发生在 2007 年以后,则其审查结果难以预料。

关于"竞争中立"政策,20 世纪 70 年代,澳大利亚政府首度提出"竞争中立"概念,具体系指"政府的商业活动不得因其公共部门所有权地位而享受私营部门不能享受的竞争优势"[②],其核心目的是强调"国有企业和私营企业在市场竞争中应处于平等地位"。受 20 世纪 80 年代末法国 THOMSON-CSF 公司并购美国 LTV 钢铁矿业公司导弹制造业务案的影响,美国政府开始重视"竞争中立"政策,尤为关注新兴市场经济体日益崛起的国有企业和主权财富基金对美国重要能源产业、基础设施和高新技术产业的投资。美国外国投资委员会在外资并购审查中忠实遵循和贯彻这一理念,对凡是涉及外国政府支持包括国有、政府控股、持股或以其他方式予以援助的投资者并购美国企业资产或股权的审查格外严格。在联想并购 IBM 公司 PC 业务案中,外国投资委员会认为,联想集团作为中国大陆最重要的 PC 制造商,成功并购 IBM 公司 PC 业务对提升中

---

① 参见 Robert M. Kimmitt, Public Footprints in Private Markets: Sovereign Wealth Funds and the World Economy, *Foreign Affairs*, 2008, 87, p.11;杨静:《外资并购国家安全审查制度的平衡机制研究》,法律出版社 2017 年版,第 204 页。

② 转引自赵龙跃编著:《制度性权力——国际规则重构与中国策略》,人民出版社 2016 年版,第 207 页。

国电脑企业整体技术水平和市场竞争力的重要性不言而喻。具体而言,美国外国投资委员会认为,中国政府可能会通过四种方式帮助联想集团在市场竞争中获取"不正当竞争优势":首先,通过国有或国有控股银行为并购IBM公司的PC业务提供低成本融资,并在诸如税收、土地资源及员工招录方面提供便利;其次,运用政府力量通过中国科学院帮助联想对IBM公司PC业务专利进行消化吸收、创新和转化,快速提升联想的市场竞争力;再次,中国政府利用政府采购帮助联想提升中国市场的份额,促进其市场销量和资本积累;最后,基于持股考虑,美国政府认为,"中国政府帮助联想就是在帮助自己",并尽可能利用"经济外交"等手段帮助联想在东南亚、中东、非洲和拉美国家拓展市场业务。上述举措,会使得联想在包括美国在内的全球市场获得针对美国PC企业的不正当竞争优势,从而违背美国倡导的"竞争中立"政策。

二、联想并购中"减缓措施"对审查结果的影响

外国投资者的"减缓措施"究竟对外国投资委员会在审查与"外国政府直接或间接控制"有关的并购案件时有何作用?在此问题上,联想集团并购IBM公司PC业务案极具代表性,并提供了良好范例。在该案的审查中,基于联想集团由中国科学院出资创办并持有30%的股份,外国投资委员会首先质疑联想集团被中国政府"间接控制"所产生的问题。鉴于此,并购双方主动提出"减缓措施",努力化解因"中国科学院持股"可能导致联想集团技术转移和独立经营权丧失的疑虑。可喜的是,就"减缓措施"的效应而言,外国投资委员会对联想并购案与华为并购3Com和3Leaf公司案的态度相迥异,[①]最终选择接受联想所作出的"减缓措施"。

面对美国外国投资委员会就联想并购案可能威胁美国国家安全的质疑,联想集团和IBM公司分别作出承诺:一是IBM公司主动向外国投资委员会保证不向联想提供美国政府机构及其相关公司的客户名单。IBM公司在主动向外国投资委员会提交所有美国政府部门PC客户资料的同时,保证不会向联想集

---

① 华为并购3Com和3Leaf案中,虽然华为公司也曾通过各种渠道反复强调华为是一家民营企业,甚至通过发表公开信的方式表达对外国投资委员会审查结论的质疑,但外国投资委员会并未改变对华为公司"受中国政府间接控制"的认定。参见胡厚崑:《华为致美国政府公开信》,http://pr.huawei.com/cn/news/hw-092878.htm,访问日期:2019年2月7日。

团泄露并购前美国其他主要机构客户的信息。关于科研机构和高科技公司客户,IBM公司也保证会进行安全程度筛查,最大程度减缓并购给美国国家安全带来的潜在风险。二是IBM公司承诺将位于北卡罗来纳州罗利研发中心的数千名IBM研发人员全部另行安置。① 事实上,联想并购IBM公司PC业务的一个重要因素就是鉴于IBM公司全盘出售PC业务(意味着IBM从此退出PC业务),联想可以完整接收IBM公司PC部门的研发人员。鉴于是IBM公司主动提议并购,因而研发人员留用也是IBM公司能够说服联想并购的重要"筹码"。应当说,IBM公司作出的该项承诺实质违背了双方的并购协议。② 三是联想为化解外国投资委员会对"中国政府可能间接控制联想"的顾虑,即在中国政府的影响下导致美国先进PC技术转移至中国,以及中国政府干预新公司的经营管理及未来发展趋向等,主动表示并购完成后考虑将联想总部由中国北京迁往美国纽约,同时将新公司的官方语言变更为英文。此外,为监督"减缓措施"得到切实执行,联想还承诺并购后的首任首席执行官由IBM前PC事业部总经理史蒂芬·沃德担任。③ 尽管如此,外国投资委员会仍然认为,作为"中国政府间接控制"的交易,上述"减缓措施"仍不足以排除联想集团并购可能产生的国家安全风险。为此,在该"附加承诺"的基础上,外国投资委员会进一步要求IBM公司作出"禁止外国人进入罗利研发中心"的承诺,企图通过这种物理封闭方式(客观上做不到)最大程度来化解联想并购的潜在技术安全风险。

事实上,该案中,"减缓措施"对美国外国投资委员会审查结论的影响非常显著。当外国投资委员会的安全保障要求得到满足后,并未像对华为公司并购3Com和3Leaf公司案那样直接否决联想的并购计划,而是认为联想已经于1994年在中国香港联交所上市,这表明联想的公司治理模式和治理结构的透明度已得到香港交易所(Hong Kong Exchanges and Clearing Limited)的认可。鉴于香港作为国际金融中心,香港交易所的专业化操作表明,联想的公司治理透明度是美国市场可以信赖的。因此,美国外国投资委员会以联想和IBM承

---

① See Robert Gray Blacknell, Trust not Their Presents, Nor Admit the Horse: Countering the Technically-Based Espionage Threat, *Roger Williams University Law Review*,2007,12,p.85.

② 从后续发展观察,此举或许是IBM公司为通过美国外国投资委员会审查的一种权宜之计,实践中并未得到严格执行。

③ See Robert Gray Blacknell, Trust not Their Presents, Nor Admit the Horse: Countering the Technically-Based Espionage Threat, *Roger Williams University Law Review*,2007,12,p.850.

诺履行上述三项条件为前提批准并购。归纳发现，外国投资委员会最终决定通过联想并购 IBM 公司 PC 业务的主要法律依据为《2008 细则》，对"外国政府控制交易"的处置逻辑是在综合考量所有与国家安全相关联的事实的基础上，先评估外国人控制美国企业采取危害国家安全行为的可能性，再评估外国人实际采取行动的可能性。具体而言，一是在多大程度上，外国投资者的投资决定为纯商业性的；二是在多大程度上，外国投资者的管理及其投资决定及实施不受外国政府干扰，包括是否具备确保投资者独立的治理结构、投资目的、目标、组织管理及财务信息的透明度与公开性；三是外国投资者的子公司遵守东道国法律法规及披露规定的程度。据此，外国投资委员会作出审查通过的决定出于两大考虑：一方面，IBM 已经就技术转移风险作出了最严格的安全承诺。在外国投资委员会的压力下，IBM 公司承诺"不会透露美国政府部门和重要机构客户的资料，并且将罗利研发中心的数千名研发人员另行安置"。换言之，美国此举已经干扰到市场经济体系下正常商业交易中的"契约自由"原则，即使在美国国内也存在不同声音。① 另一方面，联想承诺将其公司总部迁往美国纽约，并且将任命 IBM 公司前高管作为新公司的首席执行官。在外国投资委员会看来，联想从中国迁出总部足以表明其重视美国对技术转移和市场竞争公平忧虑的诚意，而且此举会实质上大幅降低中国政府对联想的经营干预，同时降低 IBM 公司 PC 技术向中国科研单位和企业转移的风险。事实证明，"减缓措施"准确锚定了外国投资委员会对技术转移风险和市场竞争"恶化"的忧虑，对其作出"通过审查"的结论至关重要。

三、影响联想并购案审查结果的其他因素

毋庸置疑，除影响美国外国投资委员会对联想集团并购审查结果的两大主要因素即技术转移风险和市场竞争威胁之外，该案所涉及计算机技术的军民两用性质、全球 PC 产业竞争加剧导致的利润率下降及美国本土 PC 市场供应链缺陷等客观情况均对外国投资委员会的审查结果产生了重要影响。

一方面，鉴于电脑产业及其技术对美国经济和国家安全具有特殊影响，

---

① See Robert M. Kimmitt, Public Footprints in Private Markets: Sovereign Wealth Funds and the World Economy, *Foreign Affairs*, 2008, 87, p.11；杨静：《外资并购国家安全审查制度的平衡机制研究》，法律出版社 2017 年版，第 204 页。

IBM 公司主动放弃 PC 业务是联想集团发起并购的前提。回顾联想并购历程，该交易的背景是日本、韩国、中国（包括台湾地区）的 PC 企业崛起导致全球 PC 市场竞争加剧，行业利润快速下降。为适应市场条件的新变化，IBM 公司主动调整经营战略、果断放弃效益低下的计算机硬体产业（PC 研发制造），转向商业（工业）计算机、服务器研发和网络技术等为标志的高附加值高端制造和互联网软体产业。与之相应，IBM 公司的主动退出必然造成美国 PC 市场部分供应链环节的缺损，以及面临原有 IBM 客户售后服务中断的问题。因此，联想集团并购 IBM 公司 PC 业务，不但有利于助推 IBM 公司尽快摆脱 PC 业务的亏损，而且有利于提高美国本土 PC 产业供应链和售后服务水平。

另一方面，联想集团并购助力 IBM 公司拓展其在中国市场的利益格局。2001 年，以加入世界贸易组织为契机，中国经济发展速度骤然加快，与之相应的是国内 PC 消费市场规模急剧扩大。Issuppli 统计数据显示，截至 2004 年，联想集团并购 IBM 公司 PC 业务之际，中国已成长为仅次于美国的全球第二大 PC 消费市场，并且快速缩小与美国市场的差距，吸引国际电脑产业巨头积极进军中国市场。[1] 研究发现，本案中，IBM 公司通过出售 PC 业务除获得 6 亿美元现金、清偿 PCD 积欠的 5 亿美元债务之外，还获得联想集团价值高达 6.5 亿美元的高质量普通流通股，持股比例高达 18.5%，从而稳居联想集团第二大股东的地位。IBM 发展经验表明，通过向联想出售 PC 业务，IBM 公司不仅成功扭转 PC 产业的经营困境，避免其影响 IBM 公司整体经营战略的调整，而且依赖联想集团第二大股东地位，成就了其在快速发展的中国及全球 PC 市场收割巨大经济利益的目标。

---

[1] 据 Issuppli 数据统计，2012 年中国 PC 市场出货量达到 6900 万部，首次超过美国 6600 万部的年出货量，成为全球最大的 PC 消费市场，参见《中国超过美国成为全球最大 PC 市场》，http://media.people.com.cn/n/2013/0502/c40733-21342986.html，访问日期：2019 年 5 月 7 日。

第五章　被迫撤回：中海油并购优尼科石油公司案

"9·11事件"后,美国对外资并购安全审查呈扩大化趋势,尤其针对来自国有企业和主权财富基金的并购,以及对美国"关键技术"和"关键基础设施"的并购采取程序更严格的审查。其中,港口、电信等基础设施,以及石油等能源产业成为审查的敏感领域。① 2005年6月,中国海洋石油集团公司(CNOOC)并购美国优尼科石油公司(Unocal)一案中,以美国国会为代表的政治力量和《华尔街日报》、美国全国广播公司(NBC)为代表的媒体渲染"国家安全"威胁,对外国投资委员会施加强大压力,②政治力量的干预导致中海油并购功败垂成。

第一节　中海油并购案的背景分析

中海油对优尼科石油公司的收购引发美国国会、政府和舆论的强烈关注。③尽管中海油在并购中尽力向美国外国投资委员会作出一系列有利于美国国家利益和降低国家安全威胁的妥协措施(减缓措施),④但迫于美国国会和公共舆论的压力,2005年8月2日中海油宣布撤回并购竞价。

---

①　See Jennifer Cooke, Finding the Right Balance for Sovereign Wealth Fund Regulation: Open Investment vs. National Security, *Columbia Business Law Review*, 2009, 29(2), p.29.
②　See Joshua W. Casselman, China's Latest Threats to the United States: The Failed CNOOC-Unocal Merger and Its Implications for Exon-Florio and CFIUS, *Indiana International and Comparative Law Review*, 2007, 17(1), pp.171-177.
③　See Timothy Webster, Why Does the United States Oppose Asian Investment?, *Northwestern Journal of International Law & Business*, 2017, 37(2), pp.235-236.
④　参见郑雅方:《美国外资并购安全审查制度研究》,中国政法大学出版社2015年版,第72页。

一、中海油并购案的角色介绍

中海油并购优尼科石油公司案备受海内外关注,并被全国工商联评为2005年度具有标志意义的十大并购事件。① 本案当事方除中海油和优尼科双方之外,还包括美国雪佛龙石油公司,正是雪佛龙公司的强势介入导致并购问题复杂化。关于并购角色,一方面,中海油成立于1982年,是中国国务院国有资产管理委员会下属的一家特大型综合能源企业,经营业务涵盖石油与天然气勘探开发、专业油气能源基地服务、化工化肥、天然气发电和金融服务等六大业务板块。2004年,中海油公司油气产量持续增长,全年营销收入超过709.2亿元,经营利润242.2亿元,分别比上年度增长32%和62%。截至2004年年底,中海油总资产扩至1532.6亿元,净资产高达830.6亿元,分别比上年度增长28%和21%,利润位列2004年度中国国有企业第5位,总资产位列第12位。同时期,鉴于良好的经营业绩和盈利水平,著名国际权威资信评级机构标准普尔(Standard & Poor's)和穆迪(Moody's)分别给予中海油BBB+和A2的资信评级,均等同于同期中国主权评级,也是中国企业所获权威评级机构的最高评级。②

另一方面,成立于1890年的优尼科,位列美国第九大石油公司,在全球拥有100多年经营历史。截至2003年年底,优尼科石油公司在北美地区外的8个国家拥有石油、天然气分公司。③ 在储量方面,优尼科石油公司分布在全球的石油和天然气总储量共计约17.6亿桶油当量。其中,石油储量占38%,天然气占62%。在产量方面,2003年,远东地区和美国本土(包括海域)各占优尼科石油公司石油和天然气总产量的46%,其他地区占8%。在具体业务上,优尼科石油公司向泰国的发电厂提供天然气,并在印度尼西亚、菲律宾和泰国经营天然气发电厂。2004年,优尼科石油公司的营业收入总额达82亿美元,在美国本土日常石油产量仅为5.8万桶。2005年1月,中海油为与优尼科高层接触所做的调查报告表明,优尼科石油公司的市值已达110亿美元,但净负债已逾26.8

---

① 参见牛琦彬:《中海油并购优尼科事件分析》,载《中国石油大学学报》(社会科学版)2007年第1期,第12页。
② 同上。
③ 优尼科的8个海外公司分别位于泰国、印度尼西亚、孟加拉、缅甸、荷兰、阿塞拜疆、刚果和巴西。优尼科在北美的业务主要集中于墨西哥湾、加拿大和阿拉斯加。

亿美元,市值也低于同类公司20%。① 中海油并购前,优尼科石油公司处于连年亏损状态,并已经向联邦政府申请破产,正在挂牌出售,被众多跨国能源巨头列为并购目标。然而,在品牌效应上,作为一家中型石油企业,优尼科石油公司自身并不具有如壳牌石油(Royal Dutch/Shell Group of Companies)、埃克森美孚石油(Exxon Mobil Corporation)及英国石油(BP)那样强大的品牌形象。

事实上,即使中海油并购成功,合并后的中海油—优尼科石油公司的天然气年生产量也仅占美国年消费量的1%,石油年生产量仅为美国年度消费量的0.3%。② 总而言之,对优尼科的企业规模、品牌形象及市场占有率的综合评估表明,即使中海油全部兼并优尼科的油气储备和产量,从美国市场消费量的角度观察,其影响也微不足道,并购不会对美国能源市场的供应安全和国际竞争地位产生显著影响。美国社会有关"并购影响能源安全的说法"完全是杞人忧天。③

二、"中海油并购案"的演进过程

2002年后,优尼科石油公司因经营管理不善,导致业绩每况愈下,并于2004年向加州地方法院申请破产。优尼科石油公司挂牌出售后,正在寻求能源国际化战略的中海油收购意愿强烈。此外,包括壳牌石油、戴文能源公司(Devon Energy Corporation)及美国西方石油公司(Occidental Petroleum Corporation)等在内的国际能源巨头也展现出收购意向。

第一阶段:中海油适时而为,主动出击。2005年3月,中海油开始与优尼科石油公司高层接触,因优尼科石油公司市值处于波动状态,市场估值最高为110亿美元,为此中海油仅提供"无约束力报价"(此处与雪佛龙公司不同)。就在中海油与优尼科高层就并购事宜初步达成意向之际,同年4月4日,美国第二大石油公司雪佛龙石油公司横空出世,提议164亿美元现金加股票的并购方案,

---

① 参见牛琦彬:《中海油并购优尼科事件分析》,载《中国石油大学学报》(社会科学版)2007年第1期,第12—13页。
② 参见郑雅方:《美国外资并购安全审查制度研究》,法律出版社2017年版,第74页。
③ 应当说,美国社会对能源安全的担忧源于历史惯性思维——"石油是一种重要的战略物资,被认为是工业的粮食,历史上是重要的国际政治武器"。参见John Ikenberry, The Irony of State Strenth: Comparative Responses to the Oil Shocks in the 1970's, *International Organization*, 1986, 40(1), pp. 105-137;李巍、李玙译:《解析美国对华为的"战争"——跨国供应链的政治经济学》,载《当代亚太》2021年第1期,第4—45页。

其中现金占 25%，其余 75% 为股票置换，同时雪佛龙还承诺担负优尼科约 16 亿美元债务的清偿责任。以此方案为基础，雪佛龙与优尼科迅速达成"约束性收购协议"。6 月 10 日，美国联邦贸易委员会批准雪佛龙公司与优尼科石油公司的并购协议，等待美国商务部反垄断调查和美国证券交易委员会的并购审查结果。2005 年 6 月 29 日，雪佛龙公司正式宣布，美国证券交易委员会已经批准其并购优尼科石油公司。[①] 此时，在并购优尼科的谈判中，雪佛龙公司已经后来居上。

第二阶段：面对雪佛龙竞争，中海油主动提交并购通知，消除来自美国政府的并购疑虑。面对第三方竞争者强力介入，以及来自美国政府的调查，中海油也针锋相对，于 2005 年 6 月 23 日正式宣布以每股 67 美元的价格、全现金方式并购优尼科石油公司，此出价相当于优尼科石油公司股本总额约 185 亿美元。[②] 优尼科石油公司随即宣布，愿意与中海油公司就并购事宜展开谈判。同期，针对中海油的收购意向，美国国会多位议员致函时任总统布什，要求外国投资委员会对中海油并购进行彻底调查。财政部长约翰·斯诺（John William Snow）也表示，如果中海油并购优尼科成功，基于国家安全考虑，美国政府将会对此案进行彻底审查。6 月 30 日，美国众议院通过一项不具约束力的决议，要求政府敦促外国投资委员会对中海油并购对美国国家安全的影响展开调查。鉴于此，7 月 2 日，中海油向外国投资委员会提交审查通知，主动要求外国投资委员会对该并购展开审查。同时，中海油还提交附加文件，向外国投资委员会承诺，保持优尼科现有供应格局和经营状态，并就外国投资委员会关注的其他问题包括独立经营权、融资来源、公司管理和经营透明度及未来人员安置等一一作出解释和承诺。尽管如此，国会仍于 2005 年 7 月 25 日投票决定，中海油并购优尼科必须经过美国能源部、国土安全部及外国投资委员会的全部调查和评估程序。[③]

第三阶段：权衡利弊，中海油公司被迫放弃并购，铩羽而归。面对与中海油

[①] 参见吴小鹏：《中海油并购案的国际政治经济学分析》，载《国际关系学院学报》2006 年第 2 期，第 29 页。

[②] See Joshua W. Casselman, China's Latest Threats to the United States: The Failed CNOOC-Unocal. Merger and Its Implications for Exon-Florio and CFIUS, *Indiana International and Comprative Law Review*, 2007, 17(1), pp.171-177.

[③] 参见张翔：《中海油竞购优尼科对中国企业跨国并购的启示》，载《甘肃科技》2009 年第 23 期，第 118 页。

公司竞价的巨大差距,2005年7月19日,雪佛龙公司再次提升收购竞价至等值约171亿美元,但该报价与中海油的约185亿美元报价仍存在较大差距,此刻中海油已无意调高竞价。在此条件下,优尼科石油公司违背国际并购市场"价高者得"的商业惯例,宣布接受雪佛龙公司等值约171亿美元的并购竞价,同时将其推荐给优尼科石油公司股东大会,提请表决。① 8月2日,中海油表示,鉴于目前条件下继续并购优尼科将不符合公司和股东的根本利益,果断向优尼科石油公司撤回并购要约。②

比较发现,本案引发美国国会、媒体和外国投资委员会的关注主要基于以下三个方面:一是中海油作为中国第三大能源集团,在美国政府看来,事实上为中国政府所控制(控股),并承担和执行中国政府的能源政策使命。而成功并购优尼科将会使中海油的石油和天然气产量提高一倍,储备量增加80%,可能会影响美国的市场供应安全。二是中海油并购优尼科的竞价出资高达185亿美元,其中大部分资金(约70%)是由中国政府补贴和国有银行贷款构成。中海油与政府的关系,以及中海油获得大规模低成本融资表明,这在本质上不是一起单纯的商业交易。三是与中海油并购谈判的同时,美国雪佛龙公司也已经向优尼科提出竞购要约,最终愿意以等值约171亿美元的现金加股票收购优尼科。与之相比,雪佛龙的并购资金除自身股权置换外,主要来自美国私有银行借贷,且双方的竞价差距还存在进一步缩小的可能性。③

三、中海油并购案的动力分析

按照国际惯例,国际大石油公司几乎都具备跨国经营能力,且国际化程度一般都超过50%。就并购动力而言,中海油并购的首要动力是加快培育公司的核心竞争力和国际知名度,具体包括国际化战略驱动、获取战略性资源储量和促进资源整合,形成规模经济效应。

一是中海油的国际化战略驱动。以跨国经营为标志的国际化战略一直是中海油的主要经营目标。尽管优尼科的规模不算大,但其国际业务已占其油气

---

① 参见张翔:《中海油竞购优尼科对中国企业跨国并购的启示》,载《甘肃科技》2009年第23期,第118—119页。
② 参见《中海油撤回并购优尼科要约是急流勇退的明智之举》,http://www.chinanews.com/news/2005/2005-08-04/26/607694.shtml,访问日期:2019年4月2日。
③ 参见郑雅方:《美国外资并购安全审查制度研究》,法律出版社2017年版,第70—71页。

产量的50%,其中,国际业务的大部分集中在东南亚地区。此外,在墨西哥湾和里海沿岸都拥有大量优质的油气资源储备。优尼科在东南亚地区的泰国、缅甸和印度尼西亚都拥有丰富的油气资源,其中,在缅甸沿海油气储量超过1400亿立方米,并已建设了完善的油气运输管道设施。优尼科石油公司还持有阿塞拜疆一家大型油田10%的股份,而在美国和加拿大也拥有总数为5.57亿桶油当量的油气储量。如果并购成功,中海油将会理所当然地获得优尼科在上述地区11个国家所有的油气储备和营销渠道,[1]此举必将极大提升中海油国际化的品牌形象,并提升其国际竞争力和全球影响力。

二是获取战略性资源储量。如前文所述,优尼科拥有丰富的石油、天然气储量。其中,天然气占优尼科油气资源储量的60%,且接近50%的天然气储备位于东南亚地区的天然气田。与此同时,中海油35%的资源储量是天然气,而且在液化天然气(LNG)的技术和市场开发方面优势显著,能够很好地消化优尼科的天然气资源。如果中海油能成功并购优尼科,石油储量将会占到53%,天然气储量将会占到47%;[2]油气资源储量的配置比例将会更加均衡,并将大幅度降低国际能源市场价格周期性波动所导致的经济损失。此外,中海油凭借在液化天然气方面的技术优势,并购优尼科的资源储备后能够快速与下游的生产设施和消费市场进行衔接,提升生产效率和经济效益。果如是,并购双方在油气勘探、开采、冶炼与储存设施建设、出口竞价及海外投资优化等方面均会产生可观的协同效益。

三是促进资源整合,形成规模效应。中海油并购优尼科在促进资源优化的同时,能够在极短时间内扩大其生产和经营规模,形成规模效应。一方面,生产的规模经济效应。例如,优尼科在泰国、缅甸等亚洲国家拥有良好的油气资源,并购将会促进优尼科在亚洲的油气资源储备与中海油在印尼和澳大利亚的油田进行产业结构整合。倘如此,中海油就可以将油气资源集中在一个国家进行加工和储存,这种生产的规模效应可以极大降低油气资源的生产和储备成本。另外,中海油并购还可以解决专业化生产的系列问题,使各生产环节有机配合,以便产生规模经济效应。另一方面,企业经营的市场规模效应。中海油并购优

---

[1] 参见牛琦彬:《中海油并购优尼科事件分析》,载《中国石油大学学报》(社会科学版)2007年第1期,第13页。

[2] 同上。

尼科后,可以通过并购针对全球不同的市场进行专门的生产和服务,满足不同消费者的需求。同时,中海油还可以集中足够的经费用于研究、设计、开发和生产工艺改进等方面,迅速推出新产品,采用新技术,扩大生产和促进销售,扩大企业的国际市场规模。

第二节 中海油并购美国能源企业的影响与争议

21世纪以来,美国的港口、交通、电信等基础设施及石油、天然气等能源产业成为美国外国投资委员会并购审查的关键领域,实施更加严格的审查。中海油并购优尼科石油公司案与2006年发生的迪拜港口并购案如出一辙,都表明:美国依靠强大的政治经济优势,采取国内制度建构和政治力量公开介入外资并购审查程序的手段对外企特别是快速崛起的中企并购进行限制和干预,造成跨国并购在国家间的不平衡。

一、中美两国油气能源产业的市场比较

能源供应攸关一国可持续发展,而能源安全也是国家安全的关键考量要素。中美作为全球最主要的大国,在"国际无政府"状态下,双方在国际政治、经济和文化领域的竞争不断增强的背景下,能源供应安全对于双方保障国家安全均具有现实意义,而这也是中海油并购案受到美国朝野和外资监管机构格外关切的缘由。[①]

(一)中国石油和天然气市场的消费、生产和进口动态

中国能源市场的增长同中国经济发展水平与规模直接相关。一方面,就石油市场供应和消费数据而言,改革开放前,中国的石油产量总体高于中国市场的石油消费量。甚至在相当长时期内,石油出口也成为中国积累外汇储备的手段之一。基于此,事实上并不存在中国能源供给安全问题。1990—1991年是中国石油产量和消费量趋同的转折期。2000年后,中国石油消费快速攀升,石油进口量从1990年的1310万吨上升至6200万吨。中国能源需求上升的同时,

---

[①] 参见游启明:《中美实力对比变化对国际秩序的影响》,载《国际展望》2019年第2期,第21—39页。

中国对石油的依赖度也在不断上升,从2000年的27.6%上升至中海油公司并购优尼科前的44.3%,2009年起超过50%。与此同时,中国的国内石油自产量占消费量的比重却在不断下降,2017年更是降至约30%。(见表31)

表31 中国石油消费量、自产量和进口量比较(2000—2018年)

年份	消费量(亿吨)	自产量(亿吨)	进口量(亿吨)	进口比重(%)	进口增速(%)
2000	2.25	1.63	0.62	27.6	—
2001	2.29	1.64	0.6548	28.4	4.8
2002	2.48	1.67	0.81	32.7	24.6
2003	2.71	1.7	1.01	38.3	24.7
2004	3.17	1.76	1.47	46.4	45.5
2005	3.25	1.81	1.44	44.3	−2.0
2006	3.49	1.84	1.65	47.3	14.6
2007	3.67	1.87	1.8	49	9.1
2008	3.73	1.9	1.83	49.1	1.7
2009	3.84	1.89	1.95	50.8	6.6
2010	4.32	2.03	2.51	50.8	17.4
2011	4.54	2.03	2.51	55.3	9.6
2012	4.77	2.07	2.7	56.6	7.6
2013	4.88	2.1	2.78	57	3
2014	5.19	2.11	3.08	59.3	10.8
2015	5.43	2.15	3.28	60.4	6.5
2016	5.56	2	3.56	64	8.5
2017	5.88	1.92	3.96	67.3	11.2
2018	6.1	1.92	4.18	68.5	6.1

资料来源:根据公开数据整理。

另一方面,就天然气的生产和消费量而言,2001年后,中国天然气的产量和消费量一直保持同步增长,2010年起,中国开始从国际市场进口天然气,当年进口量即达到127亿立方米。天然气进口数据表明,截至2015年年末,中国的天然气(包括液化天然气和管道天然气)进口依赖度也已经超过1/4,但总体上与石油的进口依赖度相比,仍然处于较低的水平。(见表32)

表 32 中国天然气自产量、进口量及消费量动态(2002—2015年)

年份	自产量(亿立方米)	进口量(亿立方米)	消费量(亿立方米)	进口比重(%)
2002	327	—	292	—
2003	350	—	339	—
2004	415	—	397	—
2005	493	—	468	—
2006	586	—	561	—
2007	692	—	695	—
2008	803	—	807	—
2009	852	—	875	—
2010	948	127	1075	11.8
2011	1031	282	1313	21.5
2012	1072	399	1471	27.1
2013	1193	457	1650	27.7
2014	1300	486	1786	27.2
2015	1700	600	2300	26.1

资料来源:根据公开资料整理。

此外,就中国市场的能源消费结构而言,传统上煤炭一直是中国最主要的能源消耗物,并与石油和天然气位居前三位。但 21 世纪以后,煤炭和石油依然保持着中国最主要能源消费品地位,但是其占能源整体消费量的比重在稳步降低。与之相应,天然气在中国能源消费结构中的占比一直在上升。(见表 33)

表 33 中国能源消费结构(2002—2015年)

年份	煤炭(%)	石油(%)	天然气(%)	其他(%)
2002	66.1	23.4	2.7	7.8
2003	69.3	22.1	2.4	6.2
2004	68.7	22.4	2.5	6.4
2005	69.9	20.9	2.6	6.6
2006	70.2	20.4	2.9	6.5
2007	70.5	19.5	3.4	6.6
2008	70.2	18.8	3.6	7.4

(续表)

年份	煤炭(%)	石油(%)	天然气(%)	其他(%)
2009	71.2	17.7	3.7	7.4
2011	70.4	17.7	4.5	7.4
2010	70.5	17.6	4.0	7.9
2012	68.5	17.7	4.7	9.1
2013	67.4	17.1	5.3	10.2
2014	66.0	17.5	5.6	10.9
2015	63.0	17.7	8.3	11.0

资料来源：根据公开资料整理。

（二）美国国内市场能源消费及动态

美国是全球最大的能源消费国和进口市场，1991—2000年的10年间，美国石油消费量年均增长1.4%，石油产量年均下降3.1%。美国石油对外依存度由1990年的46%上升至2000年的56%。中海油并购优尼科之时，美国的能源消费总量（所有能源）中的24.5%依赖进口，其中石油对外依存度达到71%（见表34），天然气对外依存度为18%。（见表35）

表34 美国石油消费量和进口量比重（2000—2007年）

年份	自产量（亿吨）	消费量（亿吨）	自产比重（%）	消费年增速（%）	进口量（亿吨）	进口依赖（%）	出口（千桶/日）
2000	3.53	8.84	39.9	—	5.17	56.0	981.8
2001	3.49	8.84	39.5	0	5.74	64.9	997.2
2002	3.47	8.85	39.2	0.11	5.61	63.4	1006.8
2003	3.38	9.01	37.5	1.81	6.05	67.1	926.3
2004	3.29	9.37	35.1	4.00	6.38	68.1	945.6
2005	3.13	9.40	33.3	0.32	6.67	71.0	1032.8
2006	3.10	9.31	33.3	−0.96	6.71	72.1	1169.8
2007	3.17	9.29	34.1	−0.21	6.72	72.3	1229.8

资料来源：根据公开数据整理。

表 35　美国天然气产量与消费量比重（2000—2007 年）

年份	自产量 （十亿立方米）	消费量 （十亿立方米）	自产比重 （%）	出口量 （十亿立方米）
2000	543.17	660.72	82.3	10.81
2001	555.46	629.74	88.2	10.94
2002	535.98	652.05	82.1	15.12
2003	540.82	630.80	85.7	18.46
2004	526.44	634.37	83.0	21.41
2005	511.15	623.38	82.0	22.12
2006	523.98	614.45	85.2	20.94
2007	627.16	654.23	95.9	23.19

资料来源：根据公开数据整理。

比较表 34 的数据发现，2000—2007 年，美国的石油消费量呈缓慢上涨趋势，年均增速相对平稳。美国石油进口依赖度平均为 67.2%，大约是中国同期进口依赖度 39.3% 的 1.7 倍。受美国"去工业化"政策和 2008 年金融危机影响，美国石化能源消费增速趋于平稳，危机后开始呈下降趋势。与此同时，美国还是全球油气市场的主要出口国，年均石油制品出口保持在 1036.3 千桶/日的水平。对美国石油进出口的比较表明，美国原油进出口主要基于对原油品质的考虑，美国进口来源主要是中东和波斯湾地区含硫量较低的高质量原油，而大量出口美国北部阿拉斯加州、南部佛罗里达沿岸和墨西哥湾的海底石油。此外，随着气候变化所带来的全球减排压力，美国对节能技术和新能源研发投入巨资，尤其在新能源开发领域取得巨大技术突破。① 首先，页岩天然气开采技术取得突破，产量大幅增加。2012 年后，美国更是晋升为全球主要液化天然气出口国之一。其次，生物燃料技术取得突破。美国在生物燃料技术领域取得巨大突破，主要是玉米酒精燃料在工业、农业领域广泛使用。最后，美国在风能和太阳能发电领域快速发展，对能源结构调整的效应逐渐显现。事实上，2012 年三一重工并购案的发生与金融危机后中美在风力发电设备和新能源开发领域的激烈竞争直接相关，此前美国已在 WTO 针对中国新能源产业连续发起诉讼，

---

① 尽管特朗普政府反对抑制传统能源发展的同时积极削减新能源研发开支，贬低新能源的价值，但不可否认，经小布什、奥巴马两届政府的投入，新能源产业在美国能源结构中已经形成规模。参见周琪、付随鑫：《特朗普政府的能源政策及其可能影响》，载《国际石油经济》2017 年第 10 期，第 19—26 页。

实则饱含强烈的市场保护意图。①

（三）中国能源消费对美国能源市场供应的影响

2005 年 6 月中海油并购优尼科之际，中国原油进口量仅占世界原油进口贸易量的 6.3%，远低于美国和日本，大约等于美国原油进口比重（26.9%）的 1/4，以及日本（11.3%）的一半。据此判断，中海油并购优尼科并不会对美国的原油供应安全产生显著威胁，具体而言：一是美国拥有相对完备的石油战略储备体系和运作机制，美国的石油战略储备期限高达 160 天。如此，即便在全球能源市场动荡时也能为美国石油安全提供可靠的缓冲期；二是美国本身就是全球主要产油国之一，优尼科石油公司仅仅是美国第九大石油公司，且其天然气占比超过 60%，因此中海油并购优尼科不会对美国石油供应产生威胁。此外，鉴于美国页岩天然气技术突破，美国已经成为全球三大液化天然气出口国之一。（见表 35）

比较表 34 的数据发现，一方面，2000 年以后，美国本土天然气市场的自给率一直保持在 80% 以上，而且在不断提升。截至 2007 年，美国基本上实现了天然气的自给，不再需要依赖海外天然气进口。此外，自"页岩气革命"后，美国不断放宽天然气出口，导致美国天然气出口幅度一直在上升。以中美天然气贸易为例，2016 年美国对华液化天然气出口为 4.9 亿立方米，2017 年达到 29.2 亿立方米，狂增 5 倍。② 2018 年 3 月，商务部长罗斯（Wilbur Ross）称"中国应扩大对美国 LNG 进口，并称这也是解决中美贸易纠纷的有效途径"③。另一方面，即使中海油并购优尼科成功，全部兼并优尼科的油气储备，从美国市场消费量的角度观察，其影响也是微不足道。数据表明，即使合并后，中海油—优尼科石油公司的天然气年产量也仅占到美国年消费量的 1%，石油年生产量仅为美国年度消费量的 0.3%。④ 在此意义上，所谓中海油并购优尼科会对美国能源供应

---

① 参见龙金光：《美贸易大棒指向新能源领域，向 WTO 起诉中国风能补贴政策》，http://www.in-en.com/article/html/energy-873274.shtml，访问日期：2019 年 3 月 29 日。

② See China Hits Back With Tariffs on US Imports, March 26, 2018, http://www.bbc.co.uk/news/world-asia-43, accessed March 30, 2018.

③ Wilbur Ross to China: Import More U.S. GAS to Cut Trade Gap, Hellenic Shipping News, March 26, 2018, https://www.hellenicshippingnews.com/wilbur-ross-to-china-import-more-u-s-gas-to-cut-trade-gap/, accessed February 27, 2019.

④ 参见郑雅方：《美国外资并购安全审查制度研究》，法律出版社 2017 年版，第 74 页。

产生威胁纯属"无稽之谈"。

二、中海油并购案中的国会政治分析

经验表明,中企赴美并购承担着巨大的政治风险和经济压力,其中最重要的政治风险来源于美国国会两院议员"集体行动"下的政治干预,并以国会议案的方式直接向美国外国投资委员会施压,阻挠并购安全审查程序的正常运作。中海油并购优尼科一案中,国会对外国投资委员会施加的政治压力正是造成中海油被迫放弃并购的主要原因。

2005年6月24日,中海油提出并购竞价的第一天,美国国会能源委员会主席乔·巴顿(Joe Barton)就致函时任总统布什,强调中海油并购优尼科会对美国能源产业和国家安全构成"明显威胁",要求布什阻止美国主要能源资产出售给中资企业。同日,41名国会议员向布什提交反对并购的公开信,无一例外地要求布什命令外国投资委员会对该并购交易实施严格审查。① 甚至部分议员宣称,并购优尼科不仅能给中海油带来宝贵的石油和天然气资产储备,还能给中国政府带来军民两用技术。因为优尼科所拥有的先进的深海油气勘探与开采等敏感技术,既可以用于商业油气开发,也可以用于军事用途,特别是为保障潜艇航行所需的海底测绘、海洋气象及海底光纤通信等技术。② 据统计,中海油对优尼科发起并购后,先后有64位联邦议员提案反对收购,其反对理由集中于"中国政府对中海油拥有70%的股份,交易资金来源于中国政府所有或控股的银行贷款,优尼科的战略资产将会优先供应中国市场,威胁美国能源安全"③。2005年6月30日,加州联邦众议员庞勃的提案以398∶15票获得众议院压倒性通过,形成众议院344号决议,称"中海油收购优尼科将会对美国国家安全构成威胁,要求总统立即阻止或延迟交易"。同日,参议院也通过431号修正案,并以削减外国投资委员会的工作经费相威胁,要求总统出面阻止该并购。④ 此外,在政客和媒体的渲染下,美国公众对中海油并购优尼科的态度也趋于两极化。2005年7月8日,《华尔街日报》和美国广播公司所做的联合民意调查表

---

① See Robert Maginnis, Risky Trade with China, *Washington Times*, July 12, 2005.
② 参见郑雅方:《美国外资并购安全审查制度研究》,法律出版社2017年版,第74页。
③ 黄河等:《中国企业跨国经营的国外政治风险及对策研究》,上海人民出版社2016年版,第117页。
④ 参见郑雅方:《美国外资并购安全审查制度研究》,法律出版社2017年版,第72页。

明,支持和反对中海油并购优尼科的美国受访者呈两极分化状态,比重分别为16%和73%,另外有11%的受访者没有表达明确意见。① 鉴于此,迫于美国国会和舆论的双重压力,预判外国投资委员会无望通过审查的条件下,中海油于2005年8月2日被迫撤回并购竞价。

此外,中海油并购案还激发了美国国会中保护主义者的疑虑,以及针对外资并购美国能源设施的大辩论即《埃克森—弗洛里奥修正案》能否为外资并购美国基础设施及关键产业提供充分的保护。在此背景下,美国国会通过了一系列针对中国投资的安全立法。② 参议院"6号能源法案"③特别要求美国国防部、国土安全部和能源部"展开对中国能源需求和能源政策对世界政治、经济及美国国土安全影响的评估"④。2007年《外商投资与国家安全法》颁布后,形式上美国外资安全审查的程序化、制度化和规范化趋势有所加强。但鉴于"国会政治"及经贸决策的独特性,美国外资安全审查依然无法摆脱国会和利益集团博弈所带来的干扰。针对中国国有企业在国际并购市场的崛起,美国时任副国务卿霍马茨(Robert Hormats)就曾宣称"国家资本主义与国有企业获得的不公平竞争优势是对全球开放市场和私人投资共识的新挑战"⑤。国有企业和主权资本成为美国外资安全审查的新"战场"。然而,美国国会和行政当局强力介入"商业交易"的行为即使在美国国内也存在分歧。财政部顾问盖宝德(Albert Keidle)就批评将中海油并购政治化的言论会导致大国间运用权势和武力划分"势力范围"以确保本国能源供给安全与资本输出空间,长远来看终将破坏美国及其领导下的和平与繁荣。⑥ 而英国《金融时报》则披露,自2002年起反对中海

---

① 参见牛琦彬:《中海油并购优尼科事件分析》,载《中国石油大学学报》(社会科学版)2007年第1期,第13页。

② See Kristy E. Young, The Committee on foreign Investment in the United States and the Foreign Investment and National Securities Act of 2007:A Delicate Balancing Act that Needs Revision,*U. C. Davis Journal of Law and Policy*,2008,15(1),p. 61.

③ 现已成为《美国能源法案》的一部分。

④ Joshua W. Casselman, China's Latest Threats to the United States:The Failed CNOOC-Unocal. Merger and Its Implications for Exon-Florio and CFIUS, *Indiana International and Comparative Law Review*,2007,17(1),p. 171.

⑤ Robert D. Hormats, Ensuring a Sound Basis for Global Competition:Competition Neutrality, *High Beam Research*,May 11, 2011.

⑥ 参见翟东升、夏青:《美国投资保护主义的国际政治经济学分析——以CFIUS改革为案例》,载《教学与研究》2009年第11期,第57—58页。

油并购的 64 位联邦议员共收受竞争对手雪佛龙公司 10 多万美元的政治献金,其中 22 位在过去三轮竞选中接受过雪佛龙的捐助。① 应当说,美国国会对中海油并购案的干预并非出于"国家安全"的考虑,而是源于盲目的投资保护主义情绪,更是相关利益集团"游说"下"国会政治"的产物。

三、美国外国投资委员会的争议聚焦与态度转变

研究发现,中海油并购优尼科失败的原因是多方面的。② 而美国外国投资委员会在审查中的争议焦点则集中在能源基础设施、中海油的国有企业身份和政府补贴三个方面。

一是并购涉及能源基础设施和先进能源技术。《外商投资与国家安全法》关于外国投资委员会的审查参考因素的论述中,将"关键基础设施"界定为"对美国至关重要的任何实体或虚拟系统及资产,若不能正常运转将会威胁到美国国家安全"。而依据《2008 细则》颁布的《2008 审查指南》依据审查经验,将国家安全问题分成两类情况:一类是依照美国目标产业属性所产生的安全问题;另一类是因外资并购者身份所产生的安全问题。并购期间,美国众议院通过的 344 号决议援引《埃克森—弗洛里奥修正案》,称石油产业在开采、加工和提炼中使用了某些敏感技术,这些技术具有商业和军事双重用途。同时,天然气和石油都属于攸关国家安全和经济繁荣的战略性资产,因此不能任由中资企业控制美国的油气资源。③ 在国会和舆论的强大压力下,外国投资委员会也认为,鉴于石油产业属于军民两用技术,中海油并购优尼科会获得美国的先进能源勘探、开发、炼油及储存技术,存在潜在危害美国军事安全的威胁。

二是中海油的"国有企业"身份影响。中资企业的"国有企业"身份一直是赴美并购过程中的一个敏感议题。早在 1990 年,中航技公司并购美国马姆科制造公司案中,美国时任总统布什就以并购威胁美国国家安全,迫使中航技放弃收购所得全部利益。中海油作为负责中国海洋油气资源勘探的主要企业和国资委管理的特大型企业,其"国有企业"身份更加敏感。鉴于《2008 细则》突显

---

① 参见黄河等:《中国企业跨国经营的国外政治风险及对策研究》,上海人民出版社 2016 年版,第 117 页。
② See Michael D. Goldhaber, Stepping Out, *The American Lawer*, November, 2005, pp.86-87.
③ 参见梁咏:《美国对外国投资的国家安全审查研究——从评析中海油并购优尼科案的视角分析》,载《2008 年全国博士生学术论坛(国际法)论文集》,第 267 页。

出美国外资并购审查对"投资目的"的重视,审查中,外国投资委员会对中海油的"国有企业"身份极为关注:其一,作为中国政府控股的大型能源企业,中海油的经营行为无法脱离中国政府的直接控制而独立进行,因此中海油的国际能源并购是中国政府能源政策和能源国际战略的有机组成部分,此举威胁到美国的能源战略安全;其二,中海油若成功并购优尼科,中国政府会获取优尼科先进的海洋油气资源勘探技术,该技术可以运用于中国海军潜艇部队的海洋测绘,威胁美国海军在相关海域航行安全;其三,中海油获取优尼科的海外油气资源会首先满足中国市场供应,此举会威胁美国能源供应安全(尽管优尼科的年产量仅为美国市场消费量的0.3%);其四,鉴于中海油的企业经营和管理模式带有浓厚的"国家资本主义"色彩,因此其存在的管理模式不规范、经营程序不透明,都与美国的企业文化和价值理念相冲突。

三是中海油的"政府补贴"问题构成不公平竞争。美国国会认为,鉴于"国有企业"身份,中海油可以轻松获得中国政府的巨额财政补贴,比如低成本融资、税收优惠等。因此,中海油因中国政府的财政补贴或其他优惠措施而获得"不正当竞争优势"。国会认为,中国国有企业获得财政补贴并不罕见,但这种财政补贴产生的融资条件带来的国有企业经营成本的削减,在并购美国境内的企业或资产时本身就构成对其他中海油的竞争对手特别是美国雪佛龙石油公司的不公平竞争。[1] 在美国看来,财政补贴意味着中国政府既当"裁判"又做"选手",明显违反市场经济主体在商业竞争中所奉行的竞争中立原则。美国《新闻周刊》(News Week)就撰文称:"中海油并购优尼科的资金大部分源于中国政府控制的银行,此次中海油获得25亿美元无息贷款、45亿美元年利率为3.5%的低息贷款,这相当于为中海油每年提供4亿美元补贴。"[2]与此同时,如果中海油并购优尼科成功,上述不公平竞争的效应会影响美国国内市场的经营秩序。

事实上,美国国会在中海油并购优尼科石油公司案中的态度对美国社会的整体认知产生了决定性影响,国会、政府和媒体轮番对案件审查程序施加影响,而美国外国投资委员会对中海油的并购态度也由最初的审慎考量转变为反对并购。

---

[1] 参见梁咏:《美国对外国投资的国家安全审查研究——从评析中海油并购优尼科案的视角分析》,载《2008年全国博士生学术论坛(国际法)论文集》,第268页。

[2] 同上书,第267—268页。

第三节　美国外国投资委员会对审查结果的考量因素分析

鉴于优尼科的油气资源涉及重要的能源基础设施,中海油的"国有企业"身份和"政府补贴"问题使该并购受到美国朝野非议,并据此向外国投资委员会施压。具体而言,中海油并购可能间接导致美国先进油气产业技术转移与中海油特殊身份所产生的市场竞争问题是影响外国投资委员会审查结果的关键,使外国投资委员会借口"危害国家安全"而阻止。

一、中海油并购与美国油气产业技术转移风险

事实上,外资企业并购美企资产或股权所产生的技术转移风险一直是美国外资监管机构关注的焦点。本案中,鉴于优尼科出售的油气资产属于美国外资并购监管法规所确认的能源基础设施和军民两用产品,油气勘探技术可用于军事用途;同时,优尼科所属的油气储备及生产部分位于美国领域或美国盟国的领域,结合中海油的"国有企业"身份,并购优尼科将会威胁到美国及盟国的军事和经济技术安全。

中海油并购将导致优尼科先进的油气勘探、提炼、储存及合成技术转移,实质上造成美国油气资源产业先进的技术优势丧失。事实上,美国国会决议所援引的有关机构所做的研究报告就指出,就油气开发技术而言,尽管优尼科所掌握的油气资源开发技术并不代表当代美国油气开发领域最高技术标准,但由于并购所涉及技术具备系统性,相关联的子技术项目数以千计,既包括油气开发技术本身,如油气资源勘探、开采、提炼、合成与储存技术,也包括先进的勘探设备(如钻井平台维护)、辅助设备(传感器操作)、运输设备(输油管道安装管理)等的使用和维护等。此外,优尼科还拥有部分油气开发基础性技术储备,比如提高深水区钻井效率、常规油井二次采收率、油井生命周期延长及深海水力压裂技术等。① 优尼科的天然气储备占其油气储量的60%以上,且在美国市场主要能源企业均重视石油开发的背景下,优尼科在天然气特别是海洋天然气开发领域显得一枝独秀。而其在墨西哥湾深水区拥有的丰富的油气储备面临来自

---

① 参见郑雅方:《美国外资并购安全审查制度研究》,中国政法大学出版社2015年版,第74页。

全球能源开发商的激烈竞争，美国必须保持该领域的技术优势。所谓"闻道有先后，术业有专攻"，显然，中海油并购也看中了优尼科所具有的油气特别是天然气开发的技术优势。

鉴于外资并购会导致先进技术转移，影响国家安全，美国1992年出台的《伯德修正案》增加了两项"国家安全"考察因素：一项是涉及"对第三方交易的考虑"；另一项是关注"与国家安全相关的技术的国际领先地位"。面对中海油并购优尼科所产生的担忧，诸多国会议员在国会听证或致函外国投资委员会时指出，作为全球最大的石油和天然气消费国，发达的油气开发技术既是美国高端制造的标志，也是捍卫美国能源技术强国的关键支撑。一方面，考虑到《伯德修正案》对"与国家安全相关的技术的国际领先地位"的特别强调，外国投资委员会认定，中海油并购优尼科会获得美国上述先进的油气开发技术，导致美国在油气领域的技术优势面临冲击，这是油气技术直接转移的结果。显然，在美国看来，中美作为国际体系内存在竞争关系的行为体，能源安全与国家安全紧密相关，并购导致的先进技术转移是美国安全需求所不能接受的。另一方面，美国外资监管机构除担忧中海油并购会导致优尼科先进能源技术直接转移外，还考虑到中国快速扩展的经济规模和庞大的本土能源市场所造就的市场规模效应，即使是能源技术的间接转移也可能对中国能源机构和企业的技术升级产生重要意义。因此，这也就可以解释：为什么尽管中海油一再声明，并购完成后将会遵循优尼科原有的经营方式，且主要在美国从事生产和销售，并不会将优尼科的资产和业务转移至中国，并保留全部优尼科员工，同意原优尼科管理层加入新公司，甚至中海油时任董事长傅成玉更是作出罕见的超乎商业惯例的表态："我们乐于与美国外国投资委员会讨论有关将非勘探与开发性资产由美国管理等外国投资委员会经常批准的处理方式"[①]，但美国外国投资委员会仍然对此熟视无睹的原因。

中海油并购获取的"先进勘探技术"属于军民两用技术，将会对美国在相关海域的军事安全构成威胁，同时提升中国海军力量在上述区域的军事影响和干预能力。以仙童半导体案为例，美国社会认为半导体属于军民两用产业，外资收购可能造成半导体技术转移，甚至可能造成美国半导体技术优势被竞争对手

---

① 参见《中海油声明：竞购优尼科做好接受美国审查准备》，http://www.chinanews.com/news/2005/2005-06-24/26/590934.shtml，访问日期：2019年3月27日。

反超。因此,对于涉及高新技术特别是军民两用技术的并购,早在《埃克森—弗洛里奥修正案》的制定中,就有议员提出,"高新技术产业对当前及未来的战争和美国国家安全至关重要,并以对领先技术的控制为主要标准列举了国家安全相关产业的具体范围,其中不仅包括国防产品的研发制造、人力服务及通信、半导体、机器人技术等,还以未来生物技术突破为背景将用于人体免疫系统以应对生物战争的药品、生物技术、高级原料等纳入国家安全范围"[①]。《2008审查指南》中的"关键基础设施"和"关键技术"特别针对军民两用产品的生产和服务,比如半导体、密码使用系统、数据保护、网络入侵检测、航空航天与海洋勘探等。而2018年出台的《外国投资风险评估现代化法案》进一步加强对数字贸易和人工智能等新兴技术特别是军民两用技术并购的审查,同时对"关键技术"作出再界定,尤其关注《国际武器贸易条例》中美国军需品名单所列明的防卫产品或防卫服务。

21世纪,经济全球化和全球价值链深化已经导致军民两用技术的界限日趋模糊。而《伯德修正案》新增考察因素仍然被用作审查涉及军民两用技术的依据,因为并购会对美国"技术领先"地位产生影响。同时,该规定也被视为赋予外国投资委员会审查"涉及军民两用技术"的权力。据此,部分国会议员指出,中海油并购优尼科后能够获得其拥有的先进深海勘探与开采的敏感技术,不仅可用于油气资源的商业开发,也可用于中国海军力量的发展,特别是为中国潜艇航行所需的海底测绘,以及海底军事光缆安全维护等提供必要技术保障。[②]在此条件下,美国国防部以及国会中负责军事科技的委员会不断对外国投资委员会施加压力,要求正视中海油并购优尼科未来给美国海军"航行自由"及盟国军事安全带来的负面影响,理由如下:

一方面,优尼科在亚洲地区的油气储备主要位于泰国、印度尼西亚、孟加拉国及缅甸等地区。上述地区隶属于美国海军第七舰队(United States Navy Seventh Fleet)的巡航范围,先进的海底勘探技术会增强中国在上述海域的海底测绘能力,这会威胁美国舰队的航行安全。此外,在美国政府看来,中国加强在上述地区海洋资源勘探和开发可能实质威胁美国所谓的"南海航行自由"。

---

① 杨静:《外资并购国家安全审查制度的平衡机制研究》,法律出版社2017年版,第110—111页。
② 参见郑雅方:《美国外资并购安全审查制度研究》,中国政法大学出版社2015年版,第74页。

另一方面,优尼科在美洲的业务主要分布在北美洲的墨西哥湾、阿拉斯加和加拿大,以及南美洲的巴西等国。外国投资委员会在转述国会两院军事委员会、国防部及国土安全部的担忧后认为,优尼科所属的位于墨西哥湾和阿拉斯加的油气资源设施直接触及美国本土,部分设施(钻井平台、输油管道及海底传感器设备等)与美国重要城市、港口和军事设施处于"必要安全距离"之内。另外,上述地区还铺设密集性的美国海底军用光缆。在外国投资委员会看来,与中国政府存在密切关系的"国有企业"在美国本土海域进行油气资源勘探对美国军事和通信安全的威胁不言而喻。

二、中海油并购与美国油气市场"竞争中立"

研究发现,外资并购是否以及何种程度上影响美国及全球能源市场的供应安全和竞争状态是制约美国外国投资委员会审查结果的另一主要考量标准。具体而言,中海油并购优尼科对美国及全球能源市场竞争的影响表现在三个方面:对美国本土能源供应安全的影响、中海油依靠"政府补贴"获取不正当竞争优势威胁市场竞争中立,以及中国政府对中海油的经营管理施加干预导致其独立经营权丧失。

一是中海油并购优尼科对美国能源市场供应安全的影响。作为全球最大的油气资源消费市场,保障本土市场的供应安全是美国能源安全政策的基石。比较发现,优尼科在美国能源领域是一个不太重要的角色,具有经营规模有限、资源储备处于海外、油气产量所占比例较低的特点。截至2005年,优尼科仅位列美国第九大石油公司,而且未能进入全球石油或天然气企业40强。优尼科70%的油气资源储备都位于亚洲地区和里海地带。并购发起前,优尼科在美国本土没有炼油或其他加工设施,其在美国国内的原油产量也仅保持在日产5.8万桶的较低水平,甚至低于美国本土石油消费总量的1%。退一步讲,即使中海油能够成功收购优尼科,那么合并后的新公司的年天然气产量也仅为美国年度天然气消费总量的1%左右,石油生产量占美国年度石油消费总量的0.3%左右。① 中海油在并购过程中,还曾向外国投资委员会主动表态,并购完成后将会遵循优尼科原有经营方式,主要在美国从事生产和销售,并不会将优尼科的资

---

① 参见郑雅方:《美国外资并购安全审查制度研究》,中国政法大学出版社2015年版,第74—75页。

产和业务转移至中国。① 此外,美国国会将石油和天然气称为"战略性资产",理由本身也过于牵强,难以获得广泛认可。因此,美国国会所谓中海油并购优尼科会影响美国市场油气资源供应安全的说辞难以成立。

二是中海油依靠"政府补贴"获取不正当竞争优势,妨害美国及全球能源市场"竞争中立"。中海油的"国有企业"身份一直是美国国会和外国投资委员会所诟病的核心问题。关于中海油并购的巨额资金来源,外国投资委员会坚持认为,中海油为中国政府所控股,并购竞价出资的185亿美元主要来源于中国的"政府补贴"及与中国政府有关的银行贷款。具体而言,其中70亿美元属于政府补贴,25亿美元属于与政府有关银行提供的免息贷款,部分贷款享受3年期免息及随后年息3%的优惠。如此大规模且低成本的融资行为使得美国政府和国会有理由怀疑,中国政府有意支持中海油的并购行为,而这本身已经不属于单纯的商事交易。② 此外,除融资来源存在"政府补贴"外,中海油作为中国政府所称的"国有支柱企业"③还享有中国政府提供的超越民营企业的额外补贴(补贴不一定仅仅表现为货币方式,有时表现为提供某些额外便利,包括增加营业收入、拓展市场或降低经营成本),比如在产品销售渠道和网点设立、企业人员培训、海外经营拓展及国内税收优惠等方面也享有特权。总而言之,在国会和媒体的影响下,外国投资委员会确信,作为"国有企业",中海油享有的这些便利或特权已经在美国及全球能源市场构成"不正当竞争优势",破坏了市场的"竞争中立"原则。

三是中国政府干预中海油的经营行为,导致其经营自主权丧失,妨害美国能源市场的竞争秩序。自由市场体制和现代企业制度均主张,政府是市场经营规则的制定者和维护者,企业才是市场经营的主角,享有完全且充分的经营自主权(独立经营权)。美国朝野长期无视中国国情和国有企业改革成效,外国投资委员会刻意忽略中国国有企业所有权和经营权分离的事实,曲解中企的投资意图,以此抑制国有控股和参股企业赴美并购。就中海油并购行为及经营的自主权而言,受美国国会议员的影响,外国投资委员会武断认为,中国政府对中海

---

① 参见《中海油声明:竞购优尼科做好接受美国审查准备》,http://www.chinanews.com/news/2005/2005-06-24/26/590934.shtml,访问日期:2019年3月27日。
② 参见郑雅方:《美国外资并购安全审查制度研究》,中国政法大学出版社2015年版,第71页。
③ 外国投资委员会引用了"中国政府对涉及国民经济关键行业的大型国有企业"的提法。

油的经营管理和发展方向施加影响,并直接干预其经营行为,甚至是实现中国政府能源战略意图的工具。雪佛龙公司副董事长彼得·罗伯森(Peter Roberston)在接受英国《金融时报》采访时就质疑"允许政府(指中国)进入商业领域意味着贸易规则出了问题,而在某种意义上,他们在窃取这些资产"[①]。具体而言,美国社会认为,中国政府通过企业资本控制(控股权)、人事任命及融资、税收等其他优惠措施控制和影响中海油的经营管理和发展趋向。回溯历史,美国国会和外资监管机构对中海油公司的"判断"也符合美国社会对中国政治经济体制(政府与市场的关系)和"国有企业"的一贯"认知"。一言以蔽之,在国会和外国投资委员会看来,如果并购优尼科成功,中国政府干预中海油的经营行为和发展趋向必将妨害美国能源市场的竞争秩序和供给安全。

三、美国外国投资委员会的审查标准与"艰难抉择"

中海油并购优尼科石油公司案的结果是在外国投资委员会尚未出具最终审查结论的情况下,因不堪美国国会、政府和舆论的轮番压力,中海油被迫自愿退出并购。事实上,尽管中海油对美国国会和外国投资委员会就并购所造成的技术转移和竞争关切作出了具体补救措施(附加"承诺"),但最终在国会两院军事委员会、国防部和国土安全部的压力下,外国投资委员会对技术转移导致技术优势丧失的关切决定了对中海油并购的审查结果。

一方面,中海油并购所涉及的部分技术属于美国外资监管法规所设定的"关键技术"。具体而言,以技术优势为基础的国家安全始终高于以成本—收益衡量为基础的市场安全(竞争)是美国政治的常态。因此在技术转移风险和市场竞争威胁的权衡中,国会对中海油并购所导致的技术转移对美国国家军事和经济安全的影响更重视。事实上,考察美国《埃克森—弗洛里奥修正案》《伯德修正案》及随后的《外商投资与国家安全法》有关"关键技术"和"关键基础设施"的描述,以及商务部工业安全局等颁布的出口管制法规会发现,本案中所涉及的海底勘探、测绘、传感等技术均属于美国外资监管法规所确定的"关键技术"范畴,而油气资源产业则属于"关键基础设施"范畴。2005年7月2日,《华盛顿

---

① 雪佛龙公司利用美国社会对中资并购的疑虑,利用媒体间接对外国投资委员会进行施压。参见《中海油VS雪佛龙——市场化VS政治门》,http://finance.people.com.cn/GB/1045/3521374.html,访问日期:2019年5月1日。

邮报》社论《石油与安全》指出:"中海油并购后,优尼科石油公司的采油技术会否用于军事是美国进行安全审查的理由。"①回顾中海油的并购历程,中海油向外国投资委员会提交审查通知后,还主动提交了附加"承诺",详细说明了并购后的新公司将会保持优尼科现有经营战略、产品供应格局,并就美国外资并购监管所关注的其他事项,如并购融资来源、独立经营权、新公司管理结构(包括高管任命)、经营透明度及优尼科雇员安置等逐项关切作出解释说明。

即便如此,外国投资委员会依然援引《2008审查指南》中关于"美国目标企业虽未与美国政府机构存在供应合同关系,而仅因为本身运营服务或提供产品、服务属性而必须接受外国投资委员会的审查,此类美国企业包括出于能源产业某一环节,从事自然资源开采、运输,或从事自然资源与能源之间的转换,或向美国政府及居民消费者供应能源等"条款认为,中海油并购优尼科会导致美国先进的油气勘探技术转移到中国企业和军队。此外,《国防部工业安全条例》也对"关键技术"的定义明文指出:潜在对手没有掌握的重要军事技术,一旦为对手所掌握,其军事实力就可能显著增长,具体包括能够优化现有军事系统的优秀技术、能够弥补竞争对手的某一潜在军事缺陷。鉴于中海油的国企身份,相应的海底钻探、测绘及传感器等技术的转移有助于提升中国民用海洋资源勘测技术和军事测绘与传感技术,并实质上对美国在该领域的经济与军事技术优势构成威胁。

基于此,为避免中海油附加"承诺"削弱外国投资委员会的疑虑,美国国会在中海油作出附加"承诺"的背景下,依然于2005年7月25日投票一致决定,中海油并购优尼科必须经过美国能源部、国土安全部及外国投资委员会的全部调查和评估程序,否则不能视为并购通过审查。② 在此条件下,中海油获得外国投资委员会并购许可的意图已然落空。③ 显然,这与"国际无政府状态"下中美两国在国际体系内的竞争直接相关。④

---

① 表明技术转移仍是影响中海油并购成败的关键因素,参见《华盛顿邮报:美国人对中海油并购的忧虑是错误的》,http://www.chinanews.com/news/2005/2005-07-06/26/595606.shtml,访问日期:2019年4月6日。

② 参见张翔:《中海油竞购优尼科对中国企业跨国并购的启示》,载《甘肃科技》2009年第23期,第118页。

③ 参见《中海油撤回并购优尼科要约是急流勇退的明智之举》,http://www.chinanews.com/news/2005/2005-08-04/26/607694.shtml,访问日期:2019年4月2日。

④ 这与和平时期大国竞争聚焦于以高科技发展为核心的竞争的常规判断是一致的。

另一方面,就中海油并购优尼科对美国油气资源市场竞争的影响而言,中海油的附加"承诺"已经将并购可能"妨害竞争"的程度有效降低。具体而言,美国国会和外国投资委员会就中海油并购优尼科对美国能源市场竞争影响的关注具体表现为:

一是对美国本土油气资源供应安全的影响。从整体上分析,鉴于优尼科在美国国内油气资源市场所占的份额较小,即无论是油气资源储备还是石油和天然气产量,对美国市场供应的影响均微不足道。统计数据表明,优尼科在美国国内的原油产量保持在日产5.8万桶的水平,甚至低于美国本土石油消费总量的1%。即使中海油成功并购优尼科,新公司的年天然气产量也仅为美国年度天然气消费总量的1%,石油产量占美国年度石油消费总量的0.3%。① 2005年7月2日,《华盛顿邮报》发表《石油与安全》社论,指出中海油并购会威胁美国能源供应的理由是牵强的想象。② 事实上,外国投资委员会就并购对美国市场供应安全的影响也仅展示出"风声大,雨点小"的印象。

二是中海油依靠"政府补贴"获取不正当竞争优势会妨害美国能源市场"竞争中立",以及中国政府干预中海油的经营行为会导致其经营自主权丧失,妨害美国能源市场的竞争秩序。尽管彼得·罗伯森在接受《纽约时报》采访时曾直言:"雪佛龙公司与中海油进行的绝非商业竞争,是与中国政府在竞争,而这是不公平的。"③针对雪佛龙公司打"政治牌"的行径,《纽约时报》批评道:"想要用便宜的政治牌买到优尼科,是否在拿自己的商业信誉和美国的贸易自由原则做赌注呢?"④特别是中海油在附加"承诺"中已经就未来的经营战略和销售方向作出具体而明确的承诺。应当说,中海油的附加"承诺"已经将中海油并购优尼科可能造成的"妨害竞争"的程度有效降到最低。而前述傅成玉的表态,甚至某种

---

① 数据表明,优尼科的市场份额不足以对美国市场的供应产生影响。参见郑雅方:《美国外资并购安全审查制度研究》,中国政法大学出版社2015年版,第74—75页。

② 关于并购对美国市场供应的威胁,在美国也有不同认知,参见《华盛顿邮报:美国人对中海油并购的忧虑是错误的》,http://www.chinanews.com/news/2005/2005-07-06/26/595606.shtml,访问日期:2019年4月6日。

③ 雪佛龙公司将"中海油的国有企业身份"作为游说借口是典型的"政治游说",参见《中海油VS雪佛龙——市场化VS政治门》,http://finance.people.com.cn/GB/1045/3521374.html,访问日期:2019年5月1日。

④ 《中海油VS雪佛龙——市场化VS政治门》,http://finance.people.com.cn/GB/1045/3521374.html,访问日期:2019年5月1日。

程度上是把并购后新公司的部分管理权的决定权"让渡"给了美国外国投资委员会。换言之,这难道不是另一种企业"经营管理权"的丧失吗!

此外,中海油并购优尼科石油公司案中,值得优尼科重视的其他因素还包括:一是中海油的并购竞价超过竞争对手雪佛龙公司10多亿美元;二是雪佛龙的竞价中股票比例较高,现金比例较低;三是雪佛龙公司计划在并购完成后进行部分裁员也对优尼科产生了某种程度的影响。就连新加坡《联合早报》也撰文指出:"若以政治理由阻止中海油并购,美国将会因此失去一份相当可观的商业收益,更会损害美国的投资环境和贸易形象。"[①]回顾中海油与优尼科之间的并购谈判历程,优尼科始终对与中海油的并购谈判持完全开放的态度,[②]与中海油的并购出价及附加"承诺"有直接关系。而优尼科最终违反国际并购市场"价高者得"的商业惯例,选择接受雪佛龙公司的并购要约,并放弃继续与美国外国投资委员会交涉,是受到美国国会和政府军事部门对并购导致技术转移风险的政治压力而作出的理性选择,因为优尼科已经意识到与中海油的并购交易不可能得到外国投资委员会的审查批准。

---

① 此外,《联合早报》的文章还认为中海油并购对美国经济存在三大利好:一是导致大量资金从中国回流美国,改善美国外来投资不佳的局面;二是有助于美国产品在中国市场获得更大份额;三是使中国更愿意与美国保持稳定和密切的经贸关系。参见《中海油收购案的背后:美敌视外国企业将损及自身》,http://www.chinanews.com/news/2005/2005-07-06/26/595571.shtml,访问日期:2019年5月7日。

② 优尼科对中海油的竞购条件是经过认真考虑过的,参见《优尼科拟放弃雪佛龙,有条件接受中海油收购要约》,http://www.chinanews.com/news/2005/2005-07-07/26/595854.shtml,访问日期:2019年4月2日。

第六章 绝对拒绝:华为联合贝恩资本并购 3Com 公司案

信息技术(information and communication technology)①是第四次工业革命的核心技术,并且对其他产业具有辐射带动作用,因而对国防安全和经济优势具有重要影响。冷战后,美国依仗其信息技术优势,利用在"新经济"②领域的领先地位巩固其自由制度主义霸权,并竭力遏制潜在的外部技术挑战者。后危机时代,针对华为和中兴通讯在全球通信领域技术崛起,2012 年美国国会众议院特别情报委员会曾展开专门调查,而调查报告建议美国政府限制二公司赴美国开展投资和贸易活动。③ 事实上,中国华为公司并购美国信息服务供应商 3Com 和 3Leaf 公司均因美国外国投资委员会审查而失败,本质上也是上述因素在中美投资关系中的反映。

第一节 华为公司并购案的背景介绍

早在 2003 年 1 月,美国著名电信设备供应商——思科系统有限公司(Cisco)就曾提起针对华为公司侵犯其知识产权的诉讼,指控"华为涉嫌非法抄袭、盗用包括源代码在内的 IOS 软件等",但该案最终以双方庭外和解、思科公司撤

---

① 信息技术(ICT)按照承载功能可以划分为三大部分:集成电路、软件和互联网服务及通信,三者分别承担信息的计算、加工处理和传输功能。目前,全球四大通信设备供应商中,华为公司和中兴通讯占据两席。

② "新经济"(new economy)一词为国际社会所广泛知晓,源于 2000 年 1 月 27 日至 2 月 1 日在瑞士达沃斯召开的"世界经济论"(World Ecnomic Forum)年会的主题,而以互联网技术为基础的信息通信产业也被视为"新经济"的关键。

③ 参见樊志刚、王婕:《美国国家安全审查制度对中国企业拓展美国市场的启示——基于华为、中兴通讯被美调查事件》,载《国际经济评论》2013 年第 2 期,第 74 页。

诉而告终。① 作为中国最大的通信设备制造商,为整合技术资源、完善产业链、提高行业竞争地位,华为公司于 2007 年和 2010 年两度进军美国电信市场,均遭遇美国外国投资委员会以"国家安全"为借口拒绝,引发关注。

一、华为公司并购案的基本案情

20 世纪 90 年代,以纳斯达克(NASDAQ)市场为基地,美国经济界掀起一场由高新科技和新型互联网企业牵头的投资热潮,英特尔公司甚至发出:"赶快跳上互联网的高速列车,否则你将死无葬身之地"。因此,美国经济也进入所谓"非理性繁荣"(irrational exuberance)时代。② 好景不长,受美联储调高利率和拆分微软两大事件的影响,2001—2002 年以互联网为代表的高科技泡沫破裂,互联网危机很快向产业链上下游的电信制造业和运营业蔓延,连累整个信息产业步入寒冬。③ 美国信息通信企业在经营、投资和研发方面全线跌入低谷,这为华为公司积极进军美国市场创造了外部机遇。

2003 年,思科公司诉华为侵权案庭外和解后,华为公司进军全球网络通信市场初衷不改,并积极与美国信息(网络)服务供应商 3Com 公司成立合资企业——H3C,希望借助合资企业进入美国市场。关于 H3C,华为公司以技术入股,占 H3C 股份的 51%,3Com 公司出资 16.5 亿美元,持股 49%。2005 年,华为公司为进一步聚焦核心业务,将其持有的 H3C 公司 2% 的股权转让给 3Com 公司,2006 年 11 月又将剩余的 49% 股权一次性以 8.8 亿美元转让给 3Com 公司,同时退出 H3C 公司的运营管理。2007 年,美国私募股权基金贝恩资本(Bain Capital)认为,H3C 公司在企业网络数据通信市场前景广阔,计划收购 H3C 公司。但鉴于自身的投资基金身份,缺乏通信专业背景和运营经验,考虑到华为公司具有强大的技术实力,而且熟稔 H3C 公司的技术和经营运作,同时华为的背后还是快速成长的中国本土通信产业市场,④ 为此,贝恩资本主动邀请

---

① 参见《华为崛起的源起之战,思科诉讼华为案》,https://baijiahao.baidu.com/s?id=1624067152836302948&wfr=spider&for=pc,访问日期:2019 年 5 月 7 日。
② 20 世纪 90 年代的美国经济繁荣也称为"非理性繁荣"。关于信息技术和互联网对这一时期美国经济的影响,参见〔美〕罗伯特·J.希勒:《非理性繁荣》,李心丹等译,中国人民大学出版社 2016 年版。
③ 参见王丽颖:《美国网络泡沫破灭纪事》,载《国际金融报》2014 年 3 月 3 日第 22 版。
④ 关于邀请华为公司共同收购 H3C 公司的目的,贝恩资本在致华为公司的信函及公开文件中宣称"华为公司可以为 H3C 提供商业支持",但在其内部的收购评估文件中明确指出"联合华为公司有利于拓展在中国本土通信产业市场的经济利益"。

华为合作并购 H3C 公司。2007 年 9 月 28 日,华为公司与贝恩资本宣布成立新公司,共同出资 22 亿美元并购曾经的合作伙伴 3Com 公司的部分业务。华为公司和贝恩资本的收购要约表明,华为公司将以 44% 的溢价持有 3Com 公司 16.5% 的股权,而该收购的核心资产即是 H3C 公司。

该并购案历经美国外国投资委员会 75 天的安全审查程序后,2008 年 2 月 21 日,外国投资委员会正式以并购成功会"危害美国政府信息安全"为由拒绝批准。审查过程中,贝恩资本和 3Com 公司为获得批准,向美国外国投资委员会作出多项妥协和承诺:一是对 3Com 公司中主要负责开发国防安全软件的 Tipping Point 部门进行技术分拆;二是保证华为公司不会因并购而获取美国的敏感技术和相关政府订单;三是并购后华为公司不寻求拥有新公司运营控制权和最终决策权。① 然而,上述三项承诺依旧未能改变美国外国投资委员会的审查结论,并购以失败告终。

无独有偶,2010 年 5 月,华为再度斥资 200 万美元收购美国另一网络科技企业 3Leaf 公司部分资产;同年 9 月,该交易获得美国商务部批准;同年 11 月,华为公司又主动向外国投资委员会递交审查通知。此后,5 位国会众议员联名致信美国外国投资委员会宣称"容许华为公司并购 3Leaf 公司资产会危害美国国家安全"。2011 年 2 月,外国投资委员会要求华为自愿放弃收购权益。② 华为公司公开质疑美国政府和外国投资委员会的决定,并要求公开审查依据和标准,但遭遇外国投资委员会的拒绝。

二、华为公司并购案受阻的原因

如上文所述,由于美国外国投资委员会对公开审查依据的请求始终置若罔闻,因而外界无法获知其审查结论的官方依据。然而,尽管华为公司并购 3Com 公司受阻的原因是多方面的,但根据美国国会议员及与并购审查有关部门的表态可以归纳为三大主要因素:

一是美国出于华为公司控制 3Com 公司可能"危害美国政府信息安全"的忧虑。信息安全特别是政府和军队信息安全是美国国家安全的重中之重。一

---

① 参见玉红玲:《从并购动机透析华为收购美国 3Com》,载《财务与会计》2008 年第 8 期,第 17 页。
② 参见杜仲霞:《美国外资并购国家安全审查制度及对我国的启示——兼评三一重工、华为在美投资并购受阻案》,载《现代经济探讨》2013 年第 3 期,第 74 页。

方面,通信产业涉及美国所谓的关键技术和关键基础设施。更重要的是,华为公司的并购目标 3Com 公司是美国国防部网络服务的供应商之一,该公司的关键部门 Tipping Point 所开发的国防安全软件广泛运用于美国国防部和其他军事机构的网络系统。"9·11事件"后,美国把信息(网络)安全战略置于国家安全战略的核心地位,并颁布《信息时代的关键基础设施保护》行政令,成立"总统关键基础设施保护委员会"全面负责美国信息(网络)安全工作。① 另一方面,美国质疑华为公司的投资目的。《2008 细则》将《1991 条例》中的"仅以投资为目的"修改为"以消极投资为目的",突显出美国外资并购审查对"投资目的"的重视。美国政府质疑"华为公司与中国政府的关系",即华为公司是否服务于中国政府或军队?是所谓国家战士(national champion)?② 首先,有美国议员指出,华为公司创始人及总裁任正非曾经服役于中国人民解放军工兵部队(技术兵种),董事长孙亚芳曾供职中国国家安全部,③而华为在伊朗、阿富汗及伊拉克等敏感地区,④以及在美国的部分盟友,甚至敌对国家提供通信服务。《外商投资与国家安全法》新增"国家安全"考量因素第四项:对于需要进入调查程序的"外国政府控制的交易"中,并购涉及第三国时也需要评估,即该国是否遵守核不扩散控制体制,以及该国与美国的关系,特别是反恐合作方面的记录。其次,还有议员指出,华为公司内部设置了"党委"角色。联系到中国政治体制即中国共产党领导,这一职位设置恰好说明华为公司与中国政府存在某种紧密的合作或管理关系。鉴于此,美国政府对华为公司任何形式的赴美并购意图均保持高度戒备。⑤

二是华为公司依靠"政府补贴"在全球市场展现出的强大竞争优势对美国企业构成不公平竞争,违反"竞争中立"原则。从全球视野看,信息革命创造的

---

① 参见陈星、齐爱民:《美国网络安全空间威胁论对全球贸易秩序的公然挑战与中国应对——从"美国调查华为中兴事件"谈起》,载《苏州大学学报》2014 年第 1 期,第 83 页。

② 美国国会指出,华为被中国政府和军队视为"国家战士",获得"扭曲性金融支持"。详见 U. S. House of Representatives, 112th Congress, Investigative Report on the U. S. National Security Issues Posed by Chinese Telecommunications Companies Huawei and ZTE, October 8, 2012。

③ See U. S. House of Representatives, 112th Congress, Investigative Report on the U. S. National Security Issues Posed by Chinese Telecommunications Companies Huawei and ZTE, October 8, 2012.

④ 参见玉红玲:《从并购动机透析华为收购美国 3Com》,载《财务与会计》2008 年第 8 期,第 18 页。

⑤ 美国国会认为,华为的发展历史、公司结构和高管背景表明其与中国共产党和中国政府存在关系。详见 U. S. House of Representatives, 112th Congress, Investigative Report on the U. S. National Security Issues Posed by Chinese Telecommunications Companies Huawei and ZTE, October 8, 2012。

"新经济"依然是一种"富国现象",美国利用自身"信息优势"和"知识优势"继续稳固以创新为核心的"竞争优势",掌控全球产业链的制高点,进而获取垄断利益。由此,美国在全球信息产业领域一骑绝尘。以 2000 年美国全球信息产品市场占有率为例,中央处理器(CPU)占 92%,系统软件占 86%,信息产业投资占全球投资总额的 41.5%,美国微软"视窗系统"占全球操作平台应用量的 95%,信息产业相关产值已超过美国国内生产总值的 28%。[①] 美国众议院特别情报委员会对华为公司的调查报告指出,由于华为被中国政府和军方视为"国家战士",因而获得了扭曲性金融支持,包括中国政府和国有银行提供低成本融资支持、政府(包括地方政府)税收减免、出口补贴,以及在土地、员工招聘等方面提供便利或隐性补贴,上述措施帮助华为公司短时间内在全球电信市场赢得一席之地。例如,华为公司在一份备忘录中提及与中国多家银行签署协议,获得总额达 1000 亿美元的信贷额度,而同期华为的总资产不过 58.7 亿美元。[②] 一言以蔽之,华为公司依赖中国"政府补贴"获得的竞争优势对美国相关企业构成不公平竞争,违反了"竞争中立"原则。

三是华为公司将可能获得 3Com 公司的实际控制权。根据贝恩资本和 3Com 公司向外国投资委员会提交的说明:2006 年 11 月,华为将剩余 49%的 H3C 股权一次性以 8.8 亿美元转让给 3Com 公司后退出了 H3C 公司的运营管理,直至 2007 年贝恩资本邀请华为共同并购 3Com 公司,期间华为与 H3C 公司无持股或管理关系。但部分美国议员在致外国投资委员会的信中质疑,尽管自 2006 年年底起,华为公司已实际脱离 H3C 公司的经营管理,但 H3C 公司的经营管理从未真正离开华为公司。具体而言,首先,在人事方面,H3C 公司的现有管理团队和员工很多来自华为公司,H3C 公司的关键业务也由从华为继承来的管理团队执掌。其次,在业务方面,华为公司仍然是 H3C 公司最大的客户,占其销售总额的 30%。最后,在文化上,H3C 和华为一脉相承,诸多员工有深厚的"华为情结"。结合上述三方面因素,尽管本次并购中华为公司仅获得 3Com 公司 16.5%的股权(有权在未来增持 5%),但鉴于华为公司在技术方面对

[①] 参见孙敬水:《数字鸿沟:21 世纪世界各国面临的共同问题》,载《国际问题研究》2002 年第 6 期,第 54—58 页。

[②] See U. S. House of Representatives, 112th Congress, Investigative Report on the U. S. National Security Issues Posed by Chinese Telecommunications Companies Huawei and ZTE, October 8, 2012.

3Com 公司享有绝对主导权,①以及该笔投资能产生高达 44% 的溢价率,未来华为对 3Com 公司和 H3C 公司的实际控制权和影响力将远超其股权比例。② 事实上,这也正是美国外国投资委员会拒绝接受 3Com 公司和贝恩资本所出具的有关"并购后华为公司角色"的情况说明的主要原因。

三、美国国会调查华为和中兴通讯事件

2008 年全球金融危机后,作为中国第一、全球第二大电信设备制造商,华为公司在美国通信市场的投资连续受挫。继华为公司收购 3Com 公司受阻,2010 年收购 2Wire 公司、摩托罗拉移动网络部遭拒,以及 2011 年收购 3Leaf 公司失利后,一连串的赴美投资因政治力量干预而失败,引发了华为公司的不满和不解。为此,华为公开要求美国外国投资委员会公布审查标准和依据:"我们对于国家安全的理解,是不是还达不到美国政府的要求,我们想知道,是不是已经掌握了华为违反美国安全的事实,具体情况能否告诉我们。美国政府是对华为的过去担忧?还是对华为未来的发展担忧?担忧在哪些方面?具体什么事情?我们能否一起找到解决的办法。"③在遭遇美国外国投资委员会拒绝后,华为公司又提出美国政府和国会应对其经营活动进行正式和全面的调查,以便澄清误解,为登陆美国市场扫清政治障碍。作为对华为公司上述要求的正式回应,2011 年 11 月,美国国会负责管理国家安全和情报事务的众议院特别情报委员会就"华为和中兴通讯是否适合做美国全国通信网络服务的供应商"展开专门调查。在 2012 年上半年,众议院特别情报委员会调查小组分别走访了华为公司和中兴通讯总部、工厂,并与二公司的部分高管举行闭门座谈,详细听取二公司经营情况介绍。同年 9 月 13 日,华为和中兴通讯再度分别派出高级副总裁丁少华和朱进云出席美国国会听证会并作证,申明二公司赴美投资不会对美国国家安全构成任何威胁。10 月 8 日,众议院特别情报委员会公布正式调查结果——《中国电信企业华为与中兴通讯影响美国国家安全事务的调查报告》(Investigative Report on the U. S. National Security Issues Posed by Chinese Tel-

---

① 美国外资并购监管机构认为,贝恩资本作为一家投资基金,未来的 3Com 公司经营中,无法在技术上与华为公司展开竞争或有效制衡,华为公司会获得 3Com 公司的实际控制权。
② 参见玉红玲:《从并购动机透析华为收购美国 3Com》,载《财务与会计》2008 年第 8 期,第 18 页。
③ 胡厚崑:《华为致美国政府公开信》,http://pr.huawei.com/cn/news/hw-092878.htm,访问日期:2019 年 6 月 7 日。

ecommunications Companies Huawei and ZTE），该报告建议，出于国家安全考虑，美国政府应当阻止华为和中兴通讯在美国展开投资贸易活动。①

具体而言，美国众议院特别情报委员会的调查主要关注三个方面：一是情报委员会根据现有且已经公开的信息，对华为和中兴通讯的历史背景、经营状况、财务信息以及二公司与中国政府和中国共产党可能存在的关系作出评价；二是对机密信息进行评价，具体包括对美国情报界（IC）的既有项目及工作作出评价，以便确认美国情报界在信息供应链风险评估方面是否处理得当；三是华为和中兴通讯在全球的经营活动是否存在违反美国国内法的行为，特别是是否违反有关国际制裁或反恐的法律规定。② 最终，美国众议院特别情报委员会认为，有可靠的证据表明华为和中兴通讯违反了美国政府关于对伊朗实施制裁的法令，而且根据已有的机密及非机密信息，情报委员会目前尚无法确信华为和中兴通讯的经营活动不会受到中国政府和军队的影响，而这种影响可能会给美国的通信系统带来安全威胁。③

与此同时，众议院特别情报委员会的调查报告还对美国政府、国会以及网络设备供应企业和系统开发企业提出如下建议：一是鉴于华为和中兴通讯所涉及的并购行业属于美国"关键基础设施"领域，对美国的信息（网络）安全具有重要影响，尤其是电信供应链的脆弱性对美国政府和军事信息安全至关重要。因此，美国政府应当以"怀疑的态度"审视中国通信企业对美国电信市场的持续"渗透"行为。二是美国政府有义务提示和警告美国私营部门充分考虑使用华为或中兴通讯的设备或服务可能产生的长期安全风险。由于众议院特别情报委员会依据现有信息无法证实华为和中兴通讯二公司在经营管理和投资贸易方面免于受到中国政府和军事部门的影响或控制，以及由此可能给美国带来的

---

① 参见 U. S. House of Representatives，112th Congress，Investigative Report on the U. S. National Security Issues Posed by Chinese Telecommunications Companies Huawei and ZTE，October 8，2012；樊志刚、王婕：《美国国家安全审查制度对中国企业拓展美国市场的启示——基于华为、中兴通讯被美调查事件》，载《国际经济评论》2013 年第 2 期，第 74—76 页。

② 参见 U. S. House of Representatives，112th Congress，Investigative Report on the U. S. National Security Issues Posed by Chinese Telecommunications Companies Huawei and ZTE，October 8，2012。

③ 详见 U. S. House of Representatives，112th Congress，Investigative Report on the U. S. National Security Issues Posed by Chinese Telecommunications Companies Huawei and ZTE，October 8，2012；陈星、齐爱民：《美国网络安全空间威胁论对全球贸易秩序的公然挑战与中国应对——从"美国调查华为中兴事件"谈起》，载《苏州大学学报》2014 年第 1 期，第 81—82 页。

安全风险,强烈建议美国的网络提供商和系统开发商选择其他非中国的通信企业作为供货商。三是美国国会应对华为和中兴通讯或其他中国电信设备供应商的不公平贸易行为保持关注,并特别针对中国政府为这些企业所提供的持续"扭曲性金融支持"的影响效应,这些低成本的融资会对美国电信企业及美国电信市场竞争造成不公平,并使中国相关企业获得不正当竞争优势。四是美国政府应该建议中国政府对类似华为和中兴通讯等企业实施改革,使其经营管理、股权结构和控制关系变得更加公开、透明。五是对于与外国政府存在关联的或无法获得美国信任的外国公司,国会应该尽快立法,以便更好地解决上述企业可能带给美国关键基础设施建设和维护产生的风险。此外,调查报告还对华为和中兴通讯的高管在接受众议院情报委员会调查时的态度提出批评,认为二公司在一些关键和敏感问题上选择刻意回避或不置可否的态度,未能就美国提出的疑虑提供客观和合理的解释。例如,华为拒绝描述其与中国国有银行的关系,拒绝对其与中国银行(China Bank)的交易细节,以及对与中国进出口银行(the Export-Import Bank of China)的"正常商业关系"作出具体解释。①

事实上,美国国会的调查报告基本宣告"封杀"了未来华为和中兴通讯在美国开展投资并购的可能性,并对二公司与其他西方国家的商业伙伴的合作产生巨大负面影响,因为这意味着上述公司如果冒险选择与华为或中兴通讯合作可能面临被美国市场拒绝的风险。

第二节 华为公司崛起与中美信息产业竞争

事实上,华为和中兴通讯在全球通信领域的技术崛起是中国工业化进程由"中国制造"向"中国智造"转型的一个缩影,象征中国技术在部分领域已经达到国际领先水平。而《中国制造2025》更将新一代移动通信技术列为中国优先发展的十大高新技术之首。② 鉴于此,以华为和中兴通讯为代表的中国5G技术

---

① 参见 U.S. House of Representatives, 112th Congress, Investigative Report on the U.S. National Security Issues Posed by Chinese Telecommunications Companies Huawei and ZTE, October 8, 2012;樊志刚、王婕:《美国国家安全审查制度对中国企业拓展美国市场的启示——基于华为、中兴通讯被美调查事件》,载《国际经济评论》2013年第2期,第76页。

② 参见《〈中国制造2025〉重点领域路线图出炉》,http://www.miit.gov.cn/n973401/n1234620/n1234630/n1234633/c4324030/content.html,访问日期:2019年5月5日。

崛起,与高通、英特尔、思科等美国通信巨擘在全球通信市场激烈竞争,也成为2018年美国特朗普政府发动中美贸易战的重要根源。①

一、美国的信息安全战略及其产业动态

美国是计算机与互联网的发源地,也是全球信息产业最发达的国家,始终对信息安全高度重视。具体政策中,美国政府在通过一系列国家安全战略文件强化国内信息安全的同时,利用信息技术优势维护美企在全球信息产业的技术垄断地位和市场利益。

一方面,美国政府通过国家安全战略报告提升信息安全战略国家定位的同时,明确将信息安全作为美国国家安全战略的核心部分。美国政府的上述意图体现在政策实践和规制构建方面,并总体表现为五大阶段:

第一阶段,以2001年小布什政府正式发布《信息时代的关键基础设施保护》行政令为契机,美国政府成立专门负责美国国家网络空间安全工作的"总统关键基础设施保护委员会",该机构在总统直接领导下负有全面规划和实施美国信息网络安全战略的职能,同时监督和配合其他与信息安全存在主要关联的部门,如国防部、国土资源部、中央情报局(CIA)及军队机构的信息网络安全工作,共同促进美国信息安全战略目标的实现。

第二阶段,从美国国家战略全局出发,为了保证信息网络的正常运行,确保美国社会生活的安全与稳定,美国政府又于2003年2月发布《网络安全国家战略》报告,正式将网络安全提升至国家安全的战略高度。②

第三阶段,鉴于全球金融危机后美国国家安全面临的新环境,奥巴马政府于2009年正式提出将网络空间安全威胁与核武器和生物武器并列为美国的主要安全威胁,同时为应对信息网络领域外国投资者的并购动机和行为再次将网络列为关键基础设施,全面升级为国家战略资产。在此意义上,信息网络设施已经等同于国家安全与经济安全命脉,美国网络安全领域战略攻防的力度持续增强。③

---

① 参见李滨、陈怡:《高科技产业竞争的国际政治经济学分析》,载《世界经济与政治》2019年第3期,第136—138页。
② 参见袁艺、夏成效、胡效军:《美国加强国家信息安全的主要做法》,载《信息系统工程》2011年第3期,第17页。
③ 参见谭安芬:《美国信息安全政策发展及其启示》,载《计算机安全》2011年第11期,第2—5页。

第四阶段，2011年，美国政府发布《网络空间可信标识国家战略》《网络空间国际战略》和《网络空间行动战略》三大文件，进一步完善美国信息网络安全战略。其中的《网络空间国际战略》更是美国首次针对网络空间制定的全盘安全规划，并首次将互联网政策与美国外交政策相结合，同时将网络安全关注的范围由美国本土扩展到全球网络空间。

第五阶段，特朗普政府高度关注5G技术对美国安全战略的影响。2018年10月，美国再度发布《为美国未来制定可持续发展频谱战略》(Developing a Sustainable Spectrum Strategy for America's Future)的总统备忘录，确定商务部领导制订长期频谱计划。作为对总统备忘录的回应，白宫科技办公室以及无线频谱研发跨部门小组(WSRD)发布了一份《美国无线通信领域领导地位的研究与发展优先事项》(Research and Development Priorities for American Leadership in Wireless Communications)报告。同时，白宫科技办公室还发布《新兴技术及其对非联邦频谱需求的预期影响》(Emerging Technologies and Their Expected Impact on Non-Federal Spectrum Demand)报告。[1] 鉴于此，无论是信息系统领域的操作系统、数据库，还是设备领域的网络交换机，其核心技术都应当由美国企业掌握，从而保障美国在网络空间领域的绝对优势。[2] 事实上，在网络空间安全成为美国国家安全主要内容之际，网络基础设施成为美国国家战略资产，贸易和投资领域的安全审查制度对捍卫网络空间安全主导权就显得至关重要。

另一方面，美国积极开发本国信息产业市场的同时，利用技术优势和国家力量扩大全球信息产业市场份额。美国是全球信息产业的领跑者，也是最大的获益者，数字鸿沟进一步突显美国在全球信息产业的主导地位。一是积极拓展和巩固在美国信息产业市场的主导权。20世纪90年代以来，信息技术发展和信息产业崛起成为美国经济繁荣的加速器。1994—2000年，信息产业在美国GDP中所占的比重由6.3%提高到8.3%，信息产业对美国实际经济增长的贡献达30%。[3] 为此，美国政府不仅对信息安全高度警惕，而且将网络基础设施

---

[1] 参见刘国柱：《特朗普政府技术民族主义论析》，载《美国研究》2020年第4期。
[2] 参见陈星、齐爱民：《美国网络安全空间威胁论对全球贸易秩序的公然挑战与中国应对——从"美国调查华为中兴事件"谈起》，载《苏州大学学报》2014年第1期，第84页。
[3] 参见孙敬水：《数字鸿沟：21世纪世界各国面临的共同问题》，载《国际问题研究》2002年第6期，第54—58页；黄凤志：《知识霸权与美国的世界新秩序》，载《当代亚太》2003年第8期，第12页。

列入国家战略资产,充分发掘其巨额的市场经济价值。在此条件下,美国除掌控信息领域诸如操作系统、数据库等软体技术外,对通信基站、网络交换机等信息产业硬体技术也保持高度管制,保证由美国企业供应。2012年,美国众议院特别情报委员会对"华为和中兴通讯是否适合做美国全国通信网络的供应商"的调查报告就直言不讳,鉴于电信供应链的脆弱性对美国政府信息安全影响重大,建议美国政府应对中资企业登陆美国始终保持"怀疑的态度";同时警告国内私营企业充分考虑使用华为或中兴通讯的设备或服务未来可能产生的信息安全风险;并期望和鼓励美国网络提供商和系统开发商选择其他非中国的公司作为供货商。

二是鼓励美国信息通信企业特别是电信设备供应商积极拓展信息产业国际市场。2011年5月,美国发布《网络空间国际战略》阐明美国政府在网络空间工作的七大领域,其中在"经济"领域声明要维持自由贸易环境、鼓励技术创新,同时推动产品和服务的国际标准。在此意义上,美国期望利用在信息技术产业的技术领先优势在全球电信市场推动产品和服务的国际统一标准,进而攫取行业垄断利益。

三是特朗普政府尤其关注5G技术带来的经济机会。特朗普政府还预测,仅仅在美国国内部署5G技术系统,各无线供应商就需要投资2750亿美元,还将创造300万个就业机会,并增加5000亿美元GDP。司法部长威廉·巴尔(William Barr)直言,到2025年,由5G推动的工业互联网将产生新的经济机遇。[①] 华盛顿决策圈认为,无论哪个国家通过硬件、软件和技术标准主导5G技术基础设施,都可能在全球经济中拥有巨大的经济和商业优势。美国国际战略研究中心高级副总裁詹姆斯·刘易斯(James Lewis)甚至断言:"谁制造5G技术、谁制定标准、谁拥有知识产权都会对安全、创新和就业产生影响。今天出的关于5G技术的决定将影响几十年的国家安全和经济表现。"[②] 显然,在此意义上,美国政府已经将新一代移动通信技术制造、标准制定和商业竞争上升到关涉美国国家战略的高度。

---

① 参见刘国柱:《特朗普政府技术民族主义论析》,载《美国研究》2020年第4期。
② 同上。

二、华为技术崛起与中国信息产业赶超

华为技术崛起是中国通信产业崛起的时代缩影,全球四大通信设备供应商包括华为、爱立信、诺基亚、中兴,中国占据两席。以华为为标志的中国企业无论在全球电信产业市场竞争还是引领通信技术发展趋势方面均呈现出部分领先优势。事实上,4G 时代的全球电信业美、欧、中三足鼎立,5G 时代中国已悄然崛起。① 截至 2019 年 2 月,已公布的 5G 相关专利中,韩国、中国、美国分别为 5947 件、3929 件和 2553 件,三国合计占全球比重超过 80%。韩国的专利主要由三星(SAMSUNG)持有。同年 9 月 20 日,时任工信部部长苗圩透露,中国的 5G 标准必要专利(SEP)数量全球第一。② 考虑到韩国三星与美国的"特殊关系"③,而且中美分别掌握 5G 编码规则(技术标准),全球 5G 产业竞争实质是中美两国之争。

一方面,华为在电信设备及部件研发领域已彰显出竞争优势。华为由代理交换机起家,2004 年建立海思半导体进行集成电路自主研发,历经 30 年积累已位列全球通信设备第一位,还强势进军企业级路由器和移动终端市场。国际数据公司(IDC)统计表明,截至 2018 年 3 月,华为在全球太网交换机市场的占有率达 8.1%,企业级路由器市场占有率达 25.1%,仅次于美国思科公司。在网络硅市场,2016 年华为就占据了全球 17.1%的份额,而且发展动力十足。在移动终端市场,2017 年华为智能手机出货量达 1.54 亿部,仅次于三星(3.18 亿部)和苹果(2.16 亿部),2018 年华为手机出货量上升至 2.06 亿部,华为、三星和苹果三者市场份额分别为 20.8%、14.9%和 14.7%。较 2017 年,华为的市

---

① 参见 Martijn Rasser, Debate: Should the United States Severely Restrict Huawei's Bussness?, Center for Strategic and International Studies, June 28, 2019, https://csis-prod.s3.amazonaws.com/s3fs-public/publication/190701_should_us_restrict_huawei.pdf,访问日期:2019 年 7 月 29 日;石飞月:《"联想事件"折射 5G 标准之争》, http://www.xinhuanet.com/tech/2018-05/17/c_1122844107.htm,访问日期:2019 年 7 月 29 日。

② 5G 标准必要专利(SEP)全球第一的价值显然高于单纯的 5G 专利份额排名,信息详见时任工信部部长苗圩在"新中国成立 70 周年工业通信业发展情况发布会"上的讲话,http://www.miit.gov.cn/n1146290/n1146402/c7429629/content.html,访问日期:2019 年 9 月 21 日。

③ 受 1997 年亚太金融危机影响,截至 2018 年年末,三星电子外资(美国公司)持有普通股的 56%、优先股的 89%,参见 https://baijiahao.baidu.com/s?id=1637006847540686330&wfr=spider&for=pc,访问日期:2019 年 6 月 1 日。

场份额增长 33.6%,三星和苹果则分别下降 8% 和 3.2%。① 与之相应,在销售额与研发投入(R&D)方面,华为 2017 年的销售额高达 925.5 亿美元,研发投入达 137.9 亿美元,大幅超越传统通信巨头爱立信和诺基亚。(见图 10)即使与美国高通相比,华为的收入与研发投入比依然占优。2009—2018 年,华为在研发领域累计投入 615.4 亿美元。目前,华为已拥有 7 万份通信技术专利,其中超过 90% 是发明专利。② 一言以蔽之,华为公司在信息通信领域的技术突破和技术储备为其电信产品的市场化奠定基础的同时,也意味着未来具备更强大的市场竞争能力。

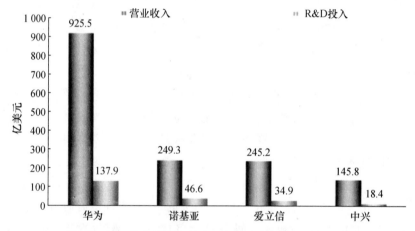

图 10　2017 年全球四大通信设备供应商销售与研发比较

另一方面,华为在未来通信技术发展上展现出引领优势。在美欧长期主导国际通信产业技术、标准和市场的背景下,华为技术崛起本身就是中国获得全球通信技术博弈"入场券"的重要标志。首先,在 5G 标准的制定中,以华为和中兴通讯为代表的中国民族通信企业已经崭露头角。2016 年 11 月,在美国内华达州里诺(Reno)举行的"5G 控制信道编码"会议中,华为提出的 Polar 码成为 eMBB(Enhanced Mobile Broadband)场景下"控制信道编码"的最终方案。随后,美国高通公司主导的 LDPC 码成为"数字信道编码"方案,这是作为通信物

---

① 参见 https://baijiahao.baidu.com/s?id=1624164298039469544&wfr=spider&for=pc,访问日期:2019 年 4 月 27 日。
② 参见任泽平:《中美科技实力对比:关键领域视角》,载《发展研究》2018 年第 9 期,第 8—9 页。

理层技术的信道编码标准制定以来首次由中国公司推出的技术标准获得国际认可,表明中国在全球通信领域话语权显著提升。其次,在5G芯片研发方面,2018年2月华为在世界移动通信大会(MWC)上发布了首款3GPP标准下的5G商用基带芯片——巴龙5G01,该芯片可以提供高达2.3Gbps的传输速度(4G技术是以M(兆)为单位衡量传输速度),同时支持高低频,也支持独立或非独立方式组网。由此,华为公司也成为全球通信市场首个具备"5G芯片—终端—网络能力"的5G解决方案供应商,[①]此举意味着华为掌握了5G产业供应链的部分控制权。

可以说,以华为为代表的中国通信企业在全球电信市场竞争中已占据重要地位,甚至在5G设备的研发和制造中具有领先优势。鉴于此,《约翰-S-麦凯恩2019财政年度国防授权法》(John S. McCain National Defense Authorization Act for Fiscal Year 2019)明确禁止联邦机构采购中兴通讯、华为公司及海康威视数字技术公司、深圳海能达通讯公司及大华技术公司的任何设备、系统或服务。[②] 显然,2018年以来特朗普政府在经贸领域对中资企业的系列打压已经表明,特朗普政府认定中国在信息通信产业崛起挑战到美国作为该领域技术创新全球领导者的地位,这种动态亦将持续削弱美国公司的全球竞争力,并大幅度降低其全球盈利能力,进而在全球产生重要影响。

但需要强调的是,上述技术优势在一定程度上仍然依赖于美国等西方企业提供的先进5G组件技术,[③]而5G技术发展的基础理论也并未突破既有理论框架的约束,这表明在新一代通信领域中国的技术依附关系特别是基础理论依附尚未得到彻底改观。2016年5月30日,华为创始人任正非在出席全国科技创新大会时直言不讳:"华为公司的技术开发和创新目前依然停留在工程数学、物理算法等工程科学的创新层面,尚未真正进入基础理论研究领域。但随着通信行业技术逼近香农定理(Shannon Theory)、摩尔定律(Moore's Law)的技术极限,面对大流量、低时延的基础理论创新尚未突破。在此意义上,华为公司正在攻入本行业无人区,过去跟着别人跑的机会主义高速度将逐渐减缓,创立引导

---

① 参见任泽平:《中美科技实力对比:关键领域视角》,载《发展研究》2018年第9期,第8—9页。
② 参见刘国柱:《特朗普政府技术民族主义论析》,载《美国研究》2020年第4期。
③ 参见《美国人的5G战略》,https://baijiahao.baidu.com/s?id=1619250825500947758&wfr=spider&for=pc,访问日期:2019年5月1日。

理论的责任已经到来。"①应当说,基础科研力量薄弱将会长远制约华为等中国通信企业继续壮大,对此华为始终保持着清醒的认识。

三、华为崛起与中美信息产业竞争态势

从全球价值链的角度观察,新兴技术产业具有国际分工再组织功能,谁在全球生产过程中生产核心产品,谁就将在全球生产分工等级体系中占据中高端地位,意味着分享更大的收益。战后美欧诸国为保障核心技术优势,不断强化知识产权保护,极力维护既定国际分工体系、利益分配格局和国际关系权力状态。②华为和中兴通讯等中国电信企业崛起,实质上对中美通信产业的竞争状态产生重要影响,并具体体现在新技术开发主导权、产业化及市场收益竞争方面。

一方面,就通信技术研发和推广领域而言,作为后发工业化国家,除个别国防技术领域外,中国在国际尖端科技领域长期处于"追随者"(follower)的地位,更遑论引导新兴产业布局和发展趋势。应当说,华为和中兴通讯在全球电信技术领域的崛起打破了国际通信产业技术和标准由美欧国家主导、通信设备单一依赖美欧企业供给的格局。

具体而言,华为的技术崛起在两个方面对中美通信产业竞争产生重要影响:一是通信技术软体领域研发方面。通信技术软体主要涵盖通信产业标准的技术专利。在第五代移动通信技术数字信道编码方案选择上,华为的 Polar 码与美国高通的 LDPC 码平分秋色。在与之相关的网络容量、网络延迟等技术性能指标上,华为也率先进行了技术探索。事实上,通信技术软体领域的发展高度依赖于工程数学、物理算法等工程科学层面的理论创新,华为的技术进步与其 30 多年来对通信技术及其所涉及的理论和基础科学领域的巨额投资密切相关。

即使与美国高通公司的研发投入相比,华为的研发投入比重同样处于领先地位,研发数额更是超过高通公司近 3 倍。(见图 11)2008—2017 年,华为在通

---

① 《任正非:以创新为核心竞争力 为祖国百年科技振兴而奋斗》,载《办公自动化》2018 年第 11 期,第 19—20 页。

② 参见李滨、陈怡:《高科技产业竞争的国际政治经济学分析》,载《世界经济与政治》2019 年第 3 期,第 135 页。

信技术及基础通信科研领域研发投入累计达 615.4 亿美元,年均研发支出达 61.5 亿美元。2013—2017 年,华为的研发投入比重分别达到 13.2%、14.2%、15.1%、14.6% 及 14.9%,年均比重达 14.4%。① 目前,华为自身拥有的通信技术专利已超过 7 万份,其中近 90% 是发明专利。②

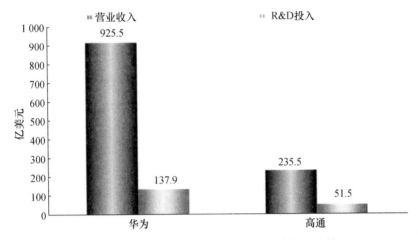

图 11　2017 年华为与高通销售额和研发投入比较

二是通信设备硬件发展方面。相较于信息技术软体领域,华为在通信设备的研发制造领域优势更加突出。首先,在通信设备主要硬件方面技术竞争力显著。特别是在以太网交换机、企业级核心路由器及网络硅的制造领域,2018 年第一季度的全球市场占有率分别达到 8.1%、25.1% 和 10%,表明华为公司的通信硬件具有相当技术竞争力。其次,在通信硬件方面,华为已跻身 5G 主要技术巨头行列。2018 年,美国国际战略研究中心(CSIS)报告表明,以最新标准定义的 5G 软件和硬件基础设施,爱立信和华为共占据 60% 的市场份额,而在路由器和交换机市场,思科、华为、诺基亚和瞻博(Juniper)四家公司共占据 90% 的市场份额。华为在 5G 软件和硬件基础设施方面均已积累了雄厚的技术和物质储备,并已与全球 270 多个机构合作开发 5G 应用业务。③ 在此意义上,中资

---

① 参见 https://www.sohu.com/a/232938714_464025,访问日期:2019 年 6 月 6 日。
② 参见任泽平:《中美科技实力对比:关键领域视角》,载《发展研究》2018 年第 9 期,第 8—9 页。
③ 参见《美国人的 5G 战略》,https://baijiahao.baidu.com/s? id=16192508255009477588&wfr=spider&for=pc,访问日期:2019 年 5 月 1 日。

企业已成功跻身全球 5G 设备复杂供应链的重要角色,未来全球通信业务的开发与中资企业特别是华为的联系几乎无法避免。

另一方面,就全球通信市场竞争而言。根据国际数据公司统计,2012 年第四季度,华为公司首次进入全球智能手机市场前五位,同期市场份额仅为三星的 1/6 和苹果的 1/4。① 然而,如图 10 和图 11 所示,以 2017 年为例,华为公司在全球通信市场的销售额几乎等同于排名其后的诺基亚(249.3 亿美元)、爱立信(245.2 亿美元)、高通(235.5 亿美元)和中兴通讯(145.8 亿美元)销售额之和的 106%。② 应当说,华为在全球通信产业技术崛起的直接后果是中国电信设备和服务在全球市场竞争力的提升。一是华为公司立足中国 5G 市场提升在全球市场的影响力。仰赖中国政府积极投资新一代移动通信技术的研发和推广,中国在 5G 发展领域已处于相对领先的地位。中国政府除计划在五年内为 5G 部署投入 180 亿美元外,已向三大通信运营商即中国移动、中国联通和中国电信分配了 200MHz 的中频频谱,还考虑重新分配 500 MHz 的 C 频段频谱。在此背景下,在 2019 年预备商用基础上,中国计划在 2020 年正式启动商用。通信设施部署方面,截至 2018 年年底,中国已经部署约 35 万个 5G 可操作基站,约为美国已部署量的 10 倍。③ 华为公司董事长徐直军指出:"截至 2018 年年底,中国的 4G 基站已经占全球总量一半,未来 5G 基站建设总量还将保持在一半以上,全球 5G 发展要看中国。"④ 如同加里·杰里菲(Gary Gereffi)所指出的关于"市场规模对企业成长"的逻辑,华为公司的快速成长也主要得益于中国庞大的本土市场。事实上,华为公司和中兴通讯力图通过发展中国 5G 市场达到引领全球市场拓展的效应。

二是中资企业充分利用国际合作拓展全球市场份额。具体而言,首先,具体措施方面。华为在海外积极推广用于非独立网络的 5G 支持设备和装置来推动 5G 部署。为扩大 5G 网络影响力,华为已向全球市场运送了超过 10000 个基站。其次,区域市场开发方面。2019 年 5 月,在布拉格会议上,美国公然劝阻盟

---

① 参见张艳红:《华为、中兴再遇 337 调查》,载《电子知识产权》2014 年第 1 期,第 24 页。
② 参见任泽平:《中美科技实力对比:关键领域视角》,载《发展研究》2018 年第 9 期,第 8 页。
③ 参见《美国人眼里的全球 5G 竞争格局》,http://dy.163.com/v2/article/detail/EE0VD7DH0511CPMT.html,访问日期:2019 年 5 月 7 日。
④ 《华为徐直军:5G 发展要看中国,中国 5G 基站将占全球一半》,https://finance.sina.com.cn/roll/2019-08-25/doc-ihytcern3463649.shtml,访问日期:2019 年 8 月 27 日。

友与华为合作建设 5G 网络,但华为至今仍在为欧洲国家的 5G 网络建设提供服务。① 迄今,受美国舆论和外交攻势的影响,澳大利亚、英国已正式跟随美国在本国 5G 建设中排除华为。此外,华为在加拿大、法国等 11 个国家的业务也受到干扰。(见表 36)"一带一路"倡议也积极推进中国网络基础设施和沿线互联互通建设,并已取得具体成效。截至 2018 年 9 月,华为在全球通信设备市场所占份额由 2015 年的 14% 上升到 28%。随着更多国家的 5G 网络建设依赖中国通信设备,华为的市场份额还将继续上升,并将有助于在全球通信市场推广中国的 5G 网络标准和规范。② 同期,尽管在美国的积极"影响"之下,华为依然在澳大利亚的 4G 市场获得了 55% 的份额。而在日本,华为推出了无线路由器、智能手机、机顶盒、平板电脑、智能穿戴设备等产品,比如在"SIM FREE 智能手机厂家销量排名"中,华为已连续 14 个月稳居首位。(见图 12)③

表 36 部分国家对华为公司 5G 业务的态度

澳大利亚	2018 年 8 月,澳大利亚宣布基于国家安全考虑,禁止华为参与 5G 网络建设
英国	2020 年 7 月 14 日,英国政府决定本国 5G 网络建设禁用华为产品,2020 年 12 月 31 日起停止购买新的华为设备,2027 年前将移除 5G 网络中现有华为设备。2020 年 11 月 30 日,英国政府又宣布,自 2021 年 9 月起,禁止本国电信公司安装新的华为 5G 设备
日本	2018 年 12 月 10 日,日本政府以国家安全为由限制采购恐有国安疑虑厂商生产的相关设备,虽未点名,却在事实上将华为产品排除在政府采购清单之外
日本	2020 年 6 月,日本在 2018 年 12 月 10 日相关采购规定的基础上扩大了遵守该采购方针的机构名单,即在事实上扩大禁用华为产品的机构范围
越南	2019 年 8 月,越南最大的电信运营商 Viettel 表示因安全问题不会在 5G 建设中与华为合作
欧盟	2020 年 1 月 29 日,欧盟正式批准并公布了"欧盟 5G 网络安全工具箱"。各国有权评估风险并在本国 5G 网络建设中排除高风险供应商,或对其施加限制
欧盟	2020 年 10 月,欧洲议会的 41 位重要议员表示华为已被列为可能威胁欧洲网络安全的"高风险"公司

---

① 参见《公布〈布拉格提案〉应对华为,30 国寻求 5G 网络安全联合策略》,http://www.zaobao.com/news/world/story20190505-953941,访问日期:2019 年 5 月 17 日。

② 参见《美国人眼里的全球 5G 竞争格局》,http://dy.163.com/v2/article/detail/EE0VD7DH0511CPMT.html,访问日期:2019 年 5 月 7 日。

③ 参见《美国怎恿下,加拿大开始针对华为吗?》,https://baijiahao.baidu.com/s?id=1610220850734821619&wfr=spider&for=pc,访问日期:2019 年 6 月 1 日。

(续表)

新加坡	2020年6月,新加坡两大主要5G网络运营商(新加坡电信(Singtel),新加坡全集成信息通信(StarHub)与M1 Limited的合资企业选用诺基亚和爱立信作为5G设备供应商
加拿大	2020年6月,加拿大两家最大的电信公司(加拿大贝尔,加拿大科研)在5G网络建设中放弃使用华为设备
	2020年11月,加拿大众议院通过一项涉华动议,要求政府正式禁止在本国5G网络建设中使用华为设备
法国	2020年7月,法国政府通知本地运营商,华为5G设备3—5年牌照到期后将不获续约,建议运营商避免选用华为设备,该禁令于2028年年底全面生效
葡萄牙	2020年7月,葡萄牙三大电信运营商(NOS、Vodafone、Altice)表示将在5G核心网络建设中排除华为
意大利	2020年7月,意大利最大电信运营商意大利电信将华为排除在该公司位于意大利和巴西的5G核心设备招标之外。2020年10月,意大利政府阻止本国电信运营商Fastweb与华为签署5G核心网络供应设备协议
比利时	2020年10月,法国电信(Orange)在比利时的子公司和比利时电信移动公司(Proximus)因美国压力在5G网络建设中放弃使用华为设备
瑞典	2020年10月20日,瑞典邮政及电信管理局(PTS)要求参与本国5G谱频拍卖的供应商排除华为设备。同年11月9日,斯德哥尔摩行政法院叫停该禁令;12月16日,斯德哥尔摩上诉法院又重启该禁令
德国	2020年12月,德国联邦政府批准一项安全法案(还需经国联邦议院审议),允许在本国5G网络建设中使用华为设备,但附加了严格的安全限制条件

资料来源:参见李巍、李玛译:《解析美国对华为的"战争"——跨国供应链的政治经济学》,载《当代亚太》2021年第1期,第34—35页。

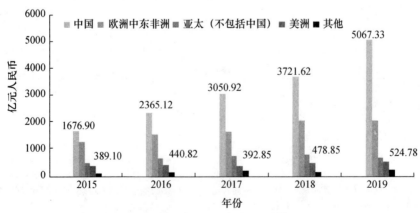

图12 华为公司全球各地区年度销售收入比较(2015—2019年)
数据来源:根据华为公司官网年报(2015—2019年)整理。

第三节　美国外国投资委员会对华为并购的考量因素

美国继《外商投资与国家安全法》后出台的《2008 条例》扩展了有关影响美国国家安全的"关键技术"和"关键基础设施"的内涵。据此,美国外国投资委员会认为,对美国至关重要的实际或虚拟的系统或资产,如被破坏或摧毁危及国家安全的都属于"关键基础设施"。事实上,上述界定就为美国以信息(网络)安全为借口设置贸易或投资壁垒,排斥外资并购美国相关企业提供了法律依据。

一、华为并购"关键技术"威胁美国信息安全

"9·11 事件"后,美国新版《网络安全国家战略》将网络安全提升至国家安全的战略高度。2009 年奥巴马政府又将网络安全威胁与核武器和生物武器威胁并列,同时重申信息(网络)领域为美国"关键基础设施",进而将其升级为"国家战略资产"是攸关美国国家安全与经济安全的命脉所在。[①] 一方面,不仅信息系统领域的操作系统、数据库等核心技术必须由美国企业掌握,而且电信设备领域的网络交换机、路由器和基站等核心设备也必须由美国企业提供,从而确保美国在网络空间领域的绝对优势。因此,在美国外国投资委员会看来,华为并购 3Com 公司,在信息网络技术安全和通信设备安全两方面对美国信息和网络安全构成威胁。美国部分国会议员在致外国投资委员会的信中就曾直言不讳:3Com 公司拥有先进的网络安全技术,特别是在网络安全检测技术领域优势显著;该公司的 Tipping Point 部门就曾主要负责研发国防安全软件入侵检测系统,该系统具有可以预防或抵御网络黑客"入侵"敏感技术,主要用于保护美国政府部门和大企业的网络,使之免于受到"黑客"攻击而陷入瘫痪或发生数据泄露风险。事实上,美国商务部《2008 审查指南》中的"关键基础设施"和"关键技术"就是特别针对军民两用产品的生产和服务,比如半导体、密码使用系统、数据保护、网络入侵检测等技术。

---

① 参见谭安芬:《美国信息安全政策发展及其启示》,载《计算机安全》2011 年第 11 期,第 2—5 页。

另一方面,3Com 公司与美国政府之间还存在通信交换设备的安全合同业务关系,如果任由华为并购 3Com 公司,将会导致美国上述领域的技术转移,并将给美国政府的信息安全带来重大的安全隐患。[①] 鉴于此,美国国会建议外国投资委员会阻止该项并购交易获得通过。事实上,美国政府此前曾多次指责中国"黑客"攻击美国国防部及重要企业的网络系统企图窃取美国军事或商业机密。美国国会还质疑华为服务于中国政府和军队,是所谓的"国家战士",剑指华为创始人任正非具有军队服役经历、董事长孙亚芳曾在国家安全部工作,[②]及华为在伊朗、阿富汗及伊拉克等热点地区提供信息通信服务等,[③]上述因素都成为威胁美国国家安全的理由。受此影响,美国外国投资委员会也认为,"并购会使得华为公司有可能获得美国国防部设备供应商所拥有的先进的网络安全监测技术,并将其提供给中国政府和人民解放军(PLA),从而威胁到美国的信息和军事安全"[④]。例如,美国总审计局、国防部、能源部都曾就"与国家安全紧密相关的技术"制定过详细的产业清单,软件的设计与生产、大功率微波技术、微电子电路生产技术及纤维光学技术等均赫然在列,而上述技术都属军民两用技术,将其全部纳入审查范围无疑会极大制约全球资本的配置效率。此外,美国外国投资委员会的依据还包括 1992 年《伯德修正案》为增强对"外国政府控制"或"代表外国政府"的实体收购美国资产的安全审查力度而新增的两项国家安全考察因素,其中一项就涉及第三方因素,即将军事产品、设备或技术出售给特定国家。所谓"特定国家"系指美国国务卿依据 1977 年《出口管制法》确认的支持恐怖主义、导弹扩散及生化武器扩散的国家,或依据 1978 年《防止核扩散法》确认的核扩散国家,伊朗就属于上述"特定国家"的范畴。

在此意义上,在美国政府看来,华为并购 3Com 公司将会在两个方面威胁到美国"国家安全":一方面,华为公司并购将会导致 3Com 公司的网络安全检

[①] 参见向明华:《外国投资国家安全审查法律问题实证研究》,载《法治社会》2018 年第 2 期,第 20 页。
[②] See U. S. House of Representatives, 112th Congress, Investigative Report on the U. S. National Security Issues Posed by Chinese Telecommunications Companies Huawei and ZTE, October 8, 2012.
[③] 参见玉红玲:《从并购动机透析华为收购美国 3Com》,载《财务与会计》2008 年第 8 期,第 18 页。
[④] Robert Gray Blacknell, Trust not Their Presents, Nor Admit the Horse: Countering the Technically-Based Espionage Threat, *Roger Williams University Law Review*, 2007, 12, p. 841.

测技术"流失",并可能导致中国网络"黑客"利用上述技术攻击美国国防安全系统或窃取美国公司商业机密;另一方面,鉴于华为公司的顶级国际通信设备供应商地位,并购 3Com 公司无疑会扩大中国通信设备在美国市场的应用范围,终将对美国政府和企业的信息安全构成潜在威胁。对于"电信网络类关键基础设施"供应商而言,最重要的要求即在于它是被信赖的,能够遵守美国法律、政策和标准的企业,显然华为是"不可信任"的:一是中国(包括政府、企业或其他机构)有出于恶意目的而利用电信企业的动机、条件和方法;二是华为和中兴通讯的电信设备存在"后门"或无法解释的"信号标",这为中国情报部门向通信设备的关键零部件与系统植入恶意软件提供了大量机会;三是华为在并购 3Com 和 3Leaf 公司案中提交的"国家安全风险缓冲措施"并不能完全解决或避免其向美国市场提供电信设备产品或服务所造成威胁的可能性。[①] 以上三方面因素共同构成外国投资委员会否决华为参与并购 3Com 公司的主要原因。

截至 2019 年 5 月 15 日,美国商务部工业安全局将华为及其 68 家关联企业列入出口管制"实体清单"。[②] 至此,被美国商务部工业安全局列入实体清单的中国机构总计达 261 家,涵盖高新技术企业、科研机构和高等院校等。[③] 美国在供给端对华为公司的技术制裁不断"加码升级",可分为四个阶段,如图 13 所示。事实上,在军民两用产业日益混同的时代,美国的此类制度设计用意在于保持外资并购"国家安全"考量因素的开放性和审查标准的任意性,力图保障美国的技术垄断、经济安全与产业竞争力。

[①] 参见 U. S. House of Representatives, 112th Congress, Investigative Report on the U. S. National Security Issues Posed by Chinese Telecommunications Companies Huawei and ZTE, October 8, 2012;樊志刚、王婕:《美国国家安全审查制度对中国企业拓展美国市场的启示——基于华为、中兴通讯被美调查事件》,载《国际经济评论》2013 年第 2 期,第 76 页。

[②] See BIS, Announces the Addition of Huawei Technologies Co. Ltd. To the Entity List, U. S. Department of Commerce, May 15, 2019. https://www.commerce.gov/news/press-releases/2019/05/department-commerce-announces-addition-huawei-technologies-co-ltd, accessed June 9, 2019.

[③] 包括中国大陆 143 家、香港地区 91 家、台湾地区 1 家及华为海外子公司 26 家,占美国"实体清单"总数的 21.9%。参见夏旭田、缴翼飞:《起底美国出口管制"黑名单":261 家中企被纳入,华为是否会断供?》,https://baijiahao.baidu.com/s?id=1634133187138478774&wfr=spider&for=pc,访问日期:2019 年 6 月 9 日。

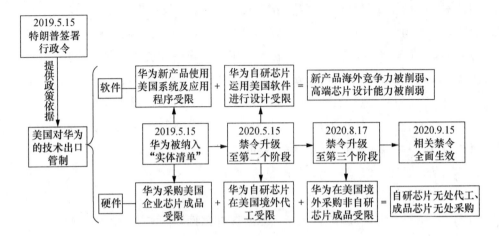

图 13　美国在供给端对华为的"阶梯式"技术出口管制

资料来源：李巍、李玙译：《解析美国对华为的"战争"——跨国供应链的政治经济学》，载《当代亚太》2021年第1期，第38页。

二、华为并购动摇美国通信产业市场垄断地位

华为"走出去"过程中，其所谓"政府背景"始终为美欧国家所诟病，而且美欧国家还达成共识，即通过中国政府的力量帮助中国企业实现核心技术自主，此举破坏市场规则，侵害西方跨国公司的利益。实质上，美欧国家的担忧根源于中国在核心技术上的突破将可能打破其技术垄断，而技术垄断恰恰是美欧国家主导国际产业分工和获得垄断利润的技术基础。① 在此意义上，通信产业及其技术除被美国外国投资委员会认定为与国防和军事安全密切相关的"关键基础设施"和"关键技术"外，鉴于美国公司长期在全球通信产业居于垄断地位，本身也是通信产业垄断利益的最大获利者，华为技术崛起冲击美国通信技术垄断的同时，也分割其市场收益。事实上，2003年思科公司对华为发起的知识产权诉讼就是美国通信企业制约华为技术崛起的早期尝试，而2012年"美国国会调

---

① 阎学通在谈及中美贸易冲突根源时也指出，技术差距缩小是中美经贸关系紧张的深层次根源，如果与20世纪80—90年代的日美经贸冲突相比较，在技术发展意义上，中美以技术赶超为基础的经贸冲突具有结构性特征。参见阎学通：《中美战略竞争的核心是高科技》，https://new.qq.com/rain/a/20190929A00N31，访问日期：2019年7月17日。

查华为和中兴通讯事件"幕后也有思科的影子。① 应当说,华为加入全球通信市场竞争,使得美国思科、高通等通信巨头面临"三重利益"冲击。②

一方面,华为在全球市场拓展上蒸蒸日上,给思科等美国通信设备企业带来强大的竞争压力。自从 2004 年建立海思半导体而启动集成电路自主研发起,华为已全面进军以企业级核心路由器、交换机、网络硅等为代表的通信设备领域和手机、电脑等移动终端市场,并已经成长为全球通信设备第一大供应商。由此,华为在全球通信市场已经与美国通信企业产生了直接的竞争关系。应当说,立足于蓬勃发展的国内通信市场,受益于"走出去"战略,华为公司的国际化之路步履铿锵如鼓,气势磅礴如虹。

另一方面,华为挺进美国市场,对美国本土通信巨头构成直接挑战。站在华为的立场,美国作为全球最大的通信市场,存在巨大的市场机遇,但进军美国市场也会直接"触及"思科等美国本土通信企业的"奶酪"。事实上,思科公司 2011 年的财报就曾披露,该公司的路由器、交换机的市场份额与优势持续下滑,导致产品毛利润不断下降。经过缜密分析,思科公司认为,除自身无法继续大幅度降低运营成本外,来自亚洲特别是中国企业的价格竞争是市场份额下降的关键原因。在此意义上,与其说华为涉嫌威胁美国信息安全,不如说华为直接威胁到思科公司的商业利益。2012 年 4 月,思科公司时任首席执行官钱伯斯(John Chambers)在接受《华尔街日报》采访时毫不讳言:华为不仅是思科在全球市场最强硬的竞争对手,而且在知识产权保护和电脑安全领域不按"规矩"办事,破坏市场规则。此外,钱伯斯还公开宣称:"思科公司将在美国本土及全球市场与华为全面开战。"③

研究表明,思科公司等美国通信巨头积极游说(lobby)国会议员向美国外国投资委员会施加压力是造成华为并购失败的直接原因。美国政客与商业利益的直接结合司空见惯,大多数美国政治人物都持有"特定公司"的股票或有价

---

① 参见《思科导演美对华为中兴调查,73 议员背后撑腰》,http://www.people.com.cn,访问日期:2019 年 7 月 17 日。

② 在美国思科等公司看来,华为加入全球通信市场竞争后,依托中国本土市场形成的规模效应必然会大幅拉低通信产业成本,降低思科、爱立信及诺基亚等通信巨头的全球利润。另外,华为凭借技术突破也必将在庞大的中国电信市场独占鳌头。

③ 参见《思科导演美对华为中兴调查,73 议员背后撑腰》,http://www.people.com.cn,访问日期:2019 年 7 月 17 日。

证券,并利用自身政治身份公开或隐性支持对目标公司有利的法案通过。事实上,思科公司一直与美国政府和军事部门存在着广泛而密切的商业联系,因此也是阻止华为赴美并购而开展游说的关键角色。本案中,作为思科公司的投资者之一,参议院外交委员会主席约翰·克里就曾利用其职务便利积极影响该案的审查程序。

三、华为获得"政府补贴"违背"竞争中立"原则

美国政府为延长本国核心技术的市场收益,极力通过技术封锁、知识产权保护和出口管制三大措施来抑制外部技术挑战者崛起。同时,中国等后发工业化国家却处于两难困境:必须在要么支付昂贵的知识产权费用,要么承担高额研发成本和失败风险之中作出艰难抉择。事实上,后发工业化国家想要实现技术自主,不依靠国家力量是难以完成的,这是由高新技术发展的特殊性(如资本有机构成高、研发存在风险、经济效益周期长等)所决定的。因此,国家通过财政支持本国基础理论和高新技术研发几乎是国际通例。回溯历史,近代西方大国的每一项重大技术创新都或多或少、直接或间接得益于"财政补贴"。其中,最典型的例子莫过于"曼哈顿工程"(Manhattan Project)、"阿波罗计划"(Apollo Program)及"星球大战计划"(Strategic Defense Initiative),上述科研计划都促进了重大技术的革新和新型产业的诞生,但无一例外是美国政府财政支持的结果。

华为公司并购 3Com 公司一案中,美国国会和外国投资委员会几乎异口同声指责华为公司在技术研发和市场开拓中因"政府支持"而获得不正当竞争优势,对其他市场竞争主体构成损害,违背美国政府倡导的"竞争中立"原则。具体表现为:一是美国指责华为公司接受中国政府及其所属金融机构提供的隐性"福利"。这些"财政补贴"和"政策便利"使得华为公司获取"扭曲性支持",构成对美国相关企业的不正当竞争待遇。据此,美国外国投资委员会认为,上述因素帮助华为公司在短期内取得重大技术突破,进而收割巨额市场红利。二是美国指责"华为公司刻意隐瞒与国有银行之间的关系",并断然拒绝美国公开"内部文件"以便自证清白的要求。事实上,国际投资争端中,美国政府也常常以保护"商业机密"和"政府中立"为借口,阻止外国政府或仲裁机构对美国企业提出的公布交易信息的要求。三是美国政府质疑华为公司的股权结构、经营管理和

高管人员存在信息披露不充分、不透明。美国要求登陆美国的外资企业应当产权明晰、治理结构透明,但华为公司作为非上市民营企业与上市公司要求的完全信息公开不同,它所存在的股权结构、股东身份和管理者持股等信息披露不充分并不违反行业国际通例。实际上,华为公司的上述信息可以通过其官方网站、年报和注册地工商管理部门查询而获得,并非美国政府所称的"信息不透明"。至于美国政府要求华为公司解释清楚"党委""党组"在公司经营管理中的角色也已经超越国际商业关系中对"公平竞争"诉求的范畴,体现出服务于某种特定政治目的的意涵。

最终,美国外国投资委员会认为,华为公司依赖中国政府和国有银行的财政补贴获得的竞争优势对美国相关企业构成不公平竞争,而且违反美国政府倡导的"竞争中立"原则;华为股权结构和经营管理的不透明也与美国秉持的现代企业制度相迥异。事实上,美国众议院特别情报委员会2012年对华为和中兴通讯出具的调查报告就已经为外国投资委员会的审查结论进行"背书",宣告"封杀"华为和中兴通讯未来登陆美国市场投资的可能性,这对二公司与第三国企业的合作也产生了负面影响,因为这意味着第三国公司如果冒险选择与华为或中兴通讯展开合作,将面临被美国市场拒绝的风险。[①]

---

① See U. S. House of Representatives, 112th Congress, Investigative Report on the U. S. National Security Issues Posed by Chinese Telecommunications Companies Huawei and ZTE, October 8, 2012.

结　　论

约翰·奥德尔指出:"无论是追踪政府政策如何影响经济活动运行,还是探究经济因素对政府决策的制约效果,都必须同时考虑政治因素和经济因素之间的双重互动效应,而国家对外经济政策选择则充分体现了政治与经济、权力与利益,以及观念之间的互动、磨合与博弈的结果。"[①] 在此意义上,美国外资并购安全审查政策也概莫能外。

一、美国应对中企并购安全审查的考量标准

研究表明,"技术转移"风险和"市场竞争"威胁的认知和评估是影响美国外国投资委员会对中企并购安全审查结果的关键变量,而技术转移更为重要。中国学者阎学通认为,2018年来中美冲突和竞争的核心就是高科技竞争。[②] 金灿荣也指出,中美之间,谁掌握了第四次工业革命的主导权,谁就将获得未来国际产业布局的主导权。[③] 因此,两个变量的匹配和取值也使美国外国投资委员会的审查程序产生显著差异。

(一)技术转移风险对中企赴美并购审查的影响

鉴于技术转移风险对美国外资并购安全审查具有关键影响,通过对《外商投资与国家安全法》《2008细则》《2008审查指南》和《外国投资风险评估现代化法案》等美国外资并购安全审查所涉法规关于"关键技术"的界定进行判断后认

[①] 〔美〕约翰·奥德尔:《美国国际货币政策——市场、力量和观念是政策转变的根源》,李丽军、李宁译,中国金融出版社1991年版,第8页。
[②] 参见阎学通:《中美战略竞争的核心是高科技》,https://new.qq.com/rain/a/20190929A00N31,访问日期:2019年7月17日。
[③] 参见金灿荣:《第四次工业革命主要是中美之间的竞争,且中国胜算更大》,https://www.thepaper.cn/newsDetail_forward_4097363,访问日期:2019年8月17日。

为,技术转移风险程度由高到低存在以下标准:第一,外资并购涉及与国防和军事安全相关的技术:首先,《外商投资与国家安全法》对"关键技术"的界定是与国防相关的关键技术、关键零部件及关键技术子项;其次,《2008细则》进一步列举《国际武器贸易条例》包含的《美国军需品清单》中列明的国防装备或国防服务;再次,受多边框架管制,出于国家安全、生化武器扩散、核不扩散或导弹技术等原因或出于地区稳定及侦听原因而受到管制的物项有关的技术;最后,《外国能源活动协助条例》及《核装备和核材料进出口条例》所列核装备、核设施、核材料软件和技术,以及《受管制生化品条例》所列受管制生化品等相关技术。[①] 第二,外资并购涉及军民两用技术,主要表现为美国商务部工业安全局《出口管制条例》最新发布的14类技术管制(封锁)清单:生物技术、人工智能和机器人学习技术、定位导航和定时(PNT)技术、微处理器技术、先进计算技术、数据分析技术、量子通信和传感技术、物流技术、增材制造、机器人、脑—机接口技术、高超音速空气动力学、先进材料、先进监控技术。[②] 第三,正在发展的新兴技术或未来技术。《外国投资风险评估现代化法案》首次明确将"新兴技术"纳入审查范围,结束美国外国投资委员会实际审查中早已作为"参考"因素,但缺乏明文"立法授权"的局面。除《出口管制条例》所列14类技术外,还包括《外国投资风险评估现代化法案》指出的"新兴技术",具体涵盖新能源技术开发(酒精燃料、页岩天然气、可燃冰开发等)、新能源汽车(蓄电池)、移动支付技术、音像远程传输、人脸识别技术等。第四,"关键基础设施"也被纳入美国外资并购安全审查的技术安全考量范围。例如,能源基础设施、港口、机场、铁路等。上述设施作为物理性资产而存在,并不具有高技术含量或技术转移风险,但外资并购上述设施经常会激发民族主义情绪,使其被新闻媒体冠以"关键技术资产",而深受舆论关注。以上述技术分类为基础,可将中企并购的"技术转移风险"程度由低到高划分为:技术转移风险程度较低(lower)、技术转移风险程度低(low)、技术转移风险程度高(high)、技术转移风险程度较高(higher)四个层次。

一是技术转移风险程度较低(lower)。在大连万达并购AMC公司一案中,

[①] 上述关于"关键技术"范畴的界定,参见《外商投资与国家安全法》(FINSA),https://www.treasury.gov/resource-center/international/foreign-investment/Documents/FINSA.pdf,访问日期:2019年7月17日。

[②] 参见任泽平、罗志恒等:《日本、韩国应对美国高科技遏制的启示》,载《国际金融》2019年第2期,第5页。

外国投资委员会主要关注中企并购对美国电影制作技术、院线技术和电影人才的转移和流失。比较研究表明，首先，AMC公司不属于美国外资并购审查法规，如《外商投资与国家安全法》及《2008细则》《多边框架管制规定》《外国能源活动协助条例》《核装备和核材料进出口条例》和《受管制生化品条例》所列举的与国防和军事安全相关联的关键技术。同时，电影院线技术也不属于《外国投资风险评估现代化法案》指出的"新兴技术"范畴。其次，大连万达并购AMC公司不会导致美国电影制作、院线技术转移和电影专业人才流失。因为AMC公司本身并不涉及电影产品制作业务，所以不存在电影制作技术的转移或侵犯相关知识产权的问题。作为电影院线公司，AMC公司仅拥有电影放映设备的使用权或租赁权，放映设备并非由AMC公司所研发和制造，并购不会涉及对放映设备技术的转移或技术侵权。此外，大连万达已明确承诺"保留AMC公司总部和员工、不谋求变更AMC公司原有发展规划"。在此意义上，大连万达并购成功不会造成美国电影产业专业人才流失。据此，美国外国投资委员会综合评估表明，大连万达并购AMC公司总体上不会造成美国电影制作、院线技术转移或相关技术侵权的风险，或风险处于可控状态。

二是技术转移风险程度低（low）。联想并购IBM公司PC业务一案中，面对美国外国投资委员会的技术转移忧虑，联想集团和IBM公司分别作出承诺：一是IBM公司保证不向联想集团提供美国政府机构及其相关公司的客户名单，并保证不会向联想公司泄露并购前美国主要政府部门客户的信息。此外，对科研机构和高科技公司客户，IBM公司也保证进行安全程度筛查，最大程度减缓联想并购对美国国家安全的潜在风险。二是IBM公司承诺将北卡罗来纳州罗利研发中心的数千名IBM研发人员全部另行安置。三是联想集团为化解外国投资委员会对"中国政府会间接控制联想集团"的顾虑，承诺将新联想集团的总部由中国北京迁往美国纽约，并购后由IBM公司PC事业部总经理沃德担任首任首席执行官。此外，外国投资委员会还要求IBM公司作出禁止外国人进入罗利研发中心的保证，可见外国投资委员会希望通过这种物理封闭方式（客观上做不到）来减缓技术转移风险。

前述承诺对外国投资委员会的判断产生重要影响，迁出总部足以表明联想重视外国投资委员会对技术转移和市场竞争公平忧虑的诚意，而且会大幅降低中国政府对联想集团的控制，以及向中国科研单位和PC制造企业转移PC技术的风险。

三是技术转移风险程度高(high)。中海油并购优尼科一案中,中海油并购所涉油气勘探技术属于美国外资监管法规所设定的"关键技术"。比较发现,以技术优势为支撑的国家安全利益始终高于以成本—收益衡量为基础的经济利益是美国政治的常态。在此条件下,在"技术转移风险"和"市场竞争威胁"的权衡中,美国国会对中海油并购所导致的技术转移对美国军事和经济安全的影响更重视。事实上,考察美国《埃克森—弗洛里奥修正案》《伯德修正案》和《外商投资与国家安全法》,以及美国商务部工业安全局等颁布的出口管制法规可知,本案中所涉及的海底油气勘探、测绘、传感等技术均属于美国外资监管部门所明令禁止出口的"关键技术"范畴,而油气资源产业也属于美国外资并购法规认定的"关键基础设施"。

因而,尽管中海油向外国投资委员会提交的并购附加"承诺"详细说明并购后新公司的经营战略,比如中海油未来将会保持优尼科现有经营战略、产品供应格局等,但外国投资委员会坚持认为,中海油并购优尼科会导致美国先进的油气勘探技术转移到中国企业,鉴于中海油的"国有企业"身份,这不仅有助于提升中国民用海洋资源勘探开发能力,而且有利于中国海洋军事测绘与传感技术的发展,实质上对美国海军在东印度洋、墨西哥湾等地的军事活动构成威胁。显然,这与无政府状态下中美在国际体系内的竞争与博弈加剧直接相关。

四是技术转移风险程度较高(higher)。"9·11事件"后,美国出台的《网络安全国家战略》将网络安全提升至国家安全的战略高度。而2009年奥巴马政府又进一步将网络安全与核武器和生物武器威胁并列,并将信息领域列为"关键基础设施"和国家战略资产,视为美国国家安全与经济安全命脉所在。华为并购3Com公司一案中,部分国会议员认为,3Com公司拥有先进的网络安全检测技术,其Tipping Point部门主要负责研发国防安全软件入侵检测系统,该系统可以帮助预防或抵御黑客入侵敏感技术网络,用于保护政府部门和大企业网络安全,使之免于受到黑客攻击而陷入瘫痪或发生数据泄露的风险。

受此影响,外国投资委员会认为,并购3Com公司使得华为有可能获得美国国防部设备供应商先进的网络安全检测技术,并将其提供给中国政府和军队,从而威胁美国政府信息和军事信息安全。① 首先,华为并购成功将会导致 3Com 公司的网络安全检测技术"流失",并可能导致中国网络黑客利用上述技术攻击美国国防安全系统或窃取美国公司商业机密;其次,鉴于华为是顶级国际通信设备供应商,并购 3Com 公司会扩大中国通信设备在美国市场的应用范围,并将对美国政府和企业的信息安全构成潜在威胁。2012 年,国会对华为和中兴通讯的调查报告就曾提出警告,认为华为是"不可信任"的:其一,中国(包括政府、企业或其他机构)有出于恶意的目的利用电信企业的方法、机会和动机;其二,华为和中兴通讯的通信设备存在"后门"或无法解释的"信号标",便于中国情报部门向关键通信设备或零部件植入恶意软件;其三,华为在并购中提交的"国家安全风险缓冲措施"不能完全避免其向美国提供的电信设备或服务所造成威胁的可能性。② 综上所述,上述因素的共同作用促使美国外国投资委员会否决华为并购案。

(二) 市场竞争威胁与中企赴美并购审查的效果

回顾前文,③外国投资委员会在衡量"市场竞争威胁"时主要关注投资者的赴美投资并购行为是否会阻碍或排斥美国相关行业的自由竞争,包括扭曲资源配置、阻碍或排斥技术改进、形成规模或技术垄断效应。作为全球最发达、技术最先进和市场规模最大的经济体,美国对本土的"市场竞争威胁"极为敏感,而且预置技术和制度措施予以规避。具体而言,一方面,1890 年出台的《谢尔曼反托拉斯法》首开立法预防国内市场垄断之先河。在此意义上,任何具备竞争优势的外资企业赴美并购可能会有威胁市场竞争的潜在可能性时美国社会都极为敏感。另一方面,美国对"市场竞争威胁"的感知从观念形态为主过渡到以成本—收益为基础,但仍然对主权资本和国有企业投资者存在威胁"市场竞争"的偏见。理论上,对"市场竞争威胁"的界定,国际社会可能存在较大差异且参考因素繁多。因此对"市场竞争威胁"的界定必须限定在美国外资监管政策和外

---

① See Robert Gray Blacknell, Trust not Their Presents, Nor Admit the Horse: Countering the Technically-Based Espionage Threat, *Roger Williams University Law Review*, 2007, 12, p. 841.

② 参见 U. S. House of Representatives, 112th Congress, Investigative Report on the U. S. National Security Issues Posed by Chinese Telecommunications Companies Huawei and ZTE, October 8, 2012;樊志刚、王婕:《美国国家安全审查制度对中国企业拓展美国市场的启示——基于华为、中兴通讯被美调查事件》,载《国际经济评论》2013 年第 2 期,第 76 页。

③ 即本书第二章第三节关于市场竞争威胁的界定。

资并购安全审查制度的范畴。与此同时,借鉴和参考经济合作与发展组织关于"竞争中立"的政策、美国商务部反垄断法规及美国贸易代表办公室对"市场竞争威胁"的认定标准。比较发现,美国对外资并购中"市场竞争威胁"效果的认知存在如下特点:首先,美国目标企业在美国市场的竞争地位和影响力,以美国市场占有率、企业规模,特别是中企并购是否会与美国同类企业形成全球性竞争关系(如同华为与高通和思科的关系)等作为衡量标准;其次,中企是否具有中国政府背景,包括是否为国有企业或国有持股企业、是否接受国家支持性融资或政府补贴(包括税收减免或土地等资源优惠)、经营管理是否独立(包括"党委"或"党组"设置)、高管是否有政府工作经历等;再次,中企并购是否造成美国著名品牌消失、该产品产业链断裂或美国在该产业的价值链下移,以及大规模失业;最后,中企并购能否为美国目标企业纾困、提高美国在该产业的全球竞争力,并弥补该产业美国的价值链或供应链。具体而言,前三项构成美国外国投资委员会审查的负面影响因素,而第四项则是有利于外国投资委员会批准的正面影响因素。为此,可将中企赴美并购的"市场竞争威胁"效果划分为四个层次:市场竞争威胁较小(less)、市场竞争威胁小(little)、市场竞争威胁大(much)、市场竞争威胁较大(more)。在此基础上,对中企赴美并购的"市场竞争威胁"效果作出评估。

第一,市场竞争威胁较小(less)。大连万达并购 AMC 公司一案中,并购对美国电影产业市场竞争的影响也是外国投资委员会审查的重要考量。首先,万达并购不仅不会排斥美国本土电影市场竞争,而且会完善市场供应链结构,使市场竞争更趋合理。比较发现,之所以大连万达并购 AMC 公司不仅不会产生阻碍或排斥技术改进、形成规模优势或技术垄断的效果,反而并购后的 AMC 公司将会借鉴万达院线在中国市场积累的丰富运营经验,调整美国市场的电影产品供需结构,实现高、中、低档合理搭配,满足美国电影市场的多层次需求。其次,大连万达并购成功有助于 AMC 公司开拓国际市场,特别是快速成长的中国市场。众所周知,电影产业作为纯消费性行业,其市场规模的扩大与美国整体经济形势和人均消费能力的提升密切相关。后危机时代,美国经济增速长期低迷,居民消费水平和收入增长呈现两极化趋势。在此不利条件下,美国本土电影市场规模的开发潜力显然极为有限,甚至可能面临市场萎缩的风险。与之相反,2015 年美国电影在中国院线市场占比达到 1/4,中国市场已成为美国海外票房的主要贡献者。在此背景下,AMC 公司将借助万达院线在中国市场的影响力扩大其在中国及亚太市场的竞争利益。

第二,市场竞争威胁小(little)。美国国会和外国投资委员会对中海油并购优尼科对美国能源市场竞争影响的关注表现为:一方面,对美国本土油气资源供给安全的影响。从整体分析,鉴于优尼科在美国国内油气资源市场所占的份额较小,即无论是油气资源储备还是石油和天然气产量,均对美国市场供应影响甚微。统计数据表明,优尼科在美国国内的原油产量保持在日产5.8万桶的水平,甚至低于美国本土石油消费总量的1%。即使中海油成功并购优尼科,新公司的年天然气产量也仅为美国年度天然气消费总量的1%,石油产量占美国年度石油消费总量的0.3%。因此,中海油并购对美国油气市场供应的影响微不足道。另一方面,中海油依靠"政府补贴"获取不正当竞争优势会妨害美国及全球能源市场"竞争中立",以及中国政府干预中海油的经营管理会导致其经营自主权丧失而妨害美国能源市场的竞争秩序。中海油在附加"承诺"中已经就未来的经营战略和销售方向作出具体承诺,并购完成后将会遵循优尼科原有的经营方式,且主要在美国从事生产和销售,不会将优尼科的资产和业务转移至中国,并保留优尼科全部员工,以及同意前管理层加入合并后的新公司,甚至中海油董事长傅成玉更是作出超乎商业惯例的表态:"我们乐于与美国外国投资委员会讨论有关将非勘探与开发性资产由美国管理等美国外国投资委员会经常批准的处理方式"。事实上,中海油公司的附加"承诺"已经将中海油并购优尼科可能造成的"妨害竞争"的程度有效降到最低。而傅成玉的表态,甚至将并购后新公司部分管理权的决定权"让渡"给了外国投资委员会。

第三,市场竞争威胁大(much)。联想并购 IBM 公司 PC 业务一案中,外国投资委员会认为,联想集团是中国电脑技术最先进和最具市场竞争力的企业,并购可能会对美国国内乃至全球 PC 市场的竞争格局产生影响。因此,外国投资委员会尤为关注 IBM 公司 PC 品牌"ThinkPad"的丧失,中国政府可能干预联想集团的自主经营,从而影响美国及全球市场的"竞争中立"。一方面,联想集团并购导致美国著名 PC 品牌丧失,并使得联想获得巨大的市场收益。因为从联想集团的视角观察,获取国际知名品牌是联想国际化的必由之路。根据双方达成的并购协议,联想集团可以在并购后的五年内使用 IBM 品牌,并永久获得 IBM 公司 PC 品牌"ThinkPad"商标。外国投资委员会据此认为,IBM 公司是美国三大计算研发和生产企业之一,"ThinkPad"是 IBM 公司旗下最重要的 PC 品牌,全球知名度高,具有极高的商业价值,对提升联想集团的市场竞争力意义非凡。数据表明,并购 IBM 公司 PC 业务特别是获得"ThinkPad"商标使用权后,联想集团的 PC 产品在全球市场的知名度会大幅提升,短期内会显著改善联想的全球营销收益,阶段性实现拓展国际市场的战略目标。另一方面,中国政府干预联想集团自主经营,必然在包括美国在内的全球市场获取"不正当竞争优势",违背美国"竞争中立"政策。外国投资委员会也对联想的主要股东——中国科学院持股 30% 保持高度警惕。外国投资委员会特别强调,中国科学院是中国中央政府直接管理的财政全额拨款事业单位。在某种意义上,中国科学院持股使得联想集团具备中国"国有企业"的某些特征(特权),可能负有中国政府的某些政策使命。因此,中国政府完全有动机、有能力及有机会利用中国科学院的股东地位对新联想集团在美国和全球市场的经营行为施加影响,影响联想集团的独立经营,并最终危及美国和全球市场的"竞争中立"。

事实上,外国投资委员会对联想并购的"市场竞争威胁"疑虑的破除主要源于两大方面考量:一方面,鉴于外国投资委员会质疑中国政府干预运营、违反市场"竞争中立"政策,联想集团作出多项承诺:一是主动表示并购完成后将把联想集团的总部由中国北京迁往美国纽约,同时将新公司的官方语言变更为英文;二是为监督并购协议和"减缓措施"得到切实执行,联想集团还承诺并购后的首席执行官将由 IBM 公司 PC 事业部总经理史蒂芬·沃德担任;三是反复申明,联想集团已于 1994 年在中国香港证交所上市,这表明联想集团的公司治理模式和治理结构的透明度已经得到香港证交所的肯定。鉴于香港作为主要国际金融中心,香港证交所的专业化操作已经表明联想的公司治理结构透明度是美国市场可以信赖的。另一方面,全球 PC 产业竞争骤然加剧导致利润率持续下降对外国投资委员会的审查结果产生直接影响。面对全球 PC 市场竞争加剧,利润快速下降,IBM 公司调整经营战略,放弃效益低下的计算机硬体产业(PC 研发制造),转向商业(工业)计算机、服务器研发和网络技术等附加值更高的互联网软体产业,且联想集团并购 IBM 公司 PC 业务整体有利于完善美国本土的 PC 产业供应链。此外,联想集团并购可助力 IBM 公司扩大在中国市场的利益。事实上,通过出售 PC 业务,IBM 公司不但成功扭转 PC 业务亏损困境,避免影响整体经营战略调整,而且借助联想集团第二大股东地位,在快速发展的中国PC市场赚取巨额利润。

第四,市场竞争威胁较大(more)。美国长期对全球通信技术和市场保持垄断,因此也收割了行业巨额垄断利润。华为技术崛起会冲击美国通信技术霸权,还会分割其垄断收益。2003年,美国思科公司对华为发起的"知识产权诉讼"就是美国通信企业制约华为技术崛起的早期尝试,而2012年美国国会调查华为和中兴通讯的幕后也有思科的影子。作为全球最大的信息通信市场,进军美国是华为和中兴通讯扩大全球影响力和推动企业国际化的关键步骤。然而,华为挺进美国市场本身就构成对思科公司的直接挑战。思科2011年度在路由器、交换机市场份额萎缩导致行业毛利润下降,认为除自身无法继续大幅降低经营成本外,来自亚洲特别是中国供应商的价格竞争是主要原因。2012年4月,思科CEO钱伯斯公开宣称:"思科公司将在美国本土及全球市场与华为全面开战。"① 在此意义上,与其说华为涉嫌威胁美国信息安全,不如说因为华为直接威胁到思科等美国通信巨头的商业利益。

此外,外国投资委员会质疑华为在技术研发和市场开拓中得到中国"政府补贴"而获得不正当竞争优势,违背美国倡导的"竞争中立"原则。具体而言,其一,基于华为与中国政府的密切关系,外国投资委员会认为,华为以向中国政府和军队提供服务而获得低成本资金支持、政府(包括地方政府)税收减免、出口补贴,以及在土地使用、技术人员培训等方面获取便利或隐性补贴;其二,美国指责华为刻意隐瞒与中国国有银行之间的关系,特别是与中国银行和中国进出口银行的业务关系;其三,美国政府质疑华为的股权结构、公司运营管理及管理层持股等存在信息披露不充分、不透明,与美国市场所秉持的现代企业制度不符。据此,美国外国投资委员会得出结论:华为依赖中国政府和国有银行的财政补贴获得的竞争优势对美国企业构成不公平竞争,违反美国及全球市场的"竞争中立"原则,而其在股权结构和经营管理上的不透明状态也与美国秉持的现代企业制度和企业文化相冲突。

综上所述,美国外国投资委员会应对中企并购安全审查的结果是在国家理性支配下国内利益主体(政府部门、国会议员、利益集团及媒体)基于自身利益偏好积极向外国投资委员会施加影响的背景下,外国投资委员会出于国家安全

---

① 《思科导演美对华为中兴调查,73议员背后撑腰》,http://www.people.com.cn,访问日期:2019年7月17日。

考量、经济利益博弈和意识形态竞争三大因素综合权衡的产物。其中,"技术转移"和"市场竞争"所体现的安全利益和经济利益博弈是影响外国投资委员会并购审查结果的关键变量。然而,鉴于国际体系下美国实力地位变迁、中美竞争关系加剧及"逆全球化"升温等因素影响,国家安全考量较经济利益因素对美国外资安全政策的影响更为显著,由此也决定了外国投资委员会对技术转移风险的关注更胜一筹。本书两个关键变量的交替匹配也相对完整地解释了为什么即使是同一种经济关系(相同或相似并购案例)且国家(外国投资委员会)最终的决策体现为冲突或者合作(审查通过或审查拒绝),但其决策过程中的变量匹配差异也会使得决策过程或结果存在某些微妙差异(妥协通过或被迫放弃)。(见表37)

表37 技术转移、市场竞争与CFIUS审查的因果机制

技术转移风险程度低/市场竞争威胁认知弱 ⇒ CFIUS审查 ⇒ 完全通过
技术转移风险程度低/市场竞争威胁认知强 ⇒ CFIUS审查 ⇒ 妥协通过
技术转移风险程度高/市场竞争威胁认知弱 ⇒ CFIUS审查 ⇒ 被迫撤回
技术转移风险程度高/市场竞争威胁认知强 ⇒ CFIUS审查 ⇒ 绝对拒绝

然而,综合上述四个案例的分析,我们可以就美国外国投资委员会应对中企并购安全审查的逻辑得出如下结论:一方面,"技术转移风险"和"市场竞争威胁"是影响美国外国投资委员会应对中企并购审查结果的主要变量;另一方面,在技术转移(安全利益)和市场竞争(经济利益)的权衡中,安全利益更重要。如果针对本书列举的四个检验案例,分别引入变量关系,可得出如表38所示的逻辑关系。

表38 CFIUS应对中企并购审查逻辑的案例检验

大连万达并购AMC影院公司案:技术转移风险程度低/市场竞争威胁认知弱 ⇒ CFIUS审查 ⇒ 完全通过
联想集团并购IBM公司PC业务案:技术转移风险程度低/市场竞争威胁认知强 ⇒ CFIUS审查 ⇒ 妥协通过
中海油并购优尼科石油公司案:技术转移风险程度高/市场竞争威胁认知弱 ⇒ CFIUS审查 ⇒ 被迫撤回
华为联合贝恩资本并购3Com公司案:技术转移风险程度高/市场竞争威胁认知强 ⇒ CFIUS审查 ⇒ 绝对拒绝

与之相应,鉴于中美竞争加剧,意识形态(观念因素)对中企赴美并购审查的影响也日渐显著,但考虑到经济全球化时代公然鼓吹意识形态对抗并不符合美国的国家利益,不仅在国际舆论场(public opinion field)难以得到美国盟友的认同,且亦有损美国自由开放的国际投资形象。因此,中企赴美并购安全审查中的观念因素(意识形态分歧)一贯通过夸大或杜撰所谓"技术转移和市场竞争"对美国的现实威胁的方式加以展现。

二、中企应对美国并购安全审查的政策建议

美国外资并购安全审查的本质在于通过限制、拒绝和排斥外国投资者并购美国企业的股权和技术,达到捍卫美国军事、经济和技术霸权的目的。实践中,为应对美国外国投资委员会的审查压力,在参考美国外资并购安全审查经验的基础上,中企应从培育自主知识产权、改善投资策略,以及强调外资安全审查对等与构建国内救济机制三个方面应对。

一是培育自主知识产权,增强对美经济影响力。本质上,美国技术安全忧虑背后反映出中美两国之间巨大的技术差距,而观念认知也恶化了美国社会对中企并购意图的负面认知,这是构成长期困扰中美知识产权争议的根源。自2018年5月以来,中美贸易冲突的经验表明,未来高新技术产业竞争将成为中美经贸冲突和国家战略博弈的焦点,而缺乏核心技术则构成美国外国投资委员会强化中企并购安全审查的重要诱因。鉴于此,积极鼓励核心技术研发和培育中企技术竞争优势,推动中企向全球价值链高端迈进是解决该问题的关键策略。事实上,唯有更多像福耀玻璃、万向集团及大疆无人机等具有显著技术领先优势的中企赴美投资,才能从根本上改变美国外资并购安全审查政策的价值取向和美国外国投资委员会的观念认知。例如,2019年5月16日,在美国商务部工业安全局宣布对"华为禁售"的次日,在美国关联企业(华为供应商)的"游说"下,美国商务部又决定再次给予华为公司90天的豁免期(temporary general license)就是例证。[①] 因此,唯有培育自主知识产权,提升中国企业的整体技术

[①] 全球供应链条件下,美国对华为公司的禁售对美国相关企业造成的冲击,迫使美国政府延缓实施"禁售令",参见 Department of Commerce Issues Limited Exemptions on Huawei Products,https://www. commerce. gov/news/press-releases/2019/05/department-commerce-issues-limited-exemptions-huawei-products,访问日期:2019年6月9日。

竞争力才是根本上解决中美投资关系中"美国技术安全忧虑"的关键。事实上,在具体策略上,除《中国制造 2025》在国家层面作出战略规划外,科研机构和企业已在芯片研发等高新领域掀起研究热潮。欣喜的是,2019 年 7 月 24 日,联合国知识产权组织(WIPO)发布的《全球创新指数》(Global Innovation Index)排名中,中国的排名由 2018 年第 17 位[①]上升至第 14 位,并首度超越传统技术强国日本,[②]也是值得关注的积极信号。

二是改善投资策略,科学选择并购对象。为应对美国外国投资委员会实施的并购安全审查,并有效减少美国政治因素的不当干预,提高并购的成功率,并购前,中国投资者特别是国有企业应特别注重并购策略选择,高度重视对并购目标企业所涉及的技术安全风险评估。具体而言,一方面,要求中企准确掌握并购项目的细节,包括但不限于是否涉及美国关键产业和技术、参与政府采购,以及目标企业的地理位置毗邻敏感的军事区域等。与此同时,深入研究并购目标公司所在地(州)的外资并购政策,探究并购目标企业与当地政府及议员的关系,目标企业是否与美国政府(包括联邦和州)、军事部门(包括军队、国民警卫队和情报部门)及重要企业(特别指高科技、金融及基础设施企业)存在供货或服务业务合同关系,中企在该州的历史并购记录,以及对中企投资的态度等。另一方面,中企需要科学选择并购对象。鉴于《外国投资风险评估现代化法案》和《出口管制条例》进一步强化技术出口管制,针对相应企业的外资并购审查必然趋紧。具体而言,美国外国投资委员会把高精尖技术和新兴技术,如大数据、人工智能和信息通信等列为重点审查对象,这也是美国首次将"新兴技术"列入外资并购技术审查范畴的原因。比较发现,美国此举与《中国制造 2025》优先发展"十大技术"高度重合。对此,中企选择并购对象应充分兼顾上述事实,做到有的放矢。

三是强调安全审查对等与构建国内救济机制。后危机时代,中国已经兼具资本输入大国和资本输出大国的双重身份,必须以发展的眼光审视国际投资领域所涉及的"国家安全"问题。具体而言,第一,做好外资并购安全审查制度的顶层设计。实践中,中国政府仅依据"国防安全、国家经济稳定运行、社会基本

---

① See WIPO, Global Innovation Index 2018, July 12, 2018, http://www.wipo.int/edocs/pubdocs/en/wipo_pub_gii_2018.pdf, accessed July 31, 2019.

② Ibid.

生活秩序及对涉及国家安全关键技术的研发能力的影响"四大原则来定义国际投资领域的"国家安全"范畴。① 事实上,与美国《外商投资与国家安全法》所列举的11项外资并购安全审查的"国家安全"考量因素相比,中国对"国家安全"内涵和外延的理解范围过于狭窄、措辞笼统宽泛,造成实践难以操作,且更易引发双边投资纠纷。鉴于此,在中美投资关系中,中国需更新"国家安全"观念,从观念层面做好外资并购安全审查制度的顶层设计。第二,强调国家安全审查对等原则。于2020年1月1日生效的《中华人民共和国外商投资法》提出构建中国外资并购安全审查制度,并特别强调外资并购安全审查对等原则。这意味着,中国将会对来自美国企业的并购实施同等待遇审查。如此,不仅可以逆向制约美国外国投资委员会滥用审查权力,还可限制美国国会对中企并购个案审查程序的不当干预。与之相应,2019年5月31日,中国商务部正式启动"不可靠实体清单制度",并综合衡量四方面因素:首先,该实体是否存在针对中国实体实施封锁、断供或其他歧视性措施的行为;其次,该实体行为是否基于非商业目的,违背市场规则和契约精神;再次,该实体行为是否对中国企业或相关产业造成实质损害;最后,该实体行为是否对中国国家安全构成威胁或潜在威胁。②中国"不可靠实体清单制度"的实施已引发包括美国企业在内的全球跨国公司的高度关注。第三,构建国内救济机制。实践中,鉴于中美战略竞争关系加剧,中企遭遇美国外国投资委员会的审查日趋严格,单一依靠附加"安全承诺"、诉诸国际舆论及美国司法救济效果有限,中国应成立相应的专门救济机制为中企提供应对美国审查的专业建议,并在类似中海油并购案等涉及国家重大经济利益的并购中,及时协调国内商务、外交、法律等部门对美国政府施加影响,保障中企的合法权益。

---

① 参见《国务院办公厅关于建立外国投资者并购境内企业安全审查制度的通知》(国办发[2011]6号)。

② 参见《商务部新闻发言人就中国将建立"不可靠实体清单"制度答记者问》,http://www.mofcom.gov.cn/xwfbh/20190531.shtml,访问日期:2019年6月16日。

附　　录

一、中企赴美并购安全审查案例分类统计（截至 2018 年 12 月）

审查结果	中资企业投资者	美国目标公司	行业	年份	金额（亿美元）	原因分析
完全通过	万向集团公司	QAI 公司	汽车部件	1999	未公布	并购涉及的汽车制动技术不属于敏感技术，也不会威胁美国市场竞争
	万向集团公司	舍勒公司	汽车部件	2000	未公布	并购涉及的万向节传动轴不属于敏感技术，并购有助于促进美国市场与德企和日企的竞争
	万向集团公司	UAI 公司	汽车部件	2001	未公布	民用汽车万向节传动轴不属于敏感技术，且与美国政府和军队无业务关系，并购有助于完善美国市场竞争格局
	万向集团公司	洛克福特公司 33.5％股权	汽车部件	2003	未公布	并购涉及的万向节传动轴不属于敏感技术，并购有助于促进美国市场与德企和日企的竞争
	万向集团公司	PS 公司	汽车部件	2005	未公布	并购不涉及敏感技术，也不会威胁市场竞争，且有利于目标企业脱困
	中国建设银行	美国银行（亚洲）股份有限公司	金融服务	2006	12.29	不涉及技术转移和美国市场竞争问题

(续表)

审查结果	中资企业投资者	美国目标公司	行业	年份	金额（亿美元）	原因分析
完全通过	民生银行	美国联合银行跨国公司	金融服务	2007	3.17	收购部分股份（9.9%），金融危机背景下有助于缓解目标企业的经营压力
	中国国家投资公司	爱依丝电力公司15%股权	电力供应	2009	25	目标企业纾困，中国投资有利于改进企业设备和促进目标技术研发
	建设银行（亚洲）有限公司	美国国家信贷（亚洲）有限公司（ALGF）	金融服务	2009	0.7	并购不涉及技术问题，目标公司业务在中国香港，与美国市场竞争无关，且有助于拓展中国大陆市场业务
	上海电气集团	高斯国际集团公司	印刷设备	2010	15	有利于改进技术，增进美国印刷企业全球竞争力及增加就业岗位
	工商银行	东亚银行	金融服务	2011	1.4	并购不涉及技术和市场竞争问题，美国东亚银行规模有限，金融危机时经营极为困难，而且主要业务在美国本土以外
	大连万达集团公司	AMC娱乐控股公司	文化娱乐	2012	31	电影院线并非关键技术和关键基础设施，并购有助于缓解AMC公司经营困境，并拓展中国市场
	中国石化集团公司	戴文能源公司33%股权	油气资源	2012	22	企业纾困，中石化提供安全减缓措施
	河南双汇国际发展有限公司	史密斯菲尔德公司	生鲜食品	2013	71	农业并非敏感领域，并购会改进美国猪肉行业的生产率和就业水平

（续表）

审查结果	中资企业投资者	美国目标公司	行业	年份	金额（亿美元）	原因分析
完全通过	安邦集团公司	Waldorf Astoria Hotel	酒店服务	2015	19.5	不涉及技术问题，地址不毗邻政府和军队关键设施
	天海投资基金子公司（GCL Acquisition Inc.）	英迈（Ingram Micro Inc.）	信息技术销售	2016	60	并购不涉及敏感技术问题，以及以海外子公司作为并购方
	上海锦江酒店集团联合 Thayer Lodging Group	美国洲际酒店及度假村集团公司	酒店服务	2016	1.98	并购不涉及技术问题，酒店属于高度竞争性行业
	大连万达集团公司	美国传奇影业（Legendary Pictures）	文化娱乐	2016	35	并购不涉及关键技术且传奇影业经营困难
	中国海航集团公司	希尔顿酒店25%股份	酒店	2016	65	酒店行业不涉及敏感技术和市场竞争问题
	海尔集团公司	通用电气（GE）家电业	家电制造	2016	54	并购不涉及敏感技术，并购有助于完善美国家电产业链，并促进就业
	海航资本集团公司	美国CIT飞机公司租赁业务	飞机租赁业务	2016	18.8	飞机租赁不涉及敏感技术
	中国政府投资公司	黑石集团所属欧洲物流业务	基金服务	2017	约140	物流服务不涉及技术问题，业务位于欧洲，与美国市场无关
	吉利控股集团公司	美国太力公司（Terrafugia）	新型汽车设计研发	2017	未公布	太力尚未掌握成熟的飞行汽车技术，技术和市场影响微小
	中信股份（CITIC Ltd.）、中信资本联合凯雷集团（Carlyle Group）	麦当劳（McDonald's Corp.）中国大陆和香港的业务	餐饮	2017	20.8	并购不涉及技术转移和市场竞争问题
	祥祺集团（Cheung Kei Group）	贝尔斯登公司伦敦总部大楼	房地产	2017	3	美国海外地产不涉及技术竞争问题
	中国人寿集团（China Life Insurance Group）	美国48处商业地产	房地产	2017	9.5	商业地产不涉及技术转移，市场竞争威胁小

(续表)

审查结果	中资企业投资者	美国目标公司	行业	年份	金额（亿美元）	原因分析
妥协通过	联想集团公司	IBM公司PC业务	个人电脑研发制造	2004	12.5	IBM调整经营战略而出售，联想作出严格的"安全承诺"
	北京亦庄国际投资公司	Nexteer汽车部门	汽车零部件	2009	4.5	所涉技术敏感度低，且不属于高新技术范畴，而且并购有助于开拓中国市场
	中国海洋石油公司	切萨皮克公司33%股权	油气能源勘探	2010	6.97	作出减缓承诺，无害美国市场供应和竞争
	万向集团公司	美国A123系统公司	锂电池制造	2013	未公布	万向集团作出相应承诺保障美国市场供应安全
	联想集团公司	摩托罗拉手机业务	手机制造业务	2014	29.1	缓解摩托罗拉手机业务困局，联想总部已迁往美国，技术风险较低，收购有助于弥补美国手机产业链
	万向集团（美国）公司	菲斯科公司	电动汽车	2014	1.492	菲斯科公司已申报破产，万向属于民营企业，且由美国分公司出面收购①
	中信资本公司	美国豪威科技公司	数码产业	2016	19	并购协议约定中信资本不参与企业的具体经营
	三胞集团公司	丹德里昂医药公司	生物医药制造	2016	9.1	三胞公司作出严格的安全承诺
	中国化工集团公司	瑞士先正达公司	农业及农药	2017	430	技术敏感度低，中化国际化程度高，股权分散。此外，中化同意出售部分业务给美国农化公司，如黑石基金积极参与国会游说

---

① 该被审查得以通过的主要原因是，2014年美国主流汽车公司对发展电动企业产业缺乏主动性，在美国也尚未形成规模效应，所以该并购并未引发美国汽车行业的广泛国会游说。

(续表)

审查结果	中资企业投资者	美国目标公司	行业	年份	金额（亿美元）	原因分析
妥协通过	泛海控股集团联合IDG资本	IDG旗下国际数据公司（IDC）	数据业务	2017	12	联合美国公司收购，不包含敏感的技术和数据资产，且泛海集团作出严格的安全承诺
	中国乐山盛和公司牵头的并购财团	美国派斯山（Mountain Pass）稀土矿	稀土资源	2017	0.2025	市场拍卖成交
	泛海控股集团公司	美国Genworth公司	保险业务	2018	27	保险属于美国优势产业，且Genworth公司规模较小，并购还有利于美国保险业进入中国市场
被迫撤回	香港和记黄埔公司	环球电讯公司	信息通信	2002	2.5	技术转移、中资背景可能威胁国家安全
	中国海洋石油公司	优尼科石油公司（Unocol）	能源行业	2005	185	国企、能源设备技术转移将威胁美国能源和军事安全，并提高中企的全球影响及与美国能源企业形成竞争关系
	西色国际投资公司	尤金采矿公司	探矿业	2009	0.265	国企背景，收购涉及军事资产，存在政府供应关系及威胁竞争中立
	唐山曹妃甸投资公司	安科公司	光纤制造	2010	0.2775	高端制造技术转移会促进中国军事技术发展
	鞍山钢铁集团公司	美国钢铁发展公司（Steel Development Company）	钢铁制造	2010	1.68	国会担忧钢铁技术外泄，鞍钢获得政府补贴导致美国市场竞争失序
	中航通用飞机有限责任公司	西锐公司	航空制造	2011	3—5	国企，技术资产及航空关键技术转移
	北京卓越航空公司	豪客比奇飞机公司	航空运输	2012	2	航空业属于关键设施，并购涉及航空技术转移及中美在航空领域竞争

(续表)

审查结果	中资企业投资者	美国目标公司	行业	年份	金额（亿美元）	原因分析
被迫撤回	中联重科公司	特雷克斯公司（Terex）	机械装备制造	2016	33	重型起重机械技术转移，投资者与美国同类企业具有强烈竞争关系，在美国市场会形成明显优势，进而威胁美国企业竞争力
	中国华信能源集团公司	考恩（Cowen）金融公司	金融服务	2017	1	金融行业属于CFIUS考量的关键基础设施范畴
	北京喜乐航科技公司	全球鹰娱乐公司34.9%股权	互联网及多媒体	2017	1.03	并购涉及互联网技术转移，互联网是CFIUS所重点关注的高新技术
	SDIC基金管理公司	马克斯韦尔技术公司	电子服务	2017	0.466	并购涉及技术资产，中企在该领域享有竞争优势
	忠旺控股投资公司	Aleris公司	材料产业	2017	23	并购涉及美国高端制造业，并购威胁美国在高科技材料领域的技术优势
	国投创新基金（中国国资背景私募基金）	Maxwell Technologies能源储存和能量运输公司	能源储存	2017	0.47	能源产业属于外资并购审查关注的关键基础设施
	四维图新、腾讯、新加坡政府投资公司	HERE导航服务公司10%股权	地图导航服务	2017	2.83	汽车地图导航技术可能用于军事领域
	东方宏泰公司	AppLovin移动广告公司	广告服务	2017	14.2	移动广告业务涉及数字和大数据技术
	北京大北农科技集团全资公司昌农有限公司	Waldo Farms公司	动物育种	2018	0.165	涉及农业技术转移，属于美国出口管制技术

(续表)

审查结果	中资企业投资者	美国目标公司	行业	年份	金额（亿美元）	原因分析
被迫撤回	中国重型汽车公司	UQM Technologies Inc.	汽车制造	2018	0.124	汽车技术转移，并购在美国市场形成竞争关系，政府背景威胁竞争中立
	中国航空技术进出口公司	马姆科（MAMCO）公司飞机零部件业务	飞机部件	1990	1	航空产业技术转移可能危及美国国家安全
绝对拒绝	华为、贝恩资本联合体	3Com 互联网公司	互联网	2007	22	政府背景，涉及技术转移及存在变相鼓励华为窃取美国相关技术的风险
	华为技术有限公司	摩托罗拉移动网络设施部门	通信网络	2010	2	收购涉及关键技术资产，并购后华为会威胁美国技术领先，并与美企形成全球竞争关系
	华为技术有限公司	2Wire 公司	互联网通信	2010	1	信息技术属于美国"关键技术"范畴，且华为具有中国政府和军队背景，华为获得政府补贴妨害美国"竞争中立"
	华为技术有限公司	3Leaf 公司	互联网通信	2010	2	政府背景，技术资产与华为存在全球竞争关系
	华为技术有限公司	Sprint 电信运营商	信息通信	2010	60	华为具有中国政府和军队背景，而且通信技术属于"关键技术"范畴
	三一重工集团公司	俄勒冈州 Butter Greek 风电项目	风力发电	2012	30	威胁国家安全，新技术转移会影响美国风电等新能源的发展
	金沙江创投与橡树投资联合基金	飞利浦 LED 与汽车照明业务 80.1%股份	新材料及汽车配件	2015	33	新材料技术属于高新技术产业，技术转移可能导致美国公司利益受损

(续表)

审查结果	中资企业投资者	美国目标公司	行业	年份	金额（亿美元）	原因分析
绝对拒绝	清华紫光集团公司	美光（Micron）科技公司	芯片制造	2015	230	芯片技术属于美国关键技术范畴
	华润集团公司	仙童半导体公司	半导体研发	2016	25	涉及半导体技术转移和可能用于军事领域，威胁国家安全
	清华紫光子公司	Western Digital Inc.	互联网服务业	2016	37.8	信息技术属于外资并购审的关键技术范畴，技术转移造成的国防技术泄露威胁国家安全
	T.C.L.实业控股（香港）公司	Novatel Wireless 公司	信息通讯	2017	0.5	通信技术属于关键技术范畴，是美国商务部工业安全局限制出口的技术
	峡谷桥基金	莱迪斯半导体公司	半导体设计	2017	13	涉及相关军用技术的转移，半导体属于管制技术
	四维图新	HERE 数字地图（部分英特尔公司持有）	软件设计	2017	3.3	数字地图技术可能用于中国导弹定位系统
	英飞凌科技（Infineon Technologies）	Wolfspeed 旗下的 Cree 业务（德国）	芯片生产	2017	8.5	芯片部件属于"关键技术"范畴，是 CFIUS 严格管控的技术
	福建宏芯基金子公司	德国爱思强公司	芯片设计研发	2017	8	芯片技术属于关键技术，转移威胁国家安全
	蚂蚁金服公司	MoneyGram International Inc.	金融服务	2018	8.8	人体图像识别技术可能导致美国"国民信息"泄露，特别是军队及安全部门信息存在安全风险
	蓝色光标公司	Cogint 公司	通信技术	2018	1	关键设施、技术转移及威胁国家安全
	湖北鑫炎和中国集成电路联合基金	Xcerra 公司	半导体测试设备	2018	5.8	中资并购方具有中国政府背景，而且半导体产业属关键技术和关键基础设施
	深圳新纶科技股份有限公司	阿克伦聚合物公司（Akron Polymer System Inc.）	高分子材料	2018	0.099	新型高分子材料属于美国出口管制的技术范畴

二、美国商务部工业安全局中企出口管制清单（2018年5月至2020年9月）

1. 2018年8月1日，美国商务部工业安全局正式将44家中国企业（8个实体和36个附属机构）列入出口管制实体清单。[①]

序号	实体	附属机构
1	中国航天科技工业股份有限公司第二院	航天科工二院第二总体设计部
2		航天科工二院第23研究所（又名"北京无线电测量研究所"）
3		航天科工二院第25研究所（又名"北京遥感仪器研究所"）
4		航天科工二院第201研究所（又名"航天科技防御技术研究与实验中心"）
5		航天科工二院第203研究所（又名"北京无线电计量研究所"）
6		航天科工二院第204研究所（又名"北京计算机应用与仿真技术研究所"）
7		航天科工二院第206研究所（又名"北京机械设备研究所"）
8		航天科工二院第207研究所（又名"北京环境特征研究所"）
9		航天科工二院第208研究所（又名"北京电子文献服务中心"）
10		航天科工二院第210研究所（又名"西安长丰机电研究所"）
11		航天科工二院283厂（又名"北京新丰机械厂"）
12		航天科工二院284厂（又名"北京长丰机械厂"）
13		航天科工二院699厂（又名"北京新力机械厂"）
14	中国电子科技集团公司第十三研究所（CETC 13）	河北博威集成电路有限公司
15		河北英沃泰克电子有限公司
16		河北赛诺克电子有限公司
17		河北光明国际有限公司
18		河北医药保健有限公司
19		河北普兴电子公司
20		微电子技术发展应用公司
21		石家庄开发区卖特达微电子技术开发应用公司
22		河北美泰电子科技有限公司
23		华北集成电路有限公司
24		同辉电子科技有限公司
25		河北普星电子公司

[①] 参见 https://www.federalregister.gov/documents/2018/08/01/2018-16474/addition-of-certain-entities-and-modification-of-entry-on-the-entity-list，访问日期：2020年7月17日。

(续表)

序号	实体	附属机构
26	中国电子科技集团公司第十四研究所(CETC 14)	南京三思实业公司
27		南京无线电技术研究所
28	中国电子科技集团公司第三十八研究所（CETC 38)	安徽四创电子股份有限公司
29		安徽博微长安电子有限公司
30		合肥华耀电子工业有限公司
31		合肥博微田村电气有限公司
32		安徽博微广成信息科技有限公司
33		安徽博微瑞达电子技术有限公司
34		博微太赫兹信息技术有限公司
35	中国电子科技集团公司第五十五研究所（CETC 55)	南京国盛电子有限公司
36		南京国博电子有限公司
37	中国高新技术产业进出口总公司	
38	中国华腾工业有限公司	
39	河北远东通信系统工程有限公司	

2. 2019年5月15日，美国商务部工业安全局将华为公司及其68家非美国关联企业列入出口管制实体清单，如无美国商务部批准，华为公司将无法向美国企业购买元器件。①

序号	实体
1	北京华为数字技术有限公司
2	成都华为高科技投资有限公司
3	成都华为技术有限公司
4	东莞华为服务有限公司
5	东莞绿源实业投资有限公司
6	贵州省贵阳市贵安新区华侨投资有限公司
7	杭州华为数码科技有限公司

---

① 参见 https://www.commerce.gov/news/press-releases/2019/05/department-commerce-announces-addition-huawei-technologies-co-ltd，访问日期：2020年7月17日。

(续表)

序号	实体
8	海思光电子有限公司(湖北武汉)
9	深圳市龙岗区坂田海思科技有限公司
10	中国江苏苏州海思泰科技有限公司
11	华为设备有限公司(中国广东)
12	华为设备(东莞)有限公司
13	华为设备(深圳)有限公司
14	华为数字技术(苏州)有限公司
15	华为机械有限公司(广东)
16	华为软件技术有限公司(江苏)
17	中国华为技术服务有限公司
18	华为技术服务有限公司(河北廊坊)
19	华为培训(东莞)有限公司
20	华谊互联网信息服务有限公司(广东)
21	华为北方通信技术有限公司(北京)
22	上海海思科技有限公司
23	上海华为技术有限公司
24	上海莫塞尔贸易有限公司
25	深圳华为技术服务有限公司
26	深圳华为终端商业有限公司
27	深圳华为培训学校有限公司
28	深圳市华谊贷款小额贷款有限公司
29	深圳市莱格瑞特科技有限公司
30	深圳市智能商务有限公司
31	苏州华为投资有限公司
32	武汉华为投资有限公司
33	西安华为技术有限公司
34	西安瑞鑫投资有限公司
35	浙江华为通信技术有限公司
36	中国台湾台北迅威科技有限公司
37	中国香港九龙尖沙咀华为设备(香港)有限公司
38	华为国际(中国香港)有限公司
39	华为技术(中国香港)投资有限公司
40	华为技术(中国香港)有限公司

(续表)

序号	实体
41	中国香港九龙尖沙咀华英管理有限公司
42	中国香港上环 Smartcom(香港)有限公司
43	华为技术日本 KK 公司
44	华为技术研发(比利时)
45	华为技术 SRL(玻利维亚拉巴斯)
46	Huawei doBrasilTelecomunicacoesLtda(巴西圣保罗)
47	华为技术(仰光)有限公司
48	华为技术有限公司(加拿大安大略省)
49	华为智利 SA 公司(智利圣地亚哥)
50	华为技术公司(埃及开罗)
51	华为技术(德国)有限公司
52	金斯敦华为技术(牙买加)有限公司
53	华为技术投资(安曼)有限公司
54	华为技术(黎巴嫩)有限公司
55	华为技术公司(马达加斯加)有限公司
56	华为技术(荷兰)有限公司
57	华为技术投资(阿曼)有限责任公司
58	伊斯兰堡华为技术巴基斯坦(私人)有限公司(巴基斯坦)
59	华为技术巴拉圭公司(巴拉圭亚松森)
60	华为技术投资有限公司(卡塔尔多哈)
61	华为国际私人有限公司(新加坡)
62	华为技术有限公司(私人)有限公司(斯里兰卡科伦坡)
63	华为技术(瑞士)公司(瑞士伯尔尼 Liebefeld)
64	英国华为全球金融(英国)有限公司
65	Proven Glory,British Virgin Islands(英国)
66	Proven Honour,British Virgin Islands(英国)
67	华为技术(越南)有限公司(越南河内)
68	华为技术有限公司(越南河内)

3. 2019年6月21日,美国商务部工业安全局将5家中国实体列入出口管制实体清单,禁止美国供应商采购这5家中国实体的部件。①

序号	实体
1	曙光信息产业股份有限公司
2	天津海光信息技术有限公司
3	成都海光集成电路
4	成都海光微电子技术有限公司
5	无锡江南计算技术研究所

4. 2019年8月15日,美国商务部工业安全局宣布将中广核集团公司及其关联企业共4家公司列入出口管制实体清单。②

序号	实体
1	中国广核集团有限公司
2	中国广核电力有限公司
3	中广核研究院有限公司
4	苏州热工研究院有限公司

5. 2019年8月19日,美国商务部工业安全局宣布新增46家与华为有关联的企业,列入出口管制实体清单。③

序号	实体
1	华为科技投资有限公司(阿根廷)
2	华为技术(澳大利亚)有限公司
3	华为技术(巴林)有限公司
4	Bel Huawei Technologies LLC(白俄罗斯)
5	Huawei do Brasil Telecomunicacoes Ltda(巴西)
6	华为技术有限公司(哥斯达黎加)

---

① 参见 https://s3.amazonaws.com/public-inspection.federalregister.gov/2019-13245.pdf,访问日期:2020年7月21日。

② 参见 https://www.federalregister.gov/documents/2019/08/14/2019-17409/addition-of-certain-entities-to-the-entity-list-revision-of-entries-on-the-entity-list-and-removal,访问日期:2020年7月21日。

③ 参见 https://s3.amazonaws.com/public-inspection.federalregister.gov/2019—17921.pdf,访问日期:2020年7月17日。

(续表)

序号	实体
7	华为技术有限公司(古巴)
8	华为技术有限公司(丹麦)
9	华为技术法国 SASU(法国)
10	华为技术印度(私人)有限公司(印度)
11	华为技术投资有限公司(印度尼西亚)
12	华为技术有限公司(意大利)
13	华为米兰研究院(意大利)
14	华为技术有限责任公司(哈萨克斯坦)
15	华为技术有限公司(墨西哥)
16	华为技术(新西兰)有限公司
17	华为技术有限公司(巴拿马 SA)
18	华为技术有限公司(葡萄牙)
19	华为技术有限公司(罗马尼亚)
20	华为技术有限公司(俄罗斯)
21	华为技术(南非)有限公司
22	华为技术有限公司(瑞典)
23	华为技术(泰国)有限公司
24	华为技术(英国)有限公司(A. K. A)
25	Centre for Integrated Photonics,Ltd(英国)
26	北京华为朗信信息技术有限公司
27	杭州新龙信息技术有限公司
28	杭州华为通信技术有限公司
29	华为数字技术(苏州)有限公司
30	华为海洋网络有限公司
31	华为移动科技有限公司
32	华为技术投资公司
33	华为技术有限公司成都研究院
34	华为技术有限公司杭州研究院
35	华为技术有限公司北京研究院
36	华为技术有限公司材料表征实验室
37	宁波华为计算机网络技术有限公司
38	上海华为技术有限公司
39	深圳市华为安捷新电力有限公司

(续表)

序号	实体
40	深圳华为技术服务部
41	深圳华为技术软件部
42	浙江华为通信技术有限公司
43	汇通商务有限公司
44	深圳海思科技有限公司
45	南昌华为通信技术有限公司
46	深圳华为新技术有限公司

6. 2019年10月7日,美国商务部以"参与或有能力对美国政府的海外政策利益相左"为由,将28家中国机构和公司列入实体清单。[①]

序号	实体
1	大华技术服务有限公司
2	杭州海康威视数字技术股份有限公司
3	安徽中科大讯飞股份有限公司
4	北京旷视科技有限
5	北京市商汤科技开发有限公司
6	厦门美亚柏科信息有限公司
7	北京依图网络科技有限公司
8	颐信科技有限公司
9	阿克苏地区公安局
10	阿勒泰市公安局
11	巴音郭楞蒙古自治州公安局
12	布尔塔拉蒙古族自治州公安局
13	昌吉市回族自治州公安局
14	哈密市公安局
15	和田县公安局
16	喀什地区公安局

---

① 参见 https://s3.amazonaws.com/public-inspection.federalregister.gov/2019-22210.pdf,访问日期:2020年7月20日。

(续表)

序号	实体
17	克拉玛依市公安局
18	柯尔克孜自治州公安局
19	石河子市公安局
20	塔城市公安局
21	图木舒克市公安局
22	吐鲁番市公安局
23	乌鲁木齐市公安局
24	五家渠市公安局
25	新疆警察学院
26	新疆生产建设兵团（XPCC）公安局
27	新疆维吾尔自治区（XUAR）公安局
28	伊犁哈萨克自治州公安局

7. 2020年5月23日，美国商务部工业安全局宣布将33家中国科技公司、机构及个人列入出口管制名单，作为对2019年10月宣布的28家实体清单的补充。①

序号	实体
1	中国公安部法医研究所
2	阿克苏华孚色纺有限公司
3	云从科技集团股份有限公司
4	烽火科技集团及其子公司
5	南京烽火星空通信发展有限公司
6	东方网力科技有限公司
7	深网视界科技有限公司
8	云天励飞技术有限公司
9	上海银晨智能识别科技有限公司
10	北京达闼科技公司
11	北京云计算中心
12	北京锦程环宇科贸公司

---

① 参见 https://www.commerce.gov/news/press-releases/2020/05/commerce-department-add-nine-chinese-entities-related-human-rights，访问日期：2020年7月20日。

(续表)

序号	实体
13	北京高压科学研究中心
14	成都太科光电有限责任公司
15	中国九原贸易公司
16	中国香港达囡科技公司
17	达囡科技(北京)有限公司
18	哈尔滨创越科技有限公司
19	昆海(燕郊)创新研究院(音译)
20	哈尔滨工程大学
21	哈尔滨工业大学
22	哈尔滨蕴力达科技开发有限公司
23	深圳市精纳科技有限公司
24	快急送物流(中国)有限公司
25	顶峰多尺度科学研究所
26	北京奇虎科技有限公司(Qihoo 360 Technology Co. Ltd.)
27	Qihoo 360 Technology Company
28	上海诺瓦仪器有限公司
29	四川鼎澄物资贸易公司
30	四川新天元科技有限公司
31	四川图斯克进出口贸易有限公司
32	深圳砺剑天眼科技有限公司
33	复旦大学副教授朱杰进

8. 2020 年 7 月 20 日,美国商务部工业安全局以所谓的"新疆人权问题"为由将 11 家中国企业列入出口管制实体清单,上述公司将无法购买美国原创产品,包括商品和技术。①

序号	实体
1	昌吉溢达纺织有限公司
2	合肥宝龙达信息技术有限公司
3	合肥美菱有限公司

---

① 参见 https://www.commerce.gov/news/press-releases/2020/07/commerce-department-adds-eleven-chinese-entities-implicated-human,访问日期:2020 年 7 月 17 日。

(续表)

序号	实体
4	新疆和田浩林发饰品有限公司
5	和田泰达服饰有限公司
6	今创集团有限公司
7	南京新一棉纺织印染有限公司
8	南昌欧菲光科技有限公司
9	碳元科技股份有限公司
10	新疆丝路华大基因科技有限公司
11	北京六合华大基因科技有限公司

9. 2020年8月17日,美国商务部工业安全局升级对华为公司及其在实体清单上的非美国分支机构使用美国技术和软件在国内外生产的产品的限制。此外,美国还将华为公司在全球21个国家和地区的38家华为分支机构列入出口管制实体清单,对所有受《出口管制条例》(EAR)约束的项目都规定了许可证要求。①

序号	实体
1	华为云计算技术有限公司
2	华为云计算(北京)
3	华为云计算(大连)
4	华为云计算(广州)
5	华为云计算(贵阳)
6	华为云计算(中国香港)
7	华为云计算(上海)
8	华为云计算(深圳)
9	华为OpenLab(苏州)
10	华为云计算技术(乌兰察布)公司

---

① 此次升级的制裁措施中,有两点需要特别注意:(1)新出台的修正案将禁止华为购买基于美国软件或技术来开发或生产的"零件""组件"或"设备",除非获得美国商务部的许可证;(2)当实体清单上的华为及其子公司充当"买方、中间收货人、最终收货人或最终用户"时,涉及商务部出口管制范围内的项目的任何交易,均需要许可证。参见 https://www.commerce.gov/news/press-releases/2020/08/commerce-department-further-restricts-huawei-access-us-technology-and,访问日期:2020年7月21日。

(续表)

序号	实体
11	华为云计算(阿根廷)
12	华为云计算(巴西)
13	华为云计算(智利)
14	华为OpenLab(开罗)
15	华为云计算(法国)
16	华为OpenLab(巴黎)
17	华为云计算(柏林)
18	华为OpenLab(慕尼黑)
19	华为技术(杜塞尔多夫)有限公司
20	华为OpenLab(德里)
21	Toga Networks
22	华为云计算(墨西哥)
23	华为OpenLab(墨西哥城)
24	华为云计算(摩洛哥)
25	华为云计算(荷兰)
26	华为云计算(秘鲁)
27	华为云计算(莫斯科)
28	华为OpenLab(莫斯科)
29	华为云计算(新加坡)
30	华为OpenLab(新加坡)
31	华为云计算(南非)
32	华为OpenLab(约翰内斯堡)
33	华为计算(云瑞士)
34	华为云计算(泰国)
35	华为OpenLab(曼谷)
36	华为OpenLab(伊斯坦布尔)
37	华为OpenLab(迪拜)
38	华为技术研发(英国)公司

10. 2020年8月26日,美国商务部工业安全局以24家中国企业"帮助中国军方在南海修建人工岛"为由宣布将其列入制裁名单。①

序号	实体
1	中交疏浚(集团)股份有限公司
2	中交天津航道局有限公司
3	中交上海航道局有限公司
4	中交广州航道局有限公司
5	中交第二航务工程局有限公司
6	北京市环佳通信技术公司
7	常州国光数据通信有限公司
8	中国电子科技集团公司第七研究所
9	广州宏宇科技有限公司
10	广州通光通信技术有限公司
11	中国电子科技集团公司第三十研究所
12	中国船舶工业集团第722研究所
13	北京崇新八达科技开发有限公司
14	广州广有通信设备有限公司
15	广州海格通信集团股份有限公司
16	桂林长海发展有限责任公司
17	湖北广兴通信科技有限公司
18	陕西长岭电子科技有限责任公司
19	上海凯波水下工程有限公司
20	北京特立信电子技术股份有限公司
21	天津广播器材有限公司
22	天津七六四航空电子技术有限公司
23	天津七六四通信导航技术有限公司
24	武汉迈力特通信有限公司

---

① 参见 https://www.commerce.gov/news/press-releases/2020/08/commerce-department-adds-24-chinese-companies-entity-list-helping-build,访问日期:2020年7月27日。

三、美国外国投资委员会外资并购安全审查主要法规汇总

(一) PUBLIC LAW 110-49—JULY 26, 2007 FOREIGN INVESTMENT AND NATIONAL SECURITY ACT OF 2007

121 STAT. 246 PUBLIC LAW 110-49—JULY 26, 2007 Public Law 110-49 110th Congress an Act

To ensure national security while promoting foreign investment and the creation and maintenance of jobs, to reform the process by which such investments are examined for any effect they may have on national security, to establish the Committee on Foreign Investment in the United States, and for other purposes. Be it enacted by the Senate and House of Representatives of the United States of America in Congress assembled,

SEC. 1. SHORT TITLE; TABLE OF CONTENTS

(a) SHORT TITLE.—This Act may be cited as the "Foreign Investment and National Security Act of 2007".

(b) TABLE OF CONTENTS.—The table of contents for this Act is as follows:

Sec. 1. Short title; table of contents.

Sec. 2. United States security improvement amendments; clarification of review and investigation process.

Sec. 3. Statutory establishment of the Committee on Foreign Investment in the United States.

Sec. 4. Additional factors for consideration.

Sec. 5. Mitigation, tracking, and postconsummation monitoring and enforcement.

Sec. 6. Action by the President.

Sec. 7. Increased oversight by Congress.

Sec. 8. Certification of notices and assurances.

Sec. 9. Regulations.

Sec. 10. Effect on other law.

Sec. 11. Clerical amendments

Sec. 12. Effective date.

SEC. 2. UNITED STATES SECURITY IMPROVEMENT AMENDMENTS; CLARIFICATION OF REVIEW AND INVESTIGATION

PROCESS.

Section 721 of the Defense Production Act of 1950 (50 U.S.C. App. 2170) is amended by striking subsections (a) and (b) and inserting the following:

"(a) DEFINITIONS.—For purposes of this section, the following definitions shall apply:

"(1) COMMITTEE; CHAIRPERSON.—The terms 'Committee' and 'chairperson' mean the Committee on Foreign Investment in the United States and the chairperson thereof, respectively.

"(2) CONTROL.—The term 'control' has the meaning given to such term in regulations which the Committee shall prescribe.

"(3) COVERED TRANSACTION.—The term 'covered transaction' means any merger, acquisition, or takeover that is proposed or pending after August 23, 1988, by or with any foreign person which could result in foreign control of any person engaged in interstate commerce in the United States. Foreign Investment and National Security Act of 2007. 50 USC app. 2061 note. July 26, 2007 [H.R. 556]

VerDate 14-DEC-2004 12:08 Aug 02, 2007 Jkt 059139 PO 00049 Frm 00002 Fmt 6580 Sfmt 6581 E:\PUBLAW\PUBL049.110 APPS06 PsN: PUBL049PUBLIC LAW 110-49—JULY 26, 2007 121 STAT. 247

"(4) FOREIGN GOVERNMENT-CONTROLLED TRANSACTION.—The term 'foreign government-controlled transaction' means any covered transaction that could result in the control of any person engaged in interstate commerce in the United States by a foreign government or an entity controlled by or acting on behalf of a foreign government.

"(5) CLARIFICATION.—The term 'national security' shall be

construed so as to include those issues relating to 'homeland security', including its application to critical infrastructure.

"(6) CRITICAL INFRASTRUCTURE.—The term 'critical infrastructure' means, subject to rules issued under this section, systems and assets, whether physical or virtual, so vital to the United States that the incapacity or destruction of such systems or assets would have a debilitating impact on national security.

"(7) CRITICAL TECHNOLOGIES.—The term 'critical technologies' means critical technology, critical components, or critical technology items essential to national defense, identified pursuant to this section, subject to regulations issued at the direction of the President, in accordance with subsection (h).

"(8) LEAD AGENCY.—The term 'lead agency' means the agency, or agencies, designated as the lead agency or agencies pursuant to subsection (k)(5) for the review of a transaction.

"(b) NATIONAL SECURITY REVIEWS AND INVESTIGATIONS.—

"(1) NATIONAL SECURITY REVIEWS.—

"(A) IN GENERAL.—Upon receiving written notification under subparagraph (C) of any covered transaction, or pursuant to a unilateral notification initiated under subparagraph (D) with respect to any covered transaction, the President, acting through the Committee—

"(i) shall review the covered transaction to determine the effects of the transaction on the national security of the United States; and

"(ii) shall consider the factors specified in subsection (f) for such purpose, as appropriate.

"(B) CONTROL BY FOREIGN GOVERNMENT.—If the Committee determines that the covered transaction is a foreign government-controlled transaction, the Committee shall conduct an investigation of the transaction under paragraph (2).

"(C) WRITTEN NOTICE.—

"(i) IN GENERAL. —Any party or parties to any covered transaction may initiate a review of the transaction under this paragraph by submitting a written notice of the transaction to the Chairperson of the Committee.

"(ii) WITHDRAWAL OF NOTICE. —No covered transaction for which a notice was submitted under clause (i) may be withdrawn from review, unless a written request for such withdrawal is submitted to the Committee by any party to the transaction and approved by the Committee.

"(iii) CONTINUING DISCUSSIONS. —A request for withdrawal under clause (ii) shall not be construed to preclude any party to the covered transaction from continuing informal discussions with the Committee President.

VerDate 14-DEC-2004 15:32 Jul 30, 2007 Jkt 059139 PO 00049 Frm 00003 Fmt 6580 Sfmt 6581 E:\PUBLAW\PUBL049.110 APPS06 PsN: PUBL049121 STAT. 248 PUBLIC LAW 110-49—JULY 26, 2007 or any member thereof regarding possible resubmission for review pursuant to this paragraph.

"(D) UNILATERAL INITIATION OF REVIEW. —Subject to subparagraph (F), the President or the Committee may initiate a review under subparagraph (A) of—

"(i) any covered transaction;

"(ii) any covered transaction that has previously been reviewed or investigated under this section, if any party to the transaction submitted false or misleading material information to the Committee in connection with the review or investigation or omitted material information, including material documents, from information submitted to the Committee; or

"(iii) any covered transaction that has previously been reviewed or investigated under this section, if—

"(I) any party to the transaction or the entity resulting from consummation of the transaction intentionally materially breaches a mitigation agreement or condition described in subsection (l)(1)(A);

"(II) such breach is certified to the Committee by the lead department or agency monitoring and enforcing such agreement or condition as an intentional material breach; and

"(III) the Committee determines that there are no other remedies or enforcement tools available to address such breach.

"(E) TIMING. —Any review under this paragraph shall be completed before the end of the 30-day period beginning on the date of the acceptance of written notice under subparagraph (C) by the chairperson, or beginning on the date of the initiation of the review in accordance with subparagraph (D), as applicable.

"(F) LIMIT ON DELEGATION OF CERTAIN AUTHORITY. —The authority of the Committee to initiate a review under subparagraph (D) may not be delegated to any person, other than the Deputy Secretary or an appropriate Under Secretary of the department or agency represented on the Committee.

"(2) NATIONAL SECURITY INVESTIGATIONS. —

"(A) IN GENERAL. —In each case described in subparagraph (B), the Committee shall immediately conduct an investigation of the effects of a covered transaction on the national security of the United States, and take any necessary actions in connection with the transaction to protect the national security of the United States.

"(B) APPLICABILITY. —Subparagraph (A) shall apply in each case in which—

"(i) a review of a covered transaction under paragraph (1) results in a determination that—

"(I) the transaction threatens to impair the national security of the United States and that threat has not been mitigated during or prior to the review of a covered transaction under paragraph (1);

"(II) the transaction is a foreign governmentcontrolled transaction; or Deadline.

VerDate 14-DEC-2004 15:32 Jul 30, 2007 Jkt 059139 PO 00049 Frm

00004 Fmt 6580 Sfmt 6581 E:\PUBLAW\PUBL049.110 APPS06 PsN: PUBL049PUBLIC LAW 110-49—JULY 26, 2007 121 STAT. 249

"(III) the transaction would result in control of any critical infrastructure of or within the United States by or on behalf of any foreign person, if the Committee determines that the transaction could impair national security, and that such impairment to national security has not been mitigated by assurances provided or renewed with the approval of the Committee, as described in subsection (l), during the review periodunder paragraph (1); or

"(ii) the lead agency recommends, and the Committee concurs, that an investigation be undertaken.

"(C) TIMING.—Any investigation under subparagraph (A) shall be completed before the end of the 45-day period beginning on the date on which the investigation commenced.

"(D) EXCEPTION. —

"(i) IN GENERAL.—Notwithstanding subparagraph (B)(i), an investigation of a foreign government-controlled transaction described in subclause (II) of subparagraph (B)(i) or a transaction involving critical infrastructure described in subclause (III) of subparagraph (B)(i) shall not be required under this paragraph, if the Secretary of the Treasury and the head of the lead agency jointly determine, on the basis of the review of the transaction under paragraph (1), that the transaction will not impair the national security of the United States.

"(ii) NONDELEGATION.—The authority of the Secretary or the head of an agency referred to in clause (i) may not be delegated to any person, other than the Deputy Secretary of the Treasury or the deputy head (or the equivalent thereof) of the lead agency, respectively.

"(E) GUIDANCE ON CERTAIN TRANSACTIONS WITH NATIONAL SECURITY IMPLICATIONS.—The Chairperson shall, not later than 180 days after the effective date of the Foreign Investment and National Security Act of 2007, publish in the Federal Register guidance on the types of transactions that the Committee has reviewed and that have presented national security considerations, including transactions that may constitute covered transactions that would result in control of critical infrastructure relating to United States national security by a foreign government or an entity controlled by or acting on behalf of a foreign government.

"(3) CERTIFICATIONS TO CONGRESS. —

"(A) CERTIFIED NOTICE AT COMPLETION OF REVIEW. —Upon completion of a review under subsection (b) that concludes action under this section, the chairperson and the head of the lead agency shall transmit a certified notice to the members of Congress specified in subparagraph (C)(iii).

"(B) CERTIFIED REPORT AT COMPLETION OF INVESTIGATION. —As soon as is practicable after completion of an investigation under subsection (b) that concludes action under this section, the chairperson and the head of the Deadline. Federal Register, publication. Deadline.

VerDate 14-DEC-2004 12:08 Aug 02, 2007 Jkt 059139 PO 00049 Frm 00005 Fmt 6580 Sfmt 6581 E:\PUBLAW\PUBL049. 110 APPS06 PsN: PUBL049121 STAT. 250 PUBLIC LAW 110-49—JULY 26, 2007 lead agency shall transmit to the members of Congress specified in subparagraph (C)(iii) a certified written report (consistent with the requirements of subsection (c)) on the results of the investigation, unless the matter under investigation has been sent to the President for decision.

"(C) CERTIFICATION PROCEDURES. —

"(i) IN GENERAL. —Each certified notice and report required under subparagraphs (A) and (B), respectively, shall be submitted to the members of Congress specified in clause (iii), and shall include—

"(I) a description of the actions taken by the Committee with respect to the transaction; and

"(II) identification of the determinative factors considered under subsection (f).

"(ii) CONTENT OF CERTIFICATION. —Each certified notice and report required under subparagraphs (A) and (B), respectively, shall be signed by the chairperson and the head of the lead agency, and shall state that, in the determination of the Committee, there are no unresolved national security concerns with the transaction that is the subject of the notice or report.

"(iii) MEMBERS OF CONGRESS.—Each certified notice and report required under subparagraphs (A) and (B), respectively, shall be transmitted—

"(I) to the Majority Leader and the Minority Leader of the Senate;

"(II) to the chair and ranking member of the Committee on Banking, Housing, and Urban Affairs of the Senate and of any committee of the Senate having oversight over the lead agency;

"(III) to the Speaker and the Minority Leader of the House of Representatives;

"(IV) to the chair and ranking member of the Committee on Financial Services of the House of Representatives and of any committee of the House of Representatives having oversight over the lead agency; and

"(V) with respect to covered transactions involving critical infrastructure, to the members of the Senate from the State in which the principal place of business of the acquired United States person is located, and the member from the Congressional District in which such principal place of business is located.

"(iv) SIGNATURES; LIMIT ON DELEGATION. —

"(I) IN GENERAL.—Each certified notice and report required under subparagraphs (A) and (B), respectively, shall be signed by the chairperson and the head of the lead agency, which signature requirement may only be delegated in accordance with subclause (II).

"(II) LIMITATION ON DELEGATION OF CERTIFICATIONS.—The chairperson and the head of the lead agency may delegate the signature requirement under subclause (I)—

"(aa) only to an appropriate employee of the Department of the Treasury (in the case VerDate 14-DEC-2004 15:32 Jul 30, 2007 Jkt 059139 PO 00049

Frm 00006 Fmt 6580 Sfmt 6581 E:\PUBLAW\PUBL049.110 APPS06 PsN: PUBL049PUBLIC LAW 110-49—JULY 26, 2007 121 STAT. 251 of the Secretary of the Treasury) or to an appropriate employee of the lead agency (in the case of the lead agency) who was appointed by the President, by and with the advice and consent of the Senate, with respect to any notice provided under paragraph (1) following the completion of a review under this section; or

"(bb) only to a Deputy Secretary of the Treasury (in the case of the Secretary of the Treasury) or a person serving in the Deputy position or the equivalent thereof at the lead agency (in the case of the lead agency), with respect to any report provided under subparagraph (B) following an investigation under this section.

"(4) ANALYSIS BY DIRECTOR OF NATIONAL INTELLIGENCE.—

"(A) IN GENERAL.—The Director of National Intelligence shall expeditiously carry out a thorough analysis of any threat to the national security of the United States posed by any covered transaction. The Director of National Intelligence shall also seek and incorporate the views of all affected or appropriate intelligence agencies with respect to the transaction.

"(B) TIMING.—The analysis required under subparagraph (A) shall be provided by the Director of National Intelligence to the Committee not later than 20 days after the date on which notice of the transaction is accepted by the Committee under paragraph (1)(C), but such analysis may be supplemented or amended, as the Director considers necessary or appropriate, or upon a request for additional information by the Committee. The Director may begin the analysis at any time prior to acceptance of the notice, in accordance with otherwise applicable law.

"(C) INTERACTION WITH INTELLIGENCE COMMUNITY.—The Director of National Intelligence shall ensure that the intelligence community remains engaged in the collection, analysis, and dissemination to the Committee of any additional relevant information that may become available during the course of any investigation conducted under subsection (b) with respect to a transaction.

"(D) INDEPENDENT ROLE OF DIRECTOR. —The Director of National Intelligence shall be a nonvoting, ex officio member of the Committee, and shall be provided with all notices received by the Committee under paragraph (1)(C) regarding covered transactions, but shall serve no policy role on the Committee, other than to provide analysis under subparagraphs (A) and (C) in connection with a covered transaction.

"(5) SUBMISSION OF ADDITIONAL INFORMATION. —No provision of this subsection shall be construed as prohibiting any party to a covered transaction from submitting additional information concerning the transaction, including any proposed restructuring of the transaction or any modifications to any agreements in connection with the transaction, while any review or investigation of the transaction is ongoing. Deadline.

VerDate 14-DEC-2004 15:32 Jul 30, 2007 Jkt 059139 PO 00049 Frm 00007 Fmt 6580 Sfmt 6581 E:\PUBLAW\PUBL049.110 APPS06 PsN: PUBL049121 STAT. 252 PUBLIC LAW 110-49—JULY 26, 2007

"(6) NOTICE OF RESULTS TO PARTIES. —The Committee shall notify the parties to a covered transaction of the results of a review or investigation under this section, promptly upon completion of all action under this section.

"(7) REGULATIONS. —Regulations prescribed under this section shall include standard procedures for—

"(A) submitting any notice of a covered transaction to the Committee;

"(B) submitting a request to withdraw a covered transaction from review;

"(C) resubmitting a notice of a covered transaction that was previously withdrawn from review; and

"(D) providing notice of the results of a review or investigation to the parties to the covered transaction, upon completion of all action under this section."

SEC. 3. STATUTORY ESTABLISHMENT OF THE COMMITTEE ON FOREIGN INVESTMENT IN THE UNITED STATES

Section 721 of the Defense Production Act of 1950 (50 U. S. C. App. 2170) is amended by striking subsection (k) and inserting the following:

"(k) COMMITTEE ON FOREIGN INVESTMENT IN THE UNITED STATES. —

"(1) ESTABLISHMENT. —The Committee on Foreign Investment in the United States, established pursuant to Executive Order No. 11858, shall be a multi agency committee to carry out this section and such other assignments as the President may designate.

"(2) MEMBERSHIP. —The Committee shall be comprised of the following members or the designee of any such member:

"(A) The Secretary of the Treasury.

"(B) The Secretary of Homeland Security.

"(C) The Secretary of Commerce.

"(D) The Secretary of Defense.

"(E) The Secretary of State.

"(F) The Attorney General of the United States.

"(G) The Secretary of Energy.

"(H) The Secretary of Labor (nonvoting, ex officio).

"(I) The Director of National Intelligence (nonvoting, ex officio).

"(J) The heads of any other executive department, agency, or office, as the President determines appropriate, generally or on a case-by-case basis.

"(3) CHAIRPERSON. —The Secretary of the Treasury shall serve as the chairperson of the Committee.

"(4) ASSISTANT SECRETARY FOR THE DEPARTMENT OF THE TREASURY. —There shall be established an additional position of Assistant Secretary of the Treasury, who shall be appointed by the President, by and with the advice and consent of the Senate. The Assistant Secretary appointed under this paragraph shall report directly to the Undersecretary of the

Treasury for International Affairs. The duties of the Assistant Secretary shall include duties related to the Committee on Foreign Investment in the United States, as delegated by the Secretary of the Treasury under this section.

"(5) DESIGNATION OF LEAD AGENCY. —The Secretary of the Treasury shall designate, as appropriate, a member or members Establishment. President.

VerDate 14-DEC-2004 15:32 Jul 30, 2007 Jkt 059139 PO 00049 Frm 00008 Fmt 6580 Sfmt 6581 E:\PUBLAW\PUBL049.110 APPS06 PsN: PUBL049PUBLIC LAW 110-49—JULY 26, 2007 121 STAT. 253 of the Committee to be the lead agency or agencies on behalf of the Committee—

"(A) for each covered transaction, and for negotiating any mitigation agreements or other conditions necessary to protect national security; and

"(B) for all matters related to the monitoring of the completed transaction, to ensure compliance with such agreements or conditions and with this section.

"(6) OTHER MEMBERS. —The chairperson shall consult with the heads of such other Federal departments, agencies, and independent establishments in any review or investigation under subsection (a), as the chairperson determines to be appropriate, on the basis of the facts and circumstances of the covered transaction under review or investigation (or the designee of any such department or agency head).

"(7) MEETINGS. —The Committee shall meet upon the direction of the President or upon the call of the chairperson, without regard to section 552b of title 5, United States Code (if otherwise applicable)."

SEC. 4. ADDITIONAL FACTORS FOR CONSIDERATION

Section 721(f) of the Defense Production Act of 1950 (50 U.S.C. App. 2170(f)) is amended—

(1) in the matter preceding paragraph (1), by striking "among other factors";

(2) in paragraph (4)—

(A) in subparagraph (A) by striking "or" at the end;

(B) by redesignating subparagraph (B) as subparagraph (C);

(C) by inserting after subparagraph (A) the following:

"(B) identified by the Secretary of Defense as posing a potential regional military threat to the interests of the United States; or"; and

(D) by striking "and" at the end;

(3) in paragraph (5), by striking the period at the end and inserting a semicolon; and

(4) by adding at the end the following:

"(6) the potential national security-related effects on United States critical infrastructure, including major energy assets;

"(7) the potential national security-related effects on United States critical technologies;

"(8) whether the covered transaction is a foreign government-controlled transaction, as determined under subsection (b)(1)(B);

"(9) as appropriate, and particularly with respect to transactions requiring an investigation under subsection (b)(1)(B), a review of the current assessment of—

"(A) the adherence of the subject country to nonproliferation control regimes, including treaties and multilateral supply guidelines, which shall draw on, but not be limited to, the annual report on 'Adherence to and Compliance with Arms Control, Nonproliferation and Disarmament Agreements and Commitments' required by section 403 of the Arms Control and Disarmament Act;

"(B) the relationship of such country with the United States, specifically on its record on cooperating in counterterrorism efforts, which shall draw on, but not be limited VerDate 14-DEC-2004 15:32 Jul 30, 2007 Jkt 059139 PO 00049 Frm 00009 Fmt 6580 Sfmt 6581 E:\PUBLAW\PUBL049.110 APPS06 PsN: PUBL049121 STAT. 254 PUBLIC LAW 110-49—JULY 26, 2007 to, the report of the President to Congress under section 7120 of the Intelligence Reform and Terrorism Prevention Act of 2004; and

"(C) the potential for transshipment or diversion of technologies with military applications, including an analysis of national export control laws and regulations;

"(10) the long-term projection of United States requirements for sources of energy and other critical resources and material; and

"(11) such other factors as the President or the Committee may determine to be appropriate, generally or in connection with a specific review or investigation."

SEC. 5. MITIGATION, TRACKING, AND POSTCONSUMMATION MONITORING AND ENFORCEMENT

Section 721 of the Defense Production Act of 1950 (50 U.S.C. App. 2170) is amended by adding at the end the following:

"(1) MITIGATION, TRACKING, AND POSTCONSUMMATION MONITORING AND ENFORCEMENT. —

"(1) MITIGATION. —

"(A) IN GENERAL. —The Committee or a lead agency may, on behalf of the Committee, negotiate, enter into or impose, and enforce any agreement or condition with any party to the covered transaction in order to mitigate any threat to the national security of the United States that arises as a result of the covered transaction.

"(B) RISK-BASED ANALYSIS REQUIRED. —Any agreement entered into or condition imposed under subparagraph (A) shall be based on a risk-based analysis, conducted by the Committee, of the threat to national security of the covered transaction.

"(2) TRACKING AUTHORITY FOR WITHDRAWN NOTICES. —

"(A) IN GENERAL. —If any written notice of a covered transaction that was submitted to the Committee under this section is withdrawn before any review or investigation by the Committee under subsection (b) is completed, the Committee shall establish, as appropriate—

"(i) interim protections to address specific concerns with such transaction that have been raised in connection with any such review or investigation pending any resubmission of any written notice under this section with respect to such transaction and further action by the President under this section;

"(ii) specific time frames for resubmitting any such written notice; and

"(iii) a process for tracking any actions that may be taken by any party to the transaction, in connection with the transaction, before the notice referred to in clause (ii) is resubmitted.

"(B) DESIGNATION OF AGENCY.—The lead agency, other than any entity of the intelligence community (as defined in the National Security Act of 1947), shall, on behalf of the Committee, ensure that the requirements of subparagraph (A) with respect to any covered transaction that is subject to such subparagraph are met.

"(3) NEGOTIATION, MODIFICATION, MONITORING, AND ENFORCEMENT.—VerDate 14-DEC-2004 15:32 Jul 30, 2007 Jkt 059139 PO 00049 Frm 00010 Fmt 6580 Sfmt 6581 E:\PUBLAW\PUBL049.110 APPS06 PsN: PUBL049PUBLIC LAW 110-49—JULY 26, 2007 121 STAT. 255

"(A) DESIGNATION OF LEAD AGENCY.—The lead agency shall negotiate, modify, monitor, and enforce, on behalf of the Committee, any agreement entered into or condition imposed under paragraph (1) with respect to a covered transaction, based on the expertise with and knowledge of the issues related to such transaction on the part of the designated department or agency. Nothing in this paragraph shall prohibit other departments or agencies in assisting the lead agency in carrying out the purposes of this paragraph.

"(B) REPORTING BY DESIGNATED AGENCY.—

"(i) MODIFICATION REPORTS.—The lead agency in connection with any agreement entered into or condition imposed with respect to a covered transaction shall—

"(I) provide periodic reports to the Committee on any material modification to any such agreement or condition imposed with respect to the transaction; and

"(II) ensure that any material modification to any such agreement or condition is reported to the Director of National Intelligence, the Attorney General of the United States, and any other Federal department or agency that may have a material interest in such modification.

"(ii) COMPLIANCE. —The Committee shall develop and agree upon methods for evaluating compliance with any agreement entered into or condition imposed with respect to a covered transaction that will allow the Committee to adequately assure compliance, without—

"(I) unnecessarily diverting Committee resources from assessing any new covered transaction for which a written notice has been filed pursuant to subsection (b)(1)(C), and if necessary, reaching a mitigation agreement with or imposing a condition on a party to such covered transaction or any covered transaction for which a review has been reopened for any reason; or

"(II) placing unnecessary burdens on a party to a covered transaction."

SEC. 6. ACTION BY THE PRESIDENT

Section 721 of the Defense Production Act of 1950 (50 U.S.C. App. 2170) is amended by striking subsections (d) and (e) and inserting the following:

"(d) ACTION BY THE PRESIDENT. —

"(1) IN GENERAL. —Subject to paragraph (4), the President may take such action for such time as the President considers appropriate to suspend or prohibit any covered transaction that threatens to impair the national security of the United States.

"(2) ANNOUNCEMENT BY THE PRESIDENT. —The President shall announce the decision on whether or not to take action pursuant to paragraph (1) not later than 15 days after the date on which an investigation described in subsection (b) is completed.

Deadline.

VerDate 14-DEC-2004 15:32 Jul 30, 2007 Jkt 059139 PO 00049 Frm 00011 Fmt 6580 Sfmt 6581 E:\PUBLAW\PUBL049.110 APPS06 PsN:

PUBL049121 STAT. 256 PUBLIC LAW 110-49—JULY 26, 2007

"(3) ENFORCEMENT. —The President may direct the Attorney General of the United States to seek appropriate relief, including divestment relief, in the district courts of the United States, in order to implement and enforce this subsection.

"(4) FINDINGS OF THE PRESIDENT. —The President may exercise the authority conferred by paragraph (1), only if the President finds that—

"(A) there is credible evidence that leads the President to believe that the foreign interest exercising control might take action that threatens to impair the national security; and

"(B) provisions of law, other than this section and the International E-mergency Economic Powers Act, do not, in the judgment of the President, provide adequate and

appropriate authority for the President to protect the national security in the matter before the President.

"(5) FACTORS TO BE CONSIDERED. —For purposes of determining whether to take action under paragraph (1), the President shall consider, among other factors each of the factors described in subsection (f), as appropriate.

"(e) ACTIONS AND FINDINGS NONREVIEWABLE. —The actions of the President under paragraph (1) of subsection (d) and the findings of the President under paragraph (4) of subsection (d) shall not be subject to judicial review."

SEC. 7. INCREASED OVERSIGHT BY CONGRESS

(a) REPORT ON ACTIONS. —Section 721(g) of the Defense Production Act of 1950 (50 U.S.C. App. 2170(g)) is amended to read as follows:

"(g) ADDITIONAL INFORMATION TO CONGRESS; CONFIDENTIALITY. —

"(1) BRIEFING REQUIREMENT ON REQUEST. —The Committee shall, upon request from any Member of Congress specified in subsection (b)

(3)(C)(iii), promptly provide briefings on a covered transaction for which all action has concluded under this section, or on compliance with a mitigation agreement or condition imposed with respect to such transaction, on a classified basis, if deemed necessary by the sensitivity of the information. Briefings under this paragraph may be provided to the congressional staff of such a Member of Congress having appropriate security clearance.

"(2) APPLICATION OF CONFIDENTIALITY PROVISIONS. —

"(A) IN GENERAL. —The disclosure of information under this subsection shall be consistent with the requirements of subsection (c). Members of Congress and staff of either House of Congress or any committee of Congress, shall be subject to the same limitations on disclosure of information as are applicable under subsection (c).

"(B) PROPRIETARY INFORMATION. —Proprietary information which can be associated with a particular party to a covered transaction shall be furnished in accordance with subparagraph (A) only to a committee of Congress, and only when the committee provides assurances of confidentiality, unless such party otherwise consents in writing to such disclosure."

VerDate 14-DEC-2004 15:32 Jul 30, 2007 Jkt 059139 PO 00049 Frm 00012 Fmt 6580 Sfmt 6581 E:\PUBLAW\PUBL049.110 APPS06 PsN: PUBL049PUBLIC LAW 110-49—JULY 26, 2007 121 STAT. 257

(b) ANNUAL REPORT. —Section 721 of the Defense Production Act of 1950 (50 U.S.C. App. 2170) is amended by adding at the end the following:

"(m) ANNUAL REPORT TO CONGRESS. —

"(1) IN GENERAL. —The chairperson shall transmit a report to the chairman and ranking member of the committee of jurisdiction in the Senate and the House of Representatives, before July 31 of each year on all of the reviews and investigations of covered transactions completed under subsection (b) during the 12-month period covered by the report.

"(2) CONTENTS OF REPORT RELATING TO TRANSACTIONS.

—The annual report under paragraph (1) shall contain the following information, with respect to each covered transaction, for the reporting period:

"(A) A list of all notices filed and all reviews or investigations completed during the period, with basic information on each party to the transaction, the nature of the business activities or products of all pertinent persons, along with information about any withdrawal from the process, and any decision or action by the President under this section.

"(B) Specific, cumulative, and, as appropriate, trend information on the numbers of filings, investigations, withdrawals, and decisions or actions by the President under this section.

"(C) Cumulative and, as appropriate, trend information on the business sectors involved in the filings which have been made, and the countries from which the investments have originated.

"(D) Information on whether companies that withdrew notices to the Committee in accordance with subsection (b)(1)(C)(ii) have later refiled such notices, or, alternatively, abandoned the transaction.

"(E) The types of security arrangements and conditions the Committee has used to mitigate national security concerns about a transaction, including a discussion of the methods that the Committee and any lead agency are using to determine compliance with such arrangements or conditions.

"(F) A detailed discussion of all perceived adverse effects of covered transactions on the national security or critical infrastructure of the United States that the Committee will take into account in its deliberations during the period before delivery of the next report, to the extent possible.

"(3) CONTENTS OF REPORT RELATING TO CRITICAL TECHNOLOGIES. —

"(A) IN GENERAL.—In order to assist Congress in its oversight responsibilities with respect to this section, the President and such agencies as the President shall designate shall include in the annual report submitted under paragraph (1)—

"(i) an evaluation of whether there is credible evidence of a coordinated strategy by 1 or more countries or companies to acquire United States companies involved in research, development, or production of President. VerDate 14-DEC-2004 15:32 Jul 30, 2007 Jkt 059139 PO 00049 Frm 00013 Fmt 6580 Sfmt 6581 E:\PUBLAW\PUBL049.110 APPS06 PsN: PUBL049121 STAT. 258 PUBLIC LAW 110-49—JULY 26, 2007 critical technologies for which the United States is a leading producer; and

"(ii) an evaluation of whether there are industrial espionage activities directed or directly assisted by foreign governments against private United States companies aimed at obtaining commercial secrets related to critical technologies.

"(B) RELEASE OF UNCLASSIFIED STUDY.—All appropriate portions of the annual report under paragraph (1) may be classified. An unclassified version of the report, as appropriate, consistent with safeguarding national security and privacy, shall be made available to the public."

(c) STUDY AND REPORT.—

(1) STUDY REQUIRED.—Before the end of the 120-day period beginning on the date of enactment of this Act and annually thereafter, the Secretary of the Treasury, in consultation with the Secretary of State and the Secretary of Commerce, shall conduct a study on foreign direct investments in the United States, especially investments in critical infrastructure and industries affecting national security, by—

(A) foreign governments, entities controlled by or acting on behalf of a foreign government, or persons of foreign countries which comply with any boycott of Israel; or

(B) foreign governments, entities controlled by or acting on behalf of a foreign government, or persons of foreign countries which do not ban organizations designated by the Secretary of State as foreign terrorist organizations.

(2) REPORT.—Before the end of the 30-day period beginning upon the

date of completion of each study under paragraph (1), and thereafter in each annual report under section 721(m) of the Defense Production Act of 1950 (as added by this section), the Secretary of the Treasury shall submit a report to Congress, for transmittal to all appropriate committees of the Senate and the House of Representatives, containing the findings and conclusions of the Secretary with respect to the study described in paragraph (1), together with an analysis of the effects of such investment on the national security of the United States and on any efforts to address those effects.

(d) INVESTIGATION BY INSPECTOR GENERAL. —

(1) IN GENERAL. —The Inspector General of the Department of the Treasury shall conduct an independent investigation to determine all of the facts and circumstances concerning each failure of the Department of the Treasury to make any report to the Congress that was required under section 721(k) of the Defense Production Act of 1950, as in effect on the day before the date of enactment of this Act.

(2) REPORT TO THE CONGRESS. —Before the end of the 270-day period beginning on the date of enactment of this Act, the Inspector General of the Department of the Treasury shall submit a report on the investigation under paragraph (1) containing the findings and conclusions of the Inspector General, to the chairman and ranking member of each committee of the Senate and the House of Representatives having jurisdiction over any aspect of the report, including, at a minimum, the Committee on Foreign Relations, the Committee on Banking, Housing, and Urban Affairs, and the Committee on Commerce, Science, and Transportation of the Senate, and the Committee 50 USC app. 2170 note.

VerDate 14-DEC-2004 12:08 Aug 02, 2007 Jkt 059139 PO 00049 Frm 00014 Fmt 6580 Sfmt 6581 E:\PUBLAW\PUBL049.110 APPS06 PsN: PUBL049PUBLIC LAW 110-49—JULY 26, 2007 121 STAT. 259 on Foreign Affairs, the Committee on Financial Services, and the Committee on Energy and Commerce of the House of Representatives.

SEC. 8. CERTIFICATION OF NOTICES AND ASSURANCES

Section 721 of the Defense Production Act of 1950 (50 U. S. C. App. 2170) is amended by adding at the end the following:

"(n) CERTIFICATION OF NOTICES AND ASSURANCES. —Each notice, and any followup information, submitted under this section and regulations prescribed under this section to the President or the Committee by a party to a covered transaction, and any information submitted by any such party in connection with any action for which a report is required pursuant to paragraph (3)(B) of subsection (l), with respect to the implementation of any mitigation agreement or condition described in paragraph (1)(A) of subsection (l), or any material change in circumstances, shall be accompanied by a written statement by the chief executive officer or the designee of the person required to submit such notice or information certifying that, to the best of the knowledge and belief of that person—

"(1) the notice or information submitted fully complies with the requirements of this section or such regulation, agreement, or condition; and

"(2) the notice or information is accurate and complete in all material respects."

SEC. 9. REGULATIONS

Section 721(h) of the Defense Production Act of 1950 (50 U. S. C. App. 2170(h)) is amended to read as follows:

"(h) REGULATIONS. —

"(1) IN GENERAL. —The President shall direct, subject to notice and comment, the issuance of regulations to carry out this section.

"(2) EFFECTIVE DATE. —Regulations issued under this section shall become effective not later than 180 days after the effective date of the Foreign Investment and National Security Act of 2007.

"(3) CONTENT. —Regulations issued under this subsection shall—

"(A) provide for the imposition of civil penalties for any violation of this section, including any mitigation agreement entered into or conditions imposed pursuant to subsection (l);

"(B) to the extent possible—

"(i) minimize paperwork burdens; and

"(ii) coordinate reporting requirements under this section with reporting requirements under any other provision of Federal law; and

"(C) provide for an appropriate role for the Secretary of Labor with respect to mitigation agreements."

SEC. 10. EFFECT ON OTHER LAW

Section 721(i) of the Defense Production Act of 1950 (50 U. S. C. App. 2170(i)) is amended to read as follows:

"(i) EFFECT ON OTHER LAW. —No provision of this section shall be construed as altering or affecting any other authority, process, regulation, investigation, enforcement measure, or review provided by or established under any other provision of Federal law, including the International Emergency Economic Powers Act, or President.

VerDate 14-DEC-2004 15:32 Jul 30, 2007 Jkt 059139 PO 00049 Frm 00015 Fmt 6580 Sfmt 6581 E:\PUBLAW\PUBL049. 110 APPS06 PsN: PUBL049121 STAT. 260 PUBLIC LAW 110-49—JULY 26, 2007

LEGISLATIVE HISTORY—H. R. 556 (S. 1610):

HOUSE REPORTS: No. 110-24, Pt. 1 (Comm. Financial Services).

SENATE REPORTS: No. 110-80 accompanying S. 1610 (Comm. on Banking, Housing, and Urban Affairs).

CONGRESSIONAL RECORD, Vol. 153 (2007): Feb. 28, considered and passed House. June 29, considered and passed Senate, amended, in lieu of S. 1610. June 10, 11, House considered and concurred in Senate amendment. ? any other authority of the President or the Congress under the Constitution of the United States."

SEC. 11. CLERICAL AMENDMENTS

(a) TITLE 31. —Section 301(e) of title 31, United States Code, is amended by striking "8 Assistant" and inserting "9 Assistant".

(b) TITLE 5. —Section 5315 of title 5, United States Code, is amended in the item relating to "Assistant Secretaries of the Treasury", by striking "(8)" and inserting "(9)".

SEC. 12. EFFECTIVE DATE

The amendments made by this Act shall apply after the end of the 90-day period beginning on the date of enactment of this Act. Approved July 26, 2007. 5 USC 5315 note.

VerDate 14-DEC-2004 15:32 Jul 30, 2007 Jkt 059139 PO 00049 Frm 00016 Fmt 6580 Sfmt 6580 E:\PUBLAW\PUBL049.110 APPS06 PsN: PUBL049

H. R. 5515—538

(二) TITLE XVII—REVIEW OF FOREIGN INVESTMENT AND EXPORT CONTROLS

Subtitle A—Committee on Foreign Investment in the United States

Sec. 1701. Short title: Foreign Investment Risk Review Modernization Act of 2018.

Sec. 1702. Findings; sense of Congress.

Sec. 1703. Definitions.

Sec. 1704. Acceptance of written notices.

Sec. 1705. Inclusion of partnership and side agreements in notice.

Sec. 1706. Declarations for certain covered transactions.

Sec. 1707. Stipulations regarding transactions.

Sec. 1708. Authority for unilateral initiation of reviews.

Sec. 1709. Timing for reviews and investigations.

Sec. 1710. Identification of non-notified and non-declared transactions.

Sec. 1711. Submission of certifications to Congress.

Sec. 1712. Analysis by Director of National Intelligence.

Sec. 1713. Information sharing.

Sec. 1714. Action by the President.

Sec. 1715. Judicial review.

Sec. 1716. Considerations for regulations.

Sec. 1717. Membership and staff of Committee.

Sec. 1718. Actions by the Committee to address national security risks.

Sec. 1719. Modification of annual report and other reporting requirements.

Sec. 1720. Certification of notices and information.

Sec. 1721. Implementation plans.

Sec. 1722. Assessment of need for additional resources for Committee.

Sec. 1723. Funding.

Sec. 1724. Centralization of certain Committee functions.

Sec. 1725. Conforming amendments.

Sec. 1726. Briefing on information from transactions reviewed by Committee on Foreign Investment in the United States relating to foreign efforts to influence democratic institutions and processes.

Sec. 1727. Effective date.

Sec. 1728. Severability.

Subtitle B—Export Control Reform

Sec. 1741. Short title.

Sec. 1742. Definitions.

PART I—AUTHORITY AND ADMINISTRATION OF CONTROLS

Sec. 1751. Short title. H. R. 5515—539.

Sec. 1752. Statement of policy.

Sec. 1753. Authority of the President.

Sec. 1754. Additional authorities.

Sec. 1755. Administration of export controls.

Sec. 1756. Licensing.

Sec. 1757. Compliance assistance.

Sec. 1758. Requirements to identify and control the export of emerging and foundational technologies.

Sec. 1759. Review relating to countries subject to comprehensive United

States arms embargo.

Sec. 1760. Penalties.

Sec. 1761. Enforcement.

Sec. 1762. Administrative procedure.

Sec. 1763. Review of interagency dispute resolution process.

Sec. 1764. Consultation with other agencies on commodity classification.

Sec. 1765. Annual report to Congress.

Sec. 1766. Repeal.

Sec. 1767. Effect on other Acts.

Sec. 1768. Transition provisions.

PART II—ANTI-BOYCOTT ACT OF 2018

Sec. 1771. Short title.

Sec. 1772. Statement of policy.

Sec. 1773. Foreign boycotts.

Sec. 1774. Enforcement.

PART III—ADMINISTRATIVE AUTHORITIES

Sec. 1781. Under Secretary of Commerce for Industry and Security.

Subtitle C—Miscellaneous

Sec. 1791. Extension of authority.

Sec. 1792. Limitation on cancellation of designation of Secretary of the Air Force as Department of Defense Executive Agent for a certain Defense Production Act program.

Sec. 1793. Review of and report on certain defense technologies critical to the United States maintaining superior military capabilities.

Subtitle A—Committee on Foreign Investment in the United States

SEC. 1701. SHORT TITLE: FOREIGN INVESTMENT RISK REVIEW MODERNIZATION ACT OF 2018

This subtitle may be cited as the "Foreign Investment Risk Review Modernization Act of 2018".

SEC. 1702. FINDINGS; SENSE OF CONGRESS

(a) FINDINGS. —Congress makes the following findings:

(1) According to a February 2016 report by the International Trade Administration of the Department of Commerce, 12,000,000 United States workers, equivalent to 8.5 percent of the labor force, have jobs resulting from foreign investment, including 3,500,000 jobs in the manufacturing sector alone.

(2) In 2016, new foreign direct investment in United States manufacturing totaled $129,400,000,000.

(3) The Bureau of Economic Analysis of the Department of Commerce concluded that, in 2015—

(A) foreign-owned affiliates in the United States—

(i) contributed $894,500,000,000 in value added to the United States economy;

(ii) exported goods valued at $352,800,000,000, accounting for nearly a quarter of total exports of goods from the United States; and

(iii) undertook $56,700,000,000 in research and development; and H. R. 5515—540.

(B) the 7 countries investing the most in the United States, all of which are United States allies (the United Kingdom, Japan, Germany, France, Canada, Switzerland, and the Netherlands) accounted for 72.1 percent of the value added by foreign-owned affiliates in the United States and more than 80 percent of research and development expenditures by such entities.

(4) According to the Government Accountability Office, from 2011 to 2016, the number of transactions reviewed by the Committee on Foreign Investment in the United States (commonly referred to as "CFIUS") grew by 55 percent, while the staff of the Committees assigned to the reviews increased by 11 percent.

(5) According to a February 2018 report of the Government Accountability Office on the Committee on Foreign Investment in the United States (GAO-18-249): "Officials from Treasury and other member agencies are aware of

pressures on their CFIUS staff given the current workload and have expressed concerns about possible workload increases." The Government Accountability Office concluded: "Without attaining an understanding of the staffing levels needed to address the current and future CFIUS workload, particularly if legislative changes to CFIUS's authorities further expand its workload, CFIUS may be limited in its ability to fulfill its objectives and address threats to the national security of the United States."

(6) On March 30, 1954, Dwight David Eisenhower—fivestar general, Supreme Allied Commander, and 34th President of the United States—in his "Special Message to the Congress on Foreign Economic Policy", counseled: "Great mutual advantages to buyer and seller, to producer and consumer, to investor and to the community where investment is made, accrue from high levels of trade and investment." President Eisenhower continued: "The internal strength of the American economy has evolved from such a system of mutual advantage. In the press of other problems and in the haste to meet emergencies, this nation—and many other nations of the free world—have all too often lost sight of this central fact." President Eisenhower concluded: "If we fail in our trade policy, we may fail in all. Our domestic employment, our standard of living, our security, and the solidarity of the free world—all are involved."

(b) SENSE OF CONGRESS. —It is the sense of Congress that—

(1) foreign investment provides substantial economic benefits to the United States, including the promotion of economic growth, productivity, competitiveness, and job creation, thereby enhancing national security;

(2) maintaining the commitment of the United States to an open investment policy encourages other countries to reciprocate and helps open new foreign markets for United States businesses;

(3) it should continue to be the policy of the United States to enthusiastically welcome and support foreign investment, consistent with the protection of national security;

(4) at the same time, the national security landscape has shifted in recent years, and so has the nature of the investments that pose the greatest potential risk to national security, which warrants an appropriate modernization of the processes and H. R. 5515—541 authorities of the Committee on Foreign Investment in the United States and of the United States export control system;

(5) the Committee on Foreign Investment in the United States plays a critical role in protecting the national security of the United States, and, therefore, it is essential that the member agencies of the Committee are adequately resourced and able to hire appropriately qualified individuals in a timely manner, and that those individuals' security clearances are processed as a high priority;

(6) the President should conduct a more robust international outreach effort to urge and help allies and partners of the United States to establish processes that are similar to the Committee on Foreign Investment in the United States to screen foreign investments for national security risks and to facilitate coordination;

(7) the President should lead a collaborative effort with allies and partners of the United States to strengthen the multilateral export control regime;

(8) any penalties imposed by the United States Government with respect to an individual or entity pursuant to a determination that the individual or entity has violated sanctions imposed by the United States or the export control laws of the United States should not be reversed for reasons unrelated to the national security of the United States; and

(9) the Committee on Foreign Investment in the United States should continue to review transactions for the purpose of protecting national security and should not consider issues of national interest absent a national security nexus.

(c) SENSE OF CONGRESS ON CONSIDERATION OF COVERED TRANSACTIONS. —It is the sense of Congress that, when considering national security risks, the Committee on Foreign Investment in the United

States may consider—

(1) whether a covered transaction involves a country of special concern that has a demonstrated or declared strategic goal of acquiring a type of critical technology or critical infrastructure that would affect United States leadership in areas related to national security;

(2) the potential national security-related effects of the cumulative control of, or pattern of recent transactions involving, any one type of critical infrastructure, energy asset, critical material, or critical technology by a foreign government or foreign person;

(3) whether any foreign person engaging in a covered transaction with a United States business has a history of complying with United States laws and regulations;

(4) the control of United States industries and commercial activity by foreign persons as it affects the capability and capacity of the United States to meet the requirements of national security, including the availability of human resources, products, technology, materials, and other supplies and services, and in considering "the availability of human resources", should construe that term to include potential losses of such availability resulting from reductions in the employment of United States persons whose knowledge or skills are critical to national security, including the continued production in the United States of items that are likely to be acquired by the H. R. 5515—542 Department of Defense or other Federal departments or agencies for the advancement of the national security of the United States;

(5) the extent to which a covered transaction is likely to expose, either directly or indirectly, personally identifiable information, genetic information, or other sensitive data of United States citizens to access by a foreign government or foreign person that may exploit that information in a manner that threatens national security; and

(6) whether a covered transaction is likely to have the effect of exacerbating or creating new cybersecurity vulnerabilities in the United States or is

likely to result in a foreign government gaining a significant new capability to engage in malicious cyber-enabled activities against the United States, including such activities designed to affect the outcome of any election for Federal office.

SEC. 1703. DEFINITIONS

Section 721(a) of the Defense Production Act of 1950 (50 U.S.C. 4565 (a)) is amended to read as follows:

"(a) DEFINITIONS.—In this section:

"(1) CLARIFICATION.—The term 'national security' shall be construed so as to include those issues relating to 'homeland security', including its application to critical infrastructure.

"(2) COMMITTEE; CHAIRPERSON.—The terms 'Committee' and 'chairperson' mean the Committee on Foreign Investment in the United States and the chairperson thereof, respectively.

"(3) CONTROL.—The term 'control' means the power, direct or indirect, whether exercised or not exercised, to determine, direct, or decide important matters affecting an entity, subject to regulations prescribed by the Committee.

"(4) COVERED TRANSACTION.—

"(A) IN GENERAL.—Except as otherwise provided, the term 'covered transaction' means—

"(i) any transaction described in subparagraph (B)(i); and

"(ii) any transaction described in clauses (ii) through (v) of subparagraph (B) that is proposed, pending, or completed on or after the effective date set forth in section 1727 of the Foreign Investment Risk Review Modernization Act of 2018.

"(B) TRANSACTIONS DESCRIBED.—A transaction described in this subparagraph is any of the following:

"(i) Any merger, acquisition, or takeover that is proposed or pending after August 23, 1988, by or with any foreign person that could result in foreign control of any United States business, including such a merger, acquisition, or takeover carried out through a joint venture.

"(ii) Subject to subparagraphs (C) and (E), the purchase or lease by, or a concession to, a foreign person of private or public real estate that—

"(I) is located in the United States;

"(II)(aa) is, is located within, or will function as part of, an air or maritime port; or

"(bb)(AA) is in close proximity to a United States military installation or another facility or H. R. 5515—543 property of the United States Government that is sensitive for reasons relating to national security;

"(BB) could reasonably provide the foreign person the ability to collect intelligence on activities being conducted at such an installation, facility, or property; or

"(CC) could otherwise expose national security activities at such an installation, facility, or property to the risk of foreign surveillance; and

"(III) meets such other criteria as the Committee prescribes by regulation, except that such criteria may not expand the categories of real estate to which this clause applies beyond the categories described in subclause (II).

"(iii) Any other investment, subject to regulations prescribed under subparagraphs (D) and (E), by a foreign person in any unaffiliated United States business that—

"(I) owns, operates, manufactures, supplies, or services critical infrastructure;

"(II) produces, designs, tests, manufactures, fabricates, or develops one or more critical technologies; or

"(III) maintains or collects sensitive personal data of United States citizens that may be exploited in a manner that threatens national security.

"(iv) Any change in the rights that a foreign person has with respect to a United States business in which the foreign person has an investment, if that change could result in—

"(I) foreign control of the United States business; or

"(II) an investment described in clause (iii).

"(v) Any other transaction, transfer, agreement, or arrangement, the structure of which is designed or intended to evade or circumvent the application of this section, subject to regulations prescribed by the Committee.

"(C) REAL ESTATE TRANSACTIONS. —

"(i) EXCEPTION FOR CERTAIN REAL ESTATE TRANSACTIONS. —A real estate purchase, lease, or concession described in subparagraph (B)(ii) does not include a purchase, lease, or concession of—

"(I) a single 'housing unit', as defined by the Census Bureau; or

"(II) real estate in 'urbanized areas', as defined by the Census Bureau in the most recent census, except as otherwise prescribed by the Committee in regulations in consultation with the Secretary of Defense.

"(ii) DEFINITION OF CLOSE PROXIMITY. —With respect to a real estate purchase, lease, or concession described in subparagraph (B)(ii)(II)(bb)(AA), the Committee shall prescribe regulations to ensure that the H. R. 5515—544 term 'close proximity' refers only to a distance or dis-tances within which the purchase, lease, or concession of real estate could pose a national security risk in connection with a United States military installation or another facility or property of the United States Government described in that subparagraph.

"(D) OTHER INVESTMENTS. —

"(i) OTHER INVESTMENT DEFINED. —For purposes of subparagraph (B)(iii), the term 'other investment' means an investment, direct or indirect, by a foreign person ina United States business described in that subparagraph that is not an investment described in subparagraph (B)(i) and that affords the foreign person—

"(I) access to any material nonpublic technical information in the possession of the United States business;

"(II) membership or observer rights on the board of directors or equivalent governing body of the United States business or the right to nominate an individual to a position on the board of directors or equivalent governing body; or

"(III) any involvement, other than through voting of shares, in substantive decisionmaking of the United States business regarding—

"(aa) the use, development, acquisition, safekeeping, or release of sensitive personal data of United States citizens maintained or collected by the United States business;

"(bb) the use, development acquisition, or release of critical technologies; or

"(cc) the management, operation, manufacture, or supply of critical infrastructure.

"(ii) MATERIAL NONPUBLIC TECHNICAL INFORMATION DEFINED. —

"(I) IN GENERAL. —For purposes of clause (i)(I), and subject to regulations prescribed by the Committee, the term 'material nonpublic technical information' means information that—

"(aa) provides knowledge, know-how, or understanding, not available in the public domain, of the design, location, or operation of critical infrastructure; or

"(bb) is not available in the public domain, and is necessary to design, fabricate, develop, test, produce, or manufacture critical technologies, including processes, techniques, or methods.

"(II) EXEMPTION FOR FINANCIAL INFORMA-TION. —Notwithstanding subclause (I), for purposes of this subparagraph, the term 'material nonpublic technical information' does not include financial information regarding the performance of a United States business.

"(iii) REGULATIONS. —

"(I) IN GENERAL. —The Committee shall pre-scribe regulations providing guidance on the types H. R. 5515—545 of transactions that the Committee considers to be 'other investment' for purposes of subparagraph (B)(iii).

"(II) UNITED STATES BUSINESSES THAT OWN, OPERATE, SUPPLY, OR SERVICE CRITICAL INFRASTRUCTURE. —The regulations prescribed by the Committee with respect to an investment described in subparagraph (B)(iii)(I) shall—

"(aa) specify the critical infrastructure subject to that subparagraph based on criteria intended to limit application of that subparagraph to the subset of critical infrastructure that is likely to be of importance to the national security of the United States; and

"(bb) enumerate specific types and examples of such critical infrastructure.

"(iv) SPECIFIC CLARIFICATION FOR INVESTMENT FUNDS. —

"(I) TREATMENT OF CERTAIN INVESTMENT FUND INVESTMENTS. —

Notwithstanding clause (i)(II) and subject to regulations prescribed by the Committee, an indirect investment by a foreign person in a United States business described in subparagraph (B)(iii) through an investment fund that affords the foreign person (or a designee of the foreign person) membership as a limited partner or equivalent on an advisory board or a committee of the fund shall not be considered an 'other investment' for purposes of subparagraph (B)(iii) if—

"(aa) the fund is managed exclusively by a general partner, a managing member, or an equivalent;

"(bb) the general partner, managing member, or equivalent is not a foreign person;

"(cc) the advisory board or committee does not have the ability to approve, disapprove, or otherwise control—

"(AA) investment decisions of the fund; or

"(BB) decisions made by the general partner, managing member, or equivalent related to entities in which the fund is invested;

"(dd) the foreign person does not otherwise have the ability to control the fund, including the authority—

"(AA) to approve, disapprove, or otherwise control investment decisions of the fund;

"(BB) to approve, disapprove, or otherwise control decisions made by the general partner, managing member, or equivalent related to entities in which the fund is invested; or

"(CC) to unilaterally dismiss, prevent the dismissal of, select, or determine the H. R. 5515—546 compensation of the general partner, managing member, or equivalent;

"(ee) the foreign person does not have access to material nonpublic technical information as a result of its participation on the advisory board or committee; and

"(ff) the investment otherwise meets the requirements of this subparagraph.

"(II) TREATMENT OF CERTAIN WAIVERS. —

"(aa) IN GENERAL.—For the purposes of items (cc) and (dd) of subclause (I) and except as provided in item (bb), a waiver of a potential conflict of interest, a waiver of an allocation limitation, or a similar activity, applicable to a transaction pursuant to the terms of an agreement governing an investment fund shall not be considered to constitute control of investment decisions of the fund or decisions relating to entities in which the fund is invested.

"(bb) EXCEPTION.—The Committee may prescribe regulations providing for exceptions to item (aa) for extraordinary circumstances. "(v) EXCEPTION FOR AIR CARRIERS.—For purposes of subparagraph (B)(iii), the term 'other investment' does not include an investment involving an air carrier, as defined in section 40102(a)(2) of title 49, United States Code, that holds a certificate issued under section 41102 of that title.

"(vi) RULE OF CONSTRUCTION.—Any definition of 'critical infrastructure' established under any provision of law other than this section shall not be determinative for purposes of this section.

"(E) COUNTRY SPECIFICATION. —The Committee shall prescribe regulations that further define the term 'foreign person' for purposes of clauses (ii) and (iii) of subparagraph (B). In prescribing such regulations, the Committee shall specify criteria to limit the application of such clauses to the investments of certain categories of foreign persons. Such criteria shall take into consideration how a foreign person is connected to a foreign country or foreign government, and whether the connection may affect the national security of the United States.

"(F) TRANSFERS OF CERTAIN ASSETS PURSUANT TO BANKRUPTCY PROCEEDINGS OR OTHER DEFAULTS. —The Committee shall prescribe regulations to clarify that the term 'covered transaction' includes any transaction described in subparagraph (B) that arises pursuant to a bankruptcy proceeding or other form of default on debt.

"(5) CRITICAL INFRASTRUCTURE. —The term 'critical infrastructure' means, subject to regulations prescribed by the Committee, systems and assets, whether physical or virtual, so vital to the United States that the incapacity or destruction of such systems or assets would have a debilitating impact on national security.

"(6) CRITICAL TECHNOLOGIES. —H. R. 5515—547

"(A) IN GENERAL. —The term 'critical technologies' means the following:

"(i) Defense articles or defense services included on the United States Munitions List set forth in the International Traffic in Arms Regulations under subchapter M of chapter I of title 22, Code of Federal Regulations.

"(ii) Items included on the Commerce Control List set forth in Supplement No. 1 to part 774 of the Export Administration Regulations under subchapter C of chapter VII of title 15, Code of Federal Regulations, and controlled—

"(I) pursuant to multilateral regimes, including for reasons relating to national security, chemical and biological weapons proliferation, nuclear non-proliferation, or missile technology; or

"(II) for reasons relating to regional stability or surreptitious listening.

"(iii) Specially designed and prepared nuclear equipment, parts and components, materials, software, and technology covered by part 810 of title 10, Code of Federal Regulations (relating to assistance to foreign atomic energy activities).

"(iv) Nuclear facilities, equipment, and material covered by part 110 of title 10, Code of Federal Regula-tions (relating to export and import of nuclear equip-ment and material).

"(v) Select agents and toxins covered by part 331 of title 7, Code of Federal Regulations, part 121 of title 9 of such Code, or part 73 of title 42 of such Code.

"(vi) Emerging and foundational technologies con-trolled pursuant to section 1758 of the Export Control Reform Act of 2018.

"(B) RECOMMENDATIONS. —

"(i) IN GENERAL. —The chairperson may recommend technologies for identification under the interagency process set forth in section 1758(a) of the Export Control Reform Act of 2018.

"(ii) MATTERS INFORMING RECOMMENDATIONS. —Recommendations by the chairperson under clause (i) shall draw upon information arising from reviews and investigations conducted under subsection (b), notices submitted under subsection (b)(1)(C)(i), declarations filed under subsection (b)(1)(C)(v), and non-notified and non-declared transactions identified under subsection (b)(1)(H).

"(7) FOREIGN GOVERNMENT-CONTROLLED TRANSACTION. — The term 'foreign government-controlled transaction' means any covered transaction that could result in the control of any United States business by a foreign government or an entity controlled by or acting on behalf of a foreign government.

"(8) INTELLIGENCE COMMUNITY.—The term 'intelligence community' has the meaning given that term in section 3(4) of the National Security Act of 1947 (50 U.S.C. 3003(4)).

"(9) INVESTMENT.—The term 'investment' means the acquisition of equity interest, including contingent equity H. R. 5515—548 interest, as further defined in regulations prescribed by the Committee.

"(10) LEAD AGENCY.—The term 'lead agency' means the agency or agencies designated as the lead agency or agencies pursuant to subsection (k)(5).

"(11) PARTY.—The term 'party' has the meaning given that term in regulations prescribed by the Committee.

"(12) UNITED STATES.—The term 'United States' means the several States, the District of Columbia, and any territory or possession of the United States.

"(13) UNITED STATES BUSINESS.—The term 'United States business' means a person engaged in interstate commerce in the United States."

SEC. 1704. ACCEPTANCE OF WRITTEN NOTICES

Section 721(b)(1)(C)(i) of the Defense Production Act of 1950 (50 U.S.C. 4565(b)(1)(C)(i)) is amended—

(1) by striking "Any party" and inserting the following: "(I) IN GENERAL.—Any party"; and

(2) by adding at the end the following:

"(II) COMMENTS AND ACCEPTANCE.—

"(aa) IN GENERAL.—Subject to item (cc), the Committee shall provide comments on a draft or formal written notice or accept a formal written notice submitted under subclause (I) with respect to a covered transaction not later than the date that is 10 business days after the date of submission of the draft or formal written notice.

"(bb) COMPLETENESS.—If the Committee determines that a draft or formal written notice described in item (aa) is not complete, the Committee shall notify the party or parties to the transaction in writing that the notice is not complete and provide an explanation of all material respects in which the notice is incomplete.

"(cc) STIPULATIONS REQUIRED. —The timing requirement under item (aa) shall apply only in a case in which the parties stipulate under clause (vi) that the transaction is a covered transaction."

SEC. 1705. INCLUSION OF PARTNERSHIP AND SIDE AGREEMENTS IN NOTICE

Section 721(b)(1)(C) of the Defense Production Act of 1950 (50 U.S.C. 4565(b)(1)(C)) is amended by adding at the end the following:

"(iv) INCLUSION OF PARTNERSHIP AND SIDE AGREEMENTS. —The Committee may require a written notice submitted under clause (i) to include a copy of any partnership agreements, integration agreements, or other side agreements relating to the transaction, as specified in regulations prescribed by the Committee." H. R. 5515—549

SEC. 1706. DECLARATIONS FOR CERTAIN COVERED TRANSACTIONS

Section 721(b)(1)(C) of the Defense Production Act of 1950 (50 U.S.C. 4565(b)(1)(C)), as amended by section 1705, is further amended by adding at the end the following:

"(v) DECLARATIONS FOR CERTAIN COVERED TRANSACTIONS. —

"(I) IN GENERAL. —A party to any covered transaction may submit to the Committee a declaration with basic information regarding the transaction instead of a written notice under clause (i).

"(II) REGULATIONS. —The Committee shall prescribe regulations establishing requirements for declarations submitted under this clause. In prescribing such regulations, the Committee shall ensure that such declarations are submitted as abbreviated notifications that would not generally exceed 5 pages in length.

"(III) COMMITTEE RESPONSE TO DECLARATION. —

"(aa) IN GENERAL. —Upon receiving a declaration under this clause with respect to a covered transaction, the Committee may, at the discretion of the Committee—

"(AA) request that the parties to the transaction file a written notice under clause (i);

"(BB) inform the parties to the transaction that the Committee is not able to complete action under this section with respect to the transaction on the basis of the declaration and that the parties may file a written notice under clause (i) to seek written notification from the Committee that the Committee has completed all action under this section with respect to the transaction;

"(CC) initiate a unilateral review of the transaction under subparagraph (D); or

"(DD) notify the parties in writing that the Committee has completed all action under this section with respect to the transaction.

"(bb) TIMING. —The Committee shall take action under item (aa) not later than 30 days after receiving a declaration under this clause.

"(cc) RULE OF CONSTRUCTION. —Nothing in this subclause (other than item (aa)(CC)) shall be construed to affect the authority of the President or the Committee to take any action authorized by this section with respect to a covered transaction.

"(IV) MANDATORY DECLARATIONS. —

"(aa) REGULATIONS. —The Committee shall prescribe regulations specifying the types of H. R. 5515—550 covered transactions for which the Committee requires a declaration under this subclause.

"(bb) CERTAIN COVERED TRANSACTIONS WITH FOREIGN GOVERNMENT INTERESTS. —

"(AA) IN GENERAL. —Except as provided in subitem (BB), the parties to a covered transaction shall submit a declaration described in subclause (I) with respect to the transaction if the transaction involves an investment that results in the acquisition, directly or indirectly, of a substantial interest in a United States business described in subsection (a)(4)(B)(iii) by a foreign person in which a foreign government has, directly or indirectly, a substantial interest.

"(BB) SUBSTANTIAL INTEREST DEFINED. —In this item, the term 'substantial interest' has the meaning given that term in regulations which the Committee shall prescribe. In developing those regulations, the Committee shall consider the means by which a foreign government could influence the actions of a foreign person, including through board membership, ownership interest, or shareholder rights. An interest that is excluded under subparagraph (D) of subsection (a)(4) from the term 'other investment' as used in subparagraph (B)(iii) of that subsection or that is less than a 10 percent voting interest shall not be considered a substantial interest.

"(CC) WAIVER. —The Committee may waive, with respect to a foreign person, the requirement under subitem (AA) for the submission of a declaration described in subclause (I) if the Committee determines that the foreign person demonstrates that the investments of the foreign person are not directed by a foreign government and the foreign person has a history of cooperation with the Committee.

"(cc) OTHER DECLARATIONS REQUIRED BY COMMITTEE. —The Committee may require the submission of a declaration described in subclause (I) with respect to any covered transaction identified under regulations prescribed by the Committee for purposes of this item, at the discretion of the Committee, that involves a United States business described in subsection (a)(4)(B)(iii)(II).

"(dd) EXCEPTION. —The submission of a declaration described in subclause (I) shall not be required pursuant to this subclause with H. R. 5515— 551 respect to an investment by an investment fund if—

"(AA) the fund is managed exclusively by a general partner, a managing member, or an equivalent;

"(BB) the general partner, managing member, or equivalent is not a foreign person; and

"(CC) the investment fund satisfies, with respect to any foreign person with membership as a limited partner on an advisory board or a committee of the fund, the criteria specified in items (cc) and (dd) of subsection (a)(4)(D)(iv).

"(ee) SUBMISSION OF WRITTEN NOTICE AS AN ALTERNATIVE.—Parties to a covered transaction for which a declaration is required under this subclause may instead elect to submit a written notice under clause (i).

"(ff) TIMING AND REFILING OF SUBMISSION.—

"(AA) IN GENERAL.—In the regulations prescribed under item (aa), the Committee may not require a declaration to be submitted under this subclause with respect to a covered transaction more than 45 days before the completion of the transaction.

"(BB) REFILING OF DECLARATION.—The Committee may not request or recommend that a declaration submitted under this subclause be withdrawn and refiled, except to permit parties to a covered transaction to correct material errors or omissions in the declaration submitted with respect to that transaction.

"(gg) PENALTIES.—The Committee may impose a penalty pursuant to subsection (h)(3) with respect to a party that fails to comply with this subclause."

SEC. 1707. STIPULATIONS REGARDING TRANSACTIONS

Section 721(b)(1)(C) of the Defense Production Act of 1950 (50 U.S.C. 4565(b)(1)(C)), as amended by section 1706, is further amended by adding at the end the following:

"(vi) STIPULATIONS REGARDING TRANSACTIONS.—

"(I) IN GENERAL.—In a written notice submitted under clause (i) or a declaration submitted under clause (v) with respect to a transaction, a party to the transaction may—

"(aa) stipulate that the transaction is a covered transaction; and

"(bb) if the party stipulates that the transaction is a covered transaction under item (aa), stipulate that the transaction is a foreign government-controlled transaction. H. R. 5515—552

"(II) BASIS FOR STIPULATION.—A written notice submitted under clause (i) or a declaration submitted under clause (v) that includes a stipulation under subclause (I) shall include a description of the basis for the stipulation."

SEC. 1708. AUTHORITY FOR UNILATERAL INITIATION OF REVIEWS

Section 721(b)(1) of the Defense Production Act of 1950 (50 U. S. C. 4565(b)(1)) is amended—

(1) by redesignating subparagraphs (E) and (F) as subparagraphs (F) and (G), respectively;

(2) in subparagraph (D)—

(A) in the matter preceding clause (i), by striking "subparagraph (F)" and inserting "subparagraph (G)";

(B) in clause (i), by inserting "(other than a covered transaction described in subparagraph (E))" after "any covered transaction";

(C) by striking clause (ii) and inserting the following: "(ii) any covered transaction described in subparagraph (E), if any party to the transaction submitted false or misleading material information to the Committee in connection with the Committee's consideration of the transaction or omitted material information, including material documents, from information submitted to the Committee; or"; and

(D) in clause (iii)—

(i) in the matter preceding subclause (I), by striking "any covered transaction that has previously been reviewed or investigated under this section," and inserting "any covered transaction described in subparagraph (E)";

(ii) in subclause (I), by striking "intentionally";

(iii) in subclause (II), by striking "an intentional" and inserting "a"; and

(iv) in subclause (III), by inserting "adequate and appropriate" before "remedies or enforcement tools"; and

(3) by inserting after subparagraph (D) the following:

"(E) COVERED TRANSACTIONS DESCRIBED.—A covered transaction is described in this subparagraph if—

"(i) the Committee has informed the parties to the transaction in writing that the Committee has completed all action under this section with respect to the transaction; or

"(ii) the President has announced a decision not to exercise the President's authority under subsection (d) with respect to the transaction."

SEC. 1709. TIMING FOR REVIEWS AND INVESTIGATIONS

Section 721(b) of the Defense Production Act of 1950 (50 U.S.C. 4565 (b)), as amended by section 1708, is further amended—

(1) in paragraph (1)(F), by striking "30" and inserting "45";

(2) in paragraph (2), by striking subparagraph (C) and inserting the following:

"(C) TIMING.—

"(i) IN GENERAL.—Except as provided in clause (ii), any investigation under subparagraph (A) shall H.R. 5515—553 be completed before the end of the 45-day period beginning on the date on which the investigation commenced.

"(ii) EXTENSION FOR EXTRAORDINARY CIRCUMSTANCES.—

"(I) IN GENERAL.—In extraordinary circumstances (as defined by the Committee in regulations), the chairperson may, at the request of the head of the lead agency, extend an investigation under subparagraph (A) for one 15-day period.

"(II) NONDELEGATION.—The authority of the chairperson and the head of the lead agency referred to in subclause (I) may not be delegated to any person other than the Deputy Secretary of the Treasury or the deputy head (or equivalent thereof) of the lead agency, as the case may be.

"(III) NOTIFICATION TO PARTIES. —If the Com-mittee extends the deadline under subclause (I) with respect to a covered transaction, the Committee shall notify the parties to the transaction of the extension"; and

(3) by adding at the end the following:

"(8) TOLLING OF DEADLINES DURING LAPSE IN APPROPRIATIONS. —Any deadline or time limitation under this subsection shall be tolled during a lapse in appropriations."

SEC. 1710. IDENTIFICATION OF NON-NOTIFIED AND NON-DECLARED TRANSACTIONS

Section 721(b)(1) of the Defense Production Act of 1950 (50 U.S.C. 4565(b)(1)), as amended by sections 1708 and 1709, is further amended by adding at the end the following:

"(H) IDENTIFICATION OF NON-NOTIFIED AND NONDECLARED TRANSACTIONS. —The Committee shall establish a process to identify covered transactions for which—

"(i) a notice under clause (i) of subparagraph (C) or a declaration under clause (v) of that subparagraph is not submitted to the Committee; and

"(ii) information is reasonably available."

SEC. 1711. SUBMISSION OF CERTIFICATIONS TO CONGRESS

Section 721(b)(3)(C) of the Defense Production Act of 1950 (50 U.S.C. 4565(b)(3)(C)) is amended—

(1) in clause (i), by striking subclause (II) and inserting the following:

"(II) a certification that all relevant national security factors have received full consideration";

(2) in clause (iv), by striking subclause (II) and inserting the following:

"(II) DELEGATION OF CERTIFICATIONS. —

"(aa) IN GENERAL. —Subject to item (bb), the chairperson, in consultation with the Committee, may determine the level of official to whom the signature requirement under subclause (I) for the chairperson and the head of the lead agency may be delegated. The level of official to whom the signature requirement may be delegatedmay differ based on any H. R. 5515—554 factor relating to a transaction that the chairperson, in consultation with the Committee, deems appropriate, including the type or value of the transaction.

"(bb) LIMITATION ON DELEGATION WITH RESPECT TO CERTAIN TRANSACTIONS. —The signature requirement under subclause (I) may be delegated not below the level of the Assistant Secretary of the Treasury or an equivalent official of the lead agency"; and

(3) by adding at the end the following:

"(v) AUTHORITY TO CONSOLIDATE DOCUMENTS. —Instead of transmitting a separate certified notice or certified report under subparagraph (A) or (B) with respect to each covered transaction, the Committee may, on a monthly basis, transmit such notices and reports in a consolidated document to the Members of Congress specified in clause (iii). "

SEC. 1712. ANALYSIS BY DIRECTOR OF NATIONAL INTELLIGENCE

Section 721(b)(4) of the Defense Production Act of 1950 (50 U. S. C. 4565(b)(4)) is amended—

(1) by striking subparagraph (A) and inserting the following:

"(A) ANALYSIS REQUIRED. —

"(i) IN GENERAL. —Except as provided in subparagraph (B), the Director of National Intelligence shall expeditiously carry out a thorough analysis of any threat to the national security of the United States posed by any covered transaction, which shall include the identification of any recognized gaps in the collection of intelligence relevant to the analysis.

"(ii) VIEWS OF INTELLIGENCE COMMUNITY. —The Director shall seek and incorporate into the analysis by clause (i) the views of all affected or appropriate agencies of the intelligence community with respect to the transaction.

"(iii) UPDATES. —At the request of the lead agency, the Director shall update the analysis conducted under clause (i) with respect to a covered transaction with respect to which an agreement was entered into under subsection (l)(3)(A).

"(iv) INDEPENDENCE AND OBJECTIVITY. —The Committee shall ensure that its processes under this section preserve the ability of the Director to conduct analysis under clause (i) that is independent, objective, and consistent with all applicable directives, policies, and analytic tradecraft standards of the intelligence community."

(2) by redesignating subparagraphs (B), (C), and (D) as subparagraphs (C), (D), and (E), respectively;

(3) by inserting after subparagraph (A) the following:

"(B) BASIC THREAT INFORMATION. —

"(i) IN GENERAL. —The Director of National Intel-ligence may provide the Committee with basic informa-tion regarding any threat to the national security of the United States posed by a covered transaction H. R. 5515—555 described in clause (ii) instead of conducting the analysis required by subparagraph (A).

"(ii) COVERED TRANSACTION DESCRIBED. —A covered transaction is described in this clause if—

"(I) the transaction is described in subsection (a)(4)(B)(ii);

"(II) the Director of National Intelligence has completed an analysis pursuant to subparagraph

(A) involving each foreign person that is a party to the transaction during the 12 months preceding the review or investigation of the transaction under this section; or

"(III) the transaction otherwise meets criteria agreed upon by the Committee and the Director for purposes of this subparagraph."

(4) in subparagraph (C), as redesignated by paragraph (2), by striking "20" and inserting "30"; and (5) by adding at the end the following:

"(F) ASSESSMENT OF OPERATIONAL IMPACT. —The Director

may provide to the Committee an assessment, separate from the analyses under subparagraphs (A) and (B), of any operational impact of a covered transaction on the intelligence community and a description of any actions that have been or will be taken to mitigate any such impact.

"(G) SUBMISSION TO CONGRESS.—The Committee shall submit the analysis required by subparagraph (A) with respect to a covered transaction to the Select Committee on Intelligence of the Senate and the Permanent Select Committee on Intelligence of the House of Representatives upon the conclusion of action under this section (other than compliance plans under subsection (l)(6)) with respect to the transaction."

SEC. 1713. INFORMATION SHARING

Section 721(c) of the Defense Production Act of 1950 (50 U.S.C. 4565 (c)) is amended—

(1) by striking "Any information" and inserting the following:

"(1) IN GENERAL.—Except as provided in paragraph (2), any information";

(2) by striking, "except as may be relevant" and all that follows and inserting a period; and

(3) by adding at the end the following:

"(2) EXCEPTIONS.—Paragraph (1) shall not prohibit the disclosure of the following:

"(A) Information relevant to any administrative or judicial action or proceeding.

"(B) Information to Congress or any duly authorized committee or subcommittee of Congress.

"(C) Information important to the national security analysis or actions of the Committee to any domestic governmental entity, or to any foreign governmental entity of a United States ally or partner, under the exclusive direction and authorization of the chairperson, only to the extent necessary for national security purposes, and subject H. R. 5515—556 to appropriate confidentiality and classification requirements.

"(D) Information that the parties have consented to be disclosed to third parties.

"(3) COOPERATION WITH ALLIES AND PARTNERS. —

"(A) IN GENERAL. —The chairperson, in consultation with other members of the Committee, should establish a formal process for the exchange of information under

paragraph (2)(C) with governments of countries that are allies or partners of the United States, in the discretion of the chairperson, to protect the national security of United States and those countries.

"(B) REQUIREMENTS. —The process established under subparagraph (A) should, in the discretion of the chairperson—

"(i) be designed to facilitate the harmonization of action with respect to trends in investment and technology that could pose risks to the national security of the United States and countries that are allies or partners of the United States;

"(ii) provide for the sharing of information with respect to specific technologies and entities acquiring such technologies as appropriate to ensure national security; and

"(iii) include consultations and meetings with representatives of the governments of such countries on a recurring basis."

SEC. 1714. ACTION BY THE PRESIDENT

Section 721(d)(2) of the Defense Production Act of 1950 (50 U.S.C. 4565(d)(2)) is amended by striking "not later than 15 days" and all that follows and inserting the following: "with respect to a covered transaction not later than 15 days after the earlier of—

"(A) the date on which the investigation of the transaction under subsection (b) is completed; or

"(B) the date on which the Committee otherwise refers the transaction to the President under subsection (l)(2)."

SEC. 1715. JUDICIAL REVIEW

Section 721(e) of the Defense Production Act of 1950 (50 U.S.C. 4565(e)) is amended—

(1) by striking "The actions" and inserting the following:

"(1) IN GENERAL. —The actions"; and

(2) by adding at the end the following:

"(2) CIVIL ACTIONS. —A civil action challenging an action or finding under this section may be brought only in the United States Court of Appeals for the District of Columbia Circuit.

"(3) PROCEDURES FOR REVIEW OF PRIVILEGED INFORMATION. —If a civil action challenging an action or finding under this section is brought, and the court determines that protected information in the administrative record, including classified or other information subject to privilege or protections under any provision of law, is necessary to resolve the challenge, that information shall be submitted ex parte and in camera to the court and the court shall maintain that information under seal. H. R. 5515—557

"(4) APPLICABILITY OF USE OF INFORMATION PROVISIONS. — The use of information provisions of sections 106, 305, 405, and 706 of the Foreign Intelligence Surveillance Act of 1978 (50 U.S.C. 1806, 1825, 1845, and 1881e) shall not apply in a civil action brought under this subsection."

SEC. 1716. CONSIDERATIONS FOR REGULATIONS

Section 721(h) of the Defense Production Act of 1950 (50 U.S.C. 4565(h)) is amended—

(1) by striking paragraph (2);

(2) by redesignating paragraph (3) as paragraph (2); and

(3) in paragraph (2), as redesignated—

(A) in subparagraph (A), by striking "including any mitigation" and all that follows through "subsection (l)" and inserting "including any mitigation agreement entered into, conditions imposed, or order issued pursuant to this section";

(B) in subparagraph (B)(ii), by striking "and" at the end;

(C) in subparagraph (C), by striking the period at the end and inserting "; and"; and

(D) by adding at the end the following:

"(D) provide that, in any review or investigation of a covered transaction conducted by the Committee under subsection (b), the Committee should—

"(i) consider the factors specified in subsection (f); and

"(ii) as appropriate, require parties to provide to the Committee the information necessary to consider such factors."

SEC. 1717. MEMBERSHIP AND STAFF OF COMMITTEE

(a) HIRING AUTHORITY. —Section 721(k) of the Defense Produc-tion Act of 1950 (50 U.S.C. 4565(k)) is amended by striking para-graph (4) and inserting the following:

"(4) HIRING AUTHORITY. —

"(A) SENIOR OFFICIALS. —

"(i) IN GENERAL. —Each member of the Committee shall designate an Assistant Secretary, or an equiva-lent official, who is appointed by the President, by and with the advice and consent of the Senate, to carry out such duties related to the Committee as the member of the Committee may delegate.

"(ii) DEPARTMENT OF THE TREASURY. —

"(I) IN GENERAL. —There shall be established in the Office of International Affairs at the Depart-ment of the Treasury 2 additional positions of Assistant Secretary of the Treasury, who shall be appointed by the President, by and with the advice and consent of the Senate, to carry out such duties related to the Committee as the Secretary of the Treasury may delegate, consistent with this section.

"(II) ASSISTANT SECRETARY FOR INVESTMENT SECURITY. — One of the positions of Assistant Sec-retary of the Treasury authorized under subclause (I) shall be the Assistant Secretary for Investment Security, whose duties shall be principally related H. R. 5515—558 to the Committee, as delegated by the Secretary of the Treasury under this section.

"(B) SPECIAL HIRING AUTHORITY. —The heads of the departments and agencies represented on the Committee may appoint, without regard to the provisions of sections 3309 through 3318 of title 5, United States Code, candidates directly to positions in the competitive service (as defined in section 2102 of that title) in their respective departments and agencies. The primary responsibility of positions authorized under the preceding sentence shall be to administer this section."

(b) PROCEDURES FOR RECUSAL OF MEMBERS OF COMMITTEE FOR CONFLICTS OF INTEREST. —Not later than 90 days after the date of the enactment of this Act, the Committee on Foreign Investment in the United States shall—

(1) establish procedures for the recusal of any member of the Committee that has a conflict of interest with respect to a covered transaction (as defined in section 721(a) of the Defense Production Act of 1950, as amended by section 1703);

(2) submit to the Committee on Banking, Housing, and Urban Affairs of the Senate and the Committee on Financial Services of the House of Representatives a report describing those procedures; and

(3) brief the committees specified in paragraph (1) on the report required by paragraph (2).

SEC. 1718. ACTIONS BY THE COMMITTEE TO ADDRESS NATIONAL SECURITY RISKS

Section 721(l) of the Defense Production Act of 1950 (50 U.S.C. 4565 (l)) is amended—

(1) in the subsection heading, by striking "MITIGATION, TRACKING, AND POSTCONSUMMATION MONITORING AND ENFORCEMENT" and inserting "ACTIONS BY THE COMMITTEE TO ADDRESS NATIONAL SECURITY RISKS";

(2) by redesignating paragraphs (1), (2), and (3) as paragraphs (3),

(5), and (6), respectively;

(3) by inserting before paragraph (3), as redesignated by paragraph (2), the following:

"(1) SUSPENSION OF TRANSACTIONS.—The Committee, acting through the chairperson, may suspend a proposed or pending covered transaction that may pose a risk to the national security of the United States for such time as the covered transaction is under review or investigation under subsection (b).

"(2) REFERRAL TO PRESIDENT.—The Committee may, at any time during the review or investigation of a covered transaction under subsection (b), complete the action of the Committee with respect to the transaction and refer the transaction to the President for action pursuant to subsection (d)."

(4) in paragraph (3), as redesignated by paragraph (2)—

(A) in subparagraph (A)—

(i) in the subparagraph heading, by striking "IN GENERAL" and inserting "AGREEMENTS AND CONDITIONS";

(ii) by striking "The Committee" and inserting the following:

"(i) IN GENERAL.—The Committee";

(iii) by striking "threat" and inserting "risk"; and H. R. 5515—559

(iv) by adding at the end the following:

"(ii) ABANDONMENT OF TRANSACTIONS.—If a party to a covered transaction has voluntarily chosen to abandon the transaction, the Committee or lead agency, as the case may be, may negotiate, enter into or impose, and enforce any agreement or condition with any party to the covered transaction for purposes of effectuating such abandonment and mitigating any risk to the national security of the United States that arises as a result of the covered transaction.

"(iii) AGREEMENTS AND CONDITIONS RELATING TO COMPLETED TRANSACTIONS.—The Committee or lead agency, as the case may be, may negotiate, enter into or impose, and enforce any agreement or condition with any party to a completed covered transaction in order to mitigate any interim risk to the national security of the United States that may arise as a result of the coveredtransaction until such time that the Committee has completed action pursuant to subsection (b) or the President has taken action pursuant to subsection (d) with respect to the transaction." and

(B) by striking subparagraph (B) and inserting the following:

"(B) TREATMENT OF OUTDATED AGREEMENTS OR CONDITIONS. —The chairperson and the head of the lead agency shall periodically review the shallperiodically review the appropriateness of an agreement or condition imposed under subparagraph (A) and terminate, phase out, or otherwise amend the agreement or condition if a threat no longer requires mitigation through the agreement or condition.

"(C) LIMITATIONS. —An agreement may not be entered into or condition imposed under subparagraph (A) with respect to a covered transaction unless the Committee determines that the agreement or condition resolves the national security concerns posed by the transaction, taking into consideration whether the agreement or condition is reasonably calculated to—

"(i) be effective;

"(ii) allow for compliance with the terms of the agreement or condition in an appropriately verifiable way; and

"(iii) enable effective monitoring of compliance with and enforcement of the terms of the agreement or condition.

"(D) JURISDICTION. —The provisions of section 706(b) shall apply to any mitigation agreement entered into or condition imposed under subparagraph (A)."

(5) by inserting after paragraph (3), as redesignated by paragraph (2), the following:

"(4) RISK-BASED ANALYSIS REQUIRED. —

"(A) IN GENERAL. —Any determination of the Committee to suspend a covered transaction under paragraph (1), to refer a covered transaction to the

President under paragraph (2), or to negotiate, enter into or impose, or enforce any agreement or condition under paragraph (3)(A) with respect to a covered transaction, shall be based on a riskbased analysis, conducted by the Committee, of the effects H. R. 5515—560 on the national security of the United States of the covered transaction, which shall include an assessment of the threat, vulnerabilities, and consequences to national security related to the transaction.

"(B) ACTIONS OF MEMBERS OF THE COMMITTEE. —

"(i) IN GENERAL. —Any member of the Committee who concludes that a covered transaction poses an unresolved national security concern shall recommend to the Committee that the Committee suspend the transaction under paragraph (1), refer the transaction to the President under paragraph (2), or negotiate, enter into or impose, or enforce any agreement or condition under paragraph (3)(A) with respect to the transaction. In making that recommendation, the member shall propose or contribute to the risk-based analysis required by subparagraph (A).

"(ii) FAILURE TO REACH CONSENSUS. —If the Committee fails to reach consensus with respect to a recommendation under clause (i) regarding a covered transaction, the members of the Committee who support an alternative recommendation shall produce—

"(I) a written statement justifying the alternative recommendation; and

"(II) as appropriate, a risk-based analysis that supports the alternative recommendation.

"(C) DEFINITIONS. —For purposes of subparagraph (A), the terms 'threat', 'vulnerabilities', and 'consequences to national security' shall have the meanings given those terms by the Committee by regulation."

(6) in paragraph (5)(B), as redesignated by paragraph (2), by striking "(as defined in the National Security Act of 1947)"; and

(7) in paragraph (6), as redesignated by paragraph (2)—

(A) in subparagraph (A)—

(i) by striking "paragraph (1)" and inserting "paragraph (3)"; and

(ii) by striking the second sentence and inserting the following: "The lead agency may, at its discretion, seek and receive the assistance of other departments or agencies in carrying out the purposes of this paragraph."

(B) in subparagraph (B)—

(i) by striking "DESIGNATED AGENCY" and all that follows through "The lead agency in connection" and inserting "DESIGNATED AGENCY.—The lead agency in connection";

(ii) by striking clause (ii); and

(iii) by redesignating subclauses (I) and (II) as clauses (i) and (ii), respectively, and by moving such clauses, as so redesignated, 2 ems to the left; and

(C) by adding at the end the following:

"(C) COMPLIANCE PLANS.—

"(i) IN GENERAL.—In the case of a covered transaction with respect to which an agreement is entered into under paragraph (3)(A), the Committee or lead agency, as the case may be, shall formulate, adhere H. R. 5515—561 to, and keep updated a plan for monitoring compliance with the agreement.

"(ii) ELEMENTS.—Each plan required by clause (i) with respect to an agreement entered into under paragraph (3)(A) shall include an explanation of—

"(I) which member of the Committee will have primary responsibility for monitoring compliance with the agreement;

"(II) how compliance with the agreement will be monitored;

"(III) how frequently compliance reviews will be conducted;

"(IV) whether an independent entity will be utilized under subparagraph (E) to conduct compliance reviews; and

"(V) what actions will be taken if the parties fail to cooperate regarding monitoring compliance with the agreement.

"(D) EFFECT OF LACK OF COMPLIANCE.—If, at any time after a

mitigation agreement or condition is entered into or imposed under paragraph (3)(A), the Committee or lead agency, as the case may be, determines that a party or parties to the agreement or condition are not in compliance with the terms of the agreement or condition, the Committee or lead agency may, in addition to the authority of the Committee to impose penalties pursuant to subsection (h)(3) and to unilaterally initiate a review of any covered transaction under subsection (b)(1)(D)(iii)—

"(i) negotiate a plan of action for the party or parties to remediate the lack of compliance, with failure to abide by the plan or otherwise remediate the lack of compliance serving as the basis for the Committee to find a material breach of the agreement or condition;

"(ii) require that the party or parties submit a written notice under clause (i) of subsection (b)(1)(C) or a declaration under clause (v) of that subsection with respect to a covered transaction initiated after the date of the determination of noncompliance and before the date that is 5 years after the date of the determination to the Committee to initiate a review of the transaction under subsection (b); or

"(iii) seek injunctive relief.

"(E) USE OF INDEPENDENT ENTITIES TO MONITOR COMPLIANCE.—If the parties to an agreement entered into under paragraph (3)(A) enter into a contract with an independent entity from outside the United States Government for the purpose of monitoring compliance with the agreement, the Committee shall take such action as is necessary to prevent a conflict of interest from arising by ensuring that the independent entity owes no fiduciary duty to the parties.

"(F) SUCCESSORS AND ASSIGNS.—Any agreement or condition entered into or imposed under paragraph (3)(A) shall be considered binding on all successors and assigns unless and until the agreement or condition terminates H. R. 5515—562 on its own terms or is otherwise terminated by the Committee in its sole discretion.

"(G) ADDITIONAL COMPLIANCE MEASURES. —Subject to subparagraphs (A) through (F), the Committee shall develop and agree upon methods for evaluating compliance with any agreement entered into or condition imposed with respect to a covered transaction that will allow the Committee to adequately ensure compliance without unnecessarily diverting Committee resources from assessing any new covered transaction for which a written notice under clause (i) of subsection (b)(1)(C) or declaration under clause (v) of that subsection has been filed, and if necessary, reaching a mitigation agreement with or imposing a condi-tion on a party to such covered transaction or any covered transaction for which a review has been reopened for any reason."

SEC. 1719. MODIFICATION OF ANNUAL REPORT AND OTHER REPORTING REQUIREMENTS

(a) MODIFICATION OF ANNUAL REPORT. —Section 721(m) of the Defense Production Act of 1950 (50 U.S.C. 4565(m)) is amended—

(1) in paragraph (2)—

(A) by amending subparagraph (A) to read as follows:

"(A) A list of all notices filed and all reviews or investigations of covered transactions completed during the period, with—

"(i) a description of the outcome of each review or investigation, including whether an agreement was entered into or condition was imposed under subsection (l)(3)(A) with respect to the transaction being reviewed or investigated, and whether the President took any action under this section with respect to that transaction;

"(ii) basic information on each party to each such transaction;

"(iii) the nature of the business activities or prod ucts of the United States business with which the transaction was entered into or intended to be entered into; and

"(iv) information about any withdrawal from the process." and

(B) by adding at the end the following:

"(G) Statistics on compliance plans conducted and actions taken by the

Committee under subsection (1)(6), including subparagraph (D) of that subsection, during that period, a general assessment of the compliance of parties with agreements entered into and conditions imposed under subsection (1)(3)(A) that are in effect during that period, including a description of any actions taken by the Com-mittee to impose penalties or initiate a unilateral review pursuant to subsection (b)(1)(D)(iii), and any recommenda-tions for improving the enforcement of such agreements and conditions.

"(H) Cumulative and, as appropriate, trend information on the number of declarations filed under subsection (b)(1)(C)(v), the actions taken by the Committee in response to those declarations, the business sectors involved in those declarations, and the countries involved in those declarations.

"(I) A description of—

"(i) the methods used by the Committee to identify non-notified and non-declared transactions under subsection (b)(1)(H);

"(ii) potential methods to improve such identification and the resources required to do so; and

"(iii) the number of transactions identified through the process established under that subsection during the reporting period and the number of such transactions flagged for further review.

"(J) A summary of the hiring practices and policies of the Committee pursuant to subsection (k)(4).

"(K) A list of the waivers granted by the Committee under subsection (b)(1)(C)(v)(IV)(bb)(CC)."

(2) in paragraph (3)—

(A) by striking "CRITICAL TECHNOLOGIES" and all that follows through "In order to assist" and inserting "CRITICAL TECHNOLOGIES. — In order to assist";

(B) by striking subparagraph (B);

(C) by redesignating clauses (i) and (ii) as subparagraphs (A) and (B), respectively, and by moving such subparagraphs, as so redesignated, 2 ems to the left;

(D) in subparagraph (A), as redesignated by subparagraph (C), by striking "; and" and inserting a semicolon;

(E) in subparagraph (B), as so redesignated, by striking the period and inserting "; and"; and

(F) by adding at the end the following: "(C) a description of the technologies recommended by the chairperson under subsection (a)(6)(B) for identification under the interagency process set forth in section 1758(a) of the Export Control Reform Act of 2018."

(3) by adding at the end the following:

"(4) FORM OF REPORT. —

"(A) IN GENERAL. —All appropriate portions of the annual report under paragraph

(1) may be classified. An unclassified version of the report, as appropriate, consistent with safeguarding national security and privacy, shall be made available to the public.

"(B) INCLUSION IN CLASSIFIED VERSION. —If the Committee recommends that the President suspend or prohibit a covered transaction because the transaction threatens to impair the national security of the United States, the Committee shall, in the classified version of the report required under paragraph (1), notify Congress of the recommendation and, upon request, provide a classified briefing on the recommendation.

"(C) INCLUSIONS IN UNCLASSIFIED VERSION. —The unclassified version of the report required under paragraph

(1) shall include, with respect to covered transactions for the reporting period—

"(i) the number of notices submitted under subsection (b)(1)(C)(i); H. R. 5515—564

"(ii) the number of declarations submitted under subsection (b)(1)(C)

(v) and the number of such declarations that were required under subclause (IV) of that subsection;

"(iii) the number of declarations submitted under subsection (b)(1)(C)(v) for which the Committee required resubmission as notices under subsection (b)(1)(C)(i);

"(iv) the average number of days that elapsed between submission of a declaration under subsection (b)(1)(C)(v) and the acceptance of the declaration by the Committee;

"(v) the median and average number of days that elapsed between acceptance of a declaration by the Committee and a response described in subsection (b)(1)(C)(v)(III);

"(vi) information on the time it took the Committee to provide comments on, or to accept, notices submitted under subsection (b)(1)(C)(i), including—

"(I) the average number of business days that elapsed between the date of submission of a draft notice and the date on which the Committee pro-vided written comments on the draft notice;

"(II) the average number of business days that elapsed between the date of submission of a formal written notice and the date on which the Com-mittee accepted or provided written comments on the formal written notice; and

"(III) if the average number of business days for a response by the Committee reported under subclause (I) or (II) exceeded 10 business days—

"(aa) an explanation of the causes of suchdelays, including whether such delays are caused by resource shortages, unusual fluctuations in the volume of notices, transaction characteristics, or other factors; and

"(bb) an explanation of the steps that the Committee anticipates taking to mitigate the causes of such delays and otherwise to improve the ability of the Committee to provide comments on, or to accept, notices within 10 business days;

"(vii) the number of reviews or investigations conducted under subsection (b);

"(viii) the number of investigations that were subject to an extension under subsection (b)(2)(C)(ii);

"(ix) information on the duration of those reviews and investigations, including the median and average number of days required to complete those reviews and investigations;

"(x) the number of notices submitted under subsection (b)(1)(C)(i) and declarations submitted under subsection (b)(1)(C)(v) that were rejected by the Committee;

"(xi) the number of such notices and declarations that were withdrawn by a party to the covered transaction; H. R. 5515—565

"(xii) the number of such withdrawals that were followed by the submission of a subsequent such notice or declaration relating to a substantially similar covered transaction; and

"(xiii) such other specific, cumulative, or trend information that the Committee determines is advisable to provide for an assessment of the time required for reviews and investigations of covered transactions under this section."

(b) REPORT ON CHINESE INVESTMENT. —

(1) IN GENERAL. —Not later than 2 years after the date of the enactment of this Act, and every 2 years thereafter through 2026, the Secretary of Commerce shall submit to Congress and the Committee on Foreign Investment in the United States a report on foreign direct investment transactions made by entities of the People's Republic of China in the United States.

(2) ELEMENTS. —Each report required by paragraph (1) shall include the following:

(A) Total foreign direct investment from the People's Republic of China in the United States, including total foreign direct investment disaggregated by ultimate beneficial owner.

(B) A breakdown of investments from the People's Republic of China in the United States by value using the following categories:

(i) Less than $50,000,000.

(ii) Greater than or equal to $50,000,000 and less than $100,000,000.

(iii) Greater than or equal to $100,000,000 and less than $1,000,000,000.

(iv) Greater than or equal to $1,000,000,000 and less than $2,000,000,000.

(v) Greater than or equal to $2,000,000,000 and less than $5,000,000,000.

(vi) Greater than or equal to $5,000,000,000.

(C) A breakdown of investments from the People's Republic of China in the United States by 2-digit North American Industry Classification System code.

(D) A breakdown of investments from the People's Republic of China in the United States by investment type, using the following categories:

(i) Businesses established.

(ii) Businesses acquired.

(E) A breakdown of investments from the People's Republic of China in the United States by government and non-government investments, including volume, sector, and type of investment within each category.

(F) A list of companies incorporated in the United States purchased through government investment by the People's Republic of China.

(G) The number of United States affiliates of entities under the jurisdiction of the People's Republic of China, the total employees at those affiliates, and the valuation for any publicly traded United States affiliate of such an entity. H. R. 5515—566

(H) An analysis of patterns in the investments described in subparagraphs (A) through (F), including in volume, type, and sector, and the extent to which those patterns of investments align with the objectives outlined by the Government of the People's Republic of China in its Made in China 2025 plan, including a comparative analysis of investments from the People's Republic of China in the United States and all foreign direct investment in the

United States.

(I) An identification of any limitations on the ability of the Secretary of Commerce to collect comprehensive information that is reasonably and lawfully available about foreign investment in the United States from the People's Republic of China on a timeline necessary to complete reports every 2 years as required by paragraph (1), including—

(i) an identification of any discrepancies between government and private sector estimates of investments from the People's Republic of China in the United States;

(ii) a description of the different methodologies or data collection methods, including by private sector entities, used to measure foreign investment that may result in different estimates; and

(iii) recommendations for enhancing the ability of the Secretary of Commerce to improve data collection of information about foreign investment in the United States from the People's Republic of China.

(3) EXTENSION OF DEADLINE. —If, as a result of a limitation identified under paragraph (2)(I), the Secretary of Commerce determines that the Secretary will be unable to submit a report at the time required by paragraph (1), the Secretary may request additional time to complete the report.

(c) REPORT ON CERTAIN RAIL INVESTMENTS BY STATE-OWNED OR STATE-CONTROLLED ENTITIES. —

(1) IN GENERAL. —Not later than one year after the date of the enactment of this Act, the Secretary of Homeland Security shall, in coordination with the appropriate members of the Committee on Foreign Investment in the United States, submit to Congress a report assessing—

(A) national security risks, if any, related to investments in the United States by state-owned or state-controlled entities in the manufacture or assembly of rolling stock or other assets for use in freight rail, public transportation rail systems, or intercity passenger rail systems; and

(B) how the number and types of such investments could affect any such risks.

(2) CONSULTATION. —The Secretary, in preparing the report required by paragraph (1), shall consult with the Secretary of Transportation and the head of any agency that is not represented on the Committee on Foreign Investment in the United States that has significant technical expertise related to the assessments required by that paragraph. H. R. 5515—567

SEC. 1720. CERTIFICATION OF NOTICES AND INFORMATION

Section 721(n) of the Defense Production Act of 1950 (50 U. S. C. 4565 (n)) is amended—

(1) by redesignating paragraphs (1) and (2) as subparagraphs (A) and (B), respectively, and by moving such subparagraphs, as so redesignated, 2 ems to the right;

(2) by striking "Each notice" and inserting the following:

"(1) IN GENERAL. —Each notice";

(3) by striking "paragraph (3)(B)" and inserting "paragraph (6)(B)";

(4) by striking "paragraph (1)(A)" and inserting "paragraph (3)(A)";

(5) by adding at the end the following:

"(2) EFFECT OF FAILURE TO SUBMIT. —The Committee may not complete a review under this section of a covered transaction and may recommend to the President that the President suspend or prohibit the transaction under subsection (d) if the Committee determines that a party to the transaction has—

"(A) failed to submit a statement required by paragraph (1); or

"(B) included false or misleading information in a notice or information described in paragraph (1) or omitted material information from such notice or information.

"(3) APPLICABILITY OF LAW ON FRAUD AND FALSE STATEMENTS. —The Committee shall prescribe regulations expressly providing for the application of section 1001 of title 18, United States Code, to all information provided to the Committee under this section by any party to a covered transaction."

SEC. 1721. IMPLEMENTATION PLANS

(a) IN GENERAL.—Not later than 180 days after the date of the enactment of this Act, the chairperson of the Committee on Foreign Investment in the United States and the Secretary of Commerce shall, in consultation with the appropriate members of the Committee—

(1) develop plans to implement this subtitle; and

(2) submit to the appropriate congressional committees a report on the plans developed under paragraph (1), which shall include a description of—

(A) the timeline and process to implement the provisions of, and amendments made by, this subtitle;

(B) any additional staff necessary to implement the plans; and

(C) the resources required to effectively implement the plans.

(b) ANNUAL RESOURCE NEEDS OF CFIUS MEMBER AGENCIES.—Not later than one year after the submission of the report under subsection (a)(2), and annually thereafter for 7 years, each department or agency represented on the Committee on Foreign Investment in the United States shall submit to the appropriate congressional committees a detailed spending plan to expeditiously meet the requirements of section 721 of the Defense Production Act of 1950, as amended by this subtitle, including estimated expenditures and staffing levels for not less than the following fiscal year.

(c) TESTIMONY.—Section 721 of the Defense Production Act of 1950 (50 U.S.C. 4565) is amended by adding at the end the following: H. R. 5515—568

"(o) TESTIMONY.—

"(1) IN GENERAL.—Not later than March 31 of each year, the chairperson, or the designee of the chairperson, shall appear before the Committee on Financial Services of the House of Representatives and the Committee on Banking, Housing, and Urban Affairs of the Senate to present testimony on—

"(A) anticipated resources necessary for operations of the Committee in the following fiscal year at each of the departments or agencies represented on the Committee;

"(B) the adequacy of appropriations for the Committee in the current and the previous fiscal year to—

"(i) ensure that thorough reviews and investigations are completed as expeditiously as possible;

"(ii) monitor and enforce mitigation agreements; and

"(iii) identify covered transactions for which a notice under clause (i) of subsection (b)(1)(C) or a declaration under clause (v) of that subsection was not submitted to the Committee;

"(C) management efforts to strengthen the ability of the Committee to meet the requirements of this section; and

"(D) activities of the Committee undertaken in order to—

"(i) educate the business community, with a particular focus on the technology sector and other sectors of importance to national security, on the goals and operations of the Committee;

"(ii) disseminate to the governments of countries that are allies or partners of the United States best practices of the Committee that—

"(I) strengthen national security reviews of relevant investment transactions; and

"(II) expedite such reviews when appropriate; and

"(iii) promote openness to foreign investment, consistent with national security considerations.

"(2) SUNSET.—This subsection shall have no force or effect on or after the date that is 7 years after the date of the enactment of the Foreign Investment Risk Review Modernization Act of 2018."

(d) APPROPRIATE CONGRESSIONAL COMMITTEES DEFINED.—In this section, the term "appropriate congressional committees" means—

(1) the Committee on Banking, Housing, and Urban Affairs and the

Committee on Appropriations of the Senate; and

(2) the Committee on Financial Services and the Committee on Appropriations of the House of Representatives.

SEC. 1722. ASSESSMENT OF NEED FOR ADDITIONAL RESOURCES FOR COMMITTEE

The President shall—

(1) determine whether and to what extent the expansion of the responsibilities of the Committee on Foreign Investment in the United States pursuant to the amendments made by this subtitle necessitates additional resources for the Committee H. R. 5515—569 and the departments and agencies represented on the Committee to perform their functions under section 721 of the Defense Production Act of 1950, as amended by this subtitle; and

(2) if the President determines that additional resources are necessary, include in the budget of the President for fiscal year 2019 and each fiscal year thereafter submitted to Congress under section 1105(a) of title 31, United States Code, a request for such additional resources.

SEC. 1723. FUNDING

Section 721 of the Defense Production Act of 1950 (50 U. S. C. 4565), as amended by section 1721, is further amended by adding at the end the following:

"(p) FUNDING. —

"(1) ESTABLISHMENT OF FUND. —There is established in the Treasury of the United States a fund, to be known as the 'Committee on Foreign Investment in the United States Fund' (in this subsection referred to as the 'Fund'), to be administered by the chairperson.

"(2) AUTHORIZATION OF APPROPRIATIONS FOR THE COMMITTEE. —

There are authorized to be appropriated to the Fund for each of fiscal years 2019 through 2023 $20,000,000 to perform the functions of the Committee.

"(3) FILING FEES. —

"(A) IN GENERAL. —The Committee may assess and collect a fee in an amount determined by the Committee in regulations, to the extent provided in advance in appropriations Acts, without regard to section 9701 of title 31, United States Code, and subject to subparagraph (B), with respect to each covered transaction for which a written notice is submitted to the Committee under subsection (b)(1)(C)(i). The total amount of fees collected under this paragraph may not exceed the costs of administering this section.

"(B) DETERMINATION OF AMOUNT OF FEE. —

"(i) IN GENERAL. —The amount of the fee to be assessed under subparagraph (A) with respect to a covered transaction—

"(I) may not exceed an amount equal to the lesser of—

"(aa) 1 percent of the value of the transaction; or

"(bb) $300,000, adjusted annually for inflation pursuant to regulations prescribed by the Committee; and

"(II) shall be based on the value of the transaction, taking into account—

"(aa) the effect of the fee on small business concerns (as defined in section 3 of the Small Business Act (15 U.S.C. 632));

"(bb) the expenses of the Committee associated with conducting activities under this section;

"(cc) the effect of the fee on foreign investment; and H. R. 5515—570

"(dd) such other matters as the Committee considers appropriate.

"(ii) UPDATES. —The Committee shall periodically reconsider and adjust the amount of the fee to be assessed under subparagraph (A) with respect to a covered transaction to ensure that the amount of the fee does not exceed the costs of administering this section and otherwise remains appropriate.

"(C) DEPOSIT AND AVAILABILITY OF FEES. —Notwithstanding section 3302 of title 31, United States Code, fees collected under subparagraph (A) shall—

"(i) be deposited into the Fund solely for use in carrying out activities under this section;

"(ii) to the extent and in the amounts provided in advance in appropriations Acts, be available to the chairperson;

"(iii) remain available until expended; and

"(iv) be in addition to any appropriations made available to the members of the Committee.

"(D) STUDY ON PRIORITIZATION FEE. —

"(i) IN GENERAL. —Not later than 270 days after the date of the enactment of the Foreign Investment Risk Review Modernization Act of 2018, the chairperson, in consultation with the Committee, shall complete a study of the feasibility and merits of establishing a fee or fee scale to prioritize the timing of the response of the Committee to a draft or formal written notice during the period before the Committee accepts the formal written notice under subsection (b)(1)(C)(i), in the event that the Committee is unable to respond during the time required by subclause (II) of that subsection because of an unusually large influx of notices, or for other reasons.

"(ii) SUBMISSION TO CONGRESS. —After completing the study required by clause (i), the chairperson, or a designee of the chairperson, shall submit to the Committee on Banking, Housing, and Urban Affairs of the Senate and the Committee on Financial Services of the House of Representatives a report on the findings of the study.

"(4) TRANSFER OF FUNDS. —To the extent provided in advance in appropriations Acts, the chairperson may transfer any amounts in the Fund to any other department or agency represented on the Committee for the purpose of addressing emerging needs in carrying out activities under this section. Amounts so transferred shall be in addition to any other amounts available to that department or agency for that purpose."

SEC. 1724. CENTRALIZATION OF CERTAIN COMMITTEE FUNCTIONS

Section 721 of the Defense Production Act of 1950 (50 U. S. C. 4565), as amended by section 1723, is further amended by adding at the end the following:

"(q) CENTRALIZATION OF CERTAIN COMMITTEE FUNCTIONS. —

"(1) IN GENERAL. —The chairperson, in consultation with the Com-mittee, may centralize certain functions of the Com-mittee within the Department of the Treasury for the purpose H. R. 5515—571 of enhancing interagency coordination andcollaboration in carrying out the functions of the Committee under this section.

"(2) FUNCTIONS. —Functions that may be centralized under paragraph (1) include identifying non-notified and non-declared transactions pursuant to subsection (b)(1)(H), and other functions as determined by the chairperson and the Committee.

"(3) RULE OF CONSTRUCTION. —Nothing in this section shall be construed as limiting the authority of any department or agency represented on the Committee to represent its own interests before the Committee."

SEC. 1725. CONFORMING AMENDMENTS

Section 721 of the Defense Production Act of 1950 (50 U. S. C. 4565), as amended by this subtitle, is further amended—

(1) in subsection (b)—

(A) in paragraph (1)(D)(iii)(I), by striking "subsection (l)(1)(A)" and inserting "subsection (l)(3)(A)"; and

(B) in paragraph (2)(B)(i)(I), by striking "that threat" and inserting "the risk";

(2) in subsection (d)(4)(A), by striking "the foreign interest exercising control" and inserting "a foreign person that would acquire an interest in a United States business or its assets as a result of the covered transaction"; and

(3) in subsection (j), by striking "merger, acquisition, or takeover" and inserting "transaction".

SEC. 1726. BRIEFING ON INFORMATION FROM TRANSACTIONS REVIEWED BY COMMITTEE ON FOREIGN INVESTMENT IN THE UNITED STATES RELATING TO FOREIGN EFFORTS TO INFLUENCE DEMOCRATIC INSTITUTIONS AND PROCESSES

Not later than 60 days after the date of the enactment of this Act, the Secretary of the Treasury (or a designee of the Secretary) shall provide a briefing to the Committee on Banking, Housing, and Urban Affairs of the Senate and the Committee on Financial Services of the House of Representatives on—

(1) transactions reviewed by the Committee on Foreign Investment in the United States during the 5-year period preceding the briefing that the Committee determined would have allowed foreign persons to inappropriately influence democratic institutions and processes within the United States and in other countries; and

(2) the disposition of such reviews, including any steps taken by the Committee to address the risk of allowing foreign persons to influence such institutions and processes.

SEC. 1727. EFFECTIVE DATE

(a) IMMEDIATE APPLICABILITY OF CERTAIN PROVISIONS. — The following shall take effect on the date of the enactment of this Act and, as applicable, apply with respect to any covered transaction the review or investigation of which is initiated under section 721 of the Defense Production Act of 1950 on or after such date of enactment:

(1) Sections 1705, 1707, 1708, 1709, 1710, 1713, 1714, 1715, 1716, 1717, 1718, 1720, 1721, 1722, 1723, 1724, and 1725 and any amendments made by those sections. H. R. 5515—572

(2) Section 1712 and the amendments made by that section (except for clause (iii) of section 721(b)(4)(A) of the Defense Production Act of 1950, as added by section 1712).

(3) Paragraphs (1), (2), (3), (4)(A)(i), (4)(B)(i), (4)(B)(iv)(I),

(4)(B)(v), (4)(C)(v), (5), (6), (7), (8), (9), (10), (11), (12), and (13) of subsection (a) of section 721 of the Defense Production Act of 1950, as amended by section 1703.

(4) Section 721(m)(4) of the Defense Production Act of 1950, as amended by section 1719 (except for clauses (ii), (iii), (iv), and (v) of subparagraph (B) of that section).

(b) DELAYED APPLICABILITY OF CERTAIN PROVISIONS. —

(1) IN GENERAL. —Any provision of or amendment made by this subtitle not specified in subsection (a) shall—

(A) take effect on the earlier of—

(i) the date that is 18 months after the date of the enactment of this Act; or

(ii) the date that is 30 days after publication in the Federal Register of a determination by the chairperson of the Committee on Foreign Investment in the United States that the regulations, organizational structure, personnel, and other resources necessary to administer the new provisions are in place; and

(B) apply with respect to any covered transaction the review or investigation of which is initiated under section 721 of the Defense Production Act of 1950 on or after the date described in subparagraph (A).

(2) NONDELEGATION OF DETERMINATION. —The determination of the chairperson of the Committee on Foreign Investment in the United States under paragraph (1)(A) may not be delegated.

(c) AUTHORIZATION FOR PILOT PROGRAMS. —

(1) IN GENERAL. —Beginning on the date of the enactment of this Act and ending on the date that is 570 days thereafter, the Committee on Foreign Investment in the United States may, at its discretion, conduct one or more pilot programs to implement any authority provided pursuant to any provision of or amendment made by this subtitle not specified in subsection (a).

(2) PUBLICATION IN FEDERAL REGISTER. —A pilot program under paragraph (1) may not commence until the date that is 30 days after publication in the Federal Register of a determination by the chairperson of the Committee of the scope of and procedures for the pilot program. That determination may not be delegated.

SEC. 1728. SEVERABILITY

If any provision of this subtitle or an amendment made by this subtitle, or the application of such a provision or amendment to any person or circumstance, is held to be invalid, the application of that provision or amendment to other persons or circumstances and the remainder of the provisions of this subtitle and the amendments made by this subtitle, shall not be affected thereby.

参 考 文 献

（一）中文部分

1. 〔英〕阿列克斯·卡利尼科斯：《反资本主义宣言》，罗汉、孙宁、黄悦译，上海世纪出版集团 2005 年版。

2. 〔英〕安东尼·吉登斯：《第三条道路：社会民主主义的复兴》，郑戈译，北京大学出版社 2000 年版。

3. 〔美〕布鲁诺·弗雷：《国际政治经济学》，吴元湛译，重庆出版社 1987 年版。

4. 〔美〕查尔斯·金德尔伯格：《1929—1939 年世界经济萧条》，宋承先、洪文达译，上海译文出版社 1986 年版。

5. 〔美〕查默斯·约翰逊：《通产省与日本奇迹》，戴汉笠等译，中共中央党校出版社 1992 年版。

6. 陈婵婷：《中美外资并购国家安全审查体系的比较研究》，复旦大学出版社 2013 年版。

7. 陈辉萍：《美国外资并购国家安全审查制度对中国企业海外并购的影响以及中国的对策》，载《国际经济法学刊》2013 年第 3 期。

8. 陈运娟、卢晓勇、李红：《利用外资方式变化与国家经济安全》，载《江西社会科学》2007 年第 2 期。

9. 〔美〕I. M. 戴斯勒：《美国贸易政治》，王恩冕等译，中国市场出版社 2006 年版。

10. 〔美〕道格拉斯·C. 诺思、罗伯斯·托马斯：《西方世界的兴起》，厉以平、蔡磊译，华夏出版社 2017 年版。

11. 〔美〕道格拉斯·C. 诺思：《制度、制度变迁与经济绩效》，杭行译，格致出版社、上海三联书店、上海人民出版社 2014 年版。

12. 董静然:《美国外资并购安全审查制度的新发展及其启示——以〈外国投资风险审查现代化法案〉为中心》,载《国际经贸探索》2019 年第 3 期。

13. 杜仲霞:《美国外资并购安全审查制度及对我国的启示——兼评三一重工、华为在美投资并购受阻案》,载《现代经济探讨》2013 年第 3 期。

14. 对外经济贸易大学国际金融战略研究中心课题组:《"新技术民族主义"还是"技术霸权主义"》,载《国际商务》2006 年第 4 期。

15. 樊志刚、王婕:《美国国家安全审查制度对中国企业拓展美国市场的启示——基于华为和中兴通讯被美调查事件》,载《国际经济评论》2013 年第 2 期。

16. 方达:《透视美国外国投资委员会》,载《国际技术经济研究》2007 年第 1 期。

17. 〔美〕弗里德里克·戴约等著:《东亚模式的启示:亚洲四小龙政治经济发展研究》,王浦劬译,中国广播电视出版社 1992 年版。

18. 〔美〕傅高义:《日本第一:对美国的启示》,谷英等译,上海译文出版社 2016 年版。

19. 甘培忠、王丹:《"国家安全"的审查标准研究——基于外国直接投资市场准入视角》,载《法学》杂志 2015 年第 5 期。

20. 〔美〕G. M. 格罗斯曼、E. 赫尔普曼:《利益集团与贸易政策》,李增刚译,中国人民大学出版社 2005 年版。

21. 顾伟:《美国关键信息基础设施保护与中国等级保护制度的比较研究及启示》,载《电子政务》2015 年第 7 期。

22. 关志雄:《中美经贸摩擦进入新阶段:矛盾焦点从贸易失衡转向技术转移》,载《国际经济评论》2018 年第 4 期。

23. 郭吴新、刘运顶:《美国外贸政策中的经济民族主义取向剖析》,载《世界经济与政治》2001 年第 7 期。

24. 〔美〕海伦·米尔纳、罗伯特·基欧汉:《国际化与国内政治:结论》,载〔美〕罗伯特·基欧汉、海伦·米尔纳主编:《国际化与国内政治》,姜鹏、董素华译,北京大学出版社 2003 年版。

25. 韩召颖、吕贤:《美国应对中资并购安全审查的经济民族主义分析》,载《求是学刊》2019 年第 5 期。

26. 韩召颖、岳峰:《金融危机后美国的新孤立主义思潮探析》,载《美国研究》2017 年第 5 期。

27. 何贻纶:《国家安全观刍议》,载《政治学研究》2004 年第 3 期。

28. 〔英〕赫德利·布尔:《无政府社会:世界政治秩序研究》,张小明译,世界知识出版社 2003 年版。

29. 胡鞍钢、任皓、高宇宁:《国际金融危机以来美国制造业回流政策评述》,载《国际经济评论》2018 年第 2 期。

30. 黄凤志:《知识霸权与美国的世界新秩序》,载《当代亚太》2003 年第 8 期。

31. 黄河:《中国企业跨国经营的国外政治风险及对策研究》,上海人民出版社 2016 年版。

32. 黄一玲:《中国跨国公司对美投资中的政治风险分析》,载《现代经济探讨》2013 年第 1 期。

33. 黄志瑾:《中国国有投资者参与国际投资的规则研究》,人民出版社 2014 年版。

34. 江山:《外资并购安全审查中的关键技术——基于美国 CFIUS 审查的分析》,载《国际经济合作》2012 年第 6 期。

35. 蒋姮、伍燕然:《外国投资安全审查:中国的新举措及其借鉴》,载《国际经济合作》2007 年第 9 期。

36. 〔美〕肯尼斯·R. 胡佛:《凯恩斯、拉斯基、哈耶克——改变世界的三个经济学家》,启蒙编译所译,上海社会科学院出版社 2013 年版。

37. 雷少华:《超越地缘政治——产业政策与大国竞争》,载《世界经济与政治》2019 年第 5 期。

38. 李滨、陈怡:《高科技产业竞争的国际政治经济学分析》,载《世界经济与政治》2019 年第 3 期。

39. 李军:《外国投资安全审查中国家安全风险的判断》,载《法律科学》2016 年第 4 期。

40. 李莉文:《"逆全球化"背景下中国企业在美并购的新特征、新风险与对策分析》,载《美国研究》2019 年第 1 期。

41. 李少军:《国家安全理论初探》,载《世界经济与政治》1995 年第 12 期。

42. 李巍、罗仪馥:《从规则到秩序——国际制度竞争的逻辑》,载《世界经济与政治》2019年第4期。

43. 李巍、赵莉:《美国外资审查制度的变迁及其对中国的影响》,载《国际展望》2019年第1期。

44. 李先腾:《后危机时代中企海外并购面临的安全审查困局及治理路径——以美国CFIUS监管机制为切入点》,载《交大法学》2014年第2期。

45. 李晓、李俊久:《美国的霸权地位评估与新兴大国的应对》,载《世界经济与政治》2014年第1期。

46. 梁咏:《美国国家安全体制下的中国海外投资保障研究——基于中海油收购优尼科案分析的视角》,载《国际商务研究》2009年第1期。

47. 林平、李嫣怡:《外资并购的国家安全审查:概念、国际经验和政策建议》,载《产业经济评论》2009年第3期。

48. 刘恩专、刘立军:《投资保护主义与中国对美国直接投资策略的适应性调整》,载《河北学刊》2013年第3期。

49. 刘丰:《类型化方法与国际关系研究设计》,载《世界经济与政治》2017年第8期。

50. 刘雪红:《"国家资本主义论"下的国企投资者保护——基于投资协定革新的视角》,载《法学》2018年第5期。

51. 刘志云等:《后危机时代的全球治理与国际经济法的转型》,法律出版社2015年版。

52. 卢进勇、李锋:《国际投资保护主义的历史演进、特点及应对策略研究》,载《亚太经济》2012年第4期。

53. 鲁林:《美国对外来投资国家安全审查制度述评》,载《现代国际关系》2013年第9期。

54. 〔美〕罗伯特·基欧汉:《霸权之后:世界政治经济中的合作与纷争》,苏长和等译,上海人民出版社2016年版。

55. 〔美〕罗伯特·基欧汉、约瑟夫·奈:《权力与相互依赖——转变中的世界政治》,林茂辉等译,中国人民公安大学出版社1992年版。

56. 〔美〕罗伯特·吉尔平:《国际关系政治经济学》,杨宇光等译,上海世纪出版集团2012年版。

57. 〔美〕罗伯特·吉尔平:《跨国公司与美国霸权》,钟飞腾译,东方出版社

2011年版。

58. 〔美〕罗伯特·韦德:《驾驭市场:经济理论与东亚工业化中政府的作用》,吕行建、沈泽芬译,企业管理出版社1994年版。

59. 〔美〕罗伯特·J.希勒:《非理性繁荣》(第三版),李心丹等译,中国人民大学出版社2016年版。

60. 〔美〕罗恩·彻诺:《汉密尔顿传——美国二百年国运的真正缔造者》,张向玲等译,浙江大学出版社2018年版。

61. 罗志松:《外资并购东道国风险研究》,人民出版社2007年版。

62. 〔英〕马丁·雅克:《当中国统治世界:中国的崛起和西方世界的衰落》,张莉、刘曲译,中信出版社2010年版。

63. 〔美〕迈克尔·赫德森:《保护主义——美国经济崛起的秘诀(1815—1914)》,贾根良等译,中国人民大学出版社2010年版。

64. 〔美〕迈克尔·希斯考克斯:《国际贸易与政治冲突:贸易、联盟与要素流动程度》,于扬杰译,中国人民大学出版社2005年版。

65. 〔美〕米歇尔·博德:《资本主义史1500—1980》,吴艾美等译,东方出版社1986年版。

66. 倪世雄等:《当代西方国际关系理论》,复旦大学出版社2004年版。

67. 潘亚玲:《美国对华政策中的经济民族主义》,载《美国问题研究》2011年第1期。

68. 漆彤:《跨国并购的法律规制》,武汉大学出版社2006年版。

69. 〔美〕乔纳森·科什纳:《货币与强制:国际货币权力的政治经济学》,李巍译,上海世纪出版集团2013年版。

70. 秦嗣毅、胡根华:《中国与美国、日本基于经济安全的国家经济竞争优势比较研究》,载《世界经济研究》2012年第3期。

71. 曲博:《国际力量、国内政治与对外政策选择》,载《教学与研究》2007年第1期。

72. 曲博:《危机下的抉择:国内政治与汇率制度选择》,上海人民出版社2012年版。

73. 任强:《国际投资法中的"国家安全"问题探究——以"Ralls诉美国外国投资委员会案"为视角》,载《北方法学》2016年第3期。

74. 任泽平、罗志恒等:《日本、韩国应对美国高科技遏制的启示》,载《国际金融》2019 年第 2 期。

75. 任泽平:《中美科技实力对比:关键领域视角》,载《发展研究》2018 年第 9 期。

76. 〔美〕塞缪尔·P. 亨廷顿:《美国政治——激荡于理想与现实之间》,先萌奇、景伟明译,新华出版社 2017 年版。

77. 桑百川、郑建明等:《国际资本流动:新趋势与对策》,对外经济贸易出版社 2003 年版。

78. 盛斌:《中国对外贸易政策的政治经济分析》,上海人民出版社 2002 年版。

79. 世界银行工作人员编:《东亚奇迹:经济增长与公共政策》,财政部世界银行司译,中国财政经济出版社 1994 年版。

80. 〔尼泊尔〕苏里亚·P. 苏贝迪:《国际投资法:政策与原则的协调》(第二版),张磊译,法律出版社 2015 年版。

81. 〔英〕苏珊·斯特兰奇:《国家与市场》,杨宇光等译,上海人民出版社 2012 年版。

82. 孙晋平:《国际关系理论中的国家安全理论》,载《国际关系学院学报》2000 年第 4 期。

83. 孙敬水:《数字鸿沟:21 世纪世界各国面临的共同问题》,载《国际问题研究》2002 年第 6 期。

84. 孙南翔:《美国经贸单边主义:形式、动因与法律应对》,载《环球法律评论》2019 年第 1 期。

85. 陶立峰:《外国投资国家安全审查的可问责性分析》,载《法学》2016 年第 1 期。

86. 〔美〕托马斯·比尔斯泰克:《自由经济思想在发展中世界的"凯旋"》,载〔美〕芭芭拉·斯多林斯主编:《论全球化的区域效应》,王镭、沈进建译,重庆出版社 2002 年版。

87. 王翠文:《拉美国家参与全球治理的历史与现实》,载《南开学报》(哲学社会科学版)2012 年第 6 期。

88. 王东光:《国家安全审查:政治法律化与法律政治化》,载《中外法学》

2016 年第 5 期。

89. 王东光:《外资审查的政治维度》,载顾功耘主编:《政府与市场关系的重构》,北京大学出版社 2015 年版。

90. 王海:《中国企业海外并购经济后果研究——基于联想并购 IBM PC 业务的案例分析》,载《管理世界》2007 年第 2 期。

91. 王建、张宏:《中国对外直接投资与全球价值链升级》,中国人民大学出版社 2013 年版。

92. 王金强:《知识产权保护与美国的技术霸权》,载《国际展望》2019 年第 4 期。

93. 王雷、叶圣楠:《跨国并购下互补性资产效用发挥的影响因素——基于联想集团案例的比较分析》,载《管理案例研究与评论》2016 年第 5 期。

94. 王冉冉:《制度供给对文化产业竞争力的影响机理——以美国电影产业为例》,载《昆明理工大学学报》(社会科学版)2018 年第 1 期。

95. 王淑敏:《国际投资中"外国政府控制的交易"之法律问题研究——由"三一集团诉奥巴马案"引发的思考》,载《法商研究》2013 年第 5 期。

96. 王小琼:《西方国家外资并购国家安全审查制度的最新发展及其启示》,湖北人民出版社 2010 年版。

97. 王彦志:《新自由主义国际投资法律机制:兴起、构造和变迁》,法律出版社 2016 年版。

98. 王正毅:《超越"吉尔平式"的国际政治经济学》,载《国际政治研究》2006 年第 2 期。

99. 王正毅:《国际政治经济学通论》,北京大学出版社 2010 年版。

100. 魏涛:《无形资源视角下中国企业海外并购风险防范与化解策略研究——基于中铝铩羽力拓与华为收购 3Leaf Systems 败北的双案例剖析》,载《湖南社会科学》2016 年第 6 期。

101. 吴浩、李向东:《国外规制影响分析制度》,中国法制出版社 2010 年版。

102. 吴小鹏:《中海油并购案的国际政治经济学分析》,载《国际关系学院学报》2006 年第 2 期。

103. 夏敏:《美国贸易政策制定中的观念、偏好与策略选择》,载《国际经济评论》2018 年第 6 期。

104. 向明华:《外国投资国家安全审查法律问题实证研究》,载《法治社会》2018 年第 2 期。

105. 徐芳:《海外并购的额外法律风险及其对策——由"中海油并购优尼科案"引发的思考》,载《法商研究》2006 年第 5 期。

106. 徐元:《知识产权贸易壁垒的实质及国际政治经济学分析》,载《太平洋学报》2012 年第 2 期。

107. 〔英〕亚当·斯密:《国民财富的性质和原因研究》,郭大力译,商务印书馆 1972 年版。

108. 姚枝仲、韩冰:《冲突与趋同:中美双边投资协定谈判研究》,中国社会科学出版社 2016 年版。

109. 余劲松:《国际投资法》,法律出版社 2007 年版。

110. 〔美〕禹贞恩:《发展型国家》,曹海军译,吉林出版集团 2008 年版。

111. 玉红玲:《从并购动机透析华为收购美国 3Com》,载《财务与审计》2008 年第 8 期。

112. 〔美〕约翰·奥德尔:《美国国际货币政策——市场、力量和观念是政策转变的根源》,李丽军等译,中国金融出版社 1991 年版。

113. 〔美〕约瑟夫·E.斯蒂格利茨:《自由市场的坠落》,李俊青、杨玲玲等译,机械工业出版社 2011 年版。

114. 翟东升:《主权基金国际规则的主导权斗争》,载《太平洋学报》2010 年第 6 期。

115. 张发林:《全球金融治理体系的政治经济学分析》,载《国际政治研究》2016 年第 4 期。

116. 张菲、安宁:《贸易战背景下中美直接投资趋势与对策研究》,载《国际经济合作》2018 年第 5 期。

117. 张默含:《中国对外直接投资:动因、障碍与政策分析》,中国社会科学出版社 2016 年版。

118. 张宇燕等:《2018 世界经济黄皮书》,社会科学文献出版社 2018 年版。

119. 张志波:《金融危机传导与国家经济安全》,上海社会科学出版社 2007 年版。

120. 赵华:《透视新"美国衰落"争论》,载《国际关系与国际法学刊》2016 年

第 6 卷。

121. 郑雅方:《美国外资并购安全审查制度研究》,中国政法大学出版社 2015 年版。

122. 郑永年:《中国模式:经验与挑战》,中信出版社 2016 年版。

123. 中国国际交流中心课题组:《未来十年中美经贸关系》,中国经济出版社 2016 年版。

124. 钟飞腾:《超越霸权之争:中美贸易战的政治经济学逻辑》,载《外交评论》2018 年第 6 期。

125. 周建军:《寡头竞合与并购重组:全球半导体产业的赶超逻辑》,载《国际经济评论》2018 年第 5 期。

126. 周小川:《国际金融危机:观察、分析与应对》,中国金融出版社 2012 年版。

127.〔美〕朱迪斯·戈尔茨坦、罗伯特·基欧汉:《观念与外交政策:分析框架》,载〔美〕朱迪斯·戈尔茨坦、罗伯特·基欧汉主编:《观念与外交政策:信念、制度与政治变迁》,刘东国译,北京大学出版社 2005 年版。

(二) 英文部分

1. Amin, Samir, *Unequal Development: An Essay on the Social Transformations of Peripheral Capitalism*, New York: Monthly Review Press, 1976.

2. Antkiewicz, Agata and John Whalley, Recent Chinese Buyout Activity and the Implications for Wider Global Investments Rules, *Canadian Public Policy*, 2015, 33(2), pp. 207-226.

3. Baban, Hasnat, U.S. National Security and Foreign Direct Investment, *Thunderbird International Business Review*, 2015, 57(3), p. 186.

4. Baldwin, David A., *Economic Statecraft*, Princeton: Princeton University Press, 1985.

5. Beckley, Michael, *Why America Will Remain the World's Sole Superpower*, Ithaca and London: Cornell University Press, 2018.

6. Bell, Daniel, The End of Ideology: On the Exhaustion of Political Ideas

in the Fifties, New York: Free Press, 1960.

7. Bernhard, William and David Leblang, Democratic Institution and Exchange Rate Commitment, *International Organization*, 1999, 53(1), pp. 71-98.

8. Boggs, Thomas Hale, Guiding Foreign Governments Through the Complex Intersection of Business Law, and Foreign Policy: The Rising Importance of Washington Counsel, *Business Law Brief (American University)*, 2010, 23(1), p. 77.

9. Buchanan, Patrick J., *The Great Betrayal: How American Sovereignty and Social Justice Are Being Sacrificed to the Gods of the Global Economy*, New York: Little, Brown, 1998.

10. Buckley, Peter J., *International Mergers and Acpuisitions*, London: International Thomson Business Press, 2002.

11. Casselman, Joshua W., China's Latest Threats to the United States: The Failed CNOOC-Unocal. Merger and Its Implications for Exon-Florio and CFIUS, *Indiana International and Comparative Law Review*, 2007, 17(1), pp. 171-177.

12. Denemark, R., Contesting the Canon: International Political Economy at UK and US Universities, *Review of International Political Economy*, 1997, 4(1), pp. 214-238.

13. Drezner, Daniel, Ideals, Bureaucratic Politics, and the Crafting of Foreign Policy, *American Journal of Political Science*, 2000, 44(2), pp. 733-749.

14. Dunning, John H., *Trade, Location of Economic Activity and the Multinational Enterprises: A Search for an Electric Approach*, in B. Ohlin, P. O. Hesselborn and P. M. Wijkman eds., *The International Allocation of Economic Activity*, London: Macmillan, 1997.

15. Fordham, Benjamin O., Economic Interests and Congressional Voting on Security Issues, *The Journal of Confliction Revolution*, 2008, 52(5), pp. 623-640.

16. Friedberg, Aron L., The Debate over U. S. —China Strategy, *Survival*, 2015, 57(3), pp. 89-104.

17. Friedberg, Aron L., A New U. S. Economic Strategy toward China?, *The Washington Quarterly*, 2017, 40(4), pp. 97-114.

18. Friedberg, Aron L., The Debate Over U. S. China Strategy, Survival, 2017, 57(3), pp. 87-110.

19. Frieden, Jeffry A. and David A. Lake, eds., *International Political Economy: Perspectives on Global Powers and Wealth*, Peking: Peking University Press, 2003.

20. Garrett, Geoffrey, Global Markets and National Politics: Collision Course or Virtuous Circle, *International Organization*, 1998, 52(4), p. 788.

21. Gerowin, Mina, U. S. Regulation of Foreign Direct Investment: Current Development and Congressional Response, *Virginia Journal of International Law*, 1975, 15(3), pp. 647-651.

22. Gilpin, Robert, *U. S. Power and the Multinational Cooperation*, New York: Basic Books, 1975.

23. Goldstein, Judith, The Impact of Ideals on Trade Policy: the Origins of U. S. Agricultural and Manufacturing Policies, *International Organization*, 1989, 43(2), pp. 31-71.

24. Graham, Edward M. & David Marchick, *U. S. National Security and Foreign Direct Investment*, Baltimore: United Book Press, 2006.

25. Greenfield, Leon and Benjamin Powell, The Committee on Foreign Investment in the United States: The Significant Role of National Security Reviews in Foreign Transactions, *Competition International Law*, 2012, 8(2), p. 35.

26. Guerrero, Luis Melendez, Chinese Investments in Peru: Conflicts, Institutions and Local Development, *Journal of Latin American Studies*, 2018, 40(2), p. 61.

27. Harding, Harry, Has U. S. China Policy Failed? *The Washington Quarterly*, 2015, 38(3), pp. 67-87.

28. Heath, Timothy R. , What Does China Want? Discerning the PRC's National Strategy, *Asian Security*, 2002, 8(1), p. 69.

29. Ikenberry, John and Charles Kupchan, Socialization and Hegemonic Power, *International Organization*, 1988, 42(2), pp. 179-217.

30. Jackson, James K. , The Committee on Foreign Investment in the United States(CFIUS), CRS Report RL33388, 2018, July 3, pp. 5-6

31. Jennifer Cooke, Finding the Right Balance for Sovereign Wealth Fund Regulation: Open Investment vs. National Security, *Columbia Business Law Review*, 2009, 29(2), pp. 17-27.

32. Johnson, Chalmers, *MITI and the Japanese Miracle: The Growth of Industrial Policy (1925—1975)*, Stanford: Stanford University Press, 1982.

33. Jones Alison and Brenda Sufrin, *EC Competition Law, Text, Cases and Materials*, Oxford: Oxford University Press, 2001.

34. Josselyn, Amy S. , National Security at All Costs: Why CFIUS Review Process may have Overreached Its Purpose, *George Madson Law Review*, 2014, 21(5), p. 1351.

35. Kennedy, Paul M. , *The Rise and Fall of the Great Powers: Economic Change and the Military Conflict From 1500 to 2000*, New York: Random House, 1987.

36. Kimmitt, Robert M. , Public Footprints in Private Markets: Sovereign Wealth Funds and the World Economy, *Foreign Affairs*, 2008, 87(1/2), p. 11.

37. Lafeber, Walter, *The Cambridge History of American Foreign Relations: The American Search for Opportunity 1865—1913*, Cambridge: Cambridge University Press, 1993.

38. Lai, H. , China's Oil Diplomacy: Is It a Global Security Threat?, *Third World Quarterly*, 2007, 28(3), pp. 519-537.

39. Laney, Leor O. , The Impact of U. S. Laws on Foreign Direct Investment, *Annals of the American Academy of Political and Social Science*,

1991, 516(1), pp. 144-153.

40. Larussa, Robert S. Lisa Raisner, and Thomas B. Wilner, New Law Heightens Security of Foreign Acquisitions of U. S. Companies, *New York University Journal of Law & Business*, 2007, 4(3), p. 296.

41. Lippmann, Walter, *US Foreign Policy: Shield of the Republic*, New York: Johnson Reprint Corp, 1971.

42. Lockwood, William, *The Economic Development of Japan*, Princeton: Princeton University Press, 1968.

43. Lum, T. H. Fischer and J. Gomez-Granger & A. Leland, *China's Foreign Aid Activities in Africa, Latin America and South East Asia*, Washington D. C. : Congressional Research Service, 2009.

44. Malawi, Bashar H. , Balancing Open Investment with National Security: Review of US and UAE Laws with DP WORLD as a Case Study, *Australia Law Review*, 2011, 13(2), pp. 160-163.

45. Mamounas, Joseph, Controlling Foreign Ownership of U. S. Strategic Assets: The Challenge of Maintaining National Security in a Globalization and Oil—Dependent World, *Law and Business Review of the Americas*, 2007, 13, pp. 381-382.

46. Milner, Helen, International Political Economy: Beyond Hegemonic Stability, *Foreign Policy*, 1998, 110(2), p. 113.

47. Milners, Helen, *Interests, Institution and Information*, Princeton: Princeton University Press, 1997.

48. Morris, Lyle J. , Incompatible Partnership: The Road of Identity and Self-Image in the Sino-U. S. Relations, *Asian Policy*, 2012, 13(1), pp. 133-165.

49. O'Brien, Robert and Marc Williams, *Global Politics Economy: Evolution and Dynamics*, Macmillan: Palgrave, 2010.

50. Pastor, Robert A. , *Congress and the Politics of U. S. Foreign Economic Policy (1929—1976)*, Berkeley: University of California Press, 1980.

51. Patrick, Griffin, CFIUS in the Age of Chinese Investment, *Fordham*

Law Review, 2017, 85(4), p. 1762.

52. Paul, Connell and Huang Tian, An Empirical Analysis of CFIUS: Examining Foreign Investment Regulation in the United States, *Yale Journal of International Law*, 2014, 39(1), p. 136.

53. Pettis, Michael, *The Great Rebalancing: Trade, Conflict, and the Perilous Road Ahead for the World Economy*, Princeton: Princeton University Press, 2013.

54. Prebisch, Paul, *Towards a Dynamic Development Policy for Latin America*, New York: United Nations, 1963.

55. PU, Xiaoyu and Chengli Wang, Rethinking China's Rise: Chinese Scholars Debate Strategic Overstretch, *International Affairs*, 2018, 94(5), pp. 1019-1035.

56. Putnam, Robert D., Diplomacy and Domestic Politics: The Logic of Two-Level Games, *International Organization*, 1998, 42(3), pp. 427-460.

57. Reece, Joseph E., Buyer Beware: The United States No Longer Wants Foreign Capital to Fund Corporate Acquisitions, *Denv. J. Int'l L & Poly*, 1990, 18(1), pp. 201-292.

58. Reinis, Richard G., Practioners Should Advise Clients That Any Transaction Involving Foreign Investment May Come Under the Purview of CFIUS, *Los Angeles Lawyer*, 2010, 33(3), p. 47.

59. Ruggie, John, International Regimes, Transactions and Change: Embedded Liberalism in the Postwar Economic Order, *International Organization*, 1982, 36(1), pp. 379-415.

60. Ryan, Christine, Too Porous for Protection? Loopholes in EB-5 Investor Visa Oversight Are Cause for National Security Concern, *San Diego Int'l L. J.*, 2015, 16(1), pp. 418-420.

61. Safarian, A. E., *Goverments and Multinationals: Policies in the Developed Countries, British-North American Committee*, Washington D. C.: C. D. Howe Institute, 1983.

62. Saha, Souvik, CFIUS Now Made in China: Dueling National Security

Review Frameworks as a Counter-measure to Economic Espionage in the Age of Globalization, *Northwestern Journal of International Law & Business*, 2012, 33(1), pp. 202-230.

63. Shifrinson, Joshua, Should the United States Fear China Rise, *The Wasgington Quarterly*, 2019, 41(4), pp. 65-83.

64. Stagg, Jonathan C., Scrutinizing Foreign Investment: How Much Congressional Involvement is Too Much? *Iowa Law Review*, 2009, 93(1), pp. 325-327.

65. Theriault, Sean, Party Polarization in the U. S. Congress: Member Replacement and Member Adaptation, *Party Politics*, 2006, 12(4), p. 46.

66. Travalini, Joanna Rubin, Foreign Direct Investment in the United States: Achieving a Balance between National Economy Benefits and National Security Interests, *Northwestern Journal of International Law and Business*, 2009, 29(2), p. 781.

67. U. S. House of Representatives, 112th Congress, Investigative Report on the U. S. National Security Issues Posed by Chinese Telecommunications Companies Huawei and ZTE, October 8, 2012.

68. Vernon, Raymond, *Sovereignty at Bay*, New York: Basic Books, 1975.

69. Villiers, Meiring De, Reasonable Foreseeability in Information Security Law: A Forensic Analysis, *Hastings Communications and Entertainment Law Journal*, 2008, 23(2), p. 37.

70. Webster, Timothy, Why Does the United States Oppose Asian Investment?, *Northwestern Journal of International Law & Business*, 2017, 37(2), pp. 235-236.

71. Weimer, Christopher M, Foreign Investment and National Security Post-FINSA 2007, *Texas Law Review*, 2009, 87(2), p. 667.

72. Wendt, Alexander, Constructing International Politics, *International Security*, 1995, 20(1), p. 73.

73. Young, Kristy E., The Committee on foreign Investment in the

United States and the Foreign Investment and National Securities Act of 2007: A Delicate Balancing Act that Needs Revision, *U. C. Davis Journal of Law and Policy*, 2008, 15(1), p. 61.

74. Zhao, S., China's Global Search for Energy Security: Cooperation and Competition in Asia-Pacific, *Journal of Contemporary China*, 2008, 17(5), pp. 207-227.

75. Zhao, Suisheng, The China Model: Can It Replace the Western Model of Modernization?, *Journal of Contemporary China*, 2010, 19(65), pp. 419-436.

(三) 美国外资并购国家安全审查法规

1. Legislation

(1) Section 721 of the Defense Production Act of 1950

(2) Foreign Investment and National Security Act of 2007

(3) Foreign Investment Risk Review Modernization Act of 2018

2. Regulations

(1) 31 CFR Part 800, Regulations Pertaining to Mergers, Acquisitions, and Takeovers by Foreign Persons; Final Rule (November 21, 2008)

(2) 31 CFR Part 801, Determination and Temporary Provisions Pertaining to a Pilot Program To Review Certain Transactions Involving Foreign Persons and Critical Technologies (October 11, 2018)

3. Executive Order

(1) Executive Order 11858, as initially issued (President Ford, May 7, 1975)

(2) Executive Order 12661, as initially issued (President Reagan, December 27, 1988)

(3) Executive Order 12860, as initially issued (President Clinton, September 3, 1993)

(4) Executive Order 13286, as initially issued (President Bush, February 23, 2008)

(5) Executive Order 13456, as initially issued (President Bush, January 23, 2008)

(四) 外国投资委员会(CFIUS)年度报告与表格

1. CFIUS Reports

(1) 2008 Annual Report to Congress (12/2008)

(2) 2009 Annual Report to Congress (11/2009)

(3) 2009 Annual Report to Congress for CY (11/2010)

(4) 2010 Annual Report to Congress for CY (12/2011)

(5) 2011 Annual Report to Congress for CY (12/2012)

(6) 2012 Annual Report to Congress for CY (12/2013)

(7) 2013 Annual Report to Congress for CY (02/2015)

(8) 2014 Annual Report to Congress for CY (02/2016)

(9) 2015 Annual Report to Congress for CY (09/2017)

2. CFIUS Tables

(1) Covered Transactions, Withdraws, and Presidential Decisions 2008—2012

(2) Covered Transactions, Withdraws, and Presidential Decisions 2013—2015

(3) Penalties Imposed and Unilateral Reviews Initiated 2018

致　　谢

　　"格物致知,经世致用"始终是我求知和奋进的指南,因而关注重大现实性问题自然成为博士学位论文的不二选题。以 2008 年全球金融危机为节点,中国战略机遇期的经济内涵转变为借助国内市场成为全球经济复苏引擎之机,积极发掘在发达国家呈现出的技术并购和基础设施投资机会。美国因其庞大的市场规模、完备的外资法规和知识产权保护制度而备受中国投资者青睐。实践中,美国外资并购安全审查制度已成为影响中企并购成败的关键因素,探究美国应对中企并购安全审查的行为逻辑也符合我的志趣。

　　欣喜的是,选题获得导师韩召颖教授的肯定,以致论文成稿无不饱含导师的心血。"教诲如春风,师恩似海深",我当铭记永生。在论文开题、外审和答辩环节,感佩左海聪、刘贞晔、杨卫东、魏红霞、王存刚等校外专家,以及刘丰、王翠文、张发林等校内师长提出的宝贵意见和建议,先生们的真知灼见和专业素养令我如沐春风,受益匪浅。感念"百年南开"教会我们"知其然,知其所以然";"允公允能"警醒我们"位卑不敢忘忧国"。值此"南开百岁",躬逢盛事,"穷则独善其身,达则兼济天下",南开学人当不负伯苓先生之期许,此亦属"南开三问"应有之寓意。感谢同窗学友,与他们相处、交换、比较和反复,得以洞悉自我,坚定信念,矢志不渝。

　　感激爱人的包容、鼓励和支持。我们是"革命伴侣",生活上相濡以沫,事业上志趣相投。殊甚欣慰,她正在成长为拥有独立思想、坚定意志和远大目标的精英女性。前方之路,我们仍将携手"栉风沐雨,砥砺前行"。感恩我们的双亲大人,他们虽年届古稀,依旧精神矍铄,乐观向上,并无"廉颇老矣,尚能饭否"之忧,实是我们最大的福气。书不尽言,文末致敬"自强不息"的自己!"我走得很慢,但从不后退"。昔张子厚公《西铭》有言曰:"富贵福泽,将厚吾之生也;贫贱忧戚,庸玉汝于成也"。守正笃实:"路漫漫其修远兮,吾将上下而求索";久久为功:"筚路蓝缕、铢积锱累,终能开启山林"。

吕　贤

二〇二一年七月